JN078902

Jinno Naohiko

神野直彦

財政学

第3版

Public Finance

有斐閣

人間は人間の未来である

（フランシス・ポンジュ）

第3版はじめに

　人間が学問を学ぶ窮極の目的は，人間が人間自身の存在している状況を理解することにある。それは自然科学にしろ社会科学にしろ同様である。しかも，「理解」するとは検証可能な事実を，単に「知る」ということではなく，秩序立てて整理して，「生きる」ということと結びつけて，初めて「理解した」といえると考えている。

　時の流れはあまりにも早い。こうした問題関心から，自己が存在している時代状況を，財政学を総合社会科学として鋳直すことによって「理解」しようと，本書を世に問うてから，20年の歳月が流れようとしている。「十年一昔」というけれども，20年といえば「二昔」前である。人間でいえば，一度死んで再び生まれ変わる成年式を迎えたことになる。

　本書は新しき世紀の幕開け，というよりも新しき千年紀の幕開けとともに世に出されている。しかし，こうした時代の画期は，希望を胸に迎えられたわけではない。というよりも，「改革」，「改革」と連呼され，歴史の「峠」ともいうべき大転換期の「危機の時代」を迷走している時代と認識されていたのである。

　財政学の伝統を継承しながらも，財政学を総合社会科学として鋳直そうと本書が意図したのも，この「危機の時代」の迷宮から抜け出す導き星に本書がなればと願ったからである。しかし，本書を世に送り出してから，20年に及ぶ時が流れたけれども，「危機の時代」から抜け出すどころか，ますます混迷が深まっている。

　しかも，この「危機の時代」を「新型コロナウイルス感染症」というパンデミックが襲っている。しかし，パンデミックの恐怖に煽られて，危機の本質を見誤ってはならない。パンデミックに襲われたから「危機の時代」に陥ったのではない。「危機の時代」をパンデミックが襲っているのである。

　人間の社会を襲う危機には，「内在的危機」と「外在的危機」がある。内在的危機とは人間の社会が創り出す戦争や内乱，あるいは大不況というような危機である。「外在的危機」とは人間の社会が創り出したのではない大地震，大

噴火，大水害などという人間の社会を取り巻く環境による危機である。もちろん，パンデミックは「外在的危機」となる。

「危機の時代」とは古き時代が行き詰まり，「内在的危機」の噴出する時代である。「内在的危機」は古き時代の社会構造を改革しない限り克服できないので，社会構造の変化へのインパクトは決定的となる。しかし，「外在的危機」に対しては人間の社会は適応していくしか術がないため，社会構造の変化へのインパクトは大きくはない。

ところが，「外在的危機」は「危機の時代」の「内在的危機」を増幅させる。しかも，「外在的危機」自体は社会構造の変化へのインパクトが小さくとも，社会行動原理へのインパクトは大きい。つまり，連帯して危機に挑むという協力原理と，危機に煽られて自分さえよければと行動する競争原理がせめぎあうことになる。もちろん，いずれの社会行動原理に導かれて，「危機の時代」を乗り越えるかは，新しき時代形成に履歴効果として決定的な影響力を発揮する。

そうだとすれば，本書が意図した「危機の時代」の迷宮からの導き星という課題は，パンデミックに襲われたことで，その意義が高まっていると考えられる。それが本書の第3版の出版へと，図らずも踏み切った最も大きな理由である。そのため第3版では初版から流れる本書の「点」を見極めながら，時の流れに伴う制度的変遷を反映させる大幅な改訂となっている。

怠惰な私が本書の第3版を出すことができたのは，学術書の出版に情熱を注ぐ有斐閣の3名の編集者のおかげである。本書は有斐閣の柴田守氏が伊東晋氏の志を引き継ぐことで産声をあげることができた。さらに第3版は柴田守氏の情熱を，長谷川絵里氏が受け継ぐことによって実現したのである。

本書の初版以来，眼の不自由な私を助け，資料作成を引き受けてくれている高端正幸埼玉大学准教授には感謝の言葉もない。末尾ではあるけれども，光源を眼にすることのできない私のために，すべての原稿を打っていただいた乾桃子さんに心よりの謝意を表したい。

　2021年　父が黄泉へと旅立った日に

神　野　直　彦

改訂版はじめに

　本書を改訂するにあたって，「連帯」という言葉を考えさせられた。スウェーデンで「連帯」といえば，「弱者への共感」を意味する。しかも，「連帯」こそ貧困を解消し，豊かさを実現する原動力だと考えられている。財政は「連帯」の経済ということができるかもしれない。「連帯」の経済が有効に機能していない日本では，あまりの豊かさと，あまりの貧しさの存在する社会となってしまっている。

　しかし，本書を改訂するにあたり考えさせられた「連帯」は，本書の考察対象である財政に見出した「連帯」ではなく，私の「生」を支えてくれている「連帯」である。というのも，この改訂は私の教え子たちの「連帯」なしには実現しなかったからである。

　私のゼミナールに参加している学部学生である小原英明君，牛島貴志君，前田茂人君は，旧書に目を通し改訂に適切なアドバイスをしてくれた。さらに大学院での教え子である木村佳弘東京市政調査会研究員，関口智立教大学専任講師，それに院生である伊集守直君，水上啓吾君，天羽正継君にデータ更新等の作業を手伝っていただき，高端正幸聖学院大学専任講師にまとめをお願いした。

　時の流れは早い。本書を世に送り出してから，4年以上の歳月が流れている。冬が暗き衣を脱ぎ捨て，春の歓びが訪れるとともに，有斐閣の江草忠敬社長が江草貞治次期社長，伊東晋常務取締役をともない，新しき年度が開けると社長が交代する旨を告げるため，私の研究室をわざわざ訪ねてこられた。長い年月にわたり，お世話になり，私と同じ時代に「生」を受け，同じ時代に同じような「生」をともにしてきた伊東常務取締役も，これを機に職を退くとのことであった。

　想い起こせば，本書を準備している過程でも，江草社長は私の籠もっている軽井沢の山荘を訪ねてこられた。しかし，それは太陽と緑の踊る夏の盛りであった。夏の賑わいも終わりを告げ，時は巡る。篝火を焚いても淋しい，沈黙の冬も幾度も押し寄せてきた。

　私もそろそろ魂の永遠の住みかへと旅立たなければならない時が近づいてき

た。そこで最後に，改訂版でもご苦労をかけた有斐閣の柴田守氏とともに，私
と「連帯」する若き友人たちに心より謝意を述べておきたい。

　江草社長の訪れた春の日に

神　野　直　彦

は じ め に

　人間との出会いに一期一会があるように，書物との出会いにも一期一会がある。大学を卒業して自動車会社に勤務していた頃，辻邦生の『背教者ユリアヌス』と出会わなければ，私は再び研究生活に戻ることもなかったかもしれない。

　今では空ろな記憶しかないけれども，辻邦生も自動車会社にコピーライターとして勤務した後，小説家に転身したはずである。流麗な文体で奏でられながらも，まるで壮大なスペクタクル映画を観るような『背教者ユリアヌス』に感動し，自分も辻邦生のように，人生を歩み直すことができるかもしれないと励まされたものである。

　しかし，辻邦生の経歴以上に，私の胸を熱くしたのは，『背教者ユリアヌス』のモチーフである。私の記憶に間違いがなければ，辻邦生は『背教者ユリアヌス』で，文学が失ってしまった，心をときめかすようなドラマの面白さを復活させようと意図していた。この『背教者ユリアヌス』のモチーフが常に私の心を捕えて離さなかった。

　私は若き頃，財政学の書物に心をときめかして読み耽った。私の眼にした財政学の書物には，常に著者の熱き思いが溢れ，書物の扉を開けば，知的興奮に包まれたものである。

　辻邦生が『背教者ユリアヌス』で文学の面白さを復活させたように，いつの日にか私も，財政学が失ってしまった心をときめかすような面白さを復活させたいと夢見ていた。そうした夢を実現する機会を，有斐閣の伊東晋氏によって与えられた。それが本書である。

　とはいえ，本書はあくまでも財政学の入門書である。しかも，伝統的な財政学のテキストブックとしてまとめたつもりである。

　しかし，遠い昔，財政学のテキストを読むたびに味わうことのできた胸の鼓動を，本書で復活させたかった。巷に財政学のテキストブックは溢れている。ところが，読むたびに砂を噛むような無味乾燥な思いを味わう。

　もちろん，財政学も科学であり，熱き思いを捨象した陰鬱な科学でなければならないのかもしれない。しかし，財政学はあくまでも経験科学である。論理

学や数学といった形式科学ではない。本書は経験科学としての財政学の復活を目指したテキストブックである。

　しかも，財政現象は単なる経済現象ではない。財政学では伝統的に財政現象を経済と政治との交錯現象と捉えてきた。本書ではそれに社会を加え，財政現象を経済と政治，それに社会の交錯現象として把握している。

　そうした財政現象を本書は，歴史学派から誕生した財政学の伝統を引き継ぎ，歴史的に考察している。つまり，財政現象を抽象的に理論化するだけでなく，理論と歴史とを交錯させ，財政現象を実体化して分析することを意図している。本書はこうした複眼的視点から，財政学の基礎的内容を浮かび上がらせようと試みている。

　もとよりささやかな能力しか持ち合わせていない私に，本書の意図を十分に達成できるはずもない。しかし，曲がりなりにも一冊の本として本書をまとめることができたのは，本書をまとめるべく夢をかけて下さった伊東晋氏を引き継ぎ，ものぐさな私に忍耐強く付き合って下さった有斐閣の柴田守氏の情熱の賜物である。というよりも，有斐閣の方々が未熟な私を総力を挙げて支援して下さったからである。夏ともなれば，有斐閣の江草忠敬社長自ら，私を励ましに軽井沢の山小屋を訪ねて下さった。その夏をいくつ数えたことだろうか。

　想い起こせば，私ほど多くの方々に学恩を受けた幸福者はあるまい。私は財政学の手ほどきを，加藤三郎東京大学名誉教授から授けていただいた。それも二度も救っていただいている。というのも，私は東大闘争とともに，学問の夢を諦めざるをえなかったからである。頭脳の最も柔軟な時期に学問に励むことのできなかった私を，いつも温かく励まし教え導いて下さっている加藤三郎先生には，お礼の言葉を失ってしまう。

　大学院に戻ってから，今は亡き佐藤進先生を始め，林健久東京大学名誉教授，加藤榮一東京大学名誉教授のお導きで，財政学の研究に勤しむことのできた至福の時を今も忘れることができない。その時先輩として指導して下さった武田晴人東京大学教授，金子勝慶應義塾大学教授，片桐正俊中央大学教授の導きなしには今日の私はない。さらに机を並べて研究した持田信樹東京大学教授，金澤史男横浜国立大学教授にも感謝したい。

　大学院時代からあたかも兄のように，やさしく指導して下さっている宮島洋

東京大学教授には心の中でただ手を合わせるばかりである。私が眼を患った時，わが身のように心配して下さった宮島先生の姿を今も忘れない。

私が財政学を深める上で，石弘光一橋大学学長，池上惇京都大学名誉教授，大島通義慶應義塾大学名誉教授との出会いを忘れることができない。友人としていつも私をかばってくれている大澤真理東京大学教授，植田和弘京都大学教授にも感謝したい。

さらに加えて機会あるごとにご指導下さっている宇沢弘文東京大学名誉教授，小宮隆太郎東京大学名誉教授，貝塚啓明東京大学名誉教授には，ただありがたく思うばかりである。

いつも温かい配慮をいただいている岩井克人東京大学大学院研究科長を始め，東京大学大学院経済学研究科・経済学部の諸先生方にはお礼の言葉もない。

さらに，青木寅男元城西大学教授，青木宗明神奈川大学教授，飯野靖四慶應義塾大学教授，池上岳彦立教大学教授，井手英策東北学院大学専任講師，伊東弘文九州大学教授，内山昭立命館大学教授，永廣顕甲南大学助教授，遠藤宏一大阪市立大学教授，越智洋三東北学院大学教授，岡本英男東京経済大学教授，木村陽子総務省地方財政審議会委員，小西砂千夫関西学院大学教授，小林昭金沢大学教授，佐々木伯朗東北大学助教授，重森暁大阪経済大学教授，関口浩法政大学助教授，中井英雄近畿大学教授，長沼進一大阪市立大学教授，沼尾波子日本大学助教授，土生芳人岡山商科大学教授，林宜嗣関西学院大学教授，堀場勇夫青山学院大学教授，宮本憲一滋賀大学学長，森恒夫甲南大学名誉教授，俞和茨城大学助教授，吉田和男京都大学教授，吉田震太郎東北大学名誉教授など，ご指導下さっている研究者の方々を挙げれば切りがない。

私の学問は研究者ばかりでなく，実際に財政に携わっている多くの方々のご指導なしには成り立たなかった。本書を作成するにあたっても，財務省の道盛大志郎氏，足立伸氏，地方分権改革推進会議の伊藤祐一郎事務局長，平嶋彰英氏，宗永健作氏より資料作成などのご教示を賜った。

地方財政については総務省の香山充弘総務審議官，石井隆一消防庁長官，瀧野欣弥自治税務局長，林省吾自治財政局長，消防庁の務台俊介氏を始め，多くの方々のご指導を受けている。さらに濱本英輔全国労働金庫協会理事長，藤井威前スウェーデン大使にもひとかたならぬご指導を受けている。

遠い異国の地で私を指導して下さっている先達にも感謝しなければならない。私の恋人とまで揶揄されているコロラド大学のスタインモ（Sven Steinmo）教授，カリフォルニア州立大学のブラウンリー（W. Elliot Brownlee）教授，それにエルフルト大学のバックハウス（Jürgen G. Backhaus）教授は，私に財政社会学の手ほどきをして下さった。さらに京畿大学校の李載殷教授のご指導も忘れられない。

　眼の不自由な私は，いつでも私の眼の代わりをしてくれている瀧澤紀子さん，それに東京市政調査会の高端正幸君の献身的協力なしには，本書を完成できなかった。高端君は見るに見かねて，自ら校正を引き受けてくれた。ただ感謝するばかりである。

　私の生を支えてくれている父と母，妻和子，それに二人の娘に感謝し，本書を捧げたい。

　最後に，私の著作を読み，財政学を学ぶことができて，本当に幸福だと便りを寄せてくれる学生諸君に，心をこめて次の言葉を送りたい。

　　　いつの日か
　　　風を，波を，潮を，引力を
　　　征服したあかつきに
　　　人間は愛を
　　　エネルギー源とするでしょう
　　　そのとき，人間はふたたび
　　　火を発見するでしょう
　　　　　（ピエール・ティヤール・ド・シャルダン）

2002年10月　風の声に秋を感じながら

神 野　直 彦

目　次

第1編　財政学のパースペクティブ

第2編　財政学のあゆみ

第Ⅰ編

財政学のパースペクティブ

第1章
財政学への旅立ち

　本書のプロローグとしてこの章では，財政学の旅に旅立つための衣を整えることにする。財政学は社会的危機を読み解く鍵となる。危機の「危」とは「危ういこと」で，「機」は「変化すること」を意味する。「危うい変化」の結論は，破局か肯定的解決かのいずれかしかない。そうだとすれば危機を破局ではなく，肯定的解決に結びつけるために，財政学の諸領域を渉猟する旅へと出立しなければならない。

　学問の旅に旅立つ時には，その目的地がどこかを知っていなければ，道に迷ってしまう。財政学への旅立ちでも，その学問の対象である財政とは何かを理解しておく必要がある。しかし，財政学の対象である財政を理解しようとすれば，財政学を学ばなければわからない。

　学問の出発点において，学問の対象を理解する必要があり，その対象は学問の旅へと旅立たなければわからないという矛盾が存在する。そうした矛盾を克服するために，まず財政という現象についての常識的な理解を学んでおくことにする。これがこの章の目的である財政学への旅の衣を整えることである。

❖アリアドネの糸玉

　歴史の女神は悪戯(いたずら)好きである。歴史の流れにとっては何の意味もない世紀の変わり目に，いつも歴史の大転換期を演出する。私たちが「生」を受けている新しい世紀の変わり目も，一つの時代が終わり，一つの時代が始まる歴史の大転換期となっている。

　歴史の大転換期には崩れゆく古き時代と，生まれ出ずる新しき時代とが交錯する。そのため大転換期に「生」を受けた者は，迷路の張り巡らされた「迷宮」

の中を，未来への出口を求めて進まなければならない。

ギリシャ神話の「アリアドネの糸玉」に擬えれば，歴史の大転換期に「生」を受けた者は，糸玉を解きながら，歴史の大転換期という「迷宮」を進み，糸玉を手繰り寄せながら，無事に未来への出口へと脱出しなければならない。それが歴史の大転換期に「生」を受けた者の使命なのである。

歴史の「迷宮」から脱出するための「アリアドネの糸玉」とは，財政社会学の始祖シュンペーター（Joseph A. Schumpeter）に学べば，**財政**である。シュンペーターは財政を分析することが「社会分析の最良の出発点である」と唱え，「社会が転換期にある時には，このようなアプローチは分析のために最も効果的である」と指摘している。

シュンペーターは政治システムも経済システムも危機に陥る歴史の大転換期には，必ず財政危機が生じると主張する。したがって，歴史の大転換期には，財政を分析することが「社会分析の最良の出発点」となる。つまり，「現存の制度が崩壊し始め，新たな制度が生まれ始めている時に，それが最も効果的な分析の手だてとなる。このような場合はいつも財政制度が危機に陥る」からである。

もちろん，政治システムや経済システムを含むトータル・システムとしての「社会」が危機に陥っている大転換期の「迷宮」から脱出するには，「すべてのことを問題にしなければならない」はずである。しかし，「われわれはそれを特定のアプローチで検討することができる。すなわち，それが財政社会学である」と，シュンペーターは財政社会学を提唱したのである。

歴史の大転換期に「生」を受けた者が，財政学という学問へ旅立つのは，財政こそが「迷宮」から抜け出すための「アリアドネの糸玉」だという予感を抱くからである。財政学という学問の道を志す目的は，歴史の大転換期という「迷宮」から脱出する道標を見出すためであることを忘れてはならない。

◈ 「財政」という言葉：貨幣現象としての財政

「財政」という言葉は，**貨幣現象**を意味する。これは，友人から借金を申し込まれた時には，「今は財政がピンチだから」といって断ることを思い浮かべれば，容易に理解することができるはずである。ここでは「財政」という言葉

が，「金まわり」という意味で使用されている。

「財政」という言葉は実物を意味する「財」と，政治を意味する「政」から構成されている。そのため財政といえば，「実物」をイメージしがちだけれども，財政とはあくまでも貨幣現象を意味している。

そもそも「財政」という言葉は，古くから存在した言葉ではない。1869（明治2）年に福澤諭吉が『財政論』を著すまでは，財政という言葉は存在しなかったといわれている。もっとも，福澤諭吉も「財政」という言葉を，今日でいえば「経済」現象を意味する言葉として使用している。「財政」という言葉が「財政現象」を意味する言葉として定着するのは，明治20年代になってからである。

明治時代になって初めて，「財政」という言葉が誕生するのは，この言葉が翻訳語だからである。つまり，「財政」という言葉は，パブリック・ファイナンス（public finance）を意味する翻訳語なのである。

しかも，財政という言葉は，日本で創り出された翻訳語である。今日では中国にも逆輸出され，中国語でもパブリック・ファイナンスに，日本の造語である「財政」が使用されている。

このように明治時代になってから「財政」という言葉が登場するのは，それが翻訳語だったからにほかならない。しかし，それは同時に，明治以前の日本には，「財政」という現象そのものが存在しなかったことをも意味する。

ファイナンスの語源は，「終わる」を意味するラテン語の"finire"にある。そこから「判決」ないしは「判決によって確定した支払い」という意味に転じ，「貨幣に関すること」を表現するようになった。こうして財政は，金融とともに，貨幣現象を意味する言葉となったのである。

◈貨幣による統治

財政は「ファイナンス」という言葉の語源からわかるように，貨幣現象を意味することには間違いない。しかし，財政は単なるファイナンスではなく，それに「パブリック」という形容詞が付けられている。つまり，財政という言葉が貨幣現象を意味するとしても，それはあくまでも公的貨幣現象であり，嚙み砕いていえば，政府に関係した貨幣現象を指し示している。

政府に関係した貨幣現象とは，政府が強制力にもとづいて社会を統治するた

めに，必要な貨幣を受け取ったり，支払ったりすることを意味する。すでに述べたように，明治に至るまで財政という言葉が存在しなかったのは，財政現象そのものが存在しなかったからである。というのも，明治維新によって日本に**近代市場社会**が成立するまでは，強制力にもとづいて社会を統治するのに，基本的には貨幣を必要としなかったからである。

　市場社会の成立以前，封建領主は「家産」として，土地と領民とを領有していた。そのため統治に必要な財・サービスは，領有している土地からの生産物を現物地代として徴収したり，領民に賦役という労働を強制したりすることで，調達可能となっていたのである。

　ところが，市場社会が成立すると，封建領主が領有していた「家産」は，私的所有財産に分割され，「土地」「労働」「資本」という生産要素に私的所有権が設定される。生産要素が私的に所有されるということは，封建領主が「家産」として所有していた生産要素を，市場社会においては政府が所有しないことを意味する。つまり，近代市場社会が成立すると，「家産国家」が「**無産国家**」に転換してしまうのである。

　領有していた生産要素を失い，「無産国家」になってしまった市場社会の政府は，統治に必要な財・サービスを調達することができない。そこで土地，労働，資本という生産要素の所有者である国民の同意を得て，生産要素が生み出す所得の一部から貨幣を徴収する。このように「無産国家」が，「国民の同意を得て，強制徴収する貨幣」が租税なのである。

　近代市場社会が形成されると，政府が「無産国家」となり，貨幣を調達することによってしか統治することのできない「**租税国家**」となってしまう。逆に市場社会が成立すると，貨幣さえ入手すれば，統治に必要な財・サービスは市場から調達できるようになる。つまり，市場社会では「**貨幣による統治**」が可能となる。こうして近代市場社会の形成とともに，「貨幣による統治としての財政」が誕生することになる。

◈公共経済としての財政

　パブリック・ファイナンスという語源にさかのぼって考えると，財政とは「貨幣による統治」だということになる。しかし，そうした理解では，財政を

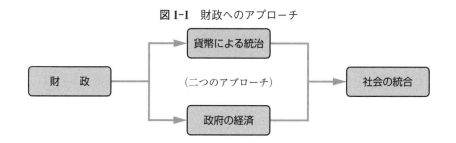

図 1-1　財政へのアプローチ

狭く限定してしまうという批判も成り立つ。

　実際，財政は市場経済と対比され，「**公共経済**（public economy）」あるいは「**国家経済**（Staatswirtschaft）」としても理解されてきた。そのため多くの財政学のテキストは，財政とは「国家の経済」あるいは「政府の経済」であると定義している。

　財政を「国家経済」あるいは「公共経済」と位置づけることは，国民経済を財政と市場経済から構成されるものとしてみる経済組織の二元論に立つことになる。そのため財政を市場経済との対比において規定しようとする，二元的経済組織論が展開される。

　こうした二元的経済組織論の立場から，市場経済との対比において，財政の特質が次のように整理されてきたのである。

　第一に，市場経済では「**量入制出**（入るを量って出ずるを制する）**の原則**」が支配しているのに対し，財政では「**量出制入**（出ずるを量って入るを制する）**の原則**」にもとづいて運営されるという特質である。

　市場経済では，企業であれば企業の売上，家計であれば賃金収入，というように，収入がまず決まり，その収入にもとづいて支出を決める。というのも，企業の売上は生産物市場，賃金収入は労働市場というように，市場が収入を決めてしまうからである。そのため市場経済は，「量入制出の原則」で運営されている。

　ところが，財政では収入が市場によって決められるわけではない。財政は市場メカニズムによってではなく，政治過程で収入が決定されるからである。

　そのため必要な支出を決めてから，それを賄う収入を決めることになる。政治過程で収入を決めるには，必要な支出が決まらない限り，収入の決めようが

ないからである。したがって，財政は「量出制入の原則」で運営されることになる。

　第二に，市場経済では**個別報償性原理**が支配するのに，財政では**一般報償性原理**が妥当するという特質である。

　個別報償性原理とは，財・サービスが供給されると，それに対して貨幣による反対給付が，必ず個別的に対応することをいう。これに対して一般報償性原理とは，財・サービスの供給に対して，個別的に代償を支払わず，一般的に租税として反対給付を負担することをいう。それは財政では，財・サービスが市場を通して販売されないということを意味している。

　第三に，市場経済は有形財を生産するのに対し，財政は**無形財**を生産すると指摘されてきた。しかも，財政の生産する財には，分割できないという**非分割性**があると伝統的に考えられてきたのである。

　カッセル（Margit Cassel）は財政の生産する財の特性として，非分割性に加え，代価を支払わなくとも排除されないという**受動的消費**という性格を加えている。つまり，財政の生産する財には，不可分性や受動的消費という性格があるため，市場経済による供給が不可能となると説明されてきたのである。

◈公共財の理論

　学問の世界を旅する者は，謙虚に先達の知恵に学ばなければならない。先達の知恵に学ぶことは，人間の能力の可能性を信じることでもある。だからこそ，自分も自分の能力を信じ，未知に挑戦することができる。

　ところが，先達の知恵に学ぼうとしない者は，先達の知恵を盗みながら，自己の知恵であるかのごとくに思い吹聴する。先達の能力を信じない者は，人間の能力を信じない者であり，自己独自の知恵も創りえない者である。

　ドイツで誕生した伝統的な財政学ではなく，財政を「公共経済」という新たな概念で捉える「**公共経済学**」こそ，新たな政府の経済を研究する学問だと喧伝されている。こうした公共経済学の立場からすると，財政の存在理由は，市場で供給不可能な財である**公共財**（public goods）が存在するという「**市場の失敗**（market failure）」に求められる。

　財が市場で供給可能な民間財（private goods）であるためには，対価を支払

わない者は消費から排除されるという排除性（excludability）と，新たに財の消費が加わると，その分だけ消費からの利益が減少してしまうという競合性（rivalness）とが要求される。逆に市場で供給不可能な公共財とは，対価を支払わない者でも，消費から排除されない**非排除性**（non-excludability）と，新たに消費が加わっても，財の消費からの利益が減少しないという**非競合性**（non-rivalness）を備えた財であると説明されている。

防衛，警察，消防などという公共サービスは，確かに対価を支払わなくとも消費ができるし，新たに消費者が加わっても消費からの利益が減少するわけではない。このように公共サービスは，非排除性と非競合性を備えているがゆえに，公共財であり，市場では供給できない。そうした説明を，公共経済学は，したり顔で自己のオリジナリティであるかのごとくに展開している。

しかし，先達の知恵に学ぶことを疎かにしてはならない。先達に学べば，非排除性も非競合性も，あるいは公共サービスを公共財と捉える考え方も，公共経済学のオリジナリティではないことがわかる。

非競合性とはカッセルのいう非分割性に対応し，非排除性とは受動的消費に対応する。つまり，財政を「公共経済」と位置づける「公共経済学」も，伝統的な財政学が拠って立つ二元的経済組織論の延長線上にある二番煎じの議論なのである。

もっとも，公共経済学が伝統的な財政学の二番煎じであるのも当然である。というのも，ドイツの伝統的な財政学を担ってきたコルム（Gerhard Colm）やマスグレイブ（Richard A. Musgrave）などが，ナチスが台頭してドイツからアメリカに移住するという悲劇こそが，公共経済学を誕生させたからである。

ドイツ財政学の公共サービスを「財」として捉えるアプローチや，その「財」の消費の性格に着目する考え方が，コルムやマスグレイブなどによって紹介され，アメリカの経済学者に衝撃を与えた。公共経済学はドイツ財政学が伝導された衝撃の産物なのである。

◈財政をめぐる貨幣と市場

二元的経済組織論では財政を市場経済と対比して議論しているけれども，財政は市場を利用しないわけではない。確かに，財政の収入は市場で決定されず

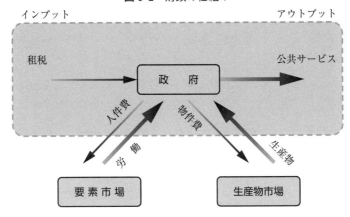

図1-2 財政の仕組み

に，政治過程で決定される租税によって調達される。つまり，財政では収入に関して市場が活用されることはなく，それゆえに財政では，「量出制入の原則」が適用されると主張されてきたといってよい。ところが，財政の支出をみれば，市場が利用されている。

図1-2のように租税として調達された貨幣は，労働市場つまり**要素市場**に人件費として支出されるか，**生産物市場**に物件費として支出されることになる。このように支出に関しては，財政は市場を利用してきたのである。

しかし，こうした市場への貨幣の支出は，財政のアウトプットとしては位置づけられてこなかった。財政のアウトプットは「無形財」を産出することとか，「公共財」を供給することとして認識され，市場への貨幣の支出は，「無形財」を産出するためや，「公共財」を供給するために使用される労働や生産物の調達として，位置づけられてきたのである。

財政では給付と反対給付が個別に対応しないということは，財政のアウトプットとしての「無形財」や「公共財」の供給が，市場原理にもとづかないことを示している。つまり，財政が市場における個別報償性原理にもとづかないということは，財政のアウトプットが市場ではなく，政治過程で決定されることを意味している。

公共財の理論では，「公共財」が市場では供給できず，政治過程で供給が決

定されなければならない理由を，その「財」の非排除性と非競合性という物理的性格で説明しようとしている。すでに説明したように，財政とは本来，貨幣現象を意味している。ところが，財政のアウトプットである「無形財」や「公共財」の供給，つまり公共サービスの供給には貨幣を使用しない。

　もっとも，公共サービスにはサービス給付だけではなく，現金給付もある。しかし，これも，補助金にしろ社会保障給付にしろ，無償で供給される。つまり，サービス給付にしろ現金給付にしろ，財政のアウトプットでは市場を利用しないのである。

　財政のインプットも市場を利用しない。租税という財政のインプットを考えると，当然のことながら，そこでは貨幣が使用される。しかし，租税は政治過程で決定され，強制的に調達される。財政のインプットでは貨幣を使用するけれども，市場を利用することはないのである。

　財政は貨幣現象であると理解すれば，財政が貨幣を利用する局面，つまり財政が租税として貨幣を調達し，要素市場や生産物市場に貨幣を支出していく過程に着目することになる。しかし，貨幣現象だと理解するにしても，あくまでも財政は市場経済という貨幣現象ではなく，公的貨幣現象である。

　ところが，貨幣を市場で支出することは，財政に固有な公的貨幣現象とはいえない。そうだとすれば，財政に固有な公的貨幣現象とは，財政が貨幣を調達するインプット過程に絞られてくる。そこでカイツェル（Josef Kaizl）の「財政学とは，政治団体の経済的獲得活動を対象とする独立の科学である」という財政学の定義にみられるように，財政現象を財政のインプット過程に絞り，財政を強制獲得経済と理解する財政学が展開されてきたのである。

　これに対して財政を市場経済との対比で，「公共経済」や「国家経済」として捉えようとすれば，財政のインプットとアウトプットに着目することになる。つまり，図1-2で点線で囲んだ部分に着目して財政を理解することになる。こうした観点からすれば，財政とは市場を利用しないことに特色があり，貨幣は利用するけれども，市場を利用しない点に財政の存在理由があることになる。

◈**家族経済と財政**

　「政府の経済」としての財政は，貨幣を利用するけれども，市場を利用しな

いという特色を持っている。しかし，そうした特色は，「政府の経済」に限られているわけではない。「家族の経済」でも，財・サービスが家事サービスとして，市場を利用しないで，しかも貨幣も利用しないで供給される。

家族の食事を考えてみればよい。家事労働によって準備される食事は，家族の構成員に無償で提供される。しかも，その食事は，家族の構成員の「必要」に応じて供給される。

そのために生まれたての乳児も，家族の内部では生存することが許される。このように「家族の経済」では，貨幣も市場も利用しないで財・サービスが供給されていく。

もちろん，このように無償で財・サービスが供給される「経済」は，「家族の経済」に限ったことではない。コミュニティ，教会，慈善団体なども同様である。

もっとも，「家族の経済」も貨幣を利用しないわけではない。食事でいえば，食材という原材料は，貨幣を用いて市場から購入しなければならない。「家族の経済」では，市場つまり生産物市場から原材料さえ購入すれば，これを無償の家事労働によって加工して，家族の構成員に無償で供給することができる。とはいえ，「家族の経済」も原材料という消費財を生産物市場から購入するために，貨幣を必要とする。

しかし，「家族の経済」では財政のように，市場を利用しないで，租税として貨幣を調達するわけにはいかない。「家族」には政府のような強制力がないからである。とはいえ，「家族」は人間の活動である労働を所有している。そのため図 1-3 に示したように，要素市場つまり労働市場で労働を販売した代価として，賃金を取得することで，必要な貨幣を調達することができる。

つまり，労働を所有している「家族の経済」では，労働を販売して賃金を取得し，賃金で消費財さえ購入できれば，所有している労働を無償で使用して，財・サービスを無償で供給することもできる。ところが，労働を所有していない政府は，租税として貨幣を強制的に無償で調達しなければ，財・サービスを無償で供給できないのである。

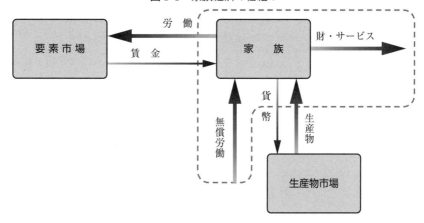

図1-3 家族経済の仕組み

◈単位経済としての財政

　財政や家族経済と違い「企業」の経済においては，図1-4に示すように，必ず貨幣と市場を利用する。企業が生産した財・サービスは，個別報償性原理にもとづいて生産物市場で販売され，企業は貨幣を調達する。

　財政でも家族経済でも，生産した財・サービスを個別報償性原理にもとづいて供給することはなく，無償で必要に応じて，社会や家族の構成員に財・サービスを分配していく。ところが，企業は財・サービスを個別報償性原理にもとづいて，購買力に応じて分配する。

　企業は生産物を生産物市場で販売して貨幣を調達する。家族も要素市場に労働を販売して，貨幣を調達する。しかし，政府は市場を通じて貨幣を調達しない。

　企業は生産物市場から調達した貨幣で，生産に必要な労働や原材料や資本財を，それぞれ要素市場と生産物市場から調達する。このように企業経済は，必ず貨幣と市場を利用する経済なのである。

　現在，「財政に企業経営の論理を取り入れよ」という主張が強まっている。しかし，財政に企業経営の論理を単純に導入することが，いかに危険かということは容易に理解できよう。財政は「量出制入の原則」にもとづいて運営され，企業も家族も「量入制出の原則」にもとづいて運営される。

　財政と企業とは，論理の異なる経済主体なのである。財政に企業経営の論理

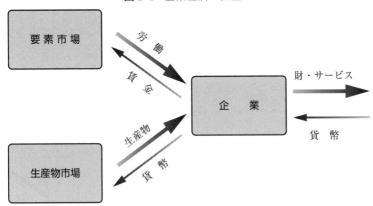

図1-4　企業経済の仕組み

を取り入れるにしても，財政と企業経済との本質的な相違を前提にしたうえで
なければならないはずである。

　ここで「政府の経済」「家族の経済」「企業の経済」といっている「経済」と
は，単位経済を意味している。つまり，政府，家族，企業という経済主体の個
別経済を意味し，国民経済というようなトータル・システムとしての経済を意
味しているわけではない。

　経済の語源であるエコノミー（economy）は，ギリシャ語での家計つまり家
の管理を意味するオイコスとノモスに起源を持つ。つまり，経済は本来，単位
経済を意味していたのである。

　そこで「政府の経済」としての財政も，単位経済として「公的家計」とも位
置づけられてきた。つまり，財政は「政府の経済」であるとしても，それは単
位経済としての「経済」なのである。

◈財政による社会の統合

　財政は政府を経済主体とする単位経済であるけれども，そのままトータル・
システムとしての社会全体の経済を包摂していることを忘れてはならない。家
族経済の経済主体である家族の構成員は，社会全体の構成員のごく一部によっ
て構成されている。企業経済の経済主体である企業にしても同様である。

　ところが，財政という単位経済の経済主体である政府の構成員は，社会全体

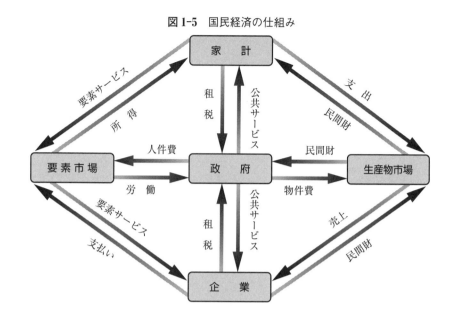

図1-5　国民経済の仕組み

の構成員と同じである。そのため財政関係は，トータル・システムとしての社会全体を包摂することになる。

　こうして政府，家計（家族），企業という経済主体は，市場関係とともに財政関係で相互に結びつけられて，社会全体の経済としての国民経済を形成することになる。このように政府，家計，企業という経済主体が市場関係とともに，財政関係によって相互に結びつけられていることを図示すれば，図1-5のようになる。

　政府を経済主体とする単位経済としての財政の側面に着目すれば，財政学は企業経済という単位経済の経営管理を対象とする経営学に対比される学問となる。しかし，図1-5に示したように財政は，単位経済であると同時に，単位経済相互間を結びつける市場経済関係とともに，社会全体を統合する経済関係を形成するため，財政学とは〈政府の経営学〉にとどまるわけにはいかない。

　しかも，重要なことは，政府とは本来，経済主体というよりも，社会全体の統合を目指す政治主体だということである。そのためコルムが主張するように，「財政学は伝統的に定義されているように経済学という広汎な分野の単なる一

部門ではない」ということができる。

　財政は収入であれ支出であれ，政治過程で決定される。政治過程の分析は政治学と社会学の分野に入る。もちろん，財政は経済学が対象とする市場関係にも巻き込まれている。

　つまり，コルムが主張するように財政学とは，境界線的性格（borderline character）を持つ社会科学なのである。それだからこそ，財政学は歴史の大転換期には，「アリアドネの糸玉」の役割を果たすことができるのである。

Coffee Break　　「財政」という言葉の起源

　　財政については，イギリスではパブリック・ファイナンス（public finance）と，ファイナンスに形容詞を付して表現する。フランスでは finances，ドイツ語では Finanzen と複数形にする（なお財政学については，イギリスでは同じく public finance，フランスでは science des finances，ドイツでは Finanzwissenschaft を用いる）。

　　フランスでは単数形を用いると，金融を意味するため，財政を意味するためには，finances と複数形にする必要がある。フランスで複数形が財政を意味するようになるのは，16 世紀にまでさかのぼることができる。ところがドイツでは Finanzen という複数形が財政を意味するようになるのは，19 世紀になってからのことである。

　　それだけではない。16 世紀から 17 世紀のドイツでは，フィナンツ（Finanz）は詐欺や悪だくみなどを，フィナンツァー（Finanzer）は詐欺師を意味し，悪いイメージの言葉だった。例えば宗教改革者ルターは，「法王はその政治を買収するや，秘密の欺計と，あらゆる Finanzen と，悪行やその他の陰謀をもってするのだ」と，法王を攻撃していたのである。

　　しかし，こうした事実は当時ドイツの近代化の後れによって，貨幣経済が異端視されていたことに起因している。これに対して近代国家をいち早く形成したフランスでは，政府の貨幣収入を finances と複数形で表現することが，早くから定着したのである。

公園の思想

Coffee Break

　フランクフルトには，ドイツの生んだ偉大な文学者ゲーテ（Johann W. v. Goethe）の生家がある。そのゲーテの生家には寝室が見当たらない。そのことを案内人に尋ねると，「ゲーテは寝ない」との答えが返ってきた。確かにゲーテはエネルギッシュで，立ち机で執筆していたといわれている。

　そうしたエネルギッシュなゲーテが，「公園の思想」を唱えたことを故・宇沢弘文東京大学名誉教授が指摘している。ゲーテは封建領主や貴族が独占していた美しい庭園を，すべての社会の構成員に解放しようと，「公園の思想」を主張したのである。

　そうしたゲーテの「公園の思想」を世界の諸国民が受け入れて，公園が広まっていく。博物館も美術館も，すべての社会の構成員に学術や芸術を解放するために設置されている。

　それだからこそ，民営化に熱心だといわれるイギリスでさえ，大英博物館はいまだに無料で入場でき，民営化はいうにおよばず，独立行政法人化もすることは決してない。しかし，日本は愚かにもまず真先に，博物館の独立行政法人化に踏み切ったのである。

第2章
財政と三つのサブシステム

　前章で学んだように，常識的には財政を，貨幣による統治とする理解と，政府の経済とする理解がある。こうした常識的理解から出発して財政を考察しても，財政とは社会を統合する媒介環だということがわかる。それゆえに財政学は，社会科学の境界線上の科学なのである。
　財政は市場社会とともに誕生する。市場社会になると，要素市場が成立し，経済システム，政治システム，社会システムという三つのサブシステムが分離してくる。本来は一つに統合されていた三つのサブシステムが分離するために，財政が媒介環となって三つのサブシステムを統合していくことになる。本章では市場社会とともに誕生する，こうした財政の意義を考えていく。

◈人間性回復の経済学

　社会科学が人間と人間との関係である「社会」を対象とする学問であるとすれば，社会科学としての経済学は，市場を媒介とする人間と人間との関係を対象とする学問であるということができる。ところが，財政学は経済学とは違って，市場を媒介しない人間関係を捨象して市場を媒介する人間関係のみを学問の対象とするわけにはいかないことは，すでにみたとおりである。

　確かに財政とは，第1章でみたように，公的貨幣現象であり，**市場的人間関係**が社会の全面に行きわたった**市場社会**が成立して初めて誕生する。しかし，市場社会といえども，人間と人間との関係のうち，市場的人間関係だけを媒介として，社会を組織化することはできない。

　というよりも，市場関係だけではトータル・システムとして社会を結合することができないので，財政が存在するということができる。つまり，市場社会は財政を媒介環として，市場的人間関係と**非市場的人間関係**とを結合すること

によって，初めて存立可能となる。

　それだからこそ，財政学は危機という迷宮から脱け出る「アリアドネの糸玉」の役割を果たすことができる。というのも，財政が市場的人間関係と非市場的人間関係を結びつける媒介環だとすれば，財政学は市場的人間関係を分析対象とする経済学の応用分野にとどまることができないからである。つまり，市場的人間関係と非市場的人間関係を結合する財政を研究対象とする財政学は，コルムが指摘するように，経済学を越え，政治学や社会学を包摂する社会科学の諸分野の**境界線上の学問**とならざるをえないのである。

　市場的人間関係を学問の対象とする経済学では，人間を苦楽を一瞬のうちに計算する「機械」として想定する。つまり，経済合理性を備えた経済人（**ホモ・エコノミカス**）という人間像を前提とする。あるいは人間を「機械」のようには苦楽を合理的に計算できない「機械以下」の存在として，人間の限定合理性を想定することになってしまう。

　しかし，社会諸科学の境界線上の科学としての財政学では，経済学のように単純なホモ・エコノミカスという人間像を想定するわけにはいかない。つまり，財政学では人間を，社会を形成する全体性を備えた「知性人」（ホモ・サピエンス）として把握することになる。その意味で，財政学は人間性回復の経済学ということになる。

❖市場的人間関係と非市場的人間関係

　市場社会に存在する非市場的人間関係には二つある。一つは，愛情ないしは友愛という情緒的紐帯にもとづく，**共同体的人間関係**である。もう一つは，強制力にもとづく支配・被支配という**強制的人間関係**である。

　情緒的紐帯にもとづく共同体的人間関係は，血縁，地縁，友情を媒介にした家族，コミュニティ，友人などの人間的結びつきである。いずれも継続的な人間的接触を前提として生じる人間の結びつきである。前章で述べたように家族は，家族の構成員に無償で財・サービスを供給する。そうした無償供給を可能にしている無償労働も，継続的な人間的接触によって形成される人間の絆である共同体的人間関係にもとづいて実行されていることになる。

　これに対して強制力にもとづく支配・被支配という強制的人間関係の背景に

は，人間の行為を強制する暴力が存在する。つまり，支配者が暴力の行使の正当性を独占することによって，人間の行為を支配する支配・被支配という強制的人間関係は成立する。

　もっとも，民主主義が成立している市場社会では，被支配者が支配者になるというアンビバレントな関係が形成されることになる。つまり，被支配者の合意にもとづいて，被支配者の行為を支配する暴力による強制力が行使されることになる。

　政府が租税を課税できるのは，暴力の行使の正当性を，政府だけが独占しているからである。民主主義的な市場社会では被支配者が支配者となっているため，租税の課税にも，被支配者の合意が必要となる。しかし，ひとたび被支配者の合意が成立すれば，強制的に貨幣が無償で調達され，政府が社会の構成員に無償で財・サービスを供給することが可能となる。

　ところが，市場を媒介とする市場的人間関係は，非市場的人間関係のような情緒的紐帯や強制力を使用せずに，人間と人間を結びつけようとする。共同体的人間関係では親密な情緒的紐帯の存在を前提にしているからこそ，財・サービスは無償で供給される。親と子供とのあいだに，愛情という情緒的紐帯があればこそ，親は子供に財・サービスを無償で供給する。しかし市場的人間関係では，愛情関係などのない見知らぬ人間に対して，財・サービスを供給しなければならない。

　市場的人間関係で見知らぬ人間に，財・サービスを供給することが可能となるのは，当事者が価値が同じだと判断する等価物を交換するからである。親が子供に財・サービスを供給するのも，何らかの反対給付を，親が子供に期待していると考えられなくもない。しかし，そうだとしてもそれは，漠然と反対給付を期待しているにすぎない。それは等価物の「交換」ではなく，信頼関係にもとづく財・サービスの**互酬**（reciprocity）であり，背後に情緒的紐帯が存在しなければ実施されないのである。

　等価交換という市場的人間関係は，情緒的紐帯を必要としない。そのため見知らぬ人間同士でも財・サービスの交換が可能になる。とはいえ，人間と人間との関係を市場的人間関係だけに還元することはできない。というのも，人間と人間との関係が市場的人間関係だけで構成されれば，人間は生存することが

できないからである。

　生後間もない乳児を考えてみれば，こうした事実は容易に理解できるはずである。働く能力のない生後間もない乳児は，市場から生存に必要な財・サービスを購入できるわけがない。家族という情緒的紐帯にもとづく人間関係のもとで，乳児の生存に必要な財・サービスが，その必要に応じて配分されて初めて，乳児は生存することができる。つまり，生後間もない乳児は，市場的人間関係のもとにさらされれば，死を待つしかないのである。

　こうした乳児の存在を考えればわかるように，人間が生存するためには，共同体的人間関係は必要不可欠である。それに対して市場的人間関係は，人間の生存に必ずしも必要ではない。人間は共同体的関係だけで，自給自足による生存が可能だからである。

　しかも，共同体的人間関係が存在しなければ，乳幼児が生存できないということは，人間が人類として「種」を維持していくためにも共同体的人間関係が必要不可欠だということを意味する。そのため市場社会といえども，情緒的紐帯にもとづく共同体的人間関係の維持が必要不可欠となってくるのである。

◈生存の保障：共同体から国家へ

　人間が生存していくために，必ずしも必要ではないという点では，強制力にもとづく支配・被支配という人間関係も同様である。人類という種つまりホモ・サピエンスにとって共同体は，本来的に生存の場であり，共同体的人間関係は，人類の生存にとって必要不可欠な存在なのである。

　しかし，共同体的人間関係が人間の生存に必要不可欠であるとしても，無限に膨張していく人間の欲望を充足するには，共同体的人間関係だけでは限界がある。というのも，共同体的人間関係の形成には，社会の構成員のあいだに継続的接触があり，情緒的紐帯が形成されている必要がある。そのため顔見知りの付き合いを越えて，共同体的人間関係を形成することはできない。ところが，人間の生存を維持していくのに必要なニーズ（needs）を超える欲望を充足しようとすると，こうした共同体の内部における，自発的協力に依存するだけでは不可能で，共同体を越える共同体間の協力が必要となる。

　例えば，古代エジプトにしろ古代中国にしろ，あるいは古代メソポタミアに

しろ古代インダスにしろ，古代国家は河川の灌漑や水利という自然を制御するために誕生する。大規模な灌漑事業は，一つの共同体内部における自発的協力では不可能で，多数の共同体による共同事業とならざるをえない。

しかし，共同体の内部には顔見知り関係があり，情緒的紐帯が存在するけれども，共同体と共同体とのあいだには，それが存在しない。そのため共同体と共同体とのあいだには，自発的な協力は生じない。それゆえに多数の共同体による共同事業として，大規模な灌漑事業を実施するには，暴力を背景にした強制力を必要としたのである。

こうして暴力を媒介に支配・被支配の関係が生じると，大規模な灌漑事業などが可能となり，生産力が高まって，人間の生存を維持するのに必要なニーズを充足して，なお余りある余剰が生まれる。エジプトのピラミッド，中国の万里の長城などは，国家の誕生による強制的協力で生み出された余剰の巨大さを示すモニュメントなのである。

人間の情緒的紐帯にもとづく共同体的人間関係を**社会システム**，強制力にもとづく支配・被支配関係を**政治システム**と呼ぶとすれば，政治システムは社会システムの限界を克服すべく誕生したということができる。自然に働きかけ，人間に有用な財・サービスを生産・分配する経済行為も，政治システムが誕生するとともに，共同体的慣習に従って営まれるだけでなく，君主や領主の指令にも従って実行されることになる。

このように政治システムが誕生すると，君主や領主という支配者は，共同体的慣習を利用しながら，指令によって経済をも支配し，巨大な余剰を手中に収める。もっとも，支配者は社会を支配するためには，強制力を行使するだけでなく，被支配者の生存に必要なニーズを充足する責務を負う。そのため支配者は，ひとたび飢饉に陥れば，自らの蔵を開き，領民を救済しなければならなかった。こうして暴力を媒介とする支配も，被支配者が支配者の支配に服従する代わりに，支配者によって被支配者の生存が保障されていなければ，円滑には機能しないことになる。

◈欲望の拡がり：市場社会の成立

社会システムの共同体的慣習と，政治システムの指令にもとづいて経済を処

理する前市場社会には限界が存在する。確かに社会システムに政治システムが加わることによって，生産力が高まり，人間の生存が保障されるだけでなく，余剰も生じ，膨れ上がる欲望も充足されるようになる。

　しかし，政治システムは社会システムで営まれる生活を保障する代わりに，政治システムの支配者が大部分の**社会的余剰**を取得してしまう。つまり，社会的余剰は，支配者の偉大な権力を賛美する後世に残るようなピラミッドや万里の長城などの巨大なモニュメントの建設や，支配者の贅沢三昧な生活に費消されてしまい，広汎な社会の構成員の欲望を満たすことができず，その構成員は低水準な生活が強いられていたのである。

　こうした限界を打破するために，市場社会が成立する。市場社会とは**経済システム**が，政治システムや社会システムから分離してくることを意味する。つまり，社会システムの共同体的慣習と政治システムの指令にもとづいて実施されていた，自然に働きかけて人間に有用な財・サービスを生産・分配するという経済行為が，政治システムや社会システムから分離されて実施されるようになったのである。

　前市場社会にも，市場が存在しなかったというわけではない。三内丸山の縄文遺跡には，巨大な木造の塔が聳え立っている。その木造の塔は，三内丸山という集落の位置を，他の集落に知らせるために立てられていた。それは他の集落と市場交換をするためである。三内丸山の集落の内部には，共同体的人間関係しか存在せず，支配・被支配の関係も認められない。もちろん，市場的人間関係も集落内部には存在しない。しかし，集落内部に生じたわずかな余剰を，他の集落とのあいだで交換する生産物市場は，集落間では存在していたのである。

　とはいえ，前市場社会において存在した市場は，生産物市場だけである。つまり，要素市場は成立していない。市場社会を観察すると，人間の作った生産物だけを取引するのではなく，土地に代表される自然や，人間の活動そのものである労働をも，市場で取引している。この自然や労働を，**本源的生産要素**という。こうした本源的生産要素が市場で取引されるのは，人間の歴史からいえば，つい最近のことである。日本でいえば明治維新以降，つまり市場社会が成立してからのことである。

というよりも，市場社会とは生産物市場ばかりでなく，土地，労働という本源的生産要素に，資本を加えた生産要素の生み出す要素サービスを取引する要素市場の存在する社会をいう。要素市場が成立するには，神が人間に等しく与え給うた自然や，人間の活動そのものである労働という本源的生産要素に，私的所有権が設定されなければならない。それは政治システムが領有していた領地や領民が解放されて，土地や労働力が私有財産となることを意味する。

　例えば，農奴という身分からの解放が実施されなければ，労働を販売して，賃金という貨幣報酬を獲得することができず，無償労働を継続せざるをえない。つまり，市場社会が成立するためには，被支配者が支配者になるという政治システムの民主化を前提にして，被支配者が生産要素に私的所有権を設定することが認められなければならないのである。

◈市場の分離による余剰の拡大

　被支配者が支配者になったとしても，強制力にもとづく支配・被支配という政治システムは存続しなければならない。要素市場が機能するには，生産要素に私的所有権を設定しなければならないが，私的所有権を設定し，保護するには強制力が必要だからである。

　もっとも，政治システムの機能は，合法的な暴力を独占し，社会秩序を維持し，社会を統合化していく任務に限定される。つまり，市場社会では経済システムが分離したのだから，財・サービスの生産と分配にかかわる管理機能は，政治システムの機能から抜け落ちたのである。

　もちろん，経済システムは社会システムからも分離し，共同体的慣習から解放される。しかし，前述のように社会システムが存在しなければ，人間は生存することができないため，社会システムも存続する。

　しかも，政治システムが民主化されることにより，社会システムも領主の指令という拘束から解放され，政治システムから分離している。しかし，社会システムと政治システムが一体化していた前市場社会では，社会システムの中で営まれる人間の生活は，政治システムによって保障されていたのだが，市場社会ではそれは，稀薄化していく。

　このように経済システムが，政治システムや社会システムから分離するとい

うことは，財・サービスの生産と分配が，指令や共同体的慣習にもとづかずに実施されることを意味する。つまり，財・サービスの生産と分配は，強制力にもとづく指令や情緒的紐帯にもとづく共同体的慣習によらずに，市場における等価交換にもとづいて実施される。

　しかし，経済システムが分離する市場社会になると，社会的余剰は支配のためのモニュメントや支配者の贅沢に費消されてしまわずに，さらに余剰を生むために使用される。つまり，余剰が余剰を生む資本として存在することになり，余剰は飛躍的に拡大していくことになる。

❖システム統合の必要性

　経済システムが分離すると，余剰は飛躍的に拡大するけれども，前市場社会では一体化されていた経済システム，政治システム，社会システムという社会全体を構成する三つのサブシステムが分離してしまう。つまり，人間の生活に有用な財・サービスを生産・分配する機能と，人間の生活を保障し，社会秩序を維持して社会統合を図る機能とが，まったく別個に営まれていくことになる。

　人間の欲求には，生存に必要なニーズと，それを超えて膨れ上がる欲望とがある。前市場社会では，人間の生活に有用な財・サービスの生産や分配が，社会システムの共同体的慣習や政治システムの指令と不可分に結びついて実施されるため，人間の生存に必要なニーズは保障されるが，それを超える欲望を充足する余剰は，政治システムの支配者がもっぱら取得していた。

　ところが，市場社会では財・サービスの生産と分配は，市場によって決定される。つまり，購買力に応じて財・サービスが分配され，かつ購買力は要素市場で決定される賃金によって規定されるため，市場によって分配される財・サービスは，必ずしも人間の生活を保障するわけではない。

　このことは，賃金を獲得することのできない生後間もない乳児が，賃金を獲得できないため，市場を通じては財・サービスが分配されず，自力では生存することが許されないことを想起すれば，容易に理解できるはずである。つまり，市場関係ではニーズを充足することができないのである。

　そのため市場社会でも人間の生活は，情緒的紐帯にもとづく共同体的人間関係，つまり社会システムで営まれざるをえない。家族のような社会システムに

おいて，ニーズに応じて財・サービスが無償で分配され，人間の生存が保障される。

　もっとも市場社会では，経済システムが分離していて，前市場社会のように生産行為が共同体的人間関係と一体化していないため，生存に必要な財・サービスは生産物市場から購入せざるをえない。とはいえ，市場で購入された財・サービスは，家族内部の無償労働で加工され，無償で分配されなければ，人間のニーズは充足されないのである。

　経済学が対象とする経済システムにおける**消費**とは，家計としての家族が財・サービスを生産物市場から購入することを意味する。しかし，それは人間が生存していくために，財・サービスを使い尽くすという意味での「消費」ではない。人間の欲求を充足し，人間の生存を維持するという意味での「消費」が行われるのは，家族内部で市場から購入した財・サービスに加工がなされ，必要に応じて分配されたうえでのことである。だからこそ生後間もない乳児でも生存が許されるのである。

　家族も生産物市場から財・サービスを購入できなければ，生活を維持していくことができない。市場では購買力に応じて分配され，その購買力は要素市場で要素サービスを販売することによってのみ獲得される。しかし，獲得した購買力のみで，生存に必要な財・サービスが購入できるとは限らない。しかも，要素市場で自分のもつ要素サービスが売れず，購買力を獲得することすらできない場合もある。

　前市場社会では社会システムで営まれる人間の生活を，政治システムが保障していた。つまり，支配を受け入れる代償として，人間の生存は保障されていた。それは経済システムが政治システムや社会システムから分離していなかったため，政治システムが生産要素を領有していたので，社会システムで営まれる人間の生活を保障することが可能となっていたからである。

　ところが，市場社会になると，社会システムも領主の指令という政治システムの拘束から解放されるが，政治システムによる生活の保障をも失うことになる。そのため経済システムが，人間の生活に必要な財・サービスを分配することができなければ，人間としての生存が不可能になる。

　人間としての生存が保障されないとすれば，社会に亀裂が生じ**社会統合**は不

可能となる。生産要素を私的に所有する市場社会では，土地や資本という生産要素を所有しない者は，労働によって生活の糧を得るしかない。土地や資本という財産もなく，必要な購買力を得るための労働の機会すらないとすれば，人々は土地や資本の私的所有を認めることに合意しなくなる。そうなると，**トータル・システムとしての市場社会**は成立しなくなってしまうのである。

※ミッシング・リンクとしての財政

　市場社会が成立すると，経済システムが分離することによって，経済システム，政治システムと社会システムという三つのサブシステムが独立してくる。この三つのサブシステムを調整し，一つのトータル・システムとしての社会に統合する媒介環が，財政だということができる。

　三つのサブシステムと財政との関係を図示すると，図 2-1 のようになる。

　経済システムとは市場的人間関係にもとづき，「営利」つまり「お金儲けをしてよい」領域であり，**競争原理**で営まれる領域である。これに対して政治システムと社会システムは，「非営利」つまり「お金儲けをしてはいけない」領域であり，**協力原理**で営まれる領域である。

　政治システムとは被支配・支配の人間関係を意味し，「強制」によって社会を統合していく領域である。これに対して経済システムと社会システムは「強制」ではなく，自発的に形成される人間関係となる。

　社会システムとは情緒的紐帯にもとづく共同体的人間関係であり，**無償労働**によって支えられている。これに対して経済システムと政治システムは**有償労働**によって営まれている。

　財政は政治システムと経済システム，政治システムと社会システムとの媒介環として社会を統合する役割を持つことになる。政治システムは財政というチャネルを通して，経済システムを機能させるための**公共サービス**を供給する。この公共サービスには，大きく二つある。一つは，土地，労働，資本という生産要素に私的所有権を設定し，それを保護する公共サービスである。もう一つは，コルムの言葉で表現すれば，経済システムが円滑に機能するための「**高次生産要素**」としての交通手段，産業経済・研究，統計・情報などの公共サービスである。

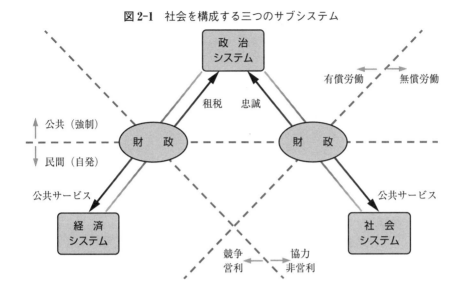

図2-1　社会を構成する三つのサブシステム

　これらの公共サービスを供給する代価として，政治システムは財政という
チャネルを通して，経済システムから強制的に貨幣を調達することになる。そ
れが租税である。

　政治システムは財政というチャネルを通して，社会システムにもそれを機能
させる公共サービスを供給する。社会システムを機能させる公共サービスとは，
家族間あるいはコミュニティ間の対立や抗争を調停する公共サービスといって
よい。共同体的人間関係は，継続的な人間的接触によって形成される，固有名
詞のある関係を必要とする。継続的な人間的接触のない共同体間では，対立や
抗争が生じる。そうした対立や抗争は，暴力を背景に政治システムが調停しな
ければならなくなるのである。

　市場社会では生産要素に私的所有権を認めるため，家族間やコミュニティ間
で，生産要素の私的所有をめぐる対立や抗争が生じる。しかも，経済システム
が社会システムで営まれる人間の生活に，必要な財・サービスを分配できなけ
れば，こうした対立と抗争は激化する。

　そのため政治システムは財政というチャネルを通して，暴力を背景にした秩
序維持サービスだけでなく，生活保障をする公共サービスの提供も必要となる。

こうした社会システムを機能させる公共サービスの供給の代償として，政治システムは社会システムから忠誠を「調達」し，社会全体をトータル・システムとして統合していくことになる。

このように財政は，三つのサブシステムの境界線上にあって，それらを結びつける隠れた媒介環であり，市場社会を統合するミッシング・リンクということができる。そのため，財政現象を分析対象とする財政学も，社会諸科学の境界線上にあって，その見えない役割を探る科学とならざるをえないのである。

総ての道はローマに通ず

ラ・フォンテーヌ（Jean de La Fontaine）の寓話集に，「総ての道はローマに通ず」という言葉がある。偉大なローマ帝国は，帝国を支配するために，道路網を整備した。しかも，ローマ帝国は整備した道路網に，一定の距離ごとに駅停を設け，郵便制度を整えたのである。

「総ての道はローマに通ず」という箴言は，政治システムの統治の要が，交通と通信にあることを論じている。もちろん，民主主義のもとでは，被統治者が統治する。したがって，ローマ帝国の時代と相違して，支配とは被統治者の共同管理のもとに置かれることを意味する。

つまり，交通や通信は被統治者の共同管理のもとに置かれなければ，社会統合が困難になると，ラ・フォンテーヌの寓話集は教えている。しかし，日本は道路も郵便も民営化した。ラ・フォンテーヌの寓話集の教えが正鵠を射ているか否かは，歴史が判断するはずである。

民は民か

「民」とは「タミ」と，一般に訓で読んできた。しかし，いつの間にやら，「ミン」と音で読むようになってしまった。「民」とは統治される者を意味する。「民」には市場とか，企業とかいう意味はない。

民間という言葉ですら，辞書をひもとけば，人民と人民との間という意味である。必ずしも市場とか企業を，民間は意味していない。

民主主義とは「民」が「主」になること，つまり統治される者が，統治するようになることだといってよい。財政は民主主義にもとづいて運営されなければ財政ではない。

　しかし，そうした財政に，「官」というレッテルを貼り，「民でできることは民で」，「官から民へ」という遠吠えが木霊している。財政こそ「民」が支配する経済であることを忘れてはならない。財政は「民」が共同管理する経済なのである。「民」が支配すべき財政が，「官」に支配されてしまっているのであれば，それこそ「民」が取り戻さなければならないのである。

　「官から民へ」の合言葉のもとに，「民」の共同経済を，「私」化して富者に売却してはならない。

第 2 編

財政学のあゆみ

第 3 章

財政学の生成

> この章では，財政現象を考察の対象とする財政学が形成されるまでの学説史を振り返る。財政学はドイツの官房学を父とし，イギリスの古典派経済学を母として，19 世紀後半のドイツで形成される。それがワグナーによって大成されるドイツ正統派財政学である。しかし，世界の支配的学説として君臨したドイツ財政学は，第一次大戦におけるドイツ帝国の敗戦とともに没落してしまう。

❖財政学の二つの起源

　「境界線上の科学」である財政学が独立した学問として確立したのは，19 世紀後半のドイツにおいてである。しかし，「境界線上の科学」としての宿命を背負う財政学は，隣接諸科学それぞれの一分野として扱われたり，隣接諸科学の知識の寄せ集めに終わってしまったりする危険に，いつも苛まれている。そのため財政学を学ぶ者は常に，財政学を「境界線上の科学」として確立するという「青い鳥」を求める旅人となって渉猟しなければならないことになる。

　こうした「青い鳥」を求める旅人として，財政学の起源を訪ねる旅へと旅立つと，二つの発生源に辿りつく。一つは，ドイツおよびオーストリアにおける「**官房学**（Kameralismus, Kameralwissenschaft）」であり，もう一つは，イギリスの**古典派経済学**である。コルムの言葉によれば，「財政学は官房学と古典派経済学の奇妙な婚姻の産物」なのである。

　官房学は 16 世紀中葉から 19 世紀中葉に至るまで，ドイツおよびオーストリア，つまり神聖ローマ帝国領域内で展開した**国家経営学**ともいうべき学問である。神聖ローマ帝国は 1648 年に三〇年戦争が終結した後，領域内に領邦国家

図3-1 財政学の誕生

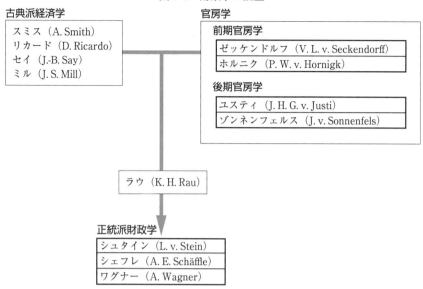

が割拠する状態となり，それぞれの領邦国家は殖産興業，富国強兵を競うことになった。官房学はこうした殖産興業，富国強兵のための国家経営学として展開されたのである。

　官房学は1727年に，プロイセンのフリードリッヒ・ヴィルヘルム一世が，ハレ（Halle）とフランクフルト・アン・デル・オーデル（Frankfurt an der Oder）の両大学に官房学の講座を設置したことを画期として，前期と後期に分割されている。前期官房学ではゼッケンドルフ（Veit L. v. Seckendorff）やホルニク（Philipp W. v. Hornigk）を，後期官房学ではユスティ（Johann H. G. v. Justi）やゾンネンフェルス（Joseph v. Sonnenfels）を，代表的官房学者として挙げることができる。

◈官房学の限界

　しかし，官房学は財政現象を考察の対象としているとはいいがたい。というのも，官房学が活躍した時代は，財政現象がまさに生成していく過程であり，財政現象そのものがまだ明確に姿を現していたわけではなかったからである。

官房学が考察する「国家の経営」とは，領邦国家の「領主の家計」の経営だったと考えてよい。確かに，官房学では「**共同の至善**」，つまり領主と領民の「共同の利益と富裕」が目指されている。しかし，領邦国家の収入は，領主の官有地からの収入である「**ドメーネン（Domänen）**」，商工業者に賦課した通行料徴収特権，市場開設特権などの特権収入である「**レガリエン（Regalien）**」，領民に賦課した公課である「**ベーデ（Bede）**」によって構成されていた。このうちベーデは後に租税に発展していくとはいえ，当時その収入は臨時的収入と考えられていたのである。

　そのため領主と領民の「共同の利益と富裕」のためには，領主の官有財産からの収入の拡大，つまり官有地の農業経営や鉱山開発という「殖産興業」に重点が置かれていた。それは官房学の考察の対象としている政治システムが，あくまでも生産要素を所有する「**家産国家**」だったことを意味している。つまり，政治システムと経済システムがまだ未分離の状態にあったのである。

　後期官房学の代表ともいうべきユスティは，アダム・スミス（Adam Smith）の公平・明確・便宜・徴税費最小という四つの租税原則ときわめて類似した六つの租税原則をすでに打ち出している。しかし，そのユスティにしても，ドメーネンやレガリエンを主要な国家収入と考え，それらの不足を補完する収入として，租税を位置づけていたのである。

　このように政治システムと経済システムとの分離が明確ではなく，財政現象が鮮明に析出していなかった時期に誕生した官房学には，財政学としてみるには，限界が存在したといって間違いない。しかし，官房学が展開した**国庫**を管理する財務行政論は，財政学に継承されていくことになる。というのも，それほど明確ではないにしても，政治システムから経済システムの分離現象がすでに始まっており，財政を媒介に経済システムと社会システムとを統合しようとする財務行政が展開されていたからである。

◈財政現象の出現

　財政学のもう一つの歴史的起源は，古典派経済学である。官房学も18世紀後半に後期官房学が最盛期を迎えるが，古典派経済学はその後期官房学が最盛期を迎えた18世紀後半に登場する。しかし，官房学がドイツ，オーストリア

という後進国で発展したのに対し，古典派経済学は先進国イギリスで登場する。

　先進国イギリスでは18世紀後半には，経済システムが分離して三つのサブシステムが析出し，財政現象が鮮明にその姿を現していたということができる。そのため官房学と相違して，古典派経済学では明確に確立した財政現象を考察の対象に据えることができたのである。

　イギリスでは清教徒革命と名誉革命という市民革命を通じて，被統治者が統治者になるという民主化が進む一方で，家産国家から無産国家へと推移し，私有財産が確立してくる。そのため財政現象が明瞭に析出してきたのである。

　1673年には，近代租税制度の成立といわれる**内国消費税**（excise）制度が創設される。そして1688年の名誉革命は，**議会による予算統制の成立**，つまり**財政民主主義の確立**を意味していた。さらに，1694年の**イングランド銀行債**は，近代公債制度の成立を告げる象徴的出来事となったのである。

　こうして18世紀後半のイギリスでは，ドイツやオーストリアと相違して，政治システムの収入を，領主の官有地からの収入や特権収入に依存するという状況は解消され，財政現象が姿を現してきていた。このように明確に出現した財政現象を分析対象として，アダム・スミスを創始者とし，リカード（David Ricardo）やJ.S.ミル（John S. Mill）に受け継がれていく古典派経済学が登場したのである。

◈アダム・スミスの三つのドグマ

　古典派経済学の創始者であるアダム・スミスは，不朽の名著『諸国民の富』（*An Inquiry into the Nature and Causes of the Wealth of Nations*, 1776）の第5篇で，財政論を展開している。このアダム・スミスの財政論をコルムは，三つのドグマ（教義）に整理して明快にまとめている。第一は「**必要悪**（necessary evil）**のドグマ**」であり，第二は「**中立性のドグマ**」，第三は「**均衡財政のドグマ**」である。

◈必要悪のドグマ

　「必要悪のドグマ」とは，政府は必要悪であり，財政の規模は小さいほどよいという「**安価な政府**（cheap government）」の主張である。財政規模が小さい

ほどよいという主張は，政府の経費が不生産的だと想定していたからである。政府の活動は生産的価値を生まないという想定は，生産物市場で売却される財・サービスの生産活動にのみ，価値を認めたことを意味している。

　とはいえ，政府活動を不生産的としながらも，アダム・スミスは「国防は富裕よりも重大である」と主張する。この言葉にみられるようにアダム・スミスは，政府はたとえ「悪」であっても，必要不可欠で有用な存在と認めていたのである。

　こうした「必要悪のドグマ」から，アダム・スミスは政府の機能を，社会秩序の維持と外敵からの防衛という最小範囲の機能に限定する。つまり，アダム・スミスは政府の機能を，次の四つに限定する。それは第一に国防，第二に司法，第三に公共事業，第四に君主の尊厳の維持，という四つの機能である。

◈安価な政府と中立性

　「安価な政府」の財源を賄う租税は，中立でなければならないというのが，「中立性のドグマ」である。この租税の中立性とは，租税が市場経済の動きを歪めないということを意味する。つまり，課税前の市場による所得分配の状態が，課税後にも保障されていなければならないという主張である。

　「中立性のドグマ」からすると，国民が納税する租税は，国民が政府から受ける利益の対価でなければならないことになる。というのも，国民が政府から受ける利益は，国民が取得する所得に表れると考えられているからである。したがって，租税を所得に比例して課税することが，国民が政府から受ける利益に応じた公平な課税となるという主張になる。しかも，所得に比例して課税すれば，課税前の所得分配状態を，課税後にも保障することができ，中立性を実現できるのである。

　こうした課税の公平性の主張に加えてアダム・スミスは，課税する場合には「明確」な規定にもとづいて，「便宜」な時期と方法により，「最小の徴税費」で徴収されるべきだと主張する。つまり，後に第11章で説明するようにアダム・スミスは，「**公平の原則**」「**明確の原則**」「**便宜の原則**」「**徴税費最小の原則**」という四つの課税原則を唱えたのである。

◈均衡財政のドグマ

「均衡財政のドグマ」とは，財政収支を均衡させる健全財政を目指すべきだという主張である。そうした主張をメダルの裏側から表現すれば，公債の起債を認めず，公債はすみやかに償還すべきだという「**公債排撃**」論を唱えたことになる。

政府が租税によって収入を獲得しようと，公債によって収入を調達しようと，国民の所有している貨幣を調達するという意味では変わりがない。ところが，租税は強制的に，何の対価もなく無償で調達されるため，国民の抵抗を伴う。仮に国民の合意を得たとしても，国民は消費を節約して納税する。

しかし，公債を起債して収入を獲得する場合には，確実な元利払いを期待する公債の応募者に負担感を与えるわけではない。そのため公債によれば，租税のように抵抗を伴わずに，収入を獲得することができる。しかも，公債の応募者には負担感がないため，公債に応募した金額だけ，消費を節約しようとは思わない。

そうだとすれば，政府の支出が不生産的であろうとも，租税で財源を調達すると，不生産的支出に見合う消費の節約が行われることになる。ところが，公債で財源を調達する場合には，消費の節約が実施されないので，生産的支出に向かうべき財源が，政府の不生産的支出に振り向けられてしまう。

こうして抵抗の少ない公債の起債が容易に実施されれば，公債の元利払いつまり公債費は膨張する。もちろん，それは「安価な政府」という要請に背反する。しかも，公債の元利払いは租税で調達した収入を，公債所有者に分配することを意味する。そのため租税が，市場による分配関係に対して中立的に課税されていたとしても，公債費によって分配関係は歪められてしまう。したがって，中立性の要請にも背反することになる。

こうして公債の起債は，安価な政府や中立性の要請にも背反するという意味でも排撃される。つまり，「必要悪のドグマ」や「中立性のドグマ」を担保するためには，「均衡財政のドグマ」が必要であり，アダム・スミスの主張では三つのドグマが相互に関係していたのである。

◈古典派経済学の信仰

　アダム・スミスの三つのドグマは，後の J. S. ミルになると，やや修正がみられるようになるものの，リカードやセイ（Jean-Baptiste Say）という古典派経済学に受け継がれていく。こうした古典派経済学が，官房学と同様に人民と君主の両者を豊かにすることを目指していたことも事実である。しかし，官房学と相違して，古典派経済学では明らかに，「人民」を豊かにすることを重視していたのである。

　古典派経済学も政府の有用性を認識していた。しかし，王権神授説にもとづいた政府の使命を信仰していた官房学と相違して，古典派経済学では政府を「必要悪」としてしか位置づけていない。古典派経済学が神として崇め，信仰の対象としたのは，市場経済という**自然的秩序**を支配する神の力である。つまり，神の「**見えざる手（invisible hand）**」に支配される自然的秩序としての市場経済なのである。

　古典派経済学が対象とした現実においては，官房学が対象とした現実と相違して，政治システムと経済システムが分離し，財政現象が明確に出現していた。ところが，古典派経済学は財政という現象を，市場経済という自然的秩序としての経済システムに対する攪乱要因として分析した。それは古典派経済学が市場経済を自然的秩序として信仰したからである。その結果として古典派経済学は，財政現象そのものを総体として分析するのではなく，財政が経済システムに与える影響を個別的に分析の対象としたということができる。コルムによれば，このようにして古典派経済学は，「財政学という特殊科学の発展を抑えてしまった」のである。

　古典派経済学が市場経済を自然的秩序として信仰できた背景には，皮肉なことに市場経済の領域が限定されていたこと，つまり市場的人間関係の役割が限定されていたという現実が存在する。これを裏側から表現すれば，家族やコミュニティという社会システムの機能が，経済システムの機能よりも遥かに強力に作動していたということを表している。

　それは家族が生活を維持するために，市場から購入する消費財よりも，家族内の無償労働によって生産する消費財のほうが，著しく高いウェイトを誇っていたことを意味している。人間の生活時間の配分で，市場的人間関係で費やさ

れる時間よりも、共同体的人間関係で費やされる時間のほうが、圧倒的に比重が高かったといってもよい。つまり、当時の人間の生活は、市場的人間関係で補完された共同体的人間関係によって支えられていたのである。

古典派経済学の主張は、不死鳥のごとく現在にも甦っている。「安価な政府」あるいは「小さな政府」という「必要悪のドグマ」、課税は市場経済を歪めてはならないという「中立性のドグマ」、それに「均衡財政のドグマ」は、現在でも新しい装いを凝らして繰り返し主張されている。

しかし、古典派経済学が想定している現実では、拡大した機能を備えた家族、コミュニティ、教会などのインフォーマル・セクターやボランタリー・セクターという社会システムの活発な機能が前提とされていたことを忘れてはならない。家計が市場経済から購入する財・サービスは、現在よりも遥かに少なく、生活に必要な財・サービスの多くは、社会システムの無償労働によって供給されていたのである。

◈官房学と古典派経済学の融合

古典派経済学は官房学の生誕の地であるドイツにも伝播し、強烈なインパクトを与えた。もっとも、官房学の母国ドイツでは、あくまでも官房学の伝統の上に古典派経済学を取り込もうとする学問的努力が試みられた。このように19世紀中葉期のドイツで、古典派経済学の吸収に学問的情熱を傾けた研究者に、『財政学原理』（*Grundsätze der Finanzwissenschaft*, 1832）を著したラウ（Karl H. Rau）がいる。

ラウはアダム・スミスを高く評価し、アダム・スミスによって財政論議が初めて科学的に基礎づけられたと主張する。しかし、ラウはアダム・スミスが財政に国民経済的基礎を与えたことは高く評価するけれども、古典派経済学は財政学を経済学の一分野に従属させてしまったと批判する。ラウは古典派経済学が財政学を経済学に従属させてしまったために、アダム・スミスを除けば、リカードにしても経費論を考察の対象とすることができないのだと指摘する。

このようにラウは、古典派経済学を批判しつつ、伝統的な官房学の有用性を主張する。そうした主張にもとづいてラウは、官房学者ゾンネンフェルスを継承しながら、広義の経済学を「国民経済学」「経済政策」および「財政学」の

三分野から構成される学問として体系づける。こうした経済学体系を提唱することによりラウは，古典派経済学のように財政学を経済学の応用分野としてではなく，財政学を経済学とは区別される独自の学問分野として形成しようとしたのである。

※世界を席巻したワグナーの財政学

官房学に古典派経済学を取り入れながら，独自の学問分野として財政学を確立しようとするラウの試みは，ワグナー（Adolph Wagner）に継承されて実現したということができる。『財政学』全四部（*Finanzwissenschaft*, Erster Teil〈1 Aufl., 1877；3 Aufl., 1883〉, Zweiter Teil〈1 Aufl., 1880；2 Aufl., 1890〉）を著したワグナーの財政学は，ワグナーの祖国ドイツにとどまらず，世界的な支配的学説として君臨することになる。

19世紀末から長期にわたって世界各国で使用された財政学のテキストは，ワグナーの財政学の翻訳にすぎないといってもいいすぎではない。ワグナーの後継者エーベルヒ（Karl Th. v. Eheberg）による『財政学概論』（*Grundriß der Finanzwissenschaft*, 3 Aufl., 1891）は，母国ドイツで典型的な財政学のテキストとなったばかりでなく，日本を始め多くの国々でも翻訳され，それぞれの国々で代表的財政学のテキストとして使用されている。イタリアのコッサ（Luigi Cossa）の著した『財政学概要』も，多くの国々で財政学のテキストとして翻訳された。けれども，それらはワグナーの財政学を簡潔に要約して伝えたテキストにすぎないということができる。

古典派経済学の母国イギリスでも，ワグナーの教えに従ったバスターブル（Charles F. Bastable）の『財政学』（*Public Finance*, 1892）が登場する。さらにアメリカでもワグナーの財政学を受け入れたアダムス（Henry C. Adams）の『財政学』（*The Science of Finance*, 1898）が，アメリカの代表的な財政学のテキストとなっていく。

このように世界を席巻したワグナーに代表されるドイツ財政学は，ラウの財政学を出発点としながら，19世紀後半のドイツでシュタイン（Lorenz v. Stein）やシェフレ（Albert E. Schäffle），それにワグナーによって完成される。ヘッケル（Max v. Heckel）が「ドイツ財政学の三巨星」と讃えたシュタイン，シェフレ，

ワグナーによって，19世紀後半に完成された財政学は，**ドイツ正統派財政学**と呼ばれている。

❖ドイツ正統派財政学の主張

「ドイツ財政学の三巨星」の一人であるシュタインの「経費が大なるがゆえに一方の国は優良であり，経費が小さいがゆえにもう一方の国は不良である」という名句は，ドイツ正統派財政学と古典派経済学との相違を浮き彫りにしている。それは古典派経済学の伝承者であるセイの「あらゆる財政計画のうちで最良のものは，わずかしか支出しないことである」という「安価な政府」を主張した名句と，対比してみれば明らかであろう。

シュタインが「**高価な政府**」を主張した背後には，財政経費が生産的であるという想定が存在する。もちろんそれは，古典派経済学が政府を「必要悪」と考え，財政経費が不生産的だとした想定とは対照をなしている。

こうした「**経費の生産性**」という想定は，古典派経済学を批判したドイツの偉大な経済学者リスト（Friedrich List）の『政治経済学の国民的体系』（*Das nationale System der politischen Ökonomie*, 1841）で展開された**生産力理論**によって基礎づけられている。リストの生産力理論を吸収しながら，経費の生産性を明確に主張したのは，ディーツェル（Carl Dietzel）である。

ディーツェルは『公債論』（*Das System der Staatsanleihen im Zusammenhang der Volkswirtschaft betrachtet*, 1855）で，「生産的労働は自然的暴力と，人為的暴力から保護されなければ，遂行されることがない。したがって，災害など自然的暴力から生産的労働を保護する社会資本ばかりではなく，人為的暴力から生産的労働を保護する防衛や治安維持，さらには労働者保護に支出される政府の経費は生産的である」と主張する。

ディーツェルによれば，政府は国民にとって「**無形資本**」ということになる。こうしたディーツェルの財政経費の生産性という主張は，シュタイン，さらにはワグナーに継承され，ドイツ正統派財政学の基軸原理となった。

財政経費の生産性という想定からもわかるように，ドイツ正統派財政学は古典派経済学の財政に関する「三つのドグマ」を否定している。

第一に，「必要悪のドグマ」は否定される。ワグナーによると，財政は有形

財を無形財に転換するけれども，その無形財は国民経済にとって生産的で不可欠なものである。

第二に，「均衡財政のドグマ」にもとづく公債排撃論も否定される。ワグナーは経費を，**経常的経費**と，**資本的経費**や戦費などの**臨時的経費**に分類し，資本的経費や臨時的経費の財源調達として公債の起債を肯定する。つまり，ドイツ財政学は資本的経費について公債の起債を認める建設公債原則を提唱している。後に述べるように，日本の「財政法」は，こうしたドイツ財政学の建設公債原則を受け継いでいる。

第三に，「中立性のドグマ」も否定される。ワグナーは租税政策に**所得分配の不平等の是正**という社会政策的役割を認めている。つまり，市場経済による所得分配に，租税が中立的ではなく，介入することを主張したのである。

◈財政学の確立

ドイツ正統派財政学の財政学史上の最大の貢献は，すでに指摘したように，財政学を独自の学問領域として確立しようとした点にある。つまり，ドイツ正統派財政学は財政学を，古典派経済学のように市場経済に分析の焦点を絞る経済学の一分野に解消しようとしなかったのである。

それはドイツ正統派財政学が**社会有機体説**にもとづきながら，社会全体が市場経済的な人間関係だけによって組織されているわけではないと考えていたからだといってよい。「ドイツ財政学の三巨星」の一人であるシェフレは，「経済社会」が「市場経済」と**共同経済**という二つの「経済組織」で構成されていると主張する。しかも，「共同経済」には組合や慈善団体のような「**自由意思的結合**」にもとづく「共同経済」と，国家や地方自治体のような「**強制的結合**」にもとづく「共同経済」があるとする。

シェフレはこのように経済組織を分類したうえで，政府を**公的家計**と考え，その任務は「財政」によって遂行されると認める。より正確に紹介すれば，シェフレは公的家計の任務が，国家活動に必要な国家の生活手段を獲得する財政（Finanz）と，国家活動のために実施される国家消費としての**国家経済**（Staatswirtschaft）によって遂行されると主張している。つまり，国家活動に必要な生活手段を獲得する財政とは，「国民生産」の純収益に国家が参加する

こと，いいかえれば国家家計が「**国民的分配過程**」に参加することを意味する。

　このようにシェフレは公的家計を，社会全体を構成する家計の一つにすぎないと位置づけるけれども，公的家計は公的需要の充足のみを目的としてはならないとする。つまり公的家計としての財政は，公的需要以外の需要をも充足させなければならないと主張する。それは，財政が国民経済全体として，資源を公的需要と私的需要とに適切な割合で配分することを意味する。もちろん，それは国民所得を公的需要と私的需要とに適切に分配することだといいかえてもよい。

　しかも，公的需要と私的需要に国民所得を適切に分配することは，私的需要そのものも適切に分配されることをも含意する。したがって，財政は経済的能力に応じた課税によって，私的需要を充足する手段の均衡ある分配をも実現しなければならないという**社会的原則**を提唱する。

　さらに，財政が公的需要を充足するためには，市場経済の収益・収入に依存することになる。したがって，財政は**国民経済組織**の歴史的基礎形態に支配されてしまう。そのため財政は，国民経済的原則を無視しては成立しえないと，シェフレは主張する。

　こうしたシェフレの財政学は，公的家計としての財政を，経済，政治，社会との相互依存関係として理解しようとしていると見なすことができる。しかも，公的需要と私的需要への資源配分という財政の機能を指摘しつつ，財政が社会的原則と国民経済的原則にもとづかなければならない，というシェフレのアプローチは，後述するマスグレイブによる資源配分機能，所得再分配機能，経済安定化機能という三つの財政機能の提唱に継承されていくと考えることができる。

◈支配的学説としてのワグナー財政学

　ワグナーはシェフレの財政学を発展させ，経済，政治，社会という諸要因との相互関連性と相互制約性を強調しつつ，包括的な財政学体系を完成させたということができる。独自の学問領域として財政学体系を樹立するというドイツ正統派財政学の試みは，ひとまずワグナーの財政学によって実現したということができる。

ワグナーはシェフレの「市場経済」と「共同経済」という二つの経済組織から「経済社会」が構成されているという考え方を発展させて，「**国民経済社会**」には三つの経済組織が存在すると主張する。

　一つは「市場経済」であり，それは**個人主義的経済組織**であるとワグナーは規定する。もう一つは**共同経済組織**であり，最後の一つは**慈善的経済組織**である。

　この共同経済的経済組織には，シェフレに従って，**自由共同経済**と**強制共同経済**とが存在すると，ワグナーは考える。しかも，この強制共同経済の最高形態が国家だとワグナーは主張する。

　ワグナーによれば，財政とは政府を経済主体とする個別経済であり，**公共家計**ということになる。つまり，財政とは強制共同経済の任務を遂行するために，有形財を調達して公共サービスという無形財を作り出すことであると位置づけられている。

　しかも，財政は人間の生存条件と国民経済の発展条件を保つために，「物的手段」を調達して，「国家用役」つまり公共サービスを作り出すと，ワグナーは理解している。そうだとすると，財政には二つの要求が生じる。一つは，財政によって生じた経済的弊害と社会的弊害を除去することであり，もう一つは，財政と無関係に生じた経済的弊害と社会的弊害を除去することである。

　市場経済と強制共同経済との間には，**相互依存性**と**相互補完性**が存在すると理解するワグナーは，市場経済による所得分配が「経済的意義」だけでなく，「**社会的意義**」を持つと考える。しかも，強制共同経済と市場経済との相互関係は，絶えず変化している。こうした変動を前提にして，新たな「社会時代」に突入すると，財政には前述したような二つの経済的弊害と社会的弊害を除去することが要求されるようになると，ワグナーは主張したのである。

　このようにみてくると，ワグナーが財政学の任務を，財政の社会的，政治的，経済的要因との相互依存関係を理解したうえで，**財政の発展原則**を提示することにあると設定していたことは容易に推察できるであろう。もっとも，ワグナーはこうした財政学の任務を理論的任務とし，それを実践的任務と区別していた。しかし，ワグナーは実践的任務を理論的任務によって提示された法則から引き出されると考えており，ワグナーが理論的任務を重視していたことには

間違いない。

　理論的任務を重視したワグナーは，財政学を独自の学問体系として完成させた。すでに述べたように，ワグナーの財政学は1870年代から第一次大戦に至る半世紀にわたって，世界的に支配的学説として君臨し，ドイツ正統派財政学の完成をもって，財政学の生成する歴史に，ひとまず幕が下ろされたのである。

収税吏の子：アダム・スミス

Coffee Break

　革命や独立運動は租税が引き金になることが多い。清教徒革命も酒税が引き金となっているし，アメリカの独立運動も，茶税が引き金となったボストン茶会事件に端を発している。

　イングランドの支配に喘いでいたスコットランドでも，1736年にポーティアス事件が起きているが，それも重税が引き金となっている。ポーティアス事件とは，エディンバラ市の警備隊長であったポーティアスを，群衆が殺害したという事件である。というのも，ポーティアスが，重税に怒りスコットランドのカーコーディの収税吏を襲った犯人を処刑する際に，群衆に向けて発砲して死傷者を出してしまったからである。

　アダム・スミスの研究者である山崎怜教授は，アダム・スミスの父親がカーコーディの収税吏であったことを紹介している。さらに，1776年に『国富論』を世に問うたアダム・スミスが，1786年に27歳の青年宰相ピット（William Pitt）と出会った次のようなエピソードも紹介している。

　イギリスで初めて，というよりも世界で初めて所得税を導入し，ナポレオン戦争を指揮したピットは，1782年に弱冠23歳で大蔵大臣となり，1783年から24歳で首相兼大蔵大臣の地位に就き，1801年まで，そうした重責を務めている。招待されたパーティに，遅れてきたアダム・スミスが，「皆さんご着席を」というと，ピットはすかさず「いいえ，先生こそお先にお座り下さい。われわれは皆，あなたの弟子なのですから」と応えたという。

財政学者の悲恋

Coffee Break

　財政学者の悲恋物語といえば，J. S. ミルとテイラー夫人（Mrs. John Taylor）との物語が有名である。経済学者ハイエク（Friedrich A. Hayek）も，J. S. ミルとテイラー夫人との悲恋物語を著している。

　J. S. ミルは 25 歳の時に，人妻テイラー夫人と恋に落ちるけれども，当時は離婚が認められなかった。テイラー夫人の夫の死去により，二人が結ばれた時には，J. S. ミルは 45 歳になっていた。とはいえ，J. S. ミルの恋物語は悲しみに満ちてはいるものの，ハッピーエンドで幕を下ろしている。

　ところが，リカードの悲恋物語は，結ばれることのない悲恋である。リカードはクェーカー教徒のプリシラ・アン・ウィルキンソンと恋に落ちるけれども，オランダ系ユダヤ人であったリカードの父の反対で，結ばれることのない悲恋に終わる。とはいえ，リカードも父との不和から発奮し，シティの商人として巨富を築くことになる。

　これに対してラッサール（Ferdinand Lassalle）は悲惨である。才気に溢れたラッサールは，1863 年に『間接税と労働者階級』を著し，直接税を納税していないという理由で労働者階級に選挙権を付与しない一方で，間接税によって労働者階級に負担を押し付けていると，当時のプロイセンの租税制度を告発した。ところが，ラッサールは女性をめぐって不良貴族と決闘し，若くして世を去ってしまったのである。

> 第一次大戦を契機にドイツ正統派財政学の権威は失墜する。この章ではド
> イツ正統派財政学の権威が失墜してから，第一次大戦以降に展開された財政
> 学を学説史的に位置づける。ドイツでは経済学的にアプローチしようとする
> 新経済学派の財政学と，社会学的にアプローチしようとする財政社会学が展
> 開されるけれども，世界的にはケインズ経済学にもとづく，フィスカル・ポ
> リシーが支配的財政学となっていく。

◈混迷する財政学

　財政学の歴史は，第一次大戦を契機として新しい段階に突入する。それまで
はドイツ正統派財政学が財政学の本流を形成していた。ところが，第一次大戦
の敗戦を契機として，ドイツ帝国の日が沈むとともに，ドイツ正統派財政学も
支配的な地位から没落していく。

　しかも，第一次大戦を契機に，財政学の流れが多くの支流に分かれていき，
本流が形成されなくなってしまう。もっとも，本流らしき財政学が形成されて
いく現象がみられないわけではない。けれども，それはよどみに浮かぶ泡沫の
ように，はかなく消えてしまう。こうした財政学にとっての混迷の時代は，現
在まで続いているといってよい。

　ドイツ正統派財政学を支配的財政学説の地位から引きずり下ろしたのは，財
政現象そのものの変化だったといってよい。というのも，第一次大戦は人類史
上，未体験の予想だにしなかった「**総力戦** (der totale Krieg)」となったからで
ある。

　第一次大戦は従来の戦争とは比較にならないほど参戦国が多く，戦線が拡大

したため，大量の兵士，大量の武器を投入せざるをえなかった。しかも，重化学工業化に伴い投入される武器も，戦車，飛行機，潜水艦，機関銃などが登場して高度化していく。

　そのため職業軍人に加えて，国民を兵士として戦場に駆り立てなければならなくなるばかりでなく，軍需品生産のためにも国民を動員していくことになる。しかも，多くの国民や資源を戦争に動員してしまうと，国民の生活を保障するために，生活物資の配給なども実施しなければならなくなる。

　こうして総力戦は，国民経済および国民社会の総動員を要求することになる。つまり，政治システムの遂行する戦争に，経済システムも社会システムも総動員されることになる。

　総力戦を遂行するためには，経済システムから戦費を確保するための財・サービスを，財政を通じて動員しなければならない一方で，社会システムで営まれる国民生活を，財政を通じて維持し，戦争への協力を取り付けなければならない。そうなると，資金調達の手法を中心に議論してきた既存の財政学では，対応できない財政現象が生じてくる。

　膨大な戦費調達をどのように租税で賄うのか，あるいはそもそも租税で賄うべきなのか公債で賄うべきなのかという点に始まり，悪性化したインフレーションへの対応にも迫られていく。このように際限なく生起してくる財政問題を前に，ドイツ正統派財政学が立ちすくんでいたのに対して，二つの方向から批判が生まれてくる。

　一つは，財政学を経済学に接近させようとする試みであり，もう一つは，財政学を社会学に接近させようという試みである。こうした財政学の動きをドイツについてみれば，前者は**新経済学派の財政学**として，後者は**財政社会学**として展開されることになる。

◈ザクスの財政学

　第一次大戦の戦時財政を契機に，財政は飛躍的に膨張した。単に経費が巨額に上ったというだけでなく，その内容も，戦時公債の利払い費，軍人の恩給年金に加え，戦後のドイツでは過酷な賠償の支払いも絡んで，調達した貨幣をそのまま貨幣として給付するという経費が増加する。しかも，悪性化したインフ

図 4-1　財政学の展開

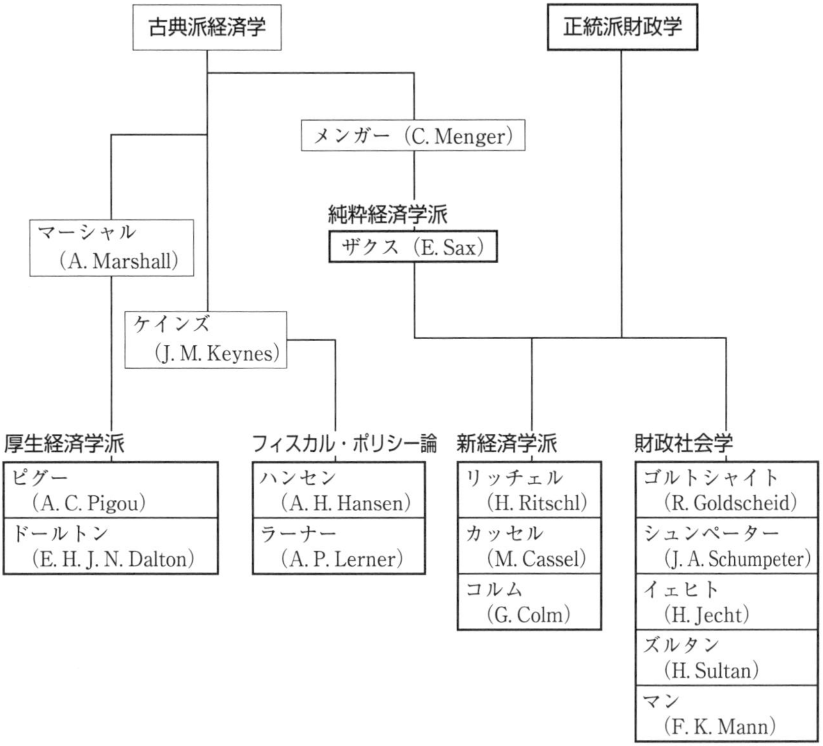

```
  ┌──────────┐                    ┌──────────┐
  │ 古典派経済学 │                    │ 正統派財政学 │
  └──────────┘                    └──────────┘

              ┌────────────────────┐
              │ メンガー（C. Menger） │
              └────────────────────┘

                     純粋経済学派
  ┌──────────┐      ┌──────────┐
  │ マーシャル   │      │ ザクス（E. Sax） │
  │（A. Marshall）│      └──────────┘
  └──────────┘
       ┌──────────────┐
       │ ケインズ        │
       │（J. M. Keynes）│
       └──────────────┘
```

厚生経済学派	フィスカル・ポリシー論	新経済学派	財政社会学
ピグー （A. C. Pigou）	ハンセン （A. H. Hansen）	リッチェル （H. Ritschl）	ゴルトシャイト （R. Goldscheid）
ドールトン （E. H. J. N. Dalton）	ラーナー （A. P. Lerner）	カッセル （M. Cassel）	シュンペーター （J. A. Schumpeter）
		コルム （G. Colm）	イェヒト （H. Jecht）
			ズルタン （H. Sultan）
			マン （F. K. Mann）

レーションが発生し，租税負担も苛酷となっていた。

　こうした財政の変化は，財政の経済システムに及ぼす効果を飛躍的に増大させる。そうなると現実を反映して，財政の経済システムに与える効果への学問的関心が強まることになる。そこから財政学を経済学に接近させなければならないという動きが，当然のことながら生じてくる。

　もっとも，財政学を経済学に接近させようとする動きは，すでに第一次大戦前から胎動している。1870 年代には政府機能を重視するドイツ財政学の対極として，市場機能を重視する**新古典派経済学**が，ワルラス（M.-E. Léon Walras），ジェヴォンズ（William S. Jevons），メンガー（Carl Menger）による**限界革命**を契機として誕生する。こうした新古典派経済学に立脚した財政学を，オースト

リアのザクス（Emil Sax）が打ち立てようとしたのである。

ザクスが著した『理論的国家経済原理』（*Grundlegung der theoretischen Staats-wirtschaft*, 1887）では，**限界効用逓減の法則**を援用して，課税によって失われる所得の限界効用は，所得額が大きくなるにつれて逓減していくということを根拠に，**累進課税**を正当化している。それは，社会政策的目的から累進税率を正当化するドイツ財政学と，同様の結論となっている。

しかし，ザクスはドイツ財政学のように，社会政策的視点という政治的・倫理的理由から，累進税率を正当化することを批判する。つまり，ザクスは財政学が，政治的・倫理的価値の支配から解放された純粋に経済理論的な科学でなければならないと主張したのである。

ザクスは純粋経済理論的価値としての個人的な効用を，財政に適用しようとする。そこで個人が主観的に認識する欲望を，**個人欲望**と**集合欲望**に分類し，経済を欲望充足活動と位置づける。そして人間は個人欲望以外に，他者との政治的結合により，集合欲望を抱くから，この集合欲望を充足するのが財政だというのが，ザクスの財政学のアプローチである。

◈新経済学派の財政学

新経済学派の財政学は，ドイツ正統派財政学を継承しながらも，新古典派の経済学を摂取したザクスの財政学をも取り込んで形成された。この学派は，全体としての経済組織は，公共経済と市場経済という異質な組織原理にもとづく，二つの経済組織によって構成されているという**二元的経済組織論**を主張する。

もっとも，新経済学派も公共経済が共同欲望を充足すると理解するけれども，ザクスの主張するように個人が個人欲望や集合欲望を認識すると位置づけ，二つの欲望充足が同一の原理で営まれるという考え方を拒否する。というよりも，公共経済つまり財政が，市場経済とはまったく異質な「**ゲマインシャフト**（Gemeinschaft）」という共同的結合にもとづく経済であることが強調される。このように財政が，市場経済とは相違する固有の原理にもとづくという点では，新経済学派の財政学も，ドイツ正統派財政学の分析視角を継承している。

とはいえ，新経済学派の財政学が，二元的経済組織論に立脚したのは，第一次大戦を契機に飛躍的に巨大化した財政が，市場経済に与えるインパクトを分

析したかったからにほかならない。新経済学派の財政学を展開した財政学者として，スウェーデンの偉大な経済学者グスタフ・カッセル（Gustav Cassel）を父に持つマルギット・カッセル，コルム，リッチェル（Hans Ritschl）を挙げることができる。

『国家経費の国民経済理論』（*Die Volkswirtschaftliche Theorie der Staatsausgaben*, 1927）を著したコルムは，財政支出を**行政給付**と**貨幣給付**に分類する。行政給付のための財政支出は，政府が任務を遂行するために，経済財を消費して作り出す公共サービスのための経費であり，具体的には人件費と物件費から成る。貨幣給付のための財政支出とは，内国債や外国債のための元利支払い，恩給や年金，補助金などのように，貨幣を移転するための支出である。

行政給付や貨幣給付という経費分類は，財政支出が市場経済に与える効果を分析するために考え出されている。社会的生産物に占める財政支出の割合が，比較的わずかである場合には，こうした経費分類は考えられない。しかし，第一次大戦を契機に，飛躍的に膨張した財政に直面した新経済学派の財政学は，財政の市場経済に及ぼすインパクトという視点から，財政支出を分析しなければならなかったのである。

マルギット・カッセルは，父グスタフ・カッセルが主張した**費用原則**と**無償原則**を拡張し，共同経済と交換経済という二元的経済組織論を展開しながら，財政支出を価格形成という経済学的観点から分析している。マルギット・カッセルによると，共同経済は**共同財**によって共同欲望を充足する。

この共同財は**受動的消費**と**非分割性**という性質があるために，政府が無償で供給する。受動的消費とは個人が価格を支払わなくとも，共同欲望の充足から排除されないことを意味し，非分割性とはそれぞれの個人に分割して割り当てることができないことを意味する。こうしたカッセルの経費論は，現在の公共財の理論における非排除性や非競合性という概念に継承されていくことになる。

このように新経済学派の財政学では，財政による市場経済へのインパクトを分析するという問題関心から，財政と市場経済という二元的経済組織論を展開する。こうした点では，財政を国家家計という個別経済として理解していたドイツ正統派財政学とは相違する新たな視角から，財政現象を捉えようとした。

もっとも，二元的経済組織論を展開した新経済学派の財政学に限らず，第一

次大戦後には飛躍的に拡大した財政を，市場経済あるいは国民経済との関連で分析しなければならないという認識は，広く共有されていたといってよい。財政社会学の立場に立つレプケ（Wilhelm Röpke）も，財政学を「国家公共体の家計およびこれと国民経済総過程との間の相互関係に関する学問である」と定義し，財政と国民経済との相互関係を分析するとともに，それを新たな財政学の対象として加えていた。さらに，財政社会学者マン（F. Karl Mann）も財政が国民経済に働きかける経済政策の手段として活用されていく傾向を，「**財政政策の経済化**（Ökonomisierung der Finanzpolitik）」として指摘していたのである。

◈財政社会学の提唱

　財政を市場経済という経済システムとの関連で分析する必要が主張されるとともに，第一次大戦を契機に膨張した財政を「国家」との関連で分析しなければならないという主張も登場する。それが財政社会学である。

　財政社会学は第一次大戦による財政破綻から誕生する。財政社会学の始祖といわれるゴルトシャイト（Rudolf Goldscheid）は，第一次大戦によって破綻したオーストリア・ハンガリー帝国の財政を目の前にして著した『国家社会主義か国家資本主義か』（*Staatssozialismus oder Staatskapitalismus*，1917）で，財政学が国家と国家家計つまり財政との相互関係を考察してこなかったと批判している。ゴルトシャイトによれば，国家の起源は社会契約にあるのではなく，集団闘争によって支配階級が共同体から生成し，そうした共同体内に生成した統一的集団が財政需要を生じさせたことにある。

　ところが，資本主義国家は財政需要を賄う財産を失い，さらにブルジョワジーによって搾取され，見るも無惨な債務国家になってしまっている。このように債務国家となった第一次大戦後の祖国に対してゴルトシャイトは，**資本課徴**（the capital levy）つまり一度限りの財産税の課税によって，国家が財産を取り戻し，豊かにならなければ，社会問題に対応できないと主張する。

　こうした主張を通してゴルトシャイトは，財政学が財政と国家との関連を分析できないのは，国家と社会と経済とのあいだに相関関係を認めようとしないからであると指摘する。そこでゴルトシャイトは，財政学を社会学によって基礎づける財政社会学を提唱することになる。

このようにゴルトシャイトは，祖国オーストリアの財政破綻を憂い，1917年に『国家社会主義か国家資本主義か』を世に問うたのである。その翌年，オーストリアの大蔵大臣を務めていたシュンペーターが，ゴルトシャイトの提唱する財政社会学を受け継ぎ，『租税国家の危機』（*Die Krise des Steuerstaats*）を発表する。シュンペーターは市場社会とともに成立する近代国家が，市場経済から調達する貨幣に依存するしかない「**経済的寄生**（economic parasite）」としての**租税国家**であることを明らかにしたうえで，ワグナーが定式化した「経費膨張の法則」と「経済的寄生」との対立関係を分析する。

　シュンペーターによると，市場経済が高度化すれば，社会的共感の領域も拡大するため，社会サービスの供給水準を引き上げざるをえなくなり，財政経費は膨張する。とはいえ，租税国家は「経済的寄生」という存在であるため，租税で市場経済を萎縮させてしまうわけにはいかない。シュンペーターはこうしたディレンマのために，「租税国家の危機」が生起せざるをえないと主張したのである。

◈財政社会学の展開

　ゴルトシャイトとシュンペーターによって提唱された財政社会学は，ウェーバー（Max Weber）の社会学の影響を受けながら展開されていくことになる。『財政経済の本質と諸形態』（*Wesen und Formen der Finanzwirtschaft*, 1926）を著したイェヒト（Horst Jecht）は，財政学では財政を「**全社会的・経済的機構**」との関連で分析する必要があると主張し，財政学の方法論的基礎を現象学に求めようとしている。

　イェヒトの業績で注目すべきことは，イェヒトが**現象学的方法論**から「財政の本質」を抽象的に議論するだけでなく，「全社会的・経済的機構」の関連で**財政の類型化**を試みている点である。もっとも，こうした財政の類型論では現象学というよりも，ウェーバーの社会学が取り入れられている。つまり，イェヒトはウェーバーが『経済と社会』（*Wirtschaft und Gesellschaft*）で展開した**伝統的支配**と**合理的支配**という二つの支配の類型を援用して，伝統的財政と合理的財政という財政の類型論を繰り広げる。

　イェヒトは市場経済の合理性と合理的財政との内的関連を指摘し，政府が営

利経済の収益から租税を調達する租税国家こそが，最も純粋な合理的財政の形態であると主張する。しかし，こうしたイェヒトの財政の類型論では，市場経済の変化に対応した財政の動きを類型化しているわけではないので，市場経済とともに変動する財政の動態を説明することはできない。このようにイェヒトの財政社会学は，現実の財政現象を動態的に分析するツールを十分に提供するものではなかったのである。

　現象学を取り込もうとしたイェヒトに対し，ズルタン（Herbert Sultan）は知識社会学にもとづいた財政社会学を展開して，財政現象の「事象のそれ自体」に近づこうとする。ズルタンが著した『国家収入論』（*Die Staatseinnahmen*, 1932）では，財政学の課題を「国家と経済との統合において，財政の構造を認識すること」と設定している。

　こうした認識からズルタンは，イェヒトが「合理的財政」として一括していた近代市場社会における財政を，「**国家と経済との接合**」のあり方から，前期と後期に分割して財政現象を動態的に考察しようとする。しかも，こうした財政現象の動態を規定するのは，「政治的勢力の把握者」による闘争であるとして，政治的モメントを財政学に構造的・体系的に取り入れることの必要性を強調したのである。

　このように第一次大戦後に，ドイツ正統派財政学の批判者として登場した財政社会学は，社会現象である財政を社会・政治・経済との関連でマクロに考察することを主張する。もっとも，シェフレにしろシュタインにしろワグナーにしろドイツ正統派財政学も，社会システム，政治システム，経済システムとの相互関連で財政を把握しようとしていた。財政学を「国家家計」としての財政をミクロ的に分析する学問に墜落させたのは，エーベルヒを始めとするドイツ正統派財政学の伝道者たちであったということができる。

　しかし，ドイツ正統派財政学のマクロ分析の伝統を批判的に継承しようとした財政社会学も，第二次大戦後には急速に影響力を喪失していくことになる。カール・マンが著した『財政学理論と財政社会学』（*Finanztheorie und Finanzsoziologie*, 1959）は，財政社会学の「挽歌」といわれ，財政社会学は死せる学問として忘却の彼方に葬られてしまう。

❖厚生経済学的財政学

第一次大戦を契機に出現した財政学の新しい流れを，ドイツを中心にみてきたけれども，ドイツ正統派財政学の影響を受けていたイギリスでも，財政を経済理論的に究明しようとする動きが生じる。もちろん，第一次大戦を契機にイギリスでも，財政の比重が飛躍的に高まる。しかも，第一次大戦前に「世界の銀行」として君臨していたイギリスでは，それまでの国際金融上の地位を確保するためにも，通貨を安定させ，是が非でも金本位制に復帰せざるをえなかったため，財政が経済へ及ぼす影響への分析に関心が集まっていく。

そうした研究は，イギリスではマーシャル（Alfred Marshall）の強い影響のもとに，ピグー（Arthur C. Pigou）やドールトン（Edward H. J. N. Dalton）によって展開された。もっとも，ピグーやドールトンは財政学の問題領域を広く体系的に取り上げているわけではなく，むしろ「厚生経済学」の応用として財政を取り扱ったという色彩が強い。とはいえ，ピグーの経費論をみると，新経済学派のコルムの経費論と類似している。というのは，ピグーは財政経費を，**実質的経費**と**移転的経費**に分類するけれども，実質的経費はコルムの行政給付に，移転的経費はコルムの貨幣給付に，ほぼ対応しているからである。

より正確に表現すれば，コルムの行政給付を構成する人件費と物件費に，対外的貨幣給付を加えなければ，ピグーのいう実質的経費とはならない。つまり，ピグーは外国債の利払い費や償還費などを，実質的経費と位置づけ，移転的経費に分類していないからである。

とはいえ，こうした近似化は，コルムもピグーも**財政経費の経済的効果**という視点から経費を分類しようとしたために生じたのである。こうしたことからもわかるように，1920年代のイギリスの財政学では，財政の経済的効果に関心が集中していたのである。

❖ケインズ革命のインパクト

イギリスにおいて，財政の経済的効果を分析しようとする問題関心は，1929年の世界恐慌を契機に著しく高まる。その結果，深刻な不況から脱出する手段として，財政政策の活用が意図されるようになる。

当然のことながら，世界恐慌という未曽有の不況からの脱出は，広く経済学

のテーマとなっていた。こうした時代背景のもとに，世に「**ケインズ革命**」と賛えられることになる，ケインズ（John M. Keynes）の『雇用・利子および貨幣の一般理論』（*The General Theory of Employment, Interest and Money,* 1936）が刊行される。すでに『自由放任の終焉』（*The End of Laissez-Faire,* 1926）を著し，自由放任による市場経済は 1914 年 8 月の第一次大戦の開戦とともに終焉したと主張していたケインズは，カーン（Richard F. Kahn）が「国内投資と失業の関係」（"The Relation of Home Investment to Unemployment," *Economic Journal,* June, 1931）で繰り広げた**乗数理論**を取り込み，33 年には『繁栄への道』（*The Means to Prosperity*）を発表して不況脱出のシナリオを描いていた。

　ケインズの**有効需要理論**によれば，深刻な不況は，消費と投資から構成される有効需要が，完全雇用を達成する水準よりも，大幅に不足しているために生じている。こうした有効需要の不足，つまりデフレ・ギャップを補い，完全雇用均衡を達成するには，政府が公債財源によって，公共投資を積極的に推進する必要があると，ケインズは主張する。つまり，ケインズは国民経済の均衡を回復するためのバランシング・ファクターとして，財政を位置づけようとしたのである。

　「ケインズ革命」は財政学の潮流に，決定的なインパクトを与える。財政を景気政策の手段として活用しようとする財政政策は，一般に**フィスカル・ポリシー**（fiscal policy）と呼ばれる。「ケインズ革命」を契機にケインズの影響を受け，フィスカル・ポリシーに焦点を絞った財政学が，財政学のメイン・ストリームを形成するようになったといってもいいすぎではない。こうしたケインズ的財政学を展開した財政学者として，ハンセン（Alvin H. Hansen）やラーナー（Abba P. Lerner）を挙げることができる。

❖フィスカル・ポリシーの財政学

　『景気政策と財政政策』（*Fiscal Policy and Business Cycles,* 1941）を著したハンセンは，ケインズ経済学にもとづく財政学の完成者ということができる。つまり，ハンセンは**総需要管理**という視点から，国民経済に与える財政のインパクトに着目したフィスカル・ポリシー論をまとめ上げたのである。

　ハンセンは 1929 年の大恐慌に続く不況の経験から，**長期停滞**（secular stagnation）という現状認識にもとづいて，「補整的財政政策」論を展開した。つまり，長期停滞という段階において国民経済の完全雇用水準を達成するためには，財政は一時的な「呼び水的財政政策」にとどまらず，不断に有効需要を増大させていく「補整的財政政策」をとる必要性があると説いたのである。

ハンセンの影響を受けたラーナーは，**機能的財政**（functional finance）を主張し，『統制の経済学』（*The Economics of Control*, 1946）を著した。ラーナーによると，租税か公債かなどの財政政策の運営は，インフレなき完全雇用の達成を目標にすべきだということになる。つまり，ラーナーは財政にとって重要な政策目標が，財政収支の均衡ではなく，**国民経済の均衡**にあると主張したのである。

ところが，第二次大戦後になると，長期停滞からの脱出という経済政策上の課題よりも，戦時経済の戦後処理に伴うインフレーションの抑制や経済成長の促進へと，経済政策上の関心がシフトしていく。経済政策上の目的達成の手段として財政を位置づける，フィスカル・ポリシーの財政学も，それに対応して変化していく。

完全雇用の達成，インフレーションの抑制，それに経済成長など相互に対立しかねない政策課題を，裁量的に調整することは事実上，困難となる。そうなると裁量的財政政策よりも，財政制度それ自体に調整機能を組み込むルールによる調整に，政策的関心が高まっていく。

累進所得税や法人税を基幹税とする租税制度を確立しておけば，経済変動によって激しく税収が変動する。不況になれば税収は激しく落ち込み，いわば自動的に減税となって，景気回復に寄与する。逆に好況になれば税収が激増して，自動的に増税となり，景気の過熱を抑える。こうした**財政制度の自動安定装置**（built-in stabilizer）に注目が集まっていくことになる。つまり，裁量的財政政策よりも，ルールによる財政政策に関心が高まるのである。

とはいえ，フィスカル・ポリシーの財政論では，財政現象を体系的に取り上げて議論しているわけではない。その時々の経済政策との課題に対応して，財政の個々の領域を断片的に論じることに終始していたにすぎないと位置づけることができる。

人間国家

　財政制度の変化は，戦争を契機にすることが多い。というよりも，そもそも国家とは人間と人間との闘争から誕生すると考えられている。つまり，ホッブズ（Thomas Hobbes）に語らせれば，「万人の万人に対する闘争」を避けるために，国家が存在することになる。

　しかし，財政社会学の始祖ゴルトシャイトは，闘争という人間社会の外的要因よりも，人間社会の共同負担という内的要因から，財政が発生したと主張する。

　確かに，家族などの共同体的関係は，人間の生理的要求を充足するために発生する。これに対して国家は，共同体と共同体との闘争が重要な発生要因であったことは間違いない。

　とはいえ，ゴルトシャイトは人間社会の共同負担によって充足される共同需要が，国家を形成する真の要因であると指摘する。というのも，闘争のための勢力組織（Machtorganisation）は動物の世界にも存在するからである。強制力にもとづく支配関係による勢力組織では，動物国家（der Tierstaat）であって，人間国家（der menschliche Staat）ではない。人間国家は共同需要を充足する共同負担の組織を保持しなければならないと，ゴルトシャイトは主張する。

不況期の増税

　ケインズ派のフィスカル・ポリシー論も厚生経済学的財政学も，古典派経済学を受け継いでいる点では同様である。しかし，財政赤字あるいは公債に対する考え方は，不思議なことに対照的である。

　古典派経済学の均衡財政のドグマを継承しているのは，厚生経済学的財政学である。厚生経済学的財政学者であると同時に，大蔵大臣をも務めたドールトンは不況期には増税をしても，景気回復を阻害することがないとして，健全財政主義を唱え，実際にも大蔵大臣として，そうした政策を第一次大戦後に展開した。

　これに対して財政政策を，経済安定のバランシング・ファクター（balancing factor）と考えるフィスカル・ポリシー論者は真向から反論する。つまり，

1923 年のドールトンの財政政策は誤りで，正反対の方策を実施しなければならなかったと批判する。

　現在でも財政再建か景気回復かで意見は揺れている。しかし，ドールトンのように不況期に増税をしても，景気回復を妨げることはないという声は，日本で聞かれることがない。

第5章

現代財政学の諸潮流

> ケインズ経済学にもとづくフィスカル・ポリシーは，新古典派総合に裏打ちされた財政学に継承されていく。現代の財政学においては，新古典派総合にもとづく財政学を発展させた公共経済学がメイン・ストリームとなっている。しかし，財政危機が深刻になるにつれ，公共財の理論でも政治的決定過程を分析する公共選択の理論が登場することになる。しかも，「死んだ犬」と揶揄されてきた財政社会学もルネサンスを遂げる。この章では，こうした財政学の現状を考察しながら，財政学の未来を展望する。

◈新古典派総合の財政学

　現代財政学は大きく二つの潮流に分類することができる。一つは，フィスカル・ポリシーの財政学を継承した**新古典派総合の財政学**であり，さらに**公共財の理論**の流れも，これに含めることができる。もう一つは，財政社会学を継承する潮流である。

　フィスカル・ポリシーの財政学を新古典派総合の立場から体系化したのは，マスグレイブだといってよい。祖国ドイツを逃れ，アメリカに渡ったマスグレイブの財政学は，ドイツ正統派財政学の豊かな土壌にも育まれている。そのためマスグレイブの功績は，フィスカル・ポリシーの財政学の体系化というよりも，これまでの財政学全体の体系化を図ったことにあるといえるかもしれない。

　マスグレイブは財政現象を機能的に把握し，**資源配分機能**，**所得再分配機能**，**経済安定化機能**の三つに，財政の機能を分類している。資源配分機能とは経済的資源を民間部門と公共部門に配分する機能であり，アダム・スミスを始めとする古典派財政学以来，財政学が取り上げてきた財政固有の機能といってよい。

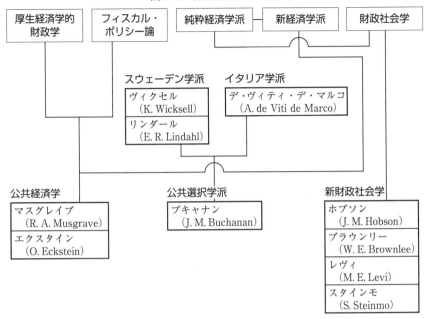

図 5-1　現代財政学の潮流

所得再分配機能とはドイツ正統派財政学が取り組んだ財政の機能であり，経済
安定化機能とは「ケインズ革命」以降のフィスカル・ポリシーの財政学が挑ん
できた財政機能である。

　このようにマスグレイブは，それまで財政学が取り組んできた財政領域を，
組織的に体系化することを意図した。しかも，マスグレイブはあくまでも，ド
イツ正統派財政学のフレームワークにもとづいて財政学を体系化しようとした
と認めることができる。というのも，資源配分機能，所得再分配機能，経済安
定化機能という財政の三つの機能は，ドイツ正統派財政学の提唱した強制共同
経済の任務が無形財を生産し，所得分配関係を修正し，国民経済を発展する条
件を確保することにあるという主張に通じるからである。

　もっとも，マスグレイブがドイツ財政学の伝統を継承しているといっても，
財政社会学ではなく，新経済学派の財政学を継承しているといわなければなら
ない。新経済学派の財政学は，市場経済と財政という二元的組織論を主張する。

マスグレイブも財政の根拠を「市場の失敗（market failure）」に求め，市場経済が私的欲求を，財政が社会的欲求を充足すると考えている。それは新経済学派の財政学の二元的組織論を復唱したにすぎないと認められる。

　しかも，マスグレイブは，**社会財**が市場経済で供給されえないことの根拠を，「自己の消費が他者の消費を減少させない」という社会財の非競合性や，「対価を支払わなくとも消費から排除されない」というその非排除性に求めている。しかし，この非競合性とはマルギット・カッセルが，共同経済の取り扱う財には非分割性があるとした指摘を継承している。さらに非排除性にしても，マルギット・カッセルが，共同経済の取り扱う財には，対価を支払わなくても，共同欲望の充足から排除されないという受動的消費という性格があるとした主張を，そのままリフレインしたものにすぎない。

　もっとも，マスグレイブが英語圏の経済学に知られていなかったドイツ正統派財政学を，ピーコック（Alan T. Peacock）との共編による『財政学の古典』（*Classics in the Theory of Public Finance*, 1958）で紹介した貢献は，忘れられてはならない。財政が公共財を生産するというドイツ正統派財政学のアイデアは，ただちにサミュエルソン（Paul A. Samuelson）も取り入れ，公共財の理論が展開されることになったのである。

◈公共財の二つの理論

　ドイツ正統派財政学が提起した公共財という概念が，マスグレイブとピーコックによる紹介活動を契機に，英語圏に普及したといっても，それまでも公共財という概念が英語圏の経済学で使用されていなかったというわけではない。経済学の流れからいえば，ジェヴォンズとともに新古典派に帰属させることができるマーシャルも，公共財という概念を用いている。ケンブリッジ大学の教授就任講演で「クール・ヘッド（cool head）とウォーム・ハート（warm heart）」という名言を述べたマーシャルは，ジェヴォンズと相違して，ドイツ正統派財政学を含むドイツ歴史学派を「現代の偉大な業績」として高く評価していたからである。

　もっとも，マーシャルの「公共財」の概念は，マスグレイブの財政学の延長線上で展開された**公共経済学**のそれとは相違している。マーシャルは私的財と

公共財を「所有権」にもとづいて区分する。つまり，マーシャルによれば，公共財とは私的に所有されていない財ということになる。

　ところが，公共財の理論とは私的財（private goods）と公共財（public goods）を，財の物理的性格にもとづく，財の消費の性格によって区別する。つまり，公共財は非排除性や非競合性，あるいは等量消費という性格を備えた財として説明される。

　私的財は対価を支払わなければ，消費から排除されるのに，公共財は対価を支払わなくとも，消費から排除されることはない。私的財であれば，誰かが消費すると，他の人が消費することができないという競合性が生じる。ところが，公共財では誰かが消費しても，他の人の消費が減少するということはない。このように私的財と公共財の相違が説明される。

　しかし，公共経済学の理論が説明する公共財の特色は，マーシャルの指摘するように，私的所有権が設定されていないことによって生じている現象にすぎない。街路灯には私的所有権が設定されていないから，消費を排除しない非排除性が生じるにすぎない。街路灯と同じ電灯でも，私的に所有されている電灯であれば，所有者の許可なくして，電灯の点る部屋に入ることができないために，消費から排除されてしまうにすぎない。しかし，的確に所有に着目していたマーシャルは，所有を越えてもたらす利害である**外部性**を主張していくことになる。

❖公共財の理論の展開：政治的プロセス

　公共財の理論では財政支出を公共財として把握するため，**財政の決定過程へ**の分析に道を開くことになる。財政支出を「財」として把握すると，租税を「価格」と位置づけることができる。そうなると，市場と同様に「財」と「価格」が交換される仕組みとして，財政の決定過程を分析できることになる。

　もっとも，租税を公共サービスの価格と理解して，財政の決定過程である政治過程を**疑似市場**として分析しようとする試みは，すでにヴィクセル（Knut Wicksell）やリンダール（Erik R. Lindahl）を中心とする**スウェーデン学派**によって展開されていた。しかし，スウェーデン学派も財政の決定過程を，租税と公共財との自発的交換として説明しようとしているけれども，あくまでも疑似市

場であって，市場そのものとの相違を明確にしている。つまり，財政の決定過程を，公共財の自発的交換と考えたとしても，公共財の需要と供給は，私的財とは相違して，あくまでも「**集合的**」需要と「**集合的**」供給なのである。社会全体の集合的需要と集合的供給とを調整するためには，**投票過程**という政治的プロセスが不可避となる。

政治は統治のために，「正義」を必要条件とする。そのため公共財の理論も，**社会的正義**（social justice）という価値基準，つまり租税でいえば，公正な課税という問題を取り上げざるをえなくなる。政治の問題を取り上げるようになると，マスグレイブも「**ハイデルベルクの遺産**」，つまりマックス・ウェーバーの伝統に戻り，社会学的視座を重視せざるをえなくなってしまう。そのためマスグレイブも，「ハイデルベルクの伝統」に回帰することを唱え，財政社会学へと関心を向けていく。

もっとも，マスグレイブと相違して，ブキャナン（James M. Buchanan）に代表される**公共選択学派**は，むしろ「**政府の失敗**」を強調する。というのも，公共選択学派は，マスグレイブにも批判されたように，スウェーデン学派ほどには財政の決定過程と市場そのものとの相違を認識せずに，公共財をあたかも私的財であるかのように扱ってしまうからである。

◈財政社会学のルネサンス

財政を疑似的市場と見立て，財政学を経済学に翻訳しようとする試みは，疑似的市場と見立てている財政の決定過程に足を踏み入れるや，市場と本質的に相違する政治の価値基準にいつも直面して，立ちすくんでしまう。このように公共財の理論が立ちすくもうとしている時に，「死んだ犬」として嘲笑されてきた財政社会学が復活していく。つまり，「**ゴルトシャイトとシュンペーターの伝統**（Goldscheid-Schumpeter tradition）」を継承しながら，政治，経済，社会を包摂する社会全体の文脈の中で財政現象を分析しようとする動きが登場してくることになる。

こうした財政社会学が復興する兆しは，1970年代にすでに，ネオ・マルクス主義者によるゴルトシャイトの遺産の継承という動きに見出すことができる。ネオ・マルクス主義者オコナー（James O'Connor）は，『現代国家の財政危機』

（*The Fiscal Crisis of the State*, 1973）を著し，ゴルトシャイト・モデルのアメリカへの適用を試みる。政府は資本蓄積を促進することと，社会的支出によって労働者をなだめ正統性を確保すること，という二つの相矛盾する機能を果たさなければならず，そのために財政危機に陥っていくことになる。こういうオコナーのアプローチはその後シェーク（A. Shaikh）やトナーク（A. Tonakh），それにバカー（I. Bakker）たちによって発展させられていくことになる。

こうしたネオ・マルクス主義の財政社会学に対して，マスグレイブは**多元主義モデル**の財政社会学を主張する。ドイツのケーニヒシュタインで生まれ，ドイツのハイデルベルク大学で学んだマスグレイブは，クニース（Karl G. A. Knies）の後任としてハイデルベルク大学の教授となったウェーバーの伝統に抱かれて成長した。そのため前述のように，マスグレイブは「ハイデルベルクの遺産」に戻ることを叫び，財政社会学の復興を主張するようになるのである。

ネオ・マルクス主義の財政社会学に対してマスグレイブは，財政の決定過程のアリーナでは，階級闘争だけが決定要因になっているわけではないと反論する。もちろんマスグレイブも，財界が，政治的過程で隠然たる影響力を行使することを認める。しかし，それに劣らず多元的な利益を反映する利益集団が政治的過程で影響力を行使していると，マスグレイブは指摘する。したがって，ネオ・マルクス主義者の想定する階級的利害に支配される国家という理論は現実的妥当性に乏しく，「**財政的利益集団**（fiscal interest groups）」に焦点を絞った**多元主義的財政社会学**が必要であると提唱する。

◈**財政社会学ルネサンスの開花**

ネオ・マルクス主義の財政社会学は，1980年代以降，フェミニズム，環境，民族問題などの「**新社会運動**（new social movement）」に，研究の関心をシフトさせてしまうけれども，財政社会学ルネサンスは開花していく。それは1980年代まで先進諸国で安定的に定着してきた財政制度が世界同時的に破綻し，財政制度が世界的に大転換を遂げる時代を迎えたからである。こうした財政制度の大転換に直面して，「政治」という経済外的要因を無視し，公共財の理論を中心としてきたメイン・ストリームの財政学は行き詰まる。

公共選択論（public choice theory）は，財政破綻の責任が予算最大化を目指す

官僚，既得権益を守ろうとする強欲な利益集団，投票の獲得に飢えた政治家にあると主張する。このような〈民間部門の利益を貪る巨大な政府〉というリヴァイアサンを実現させたことが財政破綻の原因だという叫びは，とても「リヴァイアサン」とはいいがたい「小さな政府」にすぎないアメリカや日本で，皮肉にも拍手を浴びる。しかし，そうしたお伽話は，「リヴァイアサン」と呼ぶにふさわしい「大きな政府」であるヨーロッパでは，決して受け入れられない，空しい叫びでしかなかったのである。

　財政社会学ルネサンスは，このように既存のメイン・ストリームの財政学が，財政制度の大転換を解明できずに立ちすくんでしまっていることへの批判として展開していく。もっとも，こうした財政社会学の胎動は，方法論的にも暗中模索の手探り状態であるために，さまざまな学派に分かれ，それらが競って花を開かせている。ただし政治，経済，社会という社会的諸関係の総体構造との関連を重視しながら，財政を分析しようとする財政社会学の動きは，多様で百花繚乱の趣きを呈しているとはいえ，共通の特色を指摘することができる。それは，いずれの学派も歴史的アプローチを採用しているということである。

　というのも，財政を社会的諸関係の総体構造との関連で把握しようとすると，政治，経済，社会というサブシステムとの関連を歴史的に統合せざるをえないからである。それは財政社会学ルネサンスが，財政学における制度認識と歴史認識というドイツ正統派財政学の問題関心の復権を目指しているということを意味している。

◇新財政社会学の三つの潮流

　こうした新しい財政社会学の潮流は，大きく三つに分類することができる。第一は，**ネオ・ウェーバー的財政社会学**であり，第二は，**歴史的財政社会学**であり，第三は，**制度論的財政社会学**である。

　第一のネオ・ウェーバー的財政社会学は，**ネオ・ウェーバー的歴史社会学**（neo-Weberian historical sociology）という立場から，マルクス主義や多元主義を批判する。つまり，マルクス主義が階級闘争の結果として，また多元主義が多元的利害の均衡の結果として，政府の政策が決定されると理解するのに対して，ネオ・ウェーバー的財政社会学では政府の自律性を重視する。

こうしたネオ・ウェーバー的財政社会学は，スコチポル（Theda Skocpol）を批判的に継承したホブソン（John M. Hobson）によって展開される。スコチポルが国家の「**絶対的自律性**（absolute autonomy）」を主張するのに対し，ホブソンは「**埋め込まれた自律性**（embedded autonomy）」を提唱する。

ホブソンによれば，国家は社会に埋め込まれれば埋め込まれるほど，つまり国家がさまざまな階級や利益集団の利益を引き出せば引き出すほど，国家は財政力を強めることができる。第一次大戦におけるイギリスでは，自由党政権が，労働階級の支持を取り付けることによって所得税を増税し，自由貿易政策を維持することで資本家階級の支持をも取り付け，財政を強化することができた。それによって可能となった強い財政力が，イギリスを第一次大戦という総力戦の勝利へと導いたというのが，ホブソンの主張となる。

第二の歴史的財政社会学も，ネオ・ウェーバー的財政社会学と同様にマルクス主義と多元主義を批判する。しかし，その批判は「**社会学習アプローチ**（social learning approach）」にもとづくものである。

歴史的財政社会学からアメリカの税制史を分析したブラウンリー（W. Elliot Brownlee）は，**税制改革における社会的危機**と**社会学習**という二つの要因を重視する。ブラウンリーによれば，アメリカの現代税制の源流は，第二次大戦という社会的危機のもとにおける戦時税制改革に求めることができる。しかも，その戦時税制改革も，第一次大戦後の不況のもとでの法人税改革や，所得再分配を目指したニューディール政策の社会学習にもとづいていたことを指摘する。こうした分析を通してブラウンリーは，租税思想が独立変数として機能することをマルクス主義や多元主義が軽視している，と批判したのである。

第三の制度論的財政社会学は，財政における「政治」つまり財政の決定過程に着目する。こうした制度論的財政社会学は，**合理的選択論**と**歴史的制度論**という二つのアプローチに分類することができる。

合理的選択論とは，個人が自己利益最大化を目指して合理的に選択行動をするという経済人（ホモ・エコノミカス）仮説にもとづいて，財政の決定過程を分析する。もっとも，こうした合理的選択論にもとづく財政社会学でも，歴史的アプローチである点では，財政社会学として共通している。レヴィ（Michael E. Levi）はローマ帝国にまでさかのぼり，財政における「政治」が合

理的アクターとしての権力者による「**略奪的支配**（predatory rule）」だったと位置づけている。

歴史的制度論は合理的選択論とは違い，財政における「政治」つまり財政の決定過程に登場する政治的アクターが，自己利益最大化という合理的選択をすると見なすような単純な推定はしない。政治的決定過程の構造としての政治的「制度」も，利益集団，政治家，官僚などという政治的アクターの改革選好に影響を与えると考える。そうした歴史的制度論の代表者として，優れた政治経済学者スタインモ（Sven Steinmo）を挙げることができる。

❖財政学再生の課題

財政社会学のルネサンス現象が生じているとはいえ，確立した方法論が形成されているわけではない。ただし，ルネサンス現象が生じているのは，財政社会学が分析の対象としてきた現象が，実際に生じているからだということができる。

すでに述べたように，財政社会学の始祖ともいうべきシュンペーターは，「社会が転換期にある時には，このようなアプローチ［財政社会学的アプローチ——引用者］は分析のために最も効果的である」と指摘している。財政社会学のルネサンス現象が生じたのも，この世紀転換期が同時に社会の転換期でもあるからだといってよい。

シュンペーターは社会の転換期，つまり「現存の制度が崩壊し始め，新たな制度が生まれ始めている時に」は「いつも財政制度が危機に陥る」と指摘している。歴史的大転換期である現在も，**シュンペーター的財政赤字**（Schumpeterian deficit）が深刻化している。

新古典派の財政学から公共経済学が派生し，財政の決定過程に着目した公共選択理論が抬頭してきたのも，財政危機の深刻化に規定されている。しかし，財政学を経済学の中に幽閉しようとする試みは，財政危機の深刻化に直面してますます分散化し，弱体化している。

財政は経済現象と非経済現象との結節点に位置している。財政現象から非経済現象を捨象してしまえば，財政学は独自の学問として成立しなくなる。

とはいえ，非経済現象の重要性を認識して復活しつつある財政社会学も，転

換期の財政現象を解明する方途を模索している段階にとどまっている。という
のも，財政現象の非経済的要因を重視するあまり，財政学を社会学的アプロー
チに解消してしまう傾向があるからである。

　あえて繰り返せば，財政現象とは経済現象と非経済現象とが綱引きを演じる
アリーナであり，財政学は経済現象と非経済現象との相互関係を対象としてい
る。つまり，財政学は財政現象を経済学，政治学，社会学という社会科学の個
別領域からアプローチするのではなく，境界領域の〈**総合社会科学**〉として固
有の学問領域を形成しなければならない。隣接する学問の森の小道を渉猟する
だけでなく，それを通じて，総合社会科学として財政学固有の学問領域を確立
するという「青い鳥」を探すことこそ，財政学を学ぶ者の使命である。

ドイツとイギリスの現代財政学

Coffee Break

　財政学の母国はドイツである。ドイツでは正統派財政学を生み出しながら，
新経済学派の財政学と財政社会学を展開し，その流れは現在にも受け継がれて
いる。

　新経済学派の財政学はノイマルク（Fritz Neumark）に引き継がれ，ハラー
（Walter W. Heller），レクテンワルト（Horst C. Recktenwalt）によって展開さ
れているといってよい。財政心理学を提唱しているシュメルダース（Günter
Schmölders）は，財政社会学の流れを継承していると考えられる。

　イギリスでもドイツの正統派財政学のインパクトは大きい。バスターブルは
正統派財政学の伝承者ということができるし，現在でもプレスト（Alan R.
Prest）は，バスターブルの財政学を継承しているといってよい。

　もちろん，イギリスでは厚生経済学的財政学の流れが強くて，ヒックス
（Ursula K. Hicks）によって花開かれている。さらに，ピーコックやワイズマ
ン（Jack Wiseman）のように実証研究を重視していることも，現代のイギリ
ス財政学の特色といえる。

シャウプの財政学

アメリカでもドイツの正統派財政学の影響が強く見られる。正統派財政学はアダムスやセリグマン（Edwin R. A. Seligman）によって引き継がれている。

このセリグマンによって育てられた財政学者に，シャウプ（Carl S. Shoup）がいる。シャウプは第二次大戦後，占領軍総司令部の招きで，日本税制調査団の団長として，1949年に来日している。この日本税制調査団つまりシャウプ使節団が，『シャウプ使節団日本税制報告書』（Shoup Mission, *Report on Japanese Taxation*）を勧告する。この勧告にもとづいて1950年に実施された税制改革で，現在の日本の租税制度の枠組みが形成されることになる。

このシャウプ使節団には，ヴィックリー（William S. Vickrey）が参加しており，相続税などの画期的な税制改革の勧告に大きな役割を果たした。ヴィックリーは後に，ノーベル経済学賞を受賞する。しかし，不幸なことには，ヴィックリーは受賞決定後，受賞式を待たずに，この世を去ってしまう。もちろん，ノーベル経済学賞を受賞した栄誉は認められている。

第 3 編

予　算

第6章
財政のコントロール・システムとしての予算

　　予算とは財政を，被統治者がコントロールするための手続きである。被統治者が統治者となる市場社会では，財政現象はすべて予算に盛り込まれ，被統治者によってコントロールされるように制度化されている。しかし，そうした予算制度も，財政民主主義からア・プリオリに引き出されてきたわけではなく，歴史的に形成されてきたものである。近代予算制度は19世紀中葉のイギリスで確立するけれども，それは「財産と教養」のある市民が政治に参加するという近代民主主義を前提にしている。ところが，大衆が政治に参加するようになると，そうした近代予算制度は動揺してくることになる。

❖バジェットとしての予算

　財政学が独自の学問分野として成立することを，正当化する最もわかりやすい説明は，財政現象がすべて〈予算〉という文書に盛り込まれているということに求めることができる。租税問題はミクロの価格理論として扱えるし，財政収支の赤字に伴う公債問題は，マクロの国民所得理論としても議論できる。公共事業や社会保障は，それぞれ経済政策論として研究できるし，防衛問題は政治学で取り上げることもできる。

　しかし，こうした政府の諸活動は，市場社会ではすべて予算に集約されている。このように政府のあらゆる活動が，予算という文書に，一元的に集約されるがゆえに，そうした現象を学問対象とする財政学という独自の学問領域が，成立するのだと説明することができる。

　予算とは文字どおり理解すると，予め算定することを意味する。つまり，一定期間における収入と支出の予定あるいは計画が，予算だということになる。

しかし，予算が一定期間における収入と支出の予定，あるいは計画だとすると，政府という経済主体だけでなく，あらゆる経済主体が予算を策定しているということができる。つまり，企業も家計も，将来の収入や支出の予定，あるいは計画としての「予算」を策定している。

とはいえ，それはここでいう予算ではない。英語でもフランス語でもあるいはドイツ語でも，予算にはバジェット（budget, le budget, das Budget）という語があてられる。それはイギリスの議会における慣習から誕生している。バジェットとはガリア語の「袋」に語源があり，イギリスの大蔵大臣（Chancellor of the Exchequer）が予算書を入れる「革鞄」を意味している。

イギリスでは予算審議を開始するに際し，大蔵大臣が財政演説を始めることを，「予算を開く（open the budget）」という。予算書は大蔵大臣が「革鞄」を開くまで極秘にされ，「革鞄」を開く瞬間に「公開」されるからである。

こうしたバジェットという意味の予算は，政府しか策定しない。というのも，バジェットという意味での予算は，単なる予定や計画ではないからである。つまり，予算とは強制力に裏打ちされた拘束力のある文書なのである。

※権限付与書

このように予算とは，一定期間における予定収支でもなければ，拘束力のない財政計画でもないことを忘れてはならない。予算とは一定期間の財政をコントロールする拘束力のある文書なのである。

家計や企業も，一定期間における収支の予定や，計画という意味での予算は，策定するかもしれない。しかし，家計も企業も，「拘束力のある」収支計画としての予算を策定することはない。家計や企業の予算は，拘束力を持たないので，いつでも自由に変更が加えられる。というよりもむしろ，家計や企業は，市場の変動に応じて時々刻々，収支計画を変更させていく必要すらある。

ところが，政府の予算は，拘束力を持つ文書である。政府は社会を統合するという統治行為のために，暴力という強制力を独占している。家計や企業の収支は，市場で決定されるけれども，政府の収入は予算で決定すれば，強制力によって調達できる。つまり，政府の予算に盛り込まれた事項は，必ず強制的に実施され，収入も強制的に調達されていく。

しかし，社会を強制力によって統合していく統治行為が存在すれば，予算が必ず存在するというわけではない。前述のように市場社会が誕生し，経済システム，政治システム，社会システムという三つのサブシステムが析出してこなければ，予算も出現しない。つまり，三つのサブシステムが分離し，財政が出現してこなければ，予算も存在しないのである。

確かに，封建領主も領主の家計の収支計画を策定していたかもしれない。しかし，その収支計画は予算ではない。というのも，封建領主はその収支計画を自由に変更でき，決してそれに拘束されることがないからである。

ところが，市場経済が分離し，三つのサブシステムが析出してくる市場社会の予算は，統治者の統治行為を拘束する。というよりも，市場社会の予算は，被統治者が統治者の統治行為を拘束するために策定される。つまり，市場社会の予算は，被統治者が統治者の統治行為に，必要な収入と支出の権限を付与する**権限付与書**なのである。

◈財政民主主義

市場社会の統治者が，収入と支出の権限付与を必要とするのは，市場社会の政府が，生産要素を所有しない無産国家だからである。市場社会では生産要素は，被統治者が私有財産として所有している。そのため統治者は，被統治者が所有している私有財産が生み出す所得から，貨幣を調達して統治せざるをえないのである。

すなわち，予算とは統治者が被統治者に，収入と支出に関する権限付与を要求する許可要求書であり，ひとたび被統治者の合意が得られれば，統治者に必要な収入と支出の権限を与える権限付与書となる。現実には予算は，被統治者を代表する議会に提出される権限許可要求書であり，議会の承認により被統治者の許可が得られると，統治者への権限付与書となる。こうして市場社会では，予算によって，被統治者が統治者の統治をコントロールすることができる。予算には統治に必要な収入と支出の計画が，すべて盛り込まれているからである。

そうしたことが可能なのは，市場社会の政府が無産国家であると同時に，被統治者が統治者となっているからである。被統治者が統治者であることは，民主主義と表現されている。つまり，予算は民主主義にもとづいて，被統治者が

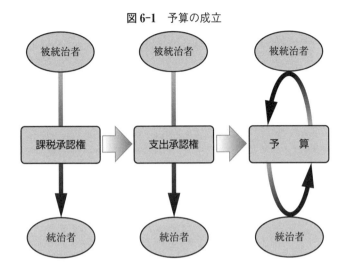

図6-1　予算の成立

統治するために，財政をコントロールする手段として必要なのである。

　被統治者が財政を予算を通じてコントロールすること，つまり**財政民主主義**
は，市場社会の成立とともに一挙に実現したわけではない。それは三つの段階
を辿って実現している。

　第一の段階は，課税には議会の承認を必要とするという**課税承認権**が実現す
る段階である。こうした課税承認権の成立は，イギリスの清教徒革命における
1628 年の「権利の請願（Petition of Rights）」に求めることができる。

　第二の段階は，議会が財政支出についての承認権を獲得する段階である。こ
うした**財政支出への承認権**の獲得は，1665 年にイギリスのチャールズ二世がオ
ランダ戦争の戦費調達のために，「経費許容条項」を認めたことに始まる。

　第三の段階は，収入と支出とを統合して予算が確定した段階である。こうし
た**予算制度の確立**は，1860 年代のイギリスでグラッドストーン（William E.
Gladstone）のイニシアティブのもとに実現したのである。

　こうした財政をコントロールする予算制度は，財政民主主義という理念が
ア・プリオリに存在していて，それにもとづいて形成されたのではなく，歴史
的に被統治者が闘い取ってきた。このように歴史的に形成された予算制度がも
とづくべき財政民主主義は，次の四点に要約することができる。

第一に，租税や公債など，国民に貨幣的負担を負わせる政府の行為，およびその前提となる経費支出については，議会の議決を通じて国民の承認を得ることとする。

第二に，歳入および歳出は，予算という形式の文書にして議会の承認を得なければならない。

第三に，歳入および歳出の結果は，決算という形式の文書にして議会の承認を得なければならない。

第四に，議会が二院制をとる場合，国民の意思をより代表する院に優先権が与えられなければならない。

◈ 「市場の失敗」による説明を越えて

このように財政は，財政民主主義にもとづく予算によってコントロールされ，決定されるため，市場機構で決定される市場経済と対比されて議論されてきた。つまり，政府の供給する財・サービスが，なぜ市場機構を通じて供給されずに，予算という決定方法を使用して供給するのかをめぐって，議論が展開されてきたといってよい。

政府が公共サービスの供給を市場を使用せずに，予算を使用して行う理由は，ベーター（Francis M. Bator）の名付けた「市場の失敗（market failure）」が存在するからだと，一般的に説明されている。「市場の失敗」とは，市場を使用しても，正確にいえば完全競争市場を使用しても，効率的な資源配分が達成できない場合である。それは，①公共財，②費用逓減現象，③外部性，④不確実性，の四つに集約されている。

公共財とは，すでに述べたように，非排除性と非競合性という性格を備えた財と定義される。非排除性とは，特定の消費者を消費から排除することが，不可能な財の性格であり，非競合性とは，特定の消費者が消費しても，消費量が減少しないという財の性格をいう。例えば，灯台のサービスは，特定の船の利用を排除できないし，他の船が利用したからといって減少するわけではないと説明される。

とはいえ，非排除性も非競合性も相対的な概念であるから，純粋な公共財はほとんど存在しない。そのため，財は図 6-2 のように，排除性と競合性という

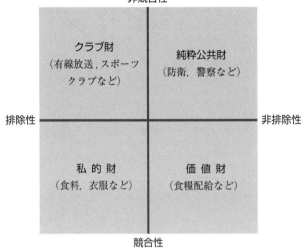

図 6-2 排除性と競合性

非競合性

| クラブ財
（有線放送, スポーツ
クラブなど） | 純粋公共財
（防衛, 警察など） |

排除性　　　　　　　　　　　　　　　　　非排除性

| 私 的 財
（食料, 衣服など） | 価 値 財
（食糧配給など） |

競合性

両概念を用いて分類される。

　このように排除性あるいは競合性という概念が相対化されるのは，排除性あるいは競合性という性格が，その財に固有な性格というよりも，その財に私的所有権が設定されるか否かにもとづいているからである。例えば，時計が排除性という性格を持つのは，時計に私的所有権が設定されるから，他者の使用を排除するにすぎない。私的に所有されている庭園も，政府に寄付され，公園となれば，非排除性を備えることになる。

　つまり，非排除性や非競合性は，**私的所有不可能性**（nonappropriability）の要素ということができる。非排除性や非競合性を備えた財を，「市場の失敗」として説明しようとする試みは，私的所有権の設定されない財は，市場では取得できないといっているにすぎないと考えてもよいのである。

　もっとも，市場が失敗するからといって，政府が必ず予算という手続きによって処理しなければならないという理由とはならない。実際，公共財が存在すること以外の「市場の失敗」として挙げられる費用逓減，外部性，不確実性については，必ずしも政府が予算によって，対応しなければならないというわけではない。

鉄道，電気，ガスなどの巨大設備を必要とする産業では費用逓減が生じる。つまり，生産規模が拡大していくにつれ，単位当たりの生産費用は次第に減少していくことになる。というのも，生産規模が拡大するにつれ，巨大設備のメリットが生かせるからである。ところが，市場価格が限界費用と等しく決定されるとすれば，費用逓減産業では採算が合わなくなる。そのため費用逓減産業では，「市場の失敗」が生じる。

　しかし，費用逓減という「市場の失敗」への対応に，必ずしも財政が出動する必要はない。というのも，国有化や補助ではなく，規制で対応すれば，予算は直接的には関係しないからである。

　外部性や不確実性についても同様である。公害などのように，市場を経由しないで損害を与える外部不経済や，個人が所有している庭園の緑地などのように，市場を経由しないで利益を与える外部経済という外部性は，課税や補助金という予算で，対応することもできるが，当事者間の交渉や合併という，予算に依拠しない解決もある。不確実性についても，火災などのように，発生が不確実な事態への対応は，消防という公共サービスによらなくとも，それこそ民間保険によっても解決可能となる。

　逆に，「市場の失敗」が生じなくとも，予算で処理しなければならない問題もある。例えば，市場が正常に機能しても，市場が分配する所得は，社会の構成員にとって，「公正」だと考えられないことがありうる。また，市場が正常に機能しても，景気変動が起こり，労働市場で雇用されない失業者が大量に生じることもある。

　そのため財政は，所得再分配や景気調整の機能を担わなければならなくなる。もっとも，所得分配の不公平を「**市場の外在的欠陥**」，景気変動を「**市場の機能障害**」と位置づけ，広義の「市場の失敗」と位置づけることもできる。

　しかし，「市場の失敗」とはあくまでも，「完全競争市場を十分に活用してもなお資源の最適配分に失敗するというもの」と理解すべきである。こうした「市場の内在的欠陥」ともいうべき，本来の「市場の失敗」に加えて，所得分配の不公平や景気変動も，「市場の失敗」に含めるとしても，それが失敗か否かは程度問題となる。つまり，所得分配の不公平や景気変動では，それによって社会問題が発生しなければ，「失敗」とはいえないからである。

◈財政のコントロール

　予算で財・サービスを供給するのは，市場での供給に失敗するからであるという理由のみによる説明は，虚妄である。というのも，予算では，公共財という市場で供給できない財・サービス以外の財・サービスも，供給するからである。

　もちろん，公共財の理論でも，警察のような純粋な公共財に加えて，教育や医療などのような市場でも供給できる**準公共財**も，予算で供給されると認めている。しかし，予算によって，食糧などの純粋な私的財でも，供給されることがある。

　それは戦時や戦後の「配給」を想起すればよい。食糧という純粋な私的財を，国民に予算によって配給したからである。現在でも大災害が起これば，食糧が被害者に予算によって配給されていく。

　このように政府が食糧を予算で供給するのは，それが市場で供給されない財・サービスだからではない。食糧を供給しなければ，人々の生活が維持できずに，社会秩序が乱れてしまうからである。つまり，食糧を供給しなければ，社会システムで営まれている人間の生活が維持できず，社会システムから忠誠が調達できなければ，社会秩序が乱れて，私的所有権を供給することもできなくなって，経済システムも機能不全に陥ってしまうのである。

　逆に，消防という公共財であっても，社会システムであるコミュニティが消防団を結成して対応していれば，政治システムは予算で供給することはない。つまり，政治システムが，予算を通じて経済システムと社会システムに公共サービスを供給するのは，支配─被支配関係を維持して社会統合を果たすためなのである。

　支配者が本源的生産要素を領有している場合には，予算を作成する必要はない。被支配者が本源的生産要素を私的に所有するようになり，支配者が本源的生産要素を所有しない「無産国家」になって初めて，予算が登場する。

　つまり，予算とは被支配者の合意を得て，私有財産の果実を租税として調達して，社会統合を果たしていくための手段なのである。これをメダルの裏面から表現すれば，被支配者が社会を支配していくための手段が予算だということができる。

市場社会では，被支配者が支配者となるという民主主義が建前となっている。予算とは被支配者が支配者として，財政をコントロールするための手続きなのである。

　逆に財政をコントロールするために，こうした予算という手続きが必要なのは，市場社会では被支配者が支配者であるからである。つまり，被支配者が支配するためには，予算という手続きによって被支配者の合意を得て，財政を運営して，社会統合を果たすという支配行為を遂行しなければならないのである。

◈財政民主主義の制度化：近代予算制度の形成

　市場社会の政治システムでは，被支配者つまり被統治者が予算を通じて統治し，財政をコントロールする。もちろん，被支配者全員が統治行為の決定に直接参加する**直接民主主義**も想定できないわけではない。しかし，一般的には被支配者が代表を選出して，間接的に統治行為の決定に参加する**議会制民主主義**が採用されている。

　そのため被支配者が財政をコントロールするのにも，被支配者の代表議会が予算を媒介にして，それを執行する行政府をコントロールするという形態がとられている。つまり，被支配者が被支配者の代表である議会を通じて，財政をコントロールすることになる。

　議会では予算に限らず，さまざまな統治行為が政策意思形成過程として決定される。しかし，ハイニッヒ（Melvin J. Hinich）が「一つの国の運命を綴った文書」と表現する予算には，そうした統治行為が包括的に貨幣表示されて盛り込まれるため，議会における政策意思形成過程で特別な取扱いを受けるのが一般的である。

　議会制民主主義のもとで，被支配者の意思どおりに，財政を予算によってコントロールするには，二つのレベルで条件を充たす必要がある。

　一つは，議会が被支配者の意思を反映した決定を，行わなければならないという条件である。もう一つは，議会の決定どおりに，予算によって財政がコントロールされることである。

　こうした二つの条件を充足するためには，財政をコントロールする予算手続きが制度化されている必要がある。すでに繰り返し説明してきたように，被支

配者が財政をコントロールする権限を獲得していく過程とは，市場社会が形成されていく過程でもある。そのため市場社会が形成されていく過程で，予算も制度化されていく。

　こうして19世紀中頃のイギリスで，近代的予算の制度化が，ほぼ完成することになる。このイギリスで完成した**近代予算制度**をみると，次の点を特徴として指摘することができる。

　第一は，議会が被支配者の意思を，反映するという条件についていえば，19世紀中頃のイギリスの議会には，被支配者の意思が，全面的に反映されていたわけではない。というのも，19世紀中頃のイギリスでは，選挙権を「財産と教養」のある「市民」に限定する制限選挙が，実施されていたからである。

　フランス革命の時にシェイエス（Abbé Siéyès）は，「第三身分はすべてである」と叫んだけれども，第三身分とは「財産」を所有する「市民階級」を意味していた。したがって，イギリスにしろフランスにしろ，19世紀における近代市民社会では，被支配者の一部の意思が，議会に代表されていたにすぎないのである。

　第二は，議会の決定どおりに，予算によって財政がコントロールされるという点からいえば，皮肉なことに，近代市民社会つまり近代システムでは，効果的に機能していたということができる。というのも，議会には「財産」と「教養」のある「市民」という被支配者の一部の代表しか，参加していなかったからである。

　議会における意思決定過程への参加者が，「財産」と「教養」のある「市民」に限定されると，議会に反映される利害に，同質性が存在することを意味する。利害関係の同質な議員が参集すれば，議会における利害調整は，容易に実現可能となる。議会で利害調整が容易であれば，財政をコントロールする予算も，比較的簡単に編成可能となる。しかも，議会が編成した予算の不法と不正を，議会がモニタリングしさえすれば，議会の決定どおりに，予算が執行されていくからである。

◈**議会によるコントロール機能の麻痺：現代予算制度**
　19世紀中頃に形成された近代予算制度は，現在の予算制度とは明らかに相

違している。現在の現代システムにおける予算制度を，近代システムにおける予算制度と区別して，**現代予算制度**と呼んでおくとすると，それは次の二つの点において近代予算制度とは相違する。

第一に，国民が議会に代表を選出する選挙が，制限選挙から普通選挙へと改正されている。イギリスでいえば，1832年，67年，84年の選挙法の改正に続く1918年の選挙法改正で，普通選挙が実現する。こうして現代システムでは，あらゆる被支配者が統治に参加する**大衆民主主義**が成立することになる。

第二に，大衆と表現されるあらゆる被支配者が統治に参加するようになると，議会に代表される利害関係が多元化する。近代システムでは，「財産と教養」のある「市民」の同質な利害しか，議会に代表されていなかったために，議会が利害調整を容易に実現できた。ところが，現代システムでは分裂した**多元的利害**が，議会に代表されるようになるため，議会が利害調整をすることが，困難になってしまう。

近代システムのように，議会に代表される利害が同質であれば，議会は調整した利害の不正や不法を監視していればよかった。しかし，議会に分裂した多元的な利害が代表されるようになり，議会の調整が困難になると，議会は財政に多元的利害を盛り込み合う「戦場」となってしまうのである。

こうして財政の規模が拡大するだけでなく，多様化し複雑化していく。財政の規模が拡大し，多様化・複雑化していけば，議会が予算を通じて財政をコントロールする機能が，ますます麻痺してしまう。そのため現代システムでは，議会が予算を通じてコントロールできない領域が，急速に拡大していくことになる。

◈得票最大化モデル

分裂した多元的利害が代表され，議会がそうした非和解的利害の対立する「場」になると，議会制民主主義によって被支配者の意思のもとに予算をコントロールすることが，可能かどうかが問われるようになる。しかも，議会が利害対立の「場」になると，シュンペーターのアイデアのように，政治的過程を諸利害を調整する市場メカニズムと類似したものとして考えられるようになる。

つまり，市場での競争が，生産者に消費者の選好にマッチする供給を可能に

するように，政治における競争が，政治家に有権者の選好にマッチする行動を可能にすると考えるようになる。こうしてシュンペーターのアイデアは，ダウンズ（Anthony Downs）に代表される「**得票最大化モデル**」に結実することになる。

「得票最大化モデル」によると，予算は権力，威信，所得の拡大という自己利益を動機として，政権獲得を競い合う政党によって決定される。つまり，自己利益を最大化する競争の副産物として，予算決定が実現することになる。

このように得票最大化モデルによると，貨幣単位の限界的支出によって獲得できる**限界得票**が，**租税の限界的徴収**によって失われる限界得票と，均衡する点で，予算規模が決まることになる。しかし，それは民主主義が「小さすぎる予算」を決定することを意味してしまう。というのも，有権者である選挙民が，租税負担を直接的に認識するのに対し，支出の利益は，非排除性のために低く認識してしまうからである。

◈投票のパラドックス

こうした議論は，被支配者が支配者となる民主主義そのものが機能しないという議論に結びついていく。「財産と教養」のある階層の同質的利害であれば，**全員一致のルール**（unanimity rule）が可能であるとしても，分裂した多元的利害は結局，多数決原理によらざるをえない。ところが，アロー（Kenneth J. Arrow）は，多数決原理にもとづけば，社会の構成員の意思を反映しない，「**投票のパラドックス**」が生じる可能性があることを，論理的に明らかにした。このアローの明らかにした「投票のパラドックス」を簡単に説明すれば，次のようになる。

ここに 3 人の個人，Ⅰ，Ⅱ，Ⅲが図6-3のように選好するとする。Ⅰは中道よりも保守を，革新よりも中道を選好する。Ⅱは保守よりも中道を，中道よりも革新を選好する。Ⅲは保守よりも革新を，革新よりも中道を選好する。このように仮定すると，保守と中道を選択する投票では中道，革新と中道を選択する投票でも中道が，それぞれ 2 対 1 の投票結果で選好される。

ところが，仮にⅡが図の点線のように，中道よりも保守を，保守よりも革新を選好したとする。そうすると，保守と中道を選択する投票では保守が，中道

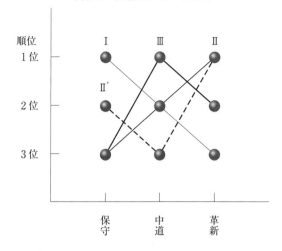

図6-3 投票のパラドックス

と革新の選択では中道支持がⅠとⅢで革新支持がⅡ′だけなので中道が選好されるため，保守と革新との選択では，保守が選好されることになるはずである。ところが，保守と革新を選択する投票をすれば，保守支持がⅠだけ，革新支持がⅡ′とⅢとなるので実際には革新が選好されてしまう。

　このようなパラドックスが生じるのは，Ⅱが革新を優位に選好するけれども，中道と保守との選択では，中道よりも保守を選好するという単峰型ではない選好構造を備えていたからである。もちろん，社会の構成員に単峰型選好が成立していれば，こうしたパラドックスは生じない。

　そこで実際には単峰型選好が成立しているとして，**中位投票モデル**が主張されている。つまり，単峰型選好が成立していると，中位投票者つまり中位所得の住民が勝利するというモデルが提唱されることになる。

❖予算論の課題

　このように多数決原理には，内在的に「投票のパラドックス」があるという指摘にとどまらず，議会制民主主義の機能障害が公共選択理論によって，「市場の失敗」ならぬ「政府の失敗」として提起されていく。ブキャナンたちは政治家も大衆も公共の利益を掲げながら，自己利益を追求するために，安易な経

費拡大が生じて，財政赤字が慢性化すると主張する。市場メカニズムが神の「見えざる手」に導かれるとしたら，議会制民主主義にもとづく政治過程は，**「悪魔の見えざる手」**に導かれてしまうと指摘される。

　しかし，政治システムの目標は，社会を統合するという**「統治」**にある。政府は公共選択理論のいうように，経済効率を追求しているわけではない。マスグレイブはパレート最適という経済学の最適基準が，「社会哲学」の領域にまで侵略することを，「経済学帝国主義」と捉え，財政学の視点から批判している。

　多様化し複雑化している財政を，議会がコントロールする機能が衰退していることは間違いない。さりとて，「政府の失敗」を叫ぶブキャナンらの議論も，財政学の発展にとっては意味があるとは思えない。

　財政学では，被支配者が財政をコントロールする手続きとして，予算を検討してきた。被支配者が予算という手続きで，財政をコントロールできていないとすれば，コントロールできる手続きを構想することが，財政学の任務となるであろう。

　そうだとすれば，財政が予算という手続きによって，コントロールされていく現実の過程を，絶えず実証的に分析しながら，財政を被支配者が真にコントロールできる予算という手続きを，開拓することこそ重要となる。いやしくも財政学という限りは，予算論なき財政学などは，存在しないと考えなければならないのである。

ハーベイ・ロードの前提

Coffee Break

　財政は政治システムによって決定される。政治システムによる財政の決定過程が，公共性を体現して合理的に判断を下す少数の賢人によって決定されるという前提を，ハロッド（Roy F. Harrod）の命名にちなみ，ブキャナンは「ハーベイ・ロードの前提（the presupposition of Harvey Road）」と呼んだ。

　ハーベイ通り（Harvey Road）とは，ケインズの生家のあった通りである。ブキャナンはケインズの財政論が，「ハーベイ・ロードの前提」を暗黙の前提にしていると批判する。というのも，大衆民主主義のもとでは，こうした前提は成立しないからである。

つまり，大衆民主主義のもとでは，不況期に財政赤字を認める拡張的財政政策が導入できても，好況期に景気過熱を抑える緊縮的財政政策が採用できない。というのは，大衆民主主義の利益政治のもとでは，緊縮政策には政治的抵抗が強いからである。

そのためハーベイ・ロードの前提が成立しない，大衆民主主義的政治決定過程を前提にすると，政治的抵抗の少ない減税政策などがもっぱら実施され，「大きな政府」と財政赤字が，常態化してしまう。こうした事態に陥らないようにする解決策としてブキャナンは，大衆民主主義的政策決定過程に適合するように，均衡財政原則の復活を主張する。

 価値財と有機体的国家観

マスグレイブのように，公共サービスを公的欲求を充足する公共財だとする公共財の理論は，新経済学派とともに，ドイツ正統派財政学の伝統を継承しているということができる。というのも，ワグナーのいう共同欲望を充足するために，共同財を生産し，その支払いを行う共同経済として，財政を考えているからである。

ザクスも個人欲望を充足する私的経済に対して，共同欲望を充足する組織が国家だと主張する。しかし，ザクスは「国家という抽象物は目的を設定し，感情を持ち，また行動することはなしえない。具体的にしてまた生きている個人，その要素のみがこの能力を有する」と考えて，共同欲望も個人の欲望に分類する。

ところが，ワグナーは有機体的国家観に立脚し，個人を超越する共同体として国家を考え，その構成員として意識的，無意識的に感じる欲望として共同欲望を想定する。マスグレイブの公共財の概念は，一見するとザクスに近い概念といえそうである。

しかし，マスグレイブは公的欲求を，個人的であるか，強制的であるかによって，社会的欲求と価値欲求に分類する。価値欲求を充足する価値財とは，社会が公的に供給したほうがメリットがあると判断した財である。

こうした価値財の議論は，個人を超越して価値を判断する政策決定過程を想定している。そうだとするとマスグレイブは，ドイツ正統派財政学の有機体的国家観を混入させているといえる。

第7章
予算のプリンシプル

> 予算を運営する基準を予算原則という。予算原則は財政民主主義から導き出される。もちろん，こうした予算原則も歴史的に形成され，体系化されたものである。予算原則は大きく予算の内容と形式に関する原則と，予算過程に関する原則とに分かれている。しかし，複雑化した現代の財政では，歴史的に形成された予算原則を厳格に守ることが困難になっている。

◈予算の形式：法律か予算か

被統治者が財政をコントロールする手続きである予算制度は，前章で述べたように，長い歴史の中で，次のような三つの段階を経過して形成されている。第一段階は，被統治者の代表である議会が，収入を決定する権限を掌握する段階であり，第二段階は，議会が支出に関する権限を掌握する段階である。最後の第三段階は，収入と支出が統合され，議会が毎会計年度これを決定する段階である。この第三段階を経過すると，予算にすべての政府活動が盛り込まれ，予算の数値は政府活動を凹面鏡のように焦点を絞って映し出すことになる。

多くの国々で予算は，議会が決定する「法律」という形式がとられている。ところが，日本では例外的に，法律とは区別された「予算」という形式が採用されている。

法律という形式を採用すれば，予算は**歳出法**（Appropriation Act）と**歳入法**（Finance Act）という法律として成立することになる。フランスのように予算は法律という形式が採用されると，歳入法が議会で成立しない限り，その年度の租税の徴収はできない。

このように，課税について毎年度の予算によって，議会の承認を得る方法を

一年税主義という。イギリスでも歳入法によって，所得税の継続について議会の承認を得る必要がある。所得税の継続の承認を得ておかないと，所得税は消滅してしまう。

　予算を法律として定めるという形式を採用していない日本では，所得税法という租税法が成立してしまうと，その法律が存在する限り自動的に徴税することができる。つまり，国民は租税法が存在している限り，永久に納税する義務を負う。このように予算とは区別された法律で課税する方式を，**永久税主義**という。

　政府活動に伴い発生する収入と支出をすべて，予算に盛り込むことになると，一定期間に区切って，収入と支出のすべてを予算に盛り込み，一定期間ごとに議会の承認を得ることにならざるをえない。この一定期間は，アメリカの州予算にみられるように，2年間にわたることもあるけれども，人間の生活のサイクルとなっている1年間が通常，財政をコントロールするのに適切な期間だとされている。

　日本の**予算会計年度**は，イギリスを模範にして，4月から始まり，翌年の3月をもって終わる。フランスやドイツの会計年度は，暦年に合わせて1月に始まり12月に終わる。アメリカは10月に始まり，翌年の9月に終わる会計年度を採用している。

　こうした会計年度ごとに，議会が予算を承認し確定することになる。このように毎会計年度ごとに予算を編成し，議会の承認を得ることを**予算の単年度原則**という。日本では憲法第86条で，「内閣は，毎会計年度の予算を作成し，国会に提出して，その審議を受け議決を経なければならない」と単年度原則を規定している。

❖予算原則の体系

　被支配者である国民が，毎年度編成される予算を，議会を通じてコントロールするために依拠すべき基準を，財政学では**予算原則**（Haushaltsgrundsätze, budget principle）として定式化してきた。この予算原則は，政治的決定の合理性を確保するために，財政学が経験的知識にもとづいて，概念的に定式化した認識である。多くの国の法律が，この予算原則にもとづいて，予算に関する規

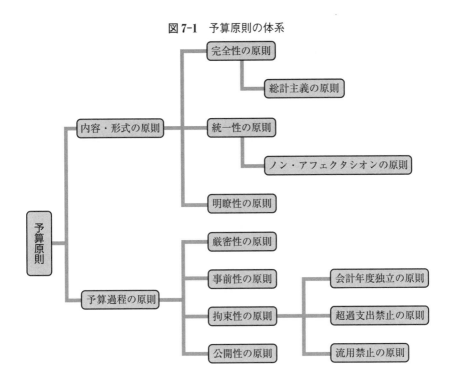

図7-1　予算原則の体系

定を設けている。

　予算原則は適用領域を基準にして，大きく二つに分類することができる。一つは，予算の内容と形式に関する原則であり，もう一つは，予算の編成と執行という予算の過程に関する原則である。

　前者の予算の内容と形式に関する予算原則は，さらに予算の内容に関する予算原則と，予算の形式に関する予算原則に分類することができる。後者の予算過程に関する予算原則は，さらに予算の編成に関する原則，予算の執行に関する原則，それに予算過程の総過程に関する原則の三つに分類することができる。こうした予算原則の体系を図示すると，図7-1のようになる。

　この図に示したように，予算の内容と形式に関する予算原則については，予算の内容に関する予算原則である**完全性の原則**と，予算の形式に関する予算原則である**統一性の原則**と**明瞭性の原則**とで成り立っている。予算過程に関する原則については，予算編成に関する予算原則である**厳密性の原則**と**事前性の原**

則，予算執行に関する原則である**拘束性の原則**，それに全予算過程を貫いて適用される**公開性の原則**がある。

◈完全性の原則

　被支配者が予算を通じて，財政をコントロールしようとすれば，すべての収入と支出が隠されることなく，予算に編入されていなければ意味がない。もし財政操作によって，予算に計上されない隠し財源が作り出されれば，国民の代表である議会は，予算を通じて財政を，有効に統制することができないからである。

　予算の内容にかかわる完全性（Vollständigkeit）の原則とは，このようにすべての収入と支出は，漏れなく予算に計上されなければならないという予算原則である。この原則は，後に述べる予算の過程に関する公開の原則と，表裏の関係にあるといってよい。日本では財政法第14条で，「歳入歳出は，すべて，これを予算に編入しなければならない」という規定を設けて，この完全性の原則を謳っている。

　この完全性の原則から派生して，**総計主義の原則**が導き出される。この総計主義の原則は，収入からあらかじめ支出を控除して，収入と支出の差額のみを計上することを禁止する予算原則である。

　総計主義に対して**純計主義**では，収入を取得するのに必要な経費を，収入から控除することを認める。企業という民間の経済主体では，純計主義が容認される。民間企業では，収入から経費を控除した経済的パフォーマンスの追求こそが，目的だからである。

　しかし，政府を経済主体とする財政では，利潤という経済的パフォーマンスを追求しているわけではない。財政をコントロールするうえで重要なことは，議会の決定どおりに，コントロールされるという**合法性**である。

　つまり，民間企業の**アカウンタビリティ**（accountability）と相違して，財政では経済性や効率性よりも，合法性が重視される必要がある。そのために経済的パフォーマンスという結果だけではなく，結果に至るプロセスも明らかにできる総計主義が，予算原則として設定されることになる。

◈統一性の原則

　予算の内容に関する予算原則である完全性の原則と，相互補完的関係にあるのが，予算の形式に関する予算原則である統一性（Einheit）の原則である。統一性の原則とは，収入と支出が計上される予算は，一つでなければならないという予算原則である。

　複数の予算が存在すれば，財政操作を可能にする余地が増大してしまうから，統一性が求められている。というよりも，統一性の原則が確立すると同時に，近代予算制度が成立したということができる。

　統一性の原則はイギリスで，1787年の統合国庫基金法によって，統一国庫制度が成立することで確立する。それまでのイギリスの財政は，「基金経済」と呼ばれ，特定収入と特定支出を結びつけた基金の寄せ集めとなっていたために，議会が予算を通じて財政をコントロールすることが困難となっていたのである。そこで，基金を一つの予算に統合することで，議会が予算によって財政を包括的に統制することが実現したのである。

　こうした統一性の原則から派生して，**ノン・アフェクタシオン**（non-affectation）の原則が導き出される。アフェクタシオン（affectation）とは，特定の収入と特定の支出とを結びつける充当関係をいう。したがって，ノン・アフェクタシオンの原則とは，「基金経済」のように，特定の収入と特定の支出を結びつけてはならないという原則である。

　かつて日本の揮発油税は，道路財源と結びつけた特定財源となっていたけれども，これはノン・アフェクタシオンの原則に反する。収入と支出の充当関係を，ひとたび形成してしまうと，特定収入がある限り，特定支出を計上しなければならなくなる。つまり，全国的に道路の整備が完了したとしても，揮発油税の収入がある限り，道路をつくり続けなければならなくなってしまうからである。そのため揮発油税は2009（平成21）年度から，道路特定財源ではなくなり，一般財源化が実現している。

◈明瞭性の原則

　統一性の原則とともに予算の形式に関する原則として，明瞭性（Klarheit）の原則がある。この原則は文字どおり，予算の内容が被統治者でありかつ統治

者である国民に，明瞭に理解されるような形式でなければならないという原則である。

　もちろん，国民が予算の内容を理解するのに必要な視点は，一つではない。例えば，収入の源泉や，支出の目的も理解しなければならないし，アカウンタビリティつまり責任の所在も理解する必要がある。そうしたいくつかの視点からみて合理的・体系的で，しかも概観が容易な数量的表現となっていなければならないのである。

　この明瞭性の原則から，責任ある所管部門を明確にしたうえで，目的別に款（Kapitell）と項（Titel）に分類する予算形式が一般的に採用されている。一方で，政府の機能が多様化し複雑化するにつれ，どのような政策課題が，どのような手段によって実行されるのかという情報の提供が重視されるようになり，**事業別予算**（performance budget）という試みも提起されてきたけれども，実現するには至っていない。

❖厳密性の原則

　予算の編成にかかわる原則である厳密性（Genauigkeit）の原則とは，予算を編成するにあたって，予定収入と予定支出を，可能な限り正確に見積もることを求める原則である。この原則は見方を変えて表現すれば，予算と決算との乖離を可能な限り小さくすることを求める原則だということができる。

　意図的に過小な収入を見込んだり，あるいは過大な支出を見込むことを許せば，行政府に財政操作をする余地が生じ，議会による財政統制が有効に機能しなくなってしまう。しかし実際には，正確に見積ることは不可能に近い。

　そこで収入を控え目に見積り，支出を多目に見積る**慎重主義**が採用される。一般に予算規模の3％ほどの**歳計剰余**（Haushaltsrest）が生じるように見積もることが正常だといわれている。

　とはいえ，こうした慎重主義も，行政府が議会で噴出する支出増大要求を抑えるために，意図的に収入を過小に見積るという財政操作の方便に利用されかねない。しかも，施設費などは，ひとたび施設を建設すれば，後年度に必ずその施設の運営費が発生する。そのため運営費や維持管理費などの**事後的費用**（Folgekosten）を含む正確な情報提供が必要となっている。

❖事前性の原則

　予算の編成に関する事前性の原則とは，予算は会計年度が始まるまでに編成を終え，議会によって承認されなければならないという原則である。この原則は，議会の決定なくして，予算を執行に移すことができないということを意味している。したがって，この予算原則は，国民の代表による財政統制の手段である，予算の本質にかかわっているということができる。しかし，それと同時に，予算の編成過程にかかわる技術的原則でもある。この原則は議会の審議・議決にかかわる十分な期間を考慮して，予算編成を完了することをも要求しているからである。

　この事前性の原則は，単年度原則と結びついている。毎会計年度ごとに予算を作成し，議会の承認を得なければならないという単年度原則から，執行に先立って議会が議決をしなければ執行ができない，という事前性の原則が導き出されてくるのである。

　とはいえ，事前性の原則を厳格に適用すると，会計年度が開始するまでに議会が予算を承認しない場合には，予算の執行ができないために，政府の活動は新年度とともに停止することになる。つまり，「予算の空白」という事態が生じてしまう。この「予算の空白」という事態に対応するために，次の二つの予算技術的工夫が採られてきた。

　一つは，施行予算という工夫である。施行予算とは，前年度予算をそのまま新年度にも施行するという方法である。

　施行予算という方法は，第二次大戦前の日本において帝国憲法のもとで採用された方法である。帝国憲法第71条には，「帝国議会ニ於テ予算ヲ議定セス又ハ予算成立ニ至ラサルトキハ政府ハ前年度ノ予算ヲ施行スヘシ」という施行予算の規定が設けられていた。もちろん，施行予算という方法は，議会の予算審議権を著しく制限することになる。

　そこで，もう一つの方法として，短期間にわたる暫定予算を編成して執行するという方法が採用されることになる。

　これはフランスの「12分割暫定予算」に起源があるといわれている。この「12分割暫定予算」とは，前年度予算ないしは新年度予算の12分の1に相当する支出を，毎月できるように限定して，予算の執行を決めるという方法であ

る。後述のように，現在の日本では，この「12分割暫定予算」に起源を求められる暫定予算を採用している。

◈会計年度独立の原則

予算編成に関する予算原則に対して，予算執行に関する予算原則は一括して拘束性の原則といわれる。それは議会が決定した予算によって，行政府の財政運営を拘束することを確保する原則ということができる。

こうした拘束性の原則には，時間的に支出を拘束する原則と，支出額を拘束する原則と，支出目的を拘束する三つの予算原則がある。

時間的に支出を拘束する予算原則とは，**会計年度独立の原則**といわれる。会計年度独立の原則とは，それぞれの会計年度の支出は，その会計年度の収入によって賄わなければならないという原則である。

この原則は，ややもすれば憲法第86条で規定している単年度原則と混同されてしまう。単年度原則とは，予算は毎会計年度編成して，議会で議決を得る必要があるという原則である。

これに対して会計年度独立の原則とは，日本では財政法第12条で規定している，「各会計年度における経費は，その年度の歳入を以て，これを支弁しなければならない」という原則である。つまり，会計年度独立の原則とは，ある年度に生じた財源不足を，次年度の収入で賄うというように，複数年度間で収入と支出を融通することを禁止している原則である。

とはいえ，会計年度独立の原則の前提に，単年度主義の原則があることは間違いない。単年度主義の原則にもとづいて，予算は会計年度ごとに議決される。そのため予算は，会計年度ごとに，支出とそれを支弁する収入とが見合うように編成されていなければ，次年度の支出をも拘束してしまう結果になりかねない。そこで，その会計年度の支出は，その会計年度の収入によって賄うように執行しなければならない，という会計年度独立の原則が提唱されることになる。

◈超過支出禁止の原則と流用禁止の原則

会計年度独立の原則が，時間的に支出を拘束する原則であるのに対し，支出額そのものを拘束する原則として，**超過支出禁止の原則**があり，支出目的を拘

束する原則として，**流用禁止の原則**がある。つまり，超過支出禁止の原則も流用禁止の原則も，議会の決定どおり支出が執行されるように拘束する予算原則である。

超過支出禁止の原則は，予算計上額を上回って支出することを禁止する原則である。もちろん，予算計上額を超える**超過支出**ばかりでなく，予算に費目が計上されていないにもかかわらず支出する，**予算外**（außerplanräig）**支出**をも認めないことをも含意している。

これに対して流用禁止の原則は，予算に計上された費目から，財源を他の費目に移し替えて支出することを禁止する原則である。つまり，超過支出や予算外支出のように，予算規模が増加するわけではないにしても，議会が決めた使用目的以外に支出することを禁止しているのである。

超過支出禁止の原則と流用禁止の原則は，いずれも行政府が議会の決定どおりに支出するように限定している。そのため超過支出禁止の原則と流用禁止の原則は，一括して**限定性**（Spezialität）**の原則**と呼ばれている。

◈公開性の原則

最後に掲げる公開性（Öffentlichkeit）の原則は，予算過程の総過程あるいは予算の全領域にかかわっている。それは議会が予算によって財政を統制するには，予算あるいは財政に関する情報が，議会や国民に対して公開されていなければならないという，財政民主主義の基本となる原則である。

この予算の公開性の原則は，予算の数値の公開から始まる。それは1781年，フランスの蔵相ネッケル（Jacques Necker）が『国王への財政報告書』（Compte rendu au roi）を世に問うた時に始まるといわれている。もっとも，イギリスでは名誉革命以来，予算数値を公開することが建前となっていた。

しかし，公開性の原則は，予算の数値の公開にとどまらず，被支配者であるとともに支配者でもある国民が，財政運営について的確に把握できることを保障することを要求している。予算内容が議会審議のために公開されるだけでなく，国民にも広く公開され，かつ批判的意見を自由に発表できる機会が保障されなければならないからである。

こうした意味で，予算は議会の審議のためばかりでなく，国民全体に公開さ

れなければならない。こうした意味で公開性の原則が確立するのは，1834 年にイギリス議会に，新聞記者席が設けられることになった時だといわれている。

◈現代的予算原則

19 世紀の中頃にイギリスで確立する，これまでみてきたような予算原則は，しばしば「**古典的**」予算原則と呼ばれる。こうした「古典的」予算原則とは区別して，現在では新しい「**現代的**」予算原則が提唱されるようになってきている。

「古典的」予算原則と区別した「現代的」予算原則としては，アメリカの予算局長だったハロルド・スミス（Harold Smith）が提唱した**予算 8 原則**が有名である。その 8 原則には，①行政府予算計画の原則，②行政府予算責任の原則，③予算報告の原則，④適切な予算手段の原則，⑤多元的予算手続きの原則，⑥行政府予算裁量の原則，⑦弾力性と時宜の原則，⑧二面的予算組織の原則，が列挙されている。

このハロルド・スミスに代表される「現代的」予算原則は，現代の財政運営が「古典的」予算原則と抵触し始めていることを主張する。つまり，現代の財政運営の変化に応じて，予算手続きも変更する必要があると主張されている。

その改革の方向とは，行政府に裁量と責任を与え，予算手続きも多元化すべきだという点にある。「古典的」予算原則のように，議会の決定どおりに財政を運用しようとすれば，財政は効率性を喪失するというのである。

そこで行政府に裁量の余地を与え，期間も単年度に限定せずに運営したほうが，効率的財政運営が可能となる。もちろん，その代わりに行政府に責任も持たせる。「現代的」予算原則の提唱とは，このように議会による予算統制が生じさせている非効率性を，行政府に権限と責任を付与することによって克服しようとする主張だといってよい。

こうした主張は，ハロルド・スミスにも，あるいは同様に「現代的」予算原則を唱えるヴィットマン（Waldemar Wittmann）にも共通している。

こうした「現代的」予算原則を「古典的」予算原則と対比すると，「現代的」予算原則では政府という経済主体を，家計よりも企業という経済主体に引き付けて理解していることがわかる。行政府への権限と責任の委任は，企業経営の経営者への委任とのアナロジーで考えられている。「古典的」予算原則に対立

する予算原則の主張についても，企業会計原則の公会計への適用を目指しているといってよい。

こうした「現代的」予算原則が主張されてくる背景は，19世紀の近代システムと相違して，20世紀とともに始まる現代システムでは，政治システムに「財産と教養」ある市民だけではなく，大衆が参加するようになったからだといってよい。大衆が政治に参加するようになると，調整が困難である多元的な利害が議会に代表され，その調整のために政府の活動領域も拡大していかざるをえなくなる。

しかも，政府の活動領域の拡大は，議会の決定どおりに予算を執行するという合法性を行政府に要求するだけでなく，予算執行における効率性の要請を認めることになる。「現代的」予算原則は，こうした要請に対応するものだということができる。

とはいえ，「現代的」予算原則は，「古典的」予算原則の補正・補完的地位を超えるものではない。というのも，財政の目的は経済的パフォーマンスの効率性ではなく，あくまでも社会統合にあるからである。しかも，そうした社会統合という統治を被支配者が行うという民主主義を，市場社会は否定するわけにはいかない。

そうだとすると，予算制度が国民の統制のもとに財政を運営する手段として構想されなければならないという要請は，現代システムでも変わらない。つまり，「現代的」予算原則も，効率性の要請を重視するにしても，財政民主主義とのバランスをとらざるをえないのである。

ヴィットマンは，「古典的」予算原則と「現代的」予算原則を図7-2のようにして整理している。もっとも，ここではヴィットマンが「古典的」予算原則に加えている均衡予算の原則は削除したうえで，若干の修正を施してある。

このように「古典的」予算原則と「現代的」予算原則を対比してみれば，前述のように反発し合う原則が多い。しかし，「現代的」予算原則は「古典的」予算原則と並列しているというよりも，補完しているにすぎないともいえる。それは，現代の予算制度が社会統合のために，財政民主主義と効率性との間を彷徨している姿を映し出しているといえる。

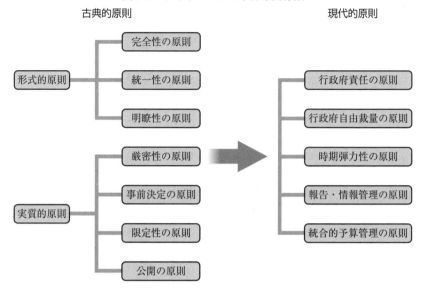

図7-2　ヴィットマンの予算原則分類

「社会保険国家」から「社会サービス国家」へ

　福祉国家という概念は，ファシズムによる「戦争国家」に対抗する概念として誕生した。第二次大戦後に先進諸国は挙って，福祉国家を目指したけれども，福祉国家は「所得再分配国家」とも表現される。もちろん，所得再分配は財政の所得再分配機能によって，高額所得者に租税を課税し，低額所得者に現金を給付することによって実行される。

　こうした所得再分配機能を果たす現金給付には，社会保険と公的扶助がある。しかし，困窮者に限定して現金を給付する公的扶助は，19世紀後半に社会保険が誕生すると，社会保険を補強して生活保障を担うように位置づけられていく。そのため第二次大戦後の「福祉国家」は，「社会保険国家」とも呼ばれるようになっていく。

　「所得再分配国家」とも「社会保険国家」とも表現される「福祉国家」は，第二次大戦後に形成された重化学工業を基軸とする工業社会を前提にしていた。大量の筋肉労働を必要とする重化学工業を基軸とした工業社会では，主として男性が労働市場に働きに出て，所得を稼得する。そのため家庭内では主として

女性が，無償労働で育児や高齢者ケアなどの生活を維持するサービスを提供するという家族像が成立していたのである。

　ところが，工業社会から「脱工業社会」へと移行していくと，これまで無償労働を担っていた女性も，労働市場へと急速に参加していくことになる。そうなると，社会保険で失業に，疾病，高齢などの正当な理由で，賃金を喪失した時に，それに代替する現金を給付するだけでは国民の生活を保障できなくなってしまう。

　そのため育児や高齢者ケアの福祉サービス，それに教育サービスや医療サービスというサービス給付に，社会保障の重点を移さざるをえなくなっている。こうして工業社会から脱工業社会への移行に伴い，「社会保険国家」から「社会サービス国家」への転換が唱えられるようになったのである。

現金主義と発生主義

Coffee Break

　現金主義とは，現金の授受が実際に行われた時に，収入や支出として処理する会計原則をいう。これに対して発生主義とは，現金の授受とは無関係に，資産価値の増加や減少が生じた時に，収入や支出として処理する会計原則をいう。

　企業が機械設備を購入した時に，購入代金として現金が支出されるため，現金主義会計では支出になる。しかし，購入された機械設備は，一定期間にわたって稼働して，生産に貢献する。そのため発生主義会計では，機械設備の減価償却部分のみが，その年度の費用として処理される。

　企業会計は発生主義会計にもとづいて処理されるけれども，予算は現金主義にもとづかなければならないことになっている。日本の財政法第2条では，収入とは「現金の収納」をいい，支出とは「現金の支払」をいうと定めている。

　企業会計が発生主義会計にもとづくのは，民間企業が利益追求を目的としているため，企業会計では損益計算が重要となるからである。これに対して予算の目的は，政府の活動をコントロールすることにあるため，現金主義会計が採用されている。

　ところが，最近では政府という経済主体と，民間企業という経済主体とは，性格が相違するということが理解されなくなってしまっている。そのため民間企業の会計だけでなく，政府も発生主義会計を取り入れるべきだという議論が高まっている。

第8章

予算制度の構造と機能

予算は予算原則にもとづいて制度化されている。しかし，現実の予算制度を観察してみると，予算原則を守れなくなっている現代財政の姿が，そこにある。この章では，予算の形成と内容に関する制度を観察する。予算は統一性の原則にもとづいて一つでなければならないのに，一般会計に加えて特別会計が存在している。このように予算原則が守られていないことは，財政の任務が複雑化していることとともに，財政民主主義が危機に陥っていることも示している。

◈決定と執行の分離と予算書

予算原則が制度化されると，**予算制度**となる。現在の予算制度は，「古典的」予算原則にもとづいて制度化されながら，「現代的」予算原則が提唱するような現代的要請に対応して，それに修正を加えて，制度化されているといってよい。

日本語でいえば「予算」とは，「予め算定すること」を意味している。しかし，第6章ですでに述べたとおり，英語で予算を示す budget は，ガリア語の「袋」に語源を持つ革鞄を意味している。

ここからも示唆されるように，予算とは財務大臣の革鞄に収められている予算書という文書を意味している。つまり，財政の収入（インプット）と支出（アウトプット）を「予め算定する」見積りの文書ということになる。

こうした意味の予算であれば，企業や家計という私的経済領域の経済主体も作成している。もっとも，私的経済領域の経済主体では，決定と執行が統合されているために，予算は自由に作成され，自由に変更されていく。

だが，政府の策定するバジェットとしての予算書は，単なる見積書ではない。というのも，民主主義にもとづく市場社会では，被支配者が支配者であるために，政府という経済主体では，決定と執行が分離しているからである。

執行機関は予算書によって，決定機関に財政権限の許可を申請しなければならない。もちろん，予算書を認めることによって決定機関は，執行機関に財政権限を与える。つまり，決定と執行が分離している政府という経済主体の予算とは，歳入と歳出の見積りであるとともに，行政府が提出する議会への財政権限の許可申請書でもあり，ひとたび議会が議決すれば，議会から行政府への財政権限付与書となる。

日本国憲法の第83条では，「国の財政を処理する権限は，国会の議決に基いて，これを行使しなければならない」とされている。さらに第86条では，「内閣は，毎会計年度の予算を作成し，国会に提出して，その審議を受け議決を経なければならない」と単年度原則を謳っている。

❖基本事項に権限付与する予算総則

予算書は単なる歳入と歳出の見積書ではない。そのために予算書の内容は，複雑となる。

財政法第16条では，「予算は，予算総則，歳入歳出予算，継続費，繰越明許費及び国庫債務負担行為とする」と規定されている。つまり，財政法では予算の内容を，①予算総則，②歳入歳出予算，③継続費，④繰越明許費，⑤国庫債務負担行為，という五つに規定している。

このうち予算総則は，歳入と歳出の見積りとは，直接の関係はない。予算総則とは財政運営の基本的事項について，議会が権限を付与するために設けられている。

つまり，予算総則には，予算の総括規定が盛り込まれることになっている。それ以外に，公債や財務省証券の発行限度額や，予算執行に関する必要事項がここで規定される。

2019（令和元）年度予算の予算総則を要点のみに絞って示すと，以下のようになる。

予算総則（令和元年度一般会計予算）

　（歳入歳出予算）
　第１条　令和元年度歳入歳出予算は，歳入歳出それぞれ 101,457,093,570 千円とし，
　　「甲号歳入歳出予算」に掲げるとおりとする。
　（継続費）
　第２条　「財政法」第14条の２の規定による既定の継続費の総額及び年割額の改定
　　並びに新規の継続費は，「乙号継続費」に掲げるとおりとする。
　　　　　（中略）
　（公債発行の限度額）
　第６条　「財政法」第４条第１項ただし書の規定により令和元年度において公債を
　　発行することができる限度額は，6,952,000,000 千円とする。
　２　「財政運営に必要な財源の確保を図るための公債の発行の特例に関する法律」第
　　３条第１項の規定により公債を発行することができる限度額は，25,708,451,922
　　千円とする。
　　　　　（以下略）

（出所）　財務省ホームページより作成。

❖予算本体としての歳入歳出予算

　歳入歳出予算とは，予算の本体ということができる。歳入歳出の「歳」は，
会計年度を意味している。したがって，歳入歳出とは，１会計年度の収入と支
出ということになる。つまり，財政の収入と支出は，１年という会計年度を単
位に見積もられ，それが予算の本体である歳入歳出予算としてまとめられる。

　歳入歳出予算の編成にあたっては，予算編成に関する予算原則を充足しなけ
ればならない。そのため財政法第14条には，「歳入歳出は，すべて，これを予
算に編入しなければならない」という「完全性の原則」が規定されている。さ
らに，財政法第23条では「明瞭性の原則」を実現するため，歳入歳出予算の
内容を区分する方法が規定されている。

　財政法第23条によれば，歳入歳出予算はまず，「収入又は支出に関係のある
部局等の組織」の別に区分することになっている。まず「部局等の組織」に区
分するのは，歳入歳出予算の執行責任を明確にするためである。

　表8-1に示すように「部局等の組織」は，歳入予算では「**主管**」として分類
され，歳出予算では「**所管**」さらに「**組織**」に分類されることになっている。
こうした歳入予算と歳出予算の分類の相違は，歳入予算と歳出予算の執行責任

表8-1 歳入歳出予算（令和元年度一般会計）

歳　入

主　管	部	款	項	金　額（千円）
国　会	雑　収　入			1,959,124
		国有財産利用収入		1,929,731
			国有財産貸付収入	1,928,554
			国有財産使用収入	1,177
		（中　略）		
財務省	租税及印紙収入			61,495,000,000
		租　　　税		61,446,000,000
			所　得　税	19,934,000,000
			法　人　税	12,858,000,000
		（中　略）		
		印　紙　収　入		1,049,000,000
			印　紙　収　入	1,049,000,000
		（中　略）		
	公　債　金			32,660,451,922
		公　債　金		32,660,451,922
			公　債　金	6,952,000,000
			特　別　公　債　金	25,708,451,922
		（以　下　略）		

歳　出

所　管	組　　織	項	金　額（千円）
皇　　室　　費		内　　廷　　費	324,000
		宮　　廷　　費	11,149,027
		皇　　族　　費	264,232
		計	11,737,259
国　会	衆　　議　　院	衆　　議　　院	64,404,501
		衆　議　院　施　設　費	9,162,656
		（中　略）	
	参　　議　　院	参　　議　　院	40,295,159
		参　議　院　施　設　費	8,641,870
		（中　略）	
	国　立　国　会　図　書　館	国　立　国　会　図　書　館	18,640,985
		（中　略）	
	国　　会　　所	管　　合　　計	150,041,442
		（中　略）	
財務省	財　　務　　本　　省	財　務　本　省　共　通　費	161,632,155
		国　　債　　費	23,508,189,546
		（中　略）	
文部科学省	文　部　科　学　本　省	文　部　科　学　本　省　共　通　費	104,593,476
		（中　略）	
		義　務　教　育　費　国　庫　負　担　金	1,520,633,000
		（中　略）	
		私　立　学　校　振　興　費	571,943,740
		（中　略）	
		国　立　大　学　法　人　運　営　費	1,097,054,656
		（中　略）	
		計	5,387,011,984
	文部科学本省所轄機関	国　立　教　育　政　策　研　究　所	3,131,715
		（中　略）	
		計	4,562,978
	文　　化　　庁	文　化　庁　共　通　費	3,052,735
		（中　略）	
		日　　本　　芸　　術　　院	517,894
		計	106,709,468
	文　部　科　学　省	所　管　合　計	5,528,688,569
厚生労働省	厚　生　労　働　省　本　省	厚　生　労　働　省　本　省　共　通　費	109,083,442
		（以　下　略）	

（出所）　財務省ホームページより作成。

表 8-2　予算科目の構造

	議 定 科 目	行 政 科 目
歳入予算	主管別―――部―――款―――項―	―目
歳出予算	所管別―――組織別―――項―	―目―――目の細分

の相違にもとづいている。

　というのも，「所管」とは責任のあることを意味し，「主管」とは責任のないことを意味するからである。歳入予算については，財務大臣が全面的に執行責任を負う。つまり，各省庁の「長」は，歳入の事務を管理するにすぎない。そこで歳入予算では，「部局等の組織」を「主管」として表示している。

　これに対して歳出予算の執行責任は，各省庁の「長」が負う。したがって，歳出予算では各省庁の長が負っている責任が「所管」として表示され，その「所管」のもとに直接執行する「組織」が示されるのである。

　このように「部局等の組織」に区分したうえで，歳入予算では性質別に「部」「款」「項」に，歳出予算では目的別に「項」という**予算科目**に，それぞれ分類される。歳入予算でも歳出予算でも，「項」の下に「目」という予算科目が設けられているけれども，国会の議決の対象となる予算科目は「項」までであり，これを**議定科目**と呼んでいる。これに対して予算の添付書類に計上され，閣議審議の参考となるにとどまる「目」以下の予算科目を，**行政科目**という。

　歳入予算では性質的に「部」「款」「項」「目」と分類され，そのうち「部」は①**租税及印紙収入**，②**専売納付金**，③**官業益金及官業収入**，④**政府資産監理収入**，⑤**雑収入**，⑥**公債金**，⑦**前年度剰余金受入**，の７部に分類されている。

　これに対して歳出予算では，歳出の目的と歳出の使途を基準に，予算科目が設けられている。まず，歳出の目的に従って「項」，さらに使途に従って「目」に分類されている。

　以上のような予算科目の構造をまとめると，表8-2のようになる。

❖歳入予算と歳出予算の相違

　予算の本体ともいうべき，歳入歳出予算の内容と形式をみてくると，歳入予算と歳出予算とでは整理の仕方に，著しい相違のあることがわかる。こうした形式上の相違から容易に推察されるように，歳入予算と歳出予算とは，基本的性格が著しく相違していることに注意する必要があろう。

　日本は**一年税主義**を採用せずに，**永久税主義**を採用している。日本のように永久税主義を採用する国の歳入予算は，文字どおりの見積りにすぎない。歳入予算を国会で議決したところで，行政府も国民も，それに拘束されるわけではない。

　歳入は予算とは別個の租税法などの法律によって徴収される。永久税主義のもとでは，歳入予算が成立しなくとも，あるいは徴収額が歳入予算の計上額を超過したとしても，租税法に定めた納税義務がある限り，国民は永久に納税しなければならない。

　このように歳入予算には，拘束力がないにもかかわらず，なぜ国会で審議され，議決されるのかといえば，歳入予算は歳出予算を裏付けるからである。つまり，歳出予算と合わせて検討し，見積りが妥当かどうか，あるいは財源に無理がないかどうかを審議する必要があると考えられているのである。

　これに対して歳出予算は，国会の議決によって初めて，行政府に歳出を執行する権限が与えられる。もちろん，超過支出禁止の原則によって，歳出は計上額を一文たりとも超過して支出することはできない。

　歳出予算は拘束力を持っているとはいえ，歳入分を余らせることは許されている。不要な支出を執行する必要はないし，財源を効率的に使用することによって節約することは，むしろ奨励されなければならないからである。

❖継続費と単年度主義

　予算の五つの構成要素のうち残る三つは，いずれも現代の財政運営が，予算原則を厳格に適用することが不可能になっていることに対処するために，予算として制度化されている。すなわち，継続費，繰越明許費，国庫債務負担行為の三つは，拘束性の原則のうち，単年度主義の原則あるいは会計年度独立の原則を，現代では厳格に貫くことができなくなっていることへの対応として，設

けられている予算である。

憲法第86条で単年度主義の原則を謳い，それを受けて財政法第11条では，会計年度を定めている。日本の会計年度は，イギリスおよびイギリスの植民地であったカナダ，ニュージーランドなどと同様に，会計年度の始期を4月1日に，終期を3月31日に定めている。さらに財政法第12条では，「各会計年度における経費は，その年度の歳入を以て，これを支弁しなければならない」と会計年度独立の原則を規定していることも，すでに述べたとおりである。

しかし，財政の機能が拡大していくと，単年度ではとても完了しない大規模化した事業も拡大する。例えば，完了までに5年を要する事業があるとすれば，それを会計年度ごとに，必要な経費の執行を議決していくのでは，ある年度には可決され，ある年度に否決されるという事態も生じかねず，そのたびに事業が中断されてしまう。

そこで数年度にわたる大規模な事業を円滑に遂行するために，継続費という予算が設けられている。継続費とは財政法第14条の2で規定されているように，「工事，製造その他の事業で，その完成に数年度を要するもの」について，「**経費の総額**」と「**年割額**」を定め，あらかじめ国会の議決を経て，「数年度にわたつて支出することができる」という制度である。

しかし，この継続費という予算は，後年度における歳入と歳出に対する議会の決定を制限してしまう。つまり，継続費は厳密にいえば，予算は毎会計年度議決されなければならないという憲法で規定された，単年度主義の原則に反しかねない。

実際，財政民主主義が著しく制限されていた第二次大戦前の帝国憲法では第68条で，継続費を設けることを認めていた。日本国憲法では，こうした規定を設けていないのに，1952（昭和27）年の財政法改正で継続費の規定を復活させてしまったのである。

そのため継続費には，違憲論も唱えられている。そこで継続費は，「特に必要がある場合」に限定され，支出期間も原則として5年以内に設定するとともに，後年度において国会で審議することを妨げないという規定を設けている。

◈繰越明許費と会計年度独立の原則

　継続費が適用されるような数年度にわたる事業でなくとも，経費の性格上，その年度内に使用が終了する見込みのない経費もある。例えば，渡り鳥の保護のように，自然条件に左右されて，年度内に支出の完了しない見込みが内在する経費もある。ところが，会計年度独立の原則に従えば，年度内に使用の終わらない歳出は，不用だったとして処理しなければならない。

　しかし，前述のような経費の場合には，この原則どおりに処理すると，著しい非効率が発生してしまう。そこで財政法第14条3項で，「年度内にその支出を終らない見込のあるものについては，予め国会の議決を経て，翌年度に繰り越して使用することができる」という繰越明許費の制度を設けたのである。

　繰越明許費は継続費と相違して，単年度主義の原則ではなく，会計年度独立の原則と背反する。継続費は公共事業にも活用されていたけれども，現在では防衛費に活用されている。これに対して繰越明許費では，公共事業が大きなウェイトを占めている。

◈国庫債務負担行為と単年度主義の原則

　最後に残った予算である国庫債務負担行為とは，支出をする可能性のある債務を負担する権限を求める行為である。憲法第85条によると，「**国費の支出**」と「**国の債務負担**」は国会の議決にもとづかなければならない。歳出予算を議決したということは，「国の債務負担」を認めるとともに，それと同時に「国費の支出」をも承認したことを意味している。

　しかし，「国の債務負担」と「国費の支出」が分離する場合もある。両者が分離し，「国の債務負担」が当該年度に実施され，「国費の支出」が翌年度以降に実施されるという場合が，国庫債務負担行為となる。もっとも，国庫債務負担行為には債務保障や損失補償のように，債務負担だけで目的が達成される場合もある。

　この国庫債務負担行為は，「**特定的議決による国庫債務負担行為**」と，「**非特定的議決による国庫債務負担行為**」の二つに区分される。「特定的議決による国庫債務負担行為」とは，財政法第15条1項による国庫債務負担行為であり，債務負担の内容をあらかじめ特定している国庫債務負担行為である。「非特定

的議決による国庫債務負担行為」とは，財政法第15条2項による国庫債務負担行為であり，災害復旧などの緊急の場合に，あらかじめ国会の議決を経た金額の範囲内で債務を負担する行為をいう。

　国庫債務負担行為も継続費と同様に，厳密に考えれば，単年度主義の原則に対する例外となる。継続費については「工事，製造その他の事業」に対象経費が限定されているが，国庫債務負担行為にはそうした制約がない。そのため，国庫債務負担行為が多用されるという傾向が生じがちとなる。

　国庫債務負担行為は継続費と相違して，支出権限は付与されない。国庫債務負担行為にもとづく支出が生ずる場合には，その年度の歳出予算で支出を計上することになっている。

◈予算の種類と統一性の原則

　予算の内容は五つから構成されるけれども，その予算は一つでなければならないというのが，統一性の原則である。ところが，現代の財政運営では，こうした統一性の原則を守ることは事実上不可能となっている。

　財政法は第13条で，「国の会計を分つて一般会計及び特別会計とする」として，初めから一般会計に加えて**特別会計**という予算の存在を認め，統一性の原則を放棄しているような規定を設けている。帝国憲法のもとにおける旧会計法でも，「特別ノ須要」のある場合に，「特別会計ヲ設置スルコトヲ得」と，特別会計の設置が例外的であることを明記していたことと比べても，現在の財政法は特別会計の設置を積極的に認めているといわざるをえない。

　しかも，特別会計に加えて，**政府関係機関の予算**も存在する。政府関係機関は行政府とは区別される**特殊法人**にすぎない。だが，行政府とほぼ同様の事業を営んでいるため，国の予算に準じる形式で国の予算とともに国会に上程されている。

　こうして一般会計予算，**特別会計予算**，**政府関係機関予算**という三つの予算のそれぞれが，予算総則，歳入歳出予算，継続費，繰越明許費，国庫債務負担行為という予算の内容を備えて編成されることになる。

　予算ではないけれども，予算に類似した存在として，「第二の予算」と呼ばれる「**財政投融資計画**」がある。しかし，「財政投融資計画」は機能が予算と

似ているとはいえ，あくまでも予算の参考書にすぎない。

　財政投融資については後に詳細に検討するけれども，財政投融資計画とは，公的資金を，政策目的を達成するために投資や融資に運用するための計画である。ここで投資とは出資のことであり，融資とは貸付けのことだと理解しておいてよい。こうして公的資金の投資や融資が，「財政投融資計画」という予算参考書としてまとめられるようになったのは，1953（昭和28）年度からである。

　財政投融資は2001（平成13）年度に抜本的に改革される。それ以前は郵便貯金，厚生年金，国民年金あるいは簡易生命保険などの国の事業を通じて集められた公的資金を，投資や融資に運用していたけれども，そうした公的資金は，この改革で原則として金融市場で自主運用されることになる。これに代わって財政投融資は，国債の一種である財政投融資特別会計国債（財投債）の発行などによって集めた公的資金を投資や融資に運用することになったのである。

　財政法第13条で統一性の原則が放棄され，一般会計と特別会計という二つの予算が並列されて規定されているとはいえ，一般会計に可能な限り統一されることが原則とされている。つまり，国の基本会計は一般会計ということができる。というのも，特別会計の設置は，次の三つの場合に限ってのみ認められているからである。

　特別会計の設置について，財政法は第13条2項で，「特定の事業を行う場合，特定の資金を保有してその運用を行う場合その他特定の歳入を以て特定の歳出に充て一般の歳入歳出と区分して経理する必要がある場合」と規定している。つまり，財政法は，この三つの場合に限り，特別会計の設置を認めている。

　特別会計の設置が認められる三つの場合の解釈には，考え方の相違がある。それは「特定の事業を行う場合」と「特定の資金を保有してその運用を行う場合」とが，どこにかかっていくのかによって解釈の相違が生じるからである。一般的にはこの二つの場合であっても，「一般の歳入歳出と区分して経理する必要がある場合」に限り，特別会計の設置が可能になると理解されている。

　このように限定され，かつ近年で特別会計を減少される政策が実施されてきたけれども，2019（令和元）年度でみても13の特別会計が存在している。しかも，2019年度当初予算の歳出ベースでみても，一般会計の予算総額が101兆4571億円なのに対し，特別会計の予算総額は389兆4569億円にも達してい

る。それに政府関係機関予算総額1兆8173億円が加わることになる。

◈特別会計と政府関係機関

　特別会計は財政民主主義の理念にもとづいて，財政法でも前述した三つの設置要件に当てはまる場合に限り，設置が認められている。ところが，第二次大戦後には必ずしも設置要件とは関係が明らかではないままに，特別会計が設置され，2006（平成18）年度には特別会計の数が31にのぼっていたのである。

　現代の財政運営では統一性の原則を厳格に守ることが困難だとしても，こうした事態は望ましくない。フランスも特別会計が多いといわれていたとはいえ，日本の特別会計にあたる付属予算（budget annexes）は，印刷局，造幣局，郵便，電信電話，軍工廠などに限られていたのである。

　そこで特別会計に改革のメスが加えられていく。2007（平成19）年に成立した「特別会計に関する法律」によって，特別会計の数は31から17に減少する。もっとも，2012（平成24）年度に東日本大震災復興特別会計が創設されたために，特別会計の数は18となっていた。しかし，2013（平成25）年度の「特別会計に関する法律等の一部を改正する等の法律」によって，特別会計の数は18から15へと減少する。さらに2014（平成26）年度の「森林国営保険法等の一部を改正する法律」によって15から14に，2015（平成27）年度の「貿易保険法及び特別会計に関する法律の一部を改正する法律」によって，14から13へと整理されている。

　こうして2019（令和元）年度に設置されている13の特別会計を示すと，表8-3のとおりである。

　政府関係機関予算は，公的企業のうち国鉄，専売公社，電電公社という3公社が民営化されたため，政策金融を行う9公庫2銀行の政策金融機関だけとなっていた。しかも，この政策金融機関も激しい整理統合の波にさらされることになる。

　そうした政府関係機関の整理統合の結果として，2019年度でみると，政府関係機関は沖縄振興開発金融公庫，株式会社日本政策金融公庫，株式会社国際協力銀行，独立行政法人国際協力機構有償資金協力部門という四つの政府金融機関のみとなっている。政府関係機関は全額政府出資の特別法にもとづいて設

表 8-3　特別会計の分類（2019〔令和元〕年度）

区　　分	特　別　会　計
事業特別会計（6）	地震再保険特別会計 労働保険特別会計 年金特別会計 食料安定供給特別会計 特許特別会計 自動車安全特別会計
資金運用特別会計（2）	財政投融資特別会計 外国為替資金特別会計
整理区分特別会計（3）	交付税及び譲与税配付金特別会計 国債整理基金特別会計 国有林野事業債務管理特別会計
その他（2）	エネルギー対策特別会計 東日本大震災復興特別会計

（出所）　財務省ホームページより作成。

立されている法人であり，その予算は国会の議決を必要とすることになっている。

　そうした公団などの主要な公的企業については，財政法第28条の規定により，予算の参考書類として財務諸表が国会に報告されることになる。

◇複数予算と財政のコントロール

　統一性の原則が打ち破られ，一般会計に加えて特別会計，さらに政府関係機関という複数の予算が存在するようになると，それぞれの予算のあいだで**財源の繰入れ，繰出し**が行われ，財政関係が錯綜する。しかも，これに地方財政が加わって，さらに複雑化する。こうした複雑化した財政関係を図示すると，図8-1のようになる。

　しかも，一般会計から特別会計へという予算間の財源の繰入れ，繰出しだけでなく，特別会計のあいだでも相互に繰入れが行われるようになる。しかし，こうしたことが無原則に行われれば，基本会計である一般会計の総覧性が著しく失われる。

　統一性の原則が厳格には守れなくなっているとはいえ，こうした事態は，可

図 8-1 複雑な財政関係

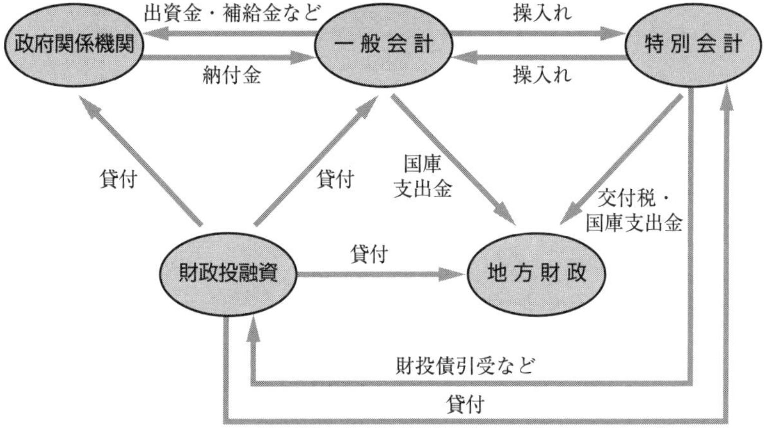

能な限り回避する必要がある。そのため法的根拠がない場合には，財源の繰入れは実施すべきではないと理解されている。

特別会計の設置によって，財源の繰入れ，繰出しにより財政操作が行えるようになるだけでなく，財政法の規定に従わない財政運営が可能となる。というのは，財政法第 45 条によって，それぞれの特別会計法で財政法と異なる規定を設けることが認められているからである。

重要な点を挙げておこう。第一に，一般会計では**公債発行**が原則として禁止されているが，特別会計では行うことができる。第二に，公会計方式ではなく，**企業会計方式**を採用することができる。第三に，**弾力条項**が認められる。

一般会計では，拘束性の原則によって，執行過程で超過支出などを行うことができない。ところが，弾力条項が認められている特別会計では，歳入の増加に応じて歳出を増加させることができる。もとより特別会計の性格上，これには合理的根拠が存在する。例えば，事業特別会計でいえば，事業収入が増加すれば，事業支出も当然のことながら増加する。そうした事態が生じるたびに，議会の承認を求めるのは合理的ではない。しかし，執行における裁量の余地が増大し，議会における財政のコントロールが弱まることには違いはない。

政府関係機関予算になると，さらに議会のコントロールが弱まる。政府関係機関予算では，予算の範囲そのものが限定されてしまっているからである。

政策金融機関の予算では，貸付金やそれに見合う政府出資金，元利金の回収などは一切，予算に計上されない。営業上の経費と，それを賄うための収入だけが，予算に計上されるにすぎない。つまり，予算に計上されるのは，収入としては貸付金の利子，その他資産運用にかかわる収入などに限られ，支出としては借入金あるいは債券の利子，事務運営費などだけに限られてしまうのである。

　このように政府関係機関の予算では，予算原則そのものの適用が制限され，議会によってコントロールされる範囲それ自体が，著しく限定されてしまう。こうして特別会計や政府関係機関の予算規模が拡大していくことは，議会のコントロールの及ばない領域が増大していくことを意味している。

　確かに，現代の財政運営では予算原則を貫徹することができなくなり，行政府に裁量の余地を与えることが要求されている。しかし，被統治者である国民が，財政をコントロールするという民主主義的市場社会の建前をとる限り，予算原則を放棄するわけにはいかない。そこで，予算原則の適用されない特別会計や政府関係機関の活動領域を拡大することによって，国民が財政をコントロールするという要求と，行政府に裁量の余地を与えるという要求との調和が目指されていると考えられる。

　こうして一般会計よりも，予算原則の適用を免れる特別会計や政府関係機関の範囲が膨張していくことになる。一般会計で実施されていた活動を，特別会計や政府関係機関へと移してしまえば，予算原則の適用を逃れ，議会からのコントロールも弱まる。

　一般会計で公共事業を行えば，建設国債という途が開かれていないわけではないが，公債に依存することは原則的には禁止されている。しかし，特別会計で実施すれば，大手を振って公債への依存が可能となるし，弾力的な運用も行える。

　さらに，例えば道路を有料化してしまうと，その事業を道路公団という公的企業に移すことができる。公団に事業を移してしまえば，政府出資の際に議会の規制を受けるとはいえ，予算そのものは議会に提出されることすらない。

　ところが，一般会計の特別会計化，特別会計の政府関係機関化という流れは，一見すると，逆流現象を起こし始めたと認められなくもない。すでにみたよう

に，特別会計や政府関係機関の整理縮小が進んでいるからである。

　しかし，こうした現象は逆流現象ではなく，民主主義にもとづく経済である財政の領域を小さくし，市場経済の領域を拡充していくという政策思想のもとに実施されていることを忘れてはならない。それに逆流どころか，一般会計の特別会計化，特別給付の政府機関化によって，民主主義の統制を弱めていくという流れを，むしろ強化していく動きだということができる。

　つまり，特別会計や政府関係機関の整理縮小は，公共性を否定して，民営化してしまうという方向で推進されている。もちろん，民営化されてしまえば，公共性のある事業に対して，国民は何の発言権を持たなくなってしまうのである。

◈移用と流用，補正予算と暫定予算

　予算は統一性の原則が主張するように，一つであることが望ましいばかりでなく，年に一度の予算編成で終わることが望ましい。しかし，現代の財政運営では，複数回の予算編成を認めざるをえなくなっている。

　これも，予算原則の厳密な適用が，財政運営を困難にすることへの対応として行われている。つまり，拘束性の原則に対する救済措置としては，**流用**の許容のほかに**補正予算**が，事前性の原則に対する救済措置としては**暫定予算**が，設けられている。

　予算はひとたび成立すれば，拘束性の原則にもとづいて執行されることになる。つまり，予算に不足が生じたとしても，超過支出も流用も，それぞれ超過支出禁止の原則と流用禁止の原則にもとづいて禁止されてしまう。

　流用については，**移用**と流用を区別しなければならない。一般的に流用とは予算の執行過程で生じた状況の変化に対応して，予算科目間で財源を融通することをいう。財政法第33条ではこの流用を，次の二つに区分している。

　一つは移用である。これは「部局等」のあいだ，あるいは「項」のあいだで行う融通をいう。つまり，移用とは予算科目のうち，議定科目のあいだで行う財源の融通である。この移用は原則として禁止されているが，「あらかじめ予算をもつて国会の議決を経た場合に限り，財務大臣の承認を経て移用することができる」となっている。

これに対して「項」の下に設けられている「目」のあいだの融通を流用という。つまり，流用とは予算科目のうち，行政科目のあいだの融通である。この流用は財務大臣の承認さえあれば，原則として認められている。要するに，移用は原則禁止だけれども，流用は原則として認められるということになる。

移用と流用はまったく不可能というわけではないので，予算に不足が生じた場合，流用あるいは移用によって対応することもできる。もちろん，それには限界がある。

そこで**予備費**の制度が設けられている。予備費は予算に計上されているとはいえ，具体的にどういう目的に支出するかについて，議会が承認したわけではない。そのため予備費を使用した場合は，事後に国会の承認を得る必要がある。したがって，みだりに予備費の使用を行うべきではない。

そこで補正予算という制度が設けられている。事前性の原則にもとづいて会計年度が始まるまでに成立する予算を，**本予算**と呼んでいる。本予算が執行されていく過程で，それに追加したり，変更を加えたりする予算を補正予算という。

補正予算もみだりに編成すべきではない。財政法第29条では，補正予算が作成できる場合を，予算の追加と追加以外の変更の二つに分類している。

このうち予算の変更については，法律などにもとづいて当然支出しなければならない義務費の場合は，本予算の作成後に生じた事由にもとづかなくとも，予算の追加が可能であるが，義務費以外の経費については，本予算作成後の事由にもとづき「特に緊要となった経費」の支出に限られている。もちろん，現代の財政運営では，「特に緊要となった経費」には，災害などの必要やむをえざる経費だけでなく，景気対策などのような政策判断を伴う緊急性も含むことになる。

補正予算が拘束性の原則の救済措置であるとすれば，暫定予算は事前性の原則に対する救済措置である。事前性の原則からいって，会計年度が開始されるまでに予算が議決されなければ，会計年度が始まっても予算の執行ができず，「予算の空白」が生じてしまう。そのための救済措置の一つに，**施行予算**という方法がある。これは帝国憲法のもとで行われた手法で，前年度予算をそのまま，その年度の予算として執行する方法である。

しかし，日本国憲法では，こうした議会の予算審議権を否定するような規定は設けられていない。それに代わって財政法第30条では，暫定予算の規定を設けている。暫定予算とは本予算が成立するまでの期間について，必要やむをえざる経費に限って計上した予算をいう。もちろん，暫定予算も議会の議決が必要となる。しかし，その性質上，本予算が成立すれば，それに吸収されることになる。

 三階回し

Coffee Break

　予算編成作業は財務省の主計局が中心となって進める。しかし，財政投融資計画は財務省の理財局がまとめる。

　主計局が予算編成を進める過程で，租税収入の予測が明らかになってくると，事業としては実施したいとしても，一般会計の枠内では実施を見送らざるをえない場合が当然，生じてくる。そうした事業を財政投融資に委ねることがある。もちろん，財政投融資に移すことのできる事業は，自償的経費つまりその事業が料金収入などの収入を生み出す事業に限定されてくる。

　しかも，財政投融資の事業は主計局ではなく，理財局が担っているので，それは理財局の判断に委ねられる。このように予算編成の過程で，一般会計から財政投融資へと，要求される事業を移すことを「三階回し」と呼んでいる。それは財政投資計画を担う理財局が，財務省の建物の三階にあるからである。

　鉄道事業は一般会計で実施していた。第二次大戦前には，鉄道省という省も存在していた。ところが，鉄道事業は特別会計に移されてしまう。さらに，鉄道事業は日本国有鉄道，つまり国鉄と呼ばれた公社に移されていく。つまり，一般会計で実施されていた事業が，財政投融資へと移されていったのである。

　しかも，現在では鉄道事業は民営化され，JRと呼ばれる民間会社が運営している。それは，鉄道事業が国民の手の届かない所で運営されていることを意味しているのである。

継続費は憲法違反か

　第二次大戦前の帝国憲法には，継続費の規定があり，憲法で継続費を認めていた。つまり，帝国憲法第68条で，「特別ノ須要ニ因リ政府ハ予メ年限ヲ定メ継続費トシテ帝国議会ノ協賛ヲ求ムルコトヲ得」と定めていたのである。

　ところが，第二次大戦後の憲法では継続費の規定を設けていない。しかも，第86条で「内閣は，毎会計年度の予算を作成し，国会に提出して，その審議を受け議決を経なければならない」と，単年度主義を明確に謳っている。

　継続費は第二次大戦後，認められてはいなかったけれども，1952（昭和27）年の財政法改正によって，認められることになる。継続費は単年度主義の例外である。そのため継続費は，憲法違反なのではないかという議論が巻き起こることになる。

　現代財政の多面的機能を考えると，継続費を認めることはやむをえない面もある。しかし，容易に財政民主主義を崩すべきではないことにも，注意する必要がある。

　実際，継続費は防衛費で多用されている。日本国憲法が平和憲法であることを考えれば，継続費も問題なしと片付けるわけにもいくまい。

　　財政が予算によって運営されていく予算過程を，この章では考察する。財政民主主義という観点からすれば，予算過程も予算原則にもとづく必要がある。しかし，多元的諸利害を調整しなければならない現代財政のもとでは，議会による財政のコントロールが形骸化せざるをえなくなっている。財政をコントロールする予算過程は，編成・執行・決算という三つの過程を辿ることになる。しかし，財政民主主義が機能しなければ，予算が議会の決定どおりに執行されたかを検認する決算も，形骸化してしまうことになる。

◈予 算 循 環

　予算原則にもとづいた形式と内容を備えることになっている予算制度は，同じく予算原則にもとづいて運営されていくことになっている。予算は単年度主義の原則に従って，毎年度策定されるけれども，一つの予算が運営される過程は，少なくとも３年度以上の年月を重ねる。３年度以上の年月を辿る一つの予算の生涯は，**予算循環**（budget cycle）と呼ばれている。

　予算循環は図 9-1 に示したように，四つの局面を含む三つの過程から構成される。第一の局面は，行政府が予算を準備する**立案過程**である。第二の局面は，議会で予算を審議し，成立させる**決定過程**である。第三の局面は，予算にもとづいて行政府が財政を運営していく**執行過程**である。第四の局面は，行政府が執行した予算の結果を議会に報告し，執行責任を議論する**決算過程**である。

　第一の局面である立案過程と第二の局面である決定過程は，**予算の編成過程**とまとめることができる。つまり，予算循環は予算の編成，予算の執行，それに決算という三つの過程から構成されることになる。

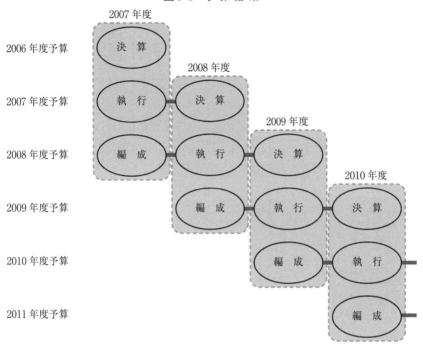

図9-1 予算循環

この三つの過程は，それぞれが少なくとも1年間を要するため，予算循環の一つのサイクルは3年間にわたることになる。しかも，図に示したように，一つの会計年度をとってみれば，三つの過程が同時に進行していることになる。

◈予算立案の覆審手続き

ゴルトシャイトの言葉を借りれば，「予算はいわば，あらゆる虚飾のイデオロギーをかなぐり捨てた，国家の骨格を表現するものなのである」ということになる。予算には，政治システムが，経済システムと社会システムとを統合していくための，あらゆる統治行為が盛り込まれている。

日本のように議院内閣制を採用し，予算と法律とを区別している国では，法律は議員立法，つまり議員にも法案提出が認められているが，法律ではない予算については，それを立案し，議会に提案できるのは，内閣のみである。もっ

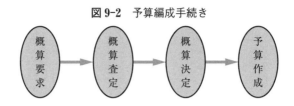

図 9-2　予算編成手続き

概算要求 → 概算査定 → 概算決定 → 予算作成

とも，1921 年にアメリカで大統領のもとに予算局が置かれて以来，日本に限らず，いずれの国でも予算の立案は，行政府によって行われている。つまり，アメリカにおいても行政府の作成した予算書にもとづいて，議会が支出権限を行政府に授権する**歳出予算法**（Appropriation Act）を決定していくことになっている。

　議院内閣制の建前から日本では，議会の信認のもとに成立した内閣が，統治行為としての自らの政策を，予算化する方針を示すことをもって，予算の立案が始まることになる。つまり，行政を担う内閣の政治的意思として，まず**予算編成方針**が示されなければならない。この内閣が示す予算編成方針にもとづいて，予算を立案するための事務的過程が続くことになる。

　予算の立案は財政法第 21 条の趣旨から，内閣の内部では財務大臣が主宰する。したがって，予算編成方針にもとづく立案過程は，財務省の主導のもとに展開していく。予算の立案過程は，**覆審手続き**という二段構えの手続きを踏んで行われる。

　第一段階として，まず予算の枠組み（フレームワーク）を決定する。予算の枠組みを決定することを**予算の概定**といい，予算の枠組みをなす計数を**概算**といっている。

　次いで第二の段階では，この概算を基礎に具体的な計数が盛り込まれ，予算書が完成される。そのため図 9-2 のように，予算編成方針の決定にもとづいて，**概算決定**をするための**概算要求**，**概算査定**という過程が続き，概算決定後に「**予算作成**」が行われるという過程を辿る。

※マクロとミクロの予算編成

　覆審手続きで進められる予算の立案過程には，**マクロの予算編成**とミクロの

予算編成という二つの側面がある。マクロの予算編成とは歳出予算の規模を決め，その財源を確保するために，租税収入や公債発行を検討して歳入予算を決定することである。いわばトップダウンで実施される「上からの予算編成」である。

これに対してミクロの予算編成とは，各省庁からの概算要求を個別に査定して積み上げていく，ボトムアップの予算編成である。こうした「下からの予算編成」であるミクロの予算編成と，上からの予算編成であるマクロの予算編成とを，どのように折り合いをつけるかということが，予算の立案過程の実質的内容をなしている。

予算の立案過程では，マクロの予算編成は財務省の専権事項となっている。税収を見積もる権限は，財務省主税局にある。この見積り権限を基礎にしながら，財務省主計局が歳出予算の規模を決めていく「推計」作業を，予算立案過程で繰り返す。

「推計」作業は，マクロの予算編成と，ミクロの予算編成を整合させながら，予算の概算概略案を作成する重要な作業である。財務省主計局では，こうした推計作業を繰り返しながら，最終的な概算概略案である財務省原案を立案していくことになる。

◇転倒する立案過程

奇妙なことに，実際の予算立案過程，編成過程が転倒している。まず内閣が予算編成方針を明確にしなければ，各省庁はどのような政策を予算化すべきかわからないはずである。ところが，内閣が予算化すべき政策を明確にして，予算編成方針を提示しないにもかかわらず，事務的過程が先行して進められていく。

1951（昭和26）年度予算編成において7月11日に予算編成方針が決定されたのを最後に，概算要求に先立って予算編成方針が決定するということは行われなくなってしまった。それどころか，予算の立案過程のまず最初に決定されるべき予算編成方針は，概算決定とほぼ同時に，年末に決定されるのが慣習となっている。

このように，原則的には最初に行われるはずの予算編成方針が決定されない

まま，予算の立案作業が進行していく。公式に予算の立案作業が表面化するのは，毎年7月末頃の閣議における財務大臣の次年度予算についての発言である。しかし，この閣議で予算編成方針らしきものが提示されるわけではない。しかも，その内容はほぼ例年定式化されている。

第一に，各省庁の長に対して，概算要求を期日までに財務大臣に送付するよう要請する。具体的には，各省庁が実施する政策に必要な経費を歳出概算要求書にまとめ，8月31日までに送付してほしいと発言する。

第二に，1961（昭和36）年度予算編成以降，各省庁の概算要求に上限枠を設けることを発言することが慣例になっている。この上限枠は**シーリング**と呼ばれていたが，1985（昭和60）年度予算編成から，**概算要求基準**と呼び改められている。このシーリングは設定当初，前年度予算額に対して50％増以内に概算要求を抑えるという内容になっていたが，1982（昭和57）年度には**ゼロ・シーリング**に，83年度からはついに**マイナス・シーリング**となっている。

ところが，2001（平成13）年の省庁再編に伴い内閣府に経済財政諮問会議が設置された。首相を議長とした経済財政諮問会議の任務は，経済運営とともに財政運営，さらには予算編成の基本方針を決めることにある。つまり，「予算編成の基本方針」を経済財政諮問会議が策定するため，予算立案過程に変化が生じたのである。

確かに，2002（平成14）年度の予算編成をみると，「予算編成の基本方針」の原案を経済財政諮問会議が作成し，12月初旬には「予算編成の基本方針」が閣議決定されている。しかし，それまでは12月中旬に，大蔵原案つまり現在の財務省原案とほぼ同時に，予算編成方針が選択されていたのが，やや早まったとはいえ，予算立案作業の最終段階で「予算編成の基本方針」が決定されることには相違がないのである。

◈概算要求の立案過程

毎年度，暑い夏の日の閣議における財務大臣の発言をもって，公式に立案作業の開始が告げられるとはいえ，それ以前から予算立案作業の事務的過程は始まっている。各省庁では予算編成方針が，内閣から示されていないにもかかわらず，それぞれの省庁の大臣官房会計課を中心に，概算要求の準備が進められ

ている。

　このミクロの予算編成にあたる概算要求の作成過程は，大きく次の二つの段階にまとめられる。

　第一段階は，各省庁の各局ごとに，概算要求の原案をまとめる段階である。各局ごとに概算要求をまとめる作業は，各省庁の各課が概算要求の原案を作成することから始まる。それを各省庁の各局の総務課が査定し，各課と総務課が復活折衝をしたうえで，各局の概算要求の原案を決定する。

　第二段階は，各局ごとに作成した概算要求の原案を，各省庁ごとの概算要求の原案としてまとめる段階である。ここでは各省庁の大臣官房会計課が，各局の総務課とのあいだで，査定，復活折衝を重ね，各省庁の概算要求を決定するというプロセスを展開する。

　このように各省庁でミクロの予算編成が進められるプロセスに並行して，財務省主計局ではマクロの予算編成の準備が進められる。財務省主計局では翌年度予算の規模を，どの程度に見込むのかという目処を立てる第一次推計が，5月下旬頃には行われる。推計作業では三段表という文書が作成され，前年度予算を基準に当然増，政策増の経費などが考慮されていく。

　さらに，1955（昭和30）年度予算以来，概算査定を効率的に行うため，**標準予算**も作成されていく。この標準予算は，例えば人件費，旅費，庁費などの決まりきった経費を標準予算に組み込み，査定作業が開始されるまでに片付けておき，査定作業を政策経費に集中させるために作成されている。

　例年ほぼ8月31日には概算要求が出揃い，ミクロの予算編成は財務省において査定作業を行う概算査定の段階に入る。財務省のレベルでも，ミクロの予算編成は，前述した原案を査定し，内示，復活折衝，決定というプロセスを辿る。

　概算査定を担当する財務省主計局では，9名の主計官が，省庁再編前には，①防衛担当，②外務・通産・経済協力担当，③文部・科学技術・文化担当，④厚生・労働担当，⑤総理府・司法・警察担当，⑥運輸・郵政担当，⑦建設・公共事業担当，⑧農水担当，⑨地方財政・大蔵・補助金担当，という九つの領域を分担して査定していた。

　省庁再編に伴い9名の主計官の担当領域は，①内閣，復興，外務，経済協力

表 9-1　主計官の担当（2021〔令和 3〕年現在，11 名）

内閣，復興，外務，経済協力係担当
司法・警察，経済産業，環境係担当
総務，地方財政，財務係担当
文部科学係担当
厚生労働係第一担当
厚生労働係第二担当
農林水産係担当
国土交通，公共事業総括係担当
防衛係担当
総務課所属主計官（2 名）

（出所）　財務省ホームページより作成。

担当，②司法・警察，経済産業，環境担当，③総務，地方財政，財務担当，④
文部科学担当，⑤厚生労働第一担当，⑥厚生労働第二担当，⑦農林水産担当，
⑧国土交通，公共事業総括担当，⑨防衛担当，と変化している。しかし，予算
担当主計官が 9 名であることには変化がなく，担当領域も大きく変容したわけ
でもない。主計官としては予算担当主計官以外に，2 名の主計官がいる（表
9-1）。

　もちろん，財務省主計局はマクロの予算編成作業も進める。すでに概算要求
が出揃う前の 8 月頃に，財務省主計局は税収の見積りを睨みながら，第二次推
計作業を行う。概算査定の段階に入ってからも，繰り返し推計作業を行う。

　こうしたマクロの予算編成作業を踏まえながら，財務省主計局は概算査定作
業として，まず「雑件」と呼ばれるトリビアルな問題を処理してしまう。次い
でミクロとマクロの予算編成をドッキングして，政治的判断を要する「重要問
題」を局議で決定していく。

　それを省議に掛け，12 月中旬頃には財務省の概算概略案，いわゆる財務省
原案が策定される。こうして財務省原案が閣議に提出され，各省庁に内示され
る。それに不満のある省庁は財務省に復活要求書を提出し，**復活折衝**に入る。

　復活折衝では，まず各省庁と財務省の事務レベルで調整される**事務折衝**が行
われる。さらに，高次元の政治的判断を必要とする重要事項については，大臣
折衝に持ち込まれることになる。

　こうした復活折衝に対して財務省は，**公開財源**あるいは**隠し財源**を準備して

臨む。隠し財源は，各省庁や財務省の官房調整費や退職金などの，すぐには支出されない項目に隠されている。こうした財源の分捕りという政治的ドラマの幕が下りると，**概算閣議**で概算が決定される。

◈予算の作成

　概算閣議で概算が決定すると，それにもとづいて予算の細目まで数値が決められ，予算書の形式にまとめられる。これを**予算の作成**という。予算が作成されると，それが閣議決定される。こうして閣議決定された予算は，ただちに議会に提出されるため，この閣議を**提出閣議**という。概算閣議は例年，12月下旬に，提出閣議は1月に行われる。

　以上のような立案過程を図示すると，図9-3のようになる。10カ月にわたる予算の立案過程を眺めると，予算編成方針が予算立案の最終段階で決定されるという転倒的関係になっていることが注目される。省庁再編前であれば，財政制度審議会が翌年度の予算編成方針に関する建議を行い，それを受けて大蔵省が予算編成方針を作成して閣議決定をするのは，大蔵原案が完成する12月中旬のことである。省庁再編後であっても，経済財政諮問会議が作成した原案にもとづいて，「予算編成の基本方針」を閣議決定するのは，12月上旬である。このように予算立案過程の最終段階で決定される予算編成方針に，実質的意味がどれほどあるのか疑わしいといわざるをえない。

◈予算の審議と決定

　予算が議会に提出されると，審議，決定という政治的過程が始まる。予算は衆議院の予算先議権にもとづいて，まず衆議院に提出される。衆議院では本会議での首相の施政方針演説に続いて，財務大臣の**財政演説**が行われる。つまり，「オープン・ザ・バジェット」といわれる格調高い財政演説が展開されることになっている。

　ところが，予算編成方針が予算編成の最終段階で作成されるため，財政演説は一貫した予算編成方針を欠いたまま編成された予算を，弁明するという内容にならざるをえない。そのため，どうしても財政演説は，焦点の定まらない内容となってしまう。

図 9-3　予算編成過程（2020〔令和2〕年度予算編成）

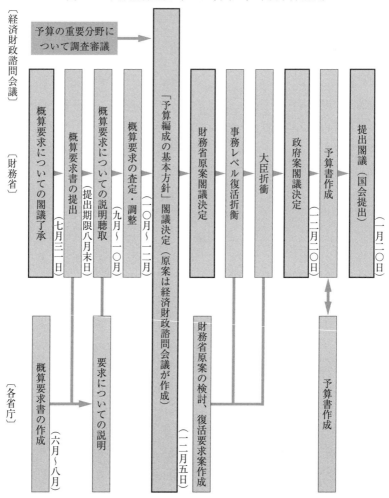

財政演説に対して代表質問が行われた後，予算は**予算委員会**に付託され，そこで実質的に審議されることになる。とはいえ，それに費やされる期間はあまりにも短い。そのうえ，途中に**公聴会**も開催しなければならない。しかも，予算委員会では政策全般にわたって質問ができるため，総花的な審議となり，予算書の具体的な内容について審議されることはあまりない。

こうして，実質的な審議が行われているとはいいがたい状態のまま，予算委員会で予算が採決される。その結果が本会議で報告され，議決されることになる。

　衆議院で可決されると，予算は参議院に送付される。ところが，参議院には審議期間が30日しか残されていない。それは予算が1月下旬に国会へ提出されるため，衆議院と参議院にそれぞれ，ほぼ1カ月の期間しか割り当てられないという理由だけではない。参議院が予算を受け取ってから30日以内に議決しないときには，予算は自然成立してしまうからである。こうして参議院でも衆議院と同様の経過が繰り返され，予算が成立することになる。

◈日本的利害調整機能

　予算の編成過程をみてくれば，日本では予算の立案経過が10カ月と長く，審議・決定という政治的経過が2カ月と著しく短いことがわかる。事前性の原則からいって，十分に審議する期間を設ける必要があるため，財政法第27条は，予算を「前年度の12月中に，国会に提出するのを常例とする」となっていた。

　しかし，12月中に提出された例はなく，1月下旬に国会に提出されるのが常例となっていた。そのため結局，財政法を改正し，1月中に国会に提出することを常例するように改めてしまったのである。

　このように予算の審議・決定の期間が短いということは，事前性の原則から好ましい事態ではない。それは議会の予算議決権が形骸化していて，被統治者が議会を通じて財政をコントロールするという財政民主主義が，機能不全に陥っていることを示していると考えられなくもない。

　財産と教養をもった市民のみが，政治に参加しているのであれば，共通の利益を合意することは容易である。しかし，大衆が政治に参加し，分裂した利益が議会に反映されるようになると，予算の審議・決定は，そうした多元的利益を均衡させるという使命も帯びてくるはずである。

　そうした使命を議会が果たさなくなれば，社会統合に亀裂が生じてしまう。もっとも，日本ではそうした利害調整が実施されていないわけではない。というのも日本では，議会における政治過程ではなく，予算立案の事務過程で利害調整が行われてしまうと考えられるからである。

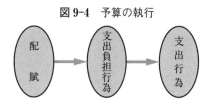

図9-4　予算の執行

　予算立案という事務過程は，与党との密接な連携をとって進められる。すでに各省庁が概算要求を提出する時点から，与党の政調会とのすり合わせが行われている。復活折衝でも，政調会の部会ごとに復活要求する重要事項を決め，各項目ごとに優先順位をランクづけて，財務省に送付している。さらに，大臣折衝でも決着をみない問題は，与党の幹部が顔を揃える党折衝で決定されている。こうして多元的利害の「依頼人」からの利害調整は，日本では予算審議以前の「密室」で，すでに織込み済みとなってしまうのである。

◈予算の執行

　予算が成立すると，内閣に予算の執行権限が付与され，拘束性の原則にもとづいて予算が執行されていく。予算の執行は，次の三つの手順を踏んで行われる。それは図9-4に示したように，第一に，**配賦**，第二に，**支出負担行為**，第三に，**支出行為**という手順である。

　第一の配賦とは，形式的には法律でいう公布にあたると考えてよい。実質的には，各省庁の長に予算が示され，支出可能額が割り当てられる。第二の支出負担行為とは，歳出義務を負う行為，つまり契約を行うことをいう。第三の支出行為とは，歳出義務を履行する行為である。

　予算の配賦は，各省庁の長に対して，予算の執行を命ずる行為ということができる。したがって，各省庁の長に配賦されるのは，予算のうち歳入歳出予算，継続費，国庫債務負担行為だけである。予算総則と繰越明許費は配賦されない。というのは，予算総則と繰越明許費は，財務大臣が処理するからである。

　予算の執行といっても，歳入予算と歳出予算とでは，大きく相違する点がある。というのも，歳入予算はそれ自身が，執行されるわけではないからである。つまり，歳入予算は執行されずに，歳入予算の基盤にある税法などの関連法が

執行されていくことになる。

そのため直接執行されるわけではない歳入予算の配賦は，一応の基準を行政府に示すにすぎない。それに対して歳出予算では，配賦が行政府を拘束し，配賦にもとづいて執行されていくことになる。

◈支出負担行為実施計画と支払計画

支出負担行為は，それを行う前に**実施計画**を作成して，財務大臣の承認を受けなければならない。この実施計画は，すべての経費を対象としていたが，1952（昭和27）年度の財政法改正によって，公共事業などの特定の経費に限られるようになっている。

支払いという支出行為でも，各省庁の長が**支払計画**を作成して，財務大臣の承認を受ける必要がある。支出負担行為と相違して，支払計画ではすべての経費が対象となる。それも四半期ごとに，作成されなければならない。財務大臣は景気状況や国庫の資金繰りなどを勘案しながら，支払計画を承認していく。したがって，そこに景気調整的効果をも考慮する余地も生じるのである。

承認された支払計画は，日本銀行にも通知される。統一性の原則からいっても，国庫は統一されなければならず，国庫金については中央銀行である日本銀行の国庫勘定に預託される国庫預金制度がとられている。支出はすべて，日本銀行宛の小切手の振出しによって行われる。つまり，現金で行われることはない。現金の支払いは，この小切手を提示した者に対して，日本銀行が支払計画の枠内で行うのである。

◈決 算 過 程

予算の執行が終わると，内閣は予算の執行状況を決算という予算に準じた文書にまとめ，**会計検査院**という会計検査を任務とする「独立の機関」の確認を受けなければならない。会計検査院の検査確認を受け，内閣は国会に決算を提出して審議と承認を求める。国会の承認が受けられれば，内閣は予算執行について責任が解除されることになる。

会計年度は3月31日で終了するが，4月30日までの出納整理期間が設けられている。会計年度が終わっても，この出納整理期間であれば，出納整理のた

めに収入と支出を行うことができる。

　出納事務が終了すると，各省庁の長は，歳入歳出の結果を決算報告書にまとめて，7月31日までに財務大臣に送付しなければならない。これにもとづいて，財務大臣が歳入歳出の決算を作成する。

　こうして決算が作成されると，閣議決定を経て，11月30日までに会計検査院に送付される。会計検査院の検査を終えると，その検査報告を添え，早くて翌年の2月から3月に国会に提出されることになる。

　決算を議会で審議する意義は，予算審議に比べて低い。議会が決算を否決してみても，すでに1年以上も前に使用されているため，何の効果もない。そのため議決は行われず，ただ承認されるにすぎない。

　しかし，議会が予算に対して議決権を持つ以上，その結果について審議する権限を持つのは当然であるという形式的意義以上の実質的意義も，決算審議は持っている。まず，決算の審議を通じ明らかになったことを，次の予算審議に反映させることができる。さらに，決算審議によって明らかにされた事実について，政治的責任を選挙などを通じて問うことができるからである。

◈ 決 算 処 理

　決算を作成してみると，歳入が歳出を上回ることが普通である。もし，歳入不足が生じるようであれば，補正予算などによって対処されるため，結果として歳入が歳出を上回ることになるからである。

　もっとも，会計年度の終了間際に，歳入不足が明らかになった場合などでは，補正予算で対処することができない。そのため1977（昭和52）年度から，**決算調整資金制度**が設けられている。つまり，一般会計において歳入不足が生じた場合には，この**決算調整資金**から繰入れを実施し，収支を均衡させたうえで，決算を行うことにしたのである。

　しかし，通常は収納済歳入額が支出済歳出額を上回り，**歳計剰余金**が生じることになる。この歳計剰余金は，翌年度予算の歳入に繰り入れることになっている。しかも，その使途については，歳計剰余金からの諸種の控除を行い，純剰余金を求めたうえで，その2分の1を下回らない金額を，翌々年度までに国債の償還財源に充当しなければならないことになっているのである。

経済財政諮問会議

予算編成に関する事務は，財務大臣が所管する。政治に関することは，すべて予算に盛り込まれるため，予算編成を所管する大臣に特別な地位を認めている国もある。

イギリスでは首相が第一国庫大臣であり，大蔵大臣が第二国庫大臣となっている。つまり，大蔵大臣が副首相として位置づけられている。

日本では財務大臣に特別な地位が認められているわけではない。とはいえ，概要査定は財務大臣の権限となっている。予算編成方針を立案し，内閣に請議するのも，これまでは大蔵省が実施してきた。

ところが，2001年1月の省庁再編により，首相を議長として，予算編成の基本方針を調査審議する経済財政諮問会議が設定されることになった。そのため，これまでの予算編成とは相違して，経済財政諮問会議が予算編成の基本方針の原案を作成することになったのである。

つまり，これまでの予算編成手続きは，大蔵省が大蔵原案とともに，予算編成方針を国民に提出していたけれども，経済財政諮問会議が設置されてからは，財務省は財務省原案のみを国民に提出することになる。

予算の修正

日本では予算は法律ではない。法律案は議員にも提出権があるけれども，法律ではない予算には議員の提出権がない。予算提出権は内閣にのみある。

予算を決定するのは，もちろん国会である。そのため国会は，予算を否決することができるし，減額修正もすることができる。

ところが，増額修正となると問題がある。というのは，予算の提出権が内閣にしかない以上，議員が新たに予算項目をつけ加えたりする増額修正は許されないのではないかと考えられるからである。

第二次大戦前の帝国議会のもとでは，憲法上の大権にもとづく既定費や義務費については，内閣の同意なくしては減額修正もできなかった。増額修正についても，内閣にのみ予算提出権が認められている以上，認められないという解釈が支配的であった。

しかし現在は，憲法第83条で「国の財政を処理する権限は，国会の議決に基いて，これを行使しなければならない」と規定している以上，増額修正も可能と解釈され，実際に実施されている。しかし，修正に際しては，内閣にのみ予算提出権があるという趣旨は，尊重されなければならないとされている。

予算制度をみても予算過程をみても,「古典的」予算原則は形骸化している。というのも,「古典的」予算原則は,議会が行政活動を限定して,議会の決定どおりに執行されていくという合法性を実現することを目指していたからである。ところが,議会に多元的利害が反映されるようになると,多元的利害を調整するとともに,それによって膨張する財政に効率性が求められるようになる。そのため,予算改革の動きが始まる。こうした動きは,膨張した財政と国民経済との関係を明らかにしようとする予算改革,政策評価と結びつけようとする予算改革,それに財政計画の三つの流れにまとめることができる。

❖予算改革の三つの流れ

現実の日本の予算制度と予算過程をみてくると,第 7 章で述べた予算原則が機能していないことがわかる。というのも,予算原則それも「古典的」予算原則は,同質な利害を代表していた議会が行政府の活動を限定して,合法性を監視するという観点から設けられているからである。

ところが,「財産と教養」のある市民しか参加しない「近代システム」から,大衆も政治に参加する「現代システム」に転換すると,議会にさまざまな利益の代表者が送り込まれるようになり,議会がそれらの多元的利害を調整せざるをえなくなる。しかし,そうした多元的利害を調整するには,公共サービスによって多元的利害を充足する必要があるため,議会は行政府の活動を限定するよりも,行政活動を拡大していくことを求めるようになる。

「古典的」予算原則に対して,「現代的」予算原則が提唱されてくるのも,議会が行政を限定するよりも拡大させていく,議会の「役割の転換」という現象

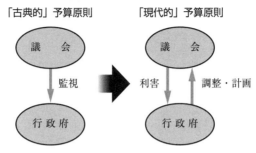

図 10-1　予算原則の変化

「古典的」予算原則　　　　　「現代的」予算原則

議　会　　　　　　議　会

監視　　　　利害　　調整・計画

行政府　　　　　　行政府

にもとづいている。「現代的」予算原則が行政府の予算執行に，フリーハンドの余地を認めているのも，行政活動の拡大を前提にしている（図10-1）。

　しかし，「現代的」予算原則が主張するように，行政府にフリーハンドの領域を認めるようになれば，その活動の結果責任を問わなければならなくなる。そうなると，予算制度そのものを，**財政の結果責任**を問うという目的に適合するように，改善しようとする動きが登場してくることになる。

　しかも，この結果責任は，議会が決定したとおりに執行するという執行責任ではない。裁量を認められた行政活動の結果責任である。そのため行政活動の合法性ではなく，効率性という結果責任が問われることになる。

　こうした**予算改革**の動きには，二つの意図が潜んでいる。

　第一に，議会の多元的利害の調整に役立たせるという意図である。「財産と教養」のある市民しか参加しない近代システムでは，予算によって議会の多元的利害を調整するという要請はなかったといってよい。そのため予算制度は，議会が行政府を規制するという意図のみにもとづいて，デザインされていた。ところが，多元的利害を調整する機能を持たざるをえない現代の議会が決める予算は，多元的利害を調整する任務を負うことになる。予算が多元的利害を調整する役割を負うには，利害を計画によって調整するために，予算に**計画機能**を持たざるをえなくなる。

　第二に，議会が決定した予算を決定どおりに執行するのではなく，行政府に委任する領域が拡大するとともに，行政の結果責任を明確にする予算制度が要求される。しかも，行政の効率性という結果責任を明確にするような予算制度

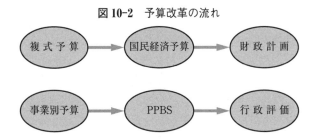

図 10-2　予算改革の流れ

改革が求められるようになる。

　こうした予算改革の潮流は，三つに整理することができる。一つは，予算の結果が国民経済にどのような効果をもたらすのかを，明らかにしようとする**国民経済予算**（national economic budget）の流れである。もう一つは，政府の実施する政策を評価する手段として，予算を改革しようとする流れである。最後は，単年度主義にもとづく予算に対して，長期にわたる**財政計画**を策定するという流れである。

◇予算改革としての国民経済予算

　国民経済全体との関係で，財政を位置づけようとする第一の予算改革の潮流は，第一次大戦後に始まる。第一次大戦後のドイツ賠償問題は，こうした予算改革の流れを推し進めた。というのも，第一次大戦の終結を処理したヴェルサイユ条約では，ドイツの賠償額を決定する基準の一つが，ドイツと連合国との租税負担の比較であると規定されていたために，租税負担と国民経済との関係で比較する手法が急速に発展したからである。

　しかし，より重要な動きに，第一次大戦後に北欧諸国で導入された**複式予算制度**（double budget system）がある。複式予算制度とは，複式簿記会計を予算制度に取り入れることを意図した予算制度である。つまり，複式予算制度は人件費のように毎年，反復して必要とされる経費を計上する**経常予算**（current budget）と，耐久性のある資産の取得に充てられる経費を計上する**資本予算**（capital budget）との二つに，予算を分割する。

　こうした複式予算制度は，公企業の効率的運営と財政による景気調整という二つの政策意図が絡み合いながら，導入されていく。複式予算のもとでは，経

常予算には依然として単年度均衡が求められる。しかし，資本予算では資本との見合いで借入れが許される。つまり，資本予算では数年度にわたる収支均衡が認められる。

こうした複式予算を導入すれば，単年度の予算均衡ではなく，長期の予算均衡が認められるため，予算を不況期に赤字にし，好況期に黒字にすることができる。それによって財政を景気調整の手段として利用することが可能となる。

第二次大戦後に国民経済計算体系が発展してくると，国民経済計算体系と予算を結びつける試みが始められる。国民経済計算の予測値に，政策目標を加えた国民経済予算も構想される。国民経済予算を導入すれば，例えば防衛計画のために防衛予算を増加させるには，民間消費をどの程度削減する必要があるかを示すことができるようになる。

しかし，国民経済予算のもとでも，政治システムが操作できるのは財政だけである。財政は国民経済予算に含まれる公的部門の一部をなすにすぎない。つまり，国民経済予算といっても，政治システムが拘束力を持って操作できるのは，国民経済予算の一部である公的部門だけなのである。

市場社会では政治システムは，国民経済全体に対して拘束力を持っていない。したがって，国民経済予算は予算のような法的拘束力を持った文書にはなりえない。

しかし，国民経済予算は予算の国民経済に与える効果を明らかにする。例えばその予算によって，インフレーションが生じるのかどうか，民間投資や民間消費へ，どのような影響を与えるのかを明示できる。

それは議会において，多元的利害を調整するうえで，重要な要素となることは間違いない。例えば，インフレーションが生じる危険があれば，それによって不利益を受ける利益団体が，議会に激しい圧力を加えることになるのである。

◈政策評価と事業別予算

第二の予算改革の流れは，政府の実施する政策を，評価可能にする予算改革の流れである。例えば，新たなダムを建設する場合に，その費用を見積もるとともに，ダム建設によってもたらされる効果を評価し，両者を比較検討して実施すべきか否かがわかるようにする。それによってダム建設を，予算に計上す

べきか否かを判断できるようにする，という予算改革の流れである。

　こうした予算改革も，多元的利害を調整するために要請される。政策の費用と効果を始めとする政策の功罪は，政策をめぐる多元的利害を調整する討議に不可欠だからである。

　ところが，議会が行政府の活動の合法性を監視することを主として目指すこれまでの予算は，行政責任の単位である所管別に分類されていた。つまり，政策として実際に遂行される事業との関連で，行政活動の内容が報告されるようになっているわけではない。

　政策として遂行される事業の効果を明確にさせようとした予算改革の先駆けは，1949 年にアメリカのフーバー委員会が提案した**事業別予算**（performance budget）に求められる。事業別予算は予算科目を組織別あるいは性質別にではなく，機能別に分類する。そのうえで機能を作業単位にまで分解し，作業単位ごとに業績目標と費用とが対比できるように工夫されている。

◈費用・便益分析の展開

　事業別予算を作成するためには，さまざまな事業の選択肢を比較検討して，最適な事業を選択する必要がある。事業別予算という構想の背後には，政府という経済主体を，企業という経済主体に引き付けて考えるという想定がある。いうまでもなく，伝統的な予算では，政府という経済主体を，むしろ家計という経済主体に引き付けて理解してきたといってよい。

　事業別予算では政府を企業のように考えるがゆえに，政府が実施する事業を決めることを，民間企業が投資する事業を決めることと同じだと考え，同様の基準を適用しようとする。企業が投資を決定する際には，それぞれの投資が将来にわたってもたらす総利益を，利子率で割り引いて算定し，それぞれの投資が将来にわたって発生する総費用を，利子率で割り引いて算定して，両者を比較する。そのうえで最大の純利益をもたらすように総利益が，総費用を最も大きく上回る投資を選択する。

　政府の事業選択においても，こうした企業投資の決定メカニズムに模して，費用に比べて便益が最大となるような事業を選択するように，**費用・便益分析**（cost-benefit analysis）が用いられる。

ここで R_t を第 t 期における事業からの便益として，C_t を第 t 期における費用とすれば，$R_t - C_t$ が第 t 期における純便益となる。これを割引率 i で割り引けば，その現在価値は $(R_t - C_t)/(1+i)^t$ となる。したがって，この事業が存続する N 年間にわたってもたらす便益の割引現在価値は，次のようになる。

$$\frac{R_1 - C_1}{(1+i)} + \frac{R_2 - C_2}{(1+i)^2} + \cdots + \frac{R_t - C_t}{(1+i)^t} + \cdots + \frac{R_n - C_n}{(1+i)^n}$$

　この現在価値が当初の投下費用を上回る大きさによって事業が選択されることになる。

　しかし，政府という経済主体が，企業という経済主体とは異質であることを忘れてはならない。政府を企業と同様に財・サービスを生産する主体と想定しても，その財・サービスは価格をつけて，市場で販売されるわけではない。そのため費用・便益分析を予算に適用するには，次のような三つの問題が生じる。

　第一に，費用や便益の範囲を確定する問題である。第二に，費用と便益の評価の問題である。第三に，どのような割引率を適用するかという問題である。

　第一の費用と便益の範囲を確定する問題に関しては，直接の費用については財政でも市場を利用するので，範囲の限定は容易である。つまり，要素市場に支払う人件費や，生産物市場に支払う物件費が費用ということになる。しかし，間接的費用は範囲を確定することが困難である。例えば，ダム建設であれば，それによって破壊される自然環境や景観を，コストの中にどこまで含めるかという問題が生じる。

　便益のほうは，費用以上に難しい。例えば教育であれば，確かに直接の便益は，教育を受けている個人が受ける。しかし，教育の便益は，教育を受けている個人だけでなく，教育水準が高まることによって，その便益が社会全体に波及し享受されていく。公共財には外部性があるといわれるように，その便益は本来，社会全体に広がっていくものであり，公共サービスの便益の範囲を確定すること自体は，そもそも不可能に近い。

　第二の費用と便益の評価の問題については，直接的費用については人件費や物件費として市場価格で評価できる。しかし，公共サービスは市場で価格づけが行われないため，市場価格に代わる評価をしなければならない。

　しかし，直接的費用は市場価格で評価できても，前述のダム建設の環境破壊

や景観破壊などの間接的費用の評価は難しい。こうした市場評価のできない費用は，その事業が実施されなかったとして発生する機会費用，つまり**影の価格**（shadow price）を用いて推定することになる。

そもそも市場で価格づけが行われない公共サービスの便益は，費用よりも評価が困難である。教育であれば，教育水準の向上による「無形の便益」の全額評価は不可能に近い。そこで学業成績，進学率などの代理変数で推定することになる。

第三の割引率の選択についても，企業の投資のように市場利子率を用いるわけにはいかない。しかも，市場利子率を用いるとしても，現実には複数の市場利子率が存在しているために選択する必要がある。

選択されるべき利子率は，その社会がさまざまな時点で，ある財・サービスの消費に，どの程度の相対的重要性を置くかという社会的時間選好率を，反映している必要がある。しかし，現実には仮説的な資本市場利子率を，採用せざるをえないのである。

以上のように費用・便益分析は，三つのレベルで恣意性を排除できない。そのため費用・便益分析の「分析者」が，その事業を実施する意図を抱いていれば，便益を大きく，費用を小さく見積もることが可能となる。そのため費用・便益分析は，実際には「分析者」の政策意図で操作されてしまうのである。

❖ PPBS の導入と挫折

費用・便益分析を取り込み，事業別予算を発展させた予算改革が，**PPBS**（Planning-Programming-Budgeting-System）である。この PPBS は 1961 年にアメリカの国防予算に導入されたことを皮切りに，65 年のジョンソン大統領の指示によって，68 年から全政府レベルに適用されることになった。

PPBS では，長期計画の作成（Planning）と単年度の予算編成（Budgeting）とが，費用・便益分析を媒介にして結びつけられている。つまり，PPBS は次の三つの段階から構成されている。

第一は**プランニング**の段階で，それぞれの省庁の目標を数量化して設定することである。第二は**プログラミング**の段階で，設定した目標に対して最適なプログラム（実行計画）を，費用・便益分析によって選択する段階である。第三

はバジェッティングの段階で，選択したプログラムを予算化する段階である。

　しかし，PPBS は 1971 年には撤回されてしまう。PPBS が挫折した理由は，目標の数量化や効果測定が困難な領域が多いことにあったといわれている。もっとも，PPBS の試みは，より直接的に経費削減を目指す**ゼロベース予算**（zero-base budgeting）や**サンセット方式**という試みに継承されていく。

　ところが，こうした業績主義にもとづく予算改革は，成功することが難しい。業績主義の観点から政策を評価する目的は，より合理的な政治的判断にもとづいて多元的利害を調整しようとする点にある。しかし，費用・便益分析の問題点として指摘したように，**政策評価**は政策決定を政治家による政治的判断に委ねるのではなく，評価者の恣意性に委ねられてしまう。つまり，政策評価の名のもとに評価を担う官僚が，政治家による政治的判断を排除してしまう結果となってしまう。そのため政策評価が，政治家からの反発を買い，政治的判断で排除されてしまうことになる。

◈財政計画と予算政策の限界

　最後に指摘できる予算改革の動きは，財政そのものを長期にわたって計画化する財政計画である。多元的利害を調整するには，長期的な視野からの検討が必要不可欠となることはいうまでもない。そのために財政計画は重要な役割を演じる。

　公共事業にしろ社会保障にしろ多元的利害を調整するための政策は，必ず後年度への支出をもたらすことになる。公共事業を実施して施設をつくれば，必ずそれを維持・補修していく費用がかかる。年金にしろ医療保険にしろ，社会保障制度を導入すれば，継続的に支出が発生していく。しかも，制度が導入されれば削減することが困難となるため，**義務的経費**と呼ばれる。こうした経費は，それぞれの後年度で緊要になってきた経費支出を，犠牲にしてしまうことにもなる。

　そこで長期的に財政運営を計画化して，多元的利害を調整しようとする試みが，財政計画として登場する。イギリスでは 1961 年にブラウデン委員会の勧告にもとづいて，ドイツでは 66 年のトレーガー委員会の勧告にもとづいて，財政計画が導入されている。日本でも 1981（昭和 56）年から「財政の中期展望」

が発表されるようになったが，これを広い意味での財政計画に含めてもよい。

　単年度主義にもとづく予算を長期化する財政計画には，大きく次の二つの役割がある。

　一つは，単年度主義にもとづく予算では明らかにならない**後年度負担**，ないしは事後的費用を明確化するという役割である。

　もう一つは，単年度主義にもとづく予算が，国民経済にどのような影響を及ぼすかということを明らかにすることである。この意味では財政計画は，国民経済予算と単年度予算との統合を図ったものといってよい。

　とはいえ，ドイツのように，財政計画の策定が義務づけられている場合でも，財政計画は単年度予算のような法的拘束力を備えているわけではなく，あくまでも単年度予算の参考資料という性格にとどまっている。つまり，単年度主義にもとづく予算とは違って，財政計画は執行されていくわけではないのである。

　国民経済予算にしろ，PPBSにしろ，財政計画にしろ，構想された予算政策は，予算原則にもとづく予算に代位するまでには至っていない。予算を補完したり，補修したりする地位にとどまるか，あるいは挫折する運命を辿っている。

　予算は被支配者である国民が議会を通して，財政をコントロールする手続きである。確かに，財政の機能は多様化して拡張を遂げている。そのため国民の行う予算による財政のコントロールは形骸化している。しかし，それだからといって多様化し拡張化した財政を，一定の目標や価値を設定してコントロールしようとしても，それは予算を補完するにとどまるという運命を背負ってしまう。

　重要なことは，多様化し拡張化した財政を，国民が実質的にコントロールする手続きをデザインすることにある。それなしには予算改革は，浮かんでは消える思いつきに終わってしまうのである。

政策評価と行政評価

　行政評価とは政府活動業績を効率性という観点から評価し，政策決定や予算編成に生かしていくことをいう。政府活動を企業活動に見立てると，政府活動

も人件費や物件費によって，人的資源と物的資源を投入（インプット）して，公共サービスを産出（アウトプット）することになる。この政府活動の投入・産出比率で，政府活動を評価することを，執行評価という。執行評価とは，政府活動の生産性の評価と考えてよい。

　しかし，産出された公共サービスは，企業の産出と相違して市場で評価されるわけではない。公共サービスは，政策目標を実現するために産出される。この政策目標を数値化した成果（アウトカム）によって，公共サービスの産出（アウトプット）を評価することを政策評価という。

　警察サービスによる交通安全を例にとると，警察のパトロールの回数が産出（アウトプット）で，交通事故件数の減少が成果（アウトカム）となる。政策効果を評価する政策評価と，政策執行を評価する執行評価を含めて，行政評価と呼んでいる。こうした政策評価と行政評価も，財政の効率性を目指す予算改革の現れとして位置づけることができる。

財政計画と財政危機

Coffee Break

　財政計画の先駆けは，1960年にスウェーデンが財政計画を導入したことに求められる。1966年にはノルウェー，デンマークが導入し，北欧諸国で普及していく。

　1967年に西ドイツが導入すると，69年にオランダ，イギリスが導入し，60年代に急速にヨーロッパで普及していく。こうした財政計画には，財政政策的機能，経済政策的機能，情報機能，財政統制機能があるといわれる。

　1960年代に，財政計画が普及してくる背景には，財政危機が存在した。すでに指摘したように，財政危機とは経済的危機と社会的危機の結果である。経済的危機と社会的危機をブレイク・スルーするためには，公共サービスを有効に供給しなければならない。このように財政機能を拡大していくには，増税と公債発行が必要となる。さりとて，財政危機は解消されなければならない。

　こうしたジレンマを解消するために，財政計画が導入されることになる。つまり，財政計画とは財政機能の拡大を図りつつ，財政危機を乗り越える手段なのである。

　こうした財政計画へ，特別に大きな期待を寄せるのは，幻想である。しかし，日本では，財政計画が有効に運用されているとはいいがたい。財政危機と経済危機に喘ぐ現状を考えると，財政計画の有効運用は考えられてよい。

第4編

租　　税

第11章
租　税　原　則

　　租税は，強制的に，無償で，収入を目的に調達される貨幣である。市場社会では貨幣が強制的に，無償で流通することは，本来ありえない。そこで租税を課すことの正当性を弁証しなければならない。それが租税の根拠論である。もちろん，強制的に無償で，貨幣を調達するには，社会の構成員の合意を得る必要がある。そうした合意を得るために，租税を課税するにあたって依拠すべき原則が提唱されることになる。それが，租税原則論である。この章ではこうした租税の基礎概念を検討していく。

※三つの経済主体の活動

　市場社会には企業，家計，それに政府という三つの経済主体が存在する。しかも，それぞれの経済主体は，まったく相違する目的のために活動をしている。

　企業という経済主体は，財・サービスを生産し，**生産物市場**に供給する**生産活動**を実施している。企業は生産活動を実施するために，土地，労働，資本という生産要素の生み出す要素サービスを必要とする。そうした要素サービスは，**要素市場**から調達する。

　さらに，企業は生産物市場から，原材料という財・サービスを調達して生産物を生産する。つまり，企業にとっての「投入」であるインプットは，要素市場から調達する要素サービスと，生産物市場から調達する原材料であり，「産出」であるアウトプットは，生産物市場に販売する生産物である。

　企業の活動目的は，生産活動を実施しながら，アウトプットとインプットの差額である余剰を最大化することにある。つまり，利潤の最大化が，企業活動の目的となる。

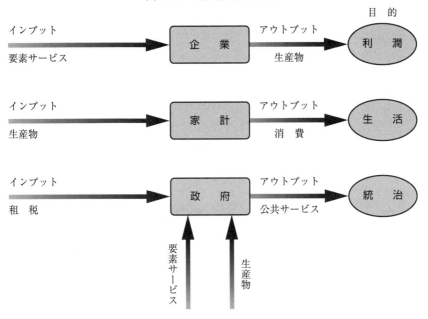

図11-1 三経済主体の活動

　生活活動を担う家計という経済主体は，財・サービスを生産物市場から購入して生活活動を営む。経済学では，家計が財・サービスを生産物市場から購入することを，「**消費**」と呼んでいる。

　しかし，家計の目的は，経済学のいう「消費」が目的ではない。生産物市場から生産物を購入することは，家計が営む生活という活動目的の手段にすぎない。家計では生産物市場から購入した生産物を，**無償労働**によって加工して家計の構成員に無償で財・サービスを供給する。無償で財・サービスを供給して，生活活動を実施することが家計の目的である。

　家計が家計の構成員に無償で財・サービスを供給するといっても，生産物市場から原材料を購入しなければならない。例えば，食事を無償労働で生産できても，原材料となる食材は，生産物市場から購入しなければならない。

　そのために必要な貨幣は，要素市場で要素サービスを販売して調達する。つまり家計は，労働，資本，土地の生み出す要素サービスを，要素市場で販売して，生産物市場から生産物を購入する。市場社会では，家計が生産要素を所有

しているのである。

◈市場社会と租税国家

　家計と同様に政府も，財政を通じて財・サービスを無償で供給する。とはいえ，政府は家計のように，人間の生活が営まれる経済主体ではない。政府の目的は，人間の社会を統合するという**統治活動**にある。市場社会における政府は，土地，労働，資本という生産要素を所有しない「**無産国家**」となっている。労働を所有しない以上，政府は無償労働で財・サービスを生産して，経済活動を営むわけにはいかない。政府は要素市場から，労働の生み出す財・サービスを調達せざるをえないのである。

　しかし，要素市場から要素サービスを調達するためには，貨幣が必要となる。逆に貨幣さえあれば，市場社会では統治活動に必要な要素サービスばかりでなく，財・サービスもすべて市場から調達できる。とはいえ，市場社会の政府は，要素市場で要素サービスを販売するために必要な生産要素を所有していない。市場社会では生産要素はすべて，家計が所有しているからである。

　そこで市場社会の政府は，要素サービスや生産物を購入するのに必要な貨幣を強制的に無償で調達する。このように政府が財・サービスを無償で供給するために，強制的に無償で調達する貨幣を**租税**という。市場社会の政治システムでは，被統治者が統治者となっている。そのため，政府が貨幣を強制的に無償で調達するといっても，社会の構成員である被統治者の合意が必要となる。しかし，ひとたび社会の構成員の合意が得られれば，無償で強制的に貨幣が調達されることになる。

　このように市場社会では，社会の構成員の合意を得て，強制的に無償で租税を調達して，政府は統治活動を実施する。つまり，市場社会における政府とは，「**無産国家**」であり，「**租税国家**」なのである。

◈政府収入の多様化

　市場社会における政府は，生産要素を所有しない「無産国家」であり，「租税国家」とならざるをえない。つまり，市場社会における政治システムでは，市場経済という経済システムで循環する貨幣を，強制的に無償で調達すること

によって，社会を統合するという統治活動が行われることになる。

　市場経済という経済システムも，循環する貨幣を強制的に無償で調達されることを受け入れる理由がある。というのも，市場経済が機能するには，市場で取引される生産要素や生産物に，**私的所有権**が設定されなければならないからである。

　神が等しく人々に与え給うた土地という自然に，私的所有権を設定するには，政治システムが暴力を独占して，強制的に私的所有権を設定しなければならない。しかも，設定した私的所有権を維持していくには，社会の構成員が政府の設定した私的所有権を認める必要がある。

　つまり，私的所有権を保護していくには，政治システムが社会秩序を維持していなければならない。政治システムが社会秩序を維持するには，政治システムが暴力の行使を独占するとともに，社会システムに公共サービスを供給して，社会システムから忠誠を調達する必要がある。このように，社会秩序を維持して，私的所有権を保護する代償として，経済システムから租税を調達するのである。

　とはいえ，現実の市場社会の政府は，必ずしも「無産国家」というわけではない。近代以前の政治システムは，「**家産国家**」であり，生産要素を領有していた。それら「家産国家」の収入は，国王の御料地からの収入や営業収入によって成り立っていたのである。そうした「家産」が被支配者に解放されて，生産要素に私的所有権を認め，要素市場が成立すると，市場社会が出現し，政府も「無産国家」となる。

　つまり，政治システムが私的所有権を設定して，保護を加えている生産要素が生み出す所得が循環する過程から，強制的に貨幣を租税として調達する「租税国家」が出現する。この「租税国家」への動きは，19世紀初頭にみられた「規制緩和」と「民営化」の嵐の中で進行していく。つまり，重商主義的規制を廃止し，重商主義的特権会社を民営化していく政策が，熱狂的に実行された結果として，「租税国家」への動きが進展していったのである。

　しかし，市場社会の政府も現実には，完全に「無産国家」になるわけでもないし，純粋な「租税国家」となるわけでもない。それどころか，19世紀後半から始まる現代システムの形成過程では，振り子は逆の方向へさえ振れていく。

つまり，現代システムの政治システムが多機能化するとともに，政治システムが「有産国家」化していくことになる。そのため現実の市場社会の政府収入も，租税だけではなく，多様化することになる。

◈政府収入における市場経済と反市場経済

　市場社会における政府収入の基軸は，あくまでも租税である。租税とは政府が公共サービスを供給するために，強制的に無償で調達する貨幣である。つまり，租税には強制性と無償性，それに政府収入を調達するという意味での収入性という三つの条件がある。

　強制性とは，政治システムが独占している暴力を背景に，強制的に調達することを意味する。もちろん，納税を拒否すれば，背後に控えている暴力が発動される。

　無償性とは，反対給付への請求権がないことを意味する。租税を納税すれば，公共サービスという反対給付への請求権が生じるのではないかと思うかもしれない。しかし，公共サービスへの請求権は国民にあり，納税者にあるわけではない。

　最近では，この点に混乱が生じている。納税者に対する説明責任が声高に叫ばれているけれども，説明責任は納税者に対してではなく国民に対して生じることを忘れてはならない。納税をしても，公共サービスへの請求権は生じない。つまり，租税には無償性があるがゆえに，納税しても，反対給付の請求権はないのである。

　収入性とは，現物給付と現金給付とからなる公共サービスを供給するための財源として，調達されることを意味する。交通違反などの罰金は，強制性と無償性を備えているけれども，租税ではない。罰金は収入を目的としていない，つまり収入性を備えていないからである。

　政府収入として租税の対極には，価格がある。価格とは，まったく租税と対照的な性格を備えている。つまり，価格は任意性と有償性を特色とする。有償性とは反対給付への請求権を持つことを意味する。価格による政府収入とは，政府が市場で財・サービスを販売して貨幣を調達することである。公営企業の**公共料金**（public prices）による収入がこれに該当する。さらに，公有資産の賃

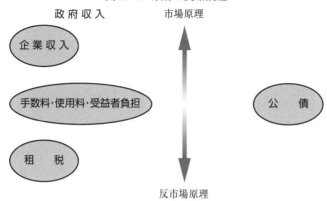

図 11-2　政府の貨幣調達

貸収入や売却収入も，価格による収入に加わる。

　このように政府収入の一方の極には，給付と反対給付という市場原理にもとづく収入があり，他の極には租税という反市場経済にもとづく収入がある。しかし，政府収入には，こうした両極の中間形態も存在する。

　手数料や使用料は，明らかに反対給付を伴い，無償性を備えてはいないから租税ではない。しかも，支払いを回避しようと思えば可能であるため，強制性がないと考えられる。もっとも，アモン（Alfred Amon）が主張するように，政府に個別的活動を請求する場合に，課徴される強制的公課としての手数料を考えれば，強制性が存在することになる。受益者負担についても，公共事業による利益という反対給付を伴う。そのため租税ではなく，個別の公共事業に際して課せられる強制的公課といえる。

　こうして政府の貨幣調達は，市場原理あるいは反市場原理の濃淡によって，図 11-2 のように大きく三つに分類できる。もっとも，市場社会の本来の性格は，租税国家にあり，貨幣調達の基軸はあくまでも租税にある。

　こうした貨幣の調達以外に，貨幣の借入れも，政府収入に加えることができる。しかし，それは三つに分類したいずれかの貨幣調達方法で，返済されなければならない。公債という貨幣の借入れを，政府収入としてみれば，任意性も有償性もあり，市場原理にもとづく収入と考えることもできる。しかし，公債には引受けを強制する**強制公債**もある。こうした強制公債でなくとも，強制力

を備えた政府の借入れには，多かれ少なかれ反市場原理が入り込んでいるということができる。

❖「租税の根拠」論

　市場社会における政府収入が多様化しているとはいえ，市場社会の政府収入の基軸は，依然として租税である。ところが，租税の本質は強制性と，租税債権者からの反対給付が存在しないという無償性にある。つまり，租税とは反対給付の請求権のない強制公債なのである。

　そうだとすると，財産の私的所有を保障している市場社会の政府が，自ら保障している私有財産から，強制的に無償で貨幣を調達することになってしまう。それは市場社会の政府にとって，自己否定を意味する。

　そこで財政学では，租税論をひもとくにあたって，まず市場社会の政府が，貨幣を調達することの正当性を弁明しなければならなかった。それが「租税の根拠」論である。こうした「租税の根拠」論には，大別すると二つのアプローチが存在する。一つは**租税利益説**（benefit theory）であり，もう一つは**租税義務説**（Pflichttheorie）である。

　こうした租税の正当性を弁明する「租税の根拠」論には，それぞれの時代の支配的な国家観が流れ込んでいる。17世紀中頃から19世紀初頭にかけてイギリスやフランスで唱えられた租税利益説は，**社会契約説的国家観**を前提にしているし，19世紀後半のドイツで盛んに主張された租税義務説は，**有機体的国家観**にもとづいている。

❖租税利益説と租税義務説

　社会契約説的国家観は，構成員の共通目標を追求する目的団体として国家を考える，ギリシャ哲学のソフィストたちによる国家観の流れに位置づけることができる。こうした社会契約説的国家観からは，政府活動が国民に与える利益の対価として，租税を正当化しようとする租税利益説が生まれる。

　ここで注意をしておきたい点は，利益説といっても，あくまでも社会契約説的利益説であって，功利主義的利益説ではないということである。つまり，利益説のいう利益とは，個別報償を意味するのではなく，一般報償を意味してい

る。もし，利益説のいう利益が個別の利益を意味するとすれば，反対給付の請求権がないという無償性に反してしまう。利益説のいう利益とは，社会契約を結ぶことによる一般報償なのである。

　例えば，政府の救貧活動の財源として課税される**救貧税**は，救済される貧者にではなく，不動産占有者に課税される。それは救貧活動によって社会秩序が維持され，不動産の私的所有が安定化するからである。

　つまり，神が等しく人々に与え給うた不動産を私的に占有できるのは，社会秩序が維持されているからであり，社会秩序が維持されることによる一般報償は，不動産占有者が享受している。もちろん，功利主義的利益説に立てば，救貧活動の利益は，貧困者ということになる。しかし，租税利益説は社会契約説的利益説に依拠しているため，それに立脚すれば，救貧活動の利益は，資産階級に帰属することになる。利益説のバージョンとして，租税は政府活動によって受ける生命と財産の保護に対する保険料だとする**租税保険説**（Assekuranz-theorie）も，こうした根拠にもとづいて主張されている。

　社会契約説的国家観がソフィスト派の国家観の流れに属するとすれば，有機体的国家観は，国家を社会の上位に位置づける，アリストテレス（Aristotelēs）派の国家観の流れを引き継いでいる。こうした有機体的国家観からは，国家目的のための納税は，国民にとっての当然の義務と主張される。日本国憲法も租税義務説に立ち，第30条で納税を国民の義務として規定している。

　しかし，租税義務説は租税の根拠そのものを，弁証したとはいいがたい。租税の根拠は何かという問いに対して，それは義務だからだといってみても，トートロジー（同語反復）にすぎないからである。そうした意味では，租税の根拠は，租税利益説以外にはありえないといえるかもしれない。そのため租税義務説が定着していく一方で，租税利益説も繰り返し提唱され，現在では租税利益説の再興という現象さえ生じているのである。

◈利益原則と能力原則

　租税の強制性と無償性を正当化することは，租税政策の前提である。「租税の根拠」論によって租税の強制性と無償性を正当化することができれば，次には私有財産を所有する被支配者に，「どのように」租税の負担を求めるのかが

問題になる。このように被支配者に租税負担を求める租税政策の基準を，**租税原則**という。

　被支配者から租税負担の合意を取り付けようとすれば，被支配者が租税負担配分を公正だと認識する必要がある。アリストテレスが指摘するように，「統治者の職能は，正義の擁護者たること」にある。租税負担配分も公正でなければ，統治は不可能となる。

　しかし，正義の基準には歴史的相対性を認めなければならない。租税負担に関する公正の基準も，歴史的に**利益（応益）原則**と**能力（応能）原則**という二つの租税負担配分原則が展開されている。

　利益原則（benefit principle）とは，政府の提供する公共サービスの受益に応じて租税を負担することが公正だとする，租税負担配分原則である。これに対して能力原則（ability principle）とは，租税は経済力に応じて負担することが公正だとする，租税負担配分原則である。被支配者の経済力に応じて課税することになる能力原則は，経済力の等しい人々には，等しい取扱いをするという「水平的公平」と，経済力の相違する人々には，相違する取扱いをするという「垂直的公平」との，二つのレベルで経済力を配慮することになる。

◈租税負担配分原則の展開

　こうした公正の基準は，政府が提供する公共サービスの範囲と結びついて変化する。いみじくもラッサールが「**夜警国家**」と名付けたように，19世紀の近代システムのもとでは，政府の提供する公共サービスが，対外的安全保障と警察や消防などの被支配者に対する最小限の保障に限定されている場合に，利益原則が公正であると考えられた。警察や消防などによって，保障される不動産への課税が正当化されたのも，そのためである。

　しかし，利益原則が公正だと考えられるためには，市場が望ましい資源配分をもたらすだけでなく，所得分配においても，望ましい方向で機能するという信頼，あるいは信仰がなければならない。市場社会での要素市場で，賃金，地代，利子，配当などとして所得が分配される。こうした要素市場において分配される所得が，「能力に応じて分配」され，正義の基準に合致すると，信仰されている限り，政治システムが市場による所得分配を修正する必要はない。そ

のため租税も，市場による所得分配に影響を与えずに，社会の構成員が公共サービスによって受ける利益に応じて，課税されればよいことになる。

しかし，貧困や社会問題が深刻になったり，多発したりして，市場による所得分配が正義だという信仰が，動揺してくると，利益原則は放棄されていくことになる。統治者の任務は正義の実現にある。市場による所得分配が正義ではないとすれば，それを是正する必要がある。

経済システムによる所得分配が正義ではないとすれば，正義の実現を使命とする政治システムは，それを租税によって修正しなければならない。つまり，租税により市場による所得分配を修正することが要請されるようになり，利益原則は妥当しなくなってしまう。

そこで利益原則に代わって，能力原則が主張されるようになる。能力原則に従えば，貧しい者に軽く，豊かな者に重く課税することができ，市場による所得分配を租税によって是正する途が開かれることになる。

こうして政治システムが市場による所得分配を是正するようになると，能力原則が支持されるようになる。ところが，政府が所得の分配過程に介入するようになる時代は，所得の生産過程にも介入していく時代であった。政府活動は鉄道，道路，港湾などの産業基盤の整備に加え，研究開発，人材開発，経済統計，経済情報などのサービスを提供することへと広がり，さらに不況期における企業収益確保を目指す景気政策も展開される。

このように生産過程にも政治システムが介入するようになると，皮肉にも利益原則が復活してくる。政府は労働，土地，資本という生産要素と肩を並べる公共サービスという重要な生産要素を提供し，生産に協力している。したがって，そうした生産に協力する政府によって提供される「生産的サービス」からの利益に応じて，租税は負担されるべきであると主張されるようになる。このように現代システムのもとでは能力原則が支配的とはいえ，利益原則が新たな装いを凝らして復活してくることになる。

◈租税の根拠と租税負担配分原則

ここで注意をしておきたい点は，「租税の根拠」としての租税利益説は，租税の負担配分の原則としての利益原則とは，相違するということである。租税

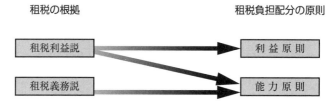

図 11-3　租税の根拠と負担配分原則

租税の根拠　　　　　　　　　　　　　　租税負担配分の原則

租税利益説　──────→　利益原則

租税義務説　──────→　能力原則

の負担配分の原則としての利益原則は，公共サービスの利益に応じて租税を負担することが，公正であるという主張である。

　もちろん，両者は密接に結びついている。租税の根拠として租税利益説に立てば，そこからは利益原則が導出されてくると考えられるからである。これに対して租税負担配分の原則としての能力原則は，「租税の根拠」としては租税義務説と結びつくことになる。

　しかし，「租税の根拠」としての租税利益説の立場をとりながらも，租税負担配分の原則としては能力原則が唱えられないわけではない。租税利益説の想定する利益を，国民が全体として受ける一般報償と考えれば，能力原則による公正な租税負担と，一般的利益が交換されると想定することも可能だからである。こうした租税の根拠と租税負担配分の原則との関係を図示すると，図11-3 のようになる。

　租税の根拠と租税負担配分の原則とを，峻別する必要があることは，すでに述べたとおりである。とはいえ，「租税の根拠」論と租税負担配分の原則は，相互に補完関係にある。というのも，租税負担が公平であることによって，租税の強制性や無償性が正当であることを，初めて根拠づけることができるからである。

　逆に，租税負担が社会における支配的な公正概念と抵触すれば，たちまち租税抵抗が生じ，課税を正当化できなくなってしまう。したがって，租税負担の公正なり，公平なりを求める租税負担配分の原則が，租税政策の基本となる。

　しかし，租税負担の公正の維持が，租税政策の中心的な課題となるべきことは間違いないとしても，租税政策を考える際の基準は，それだけにはとどまらない。租税負担配分の原則を含みながら，租税政策のあるべき姿を体系的に論

じたものを，一般に**租税原則論**といっている。

❀アダム・スミスの租税原則

　社会が異なれば，公正の概念が異なるように，租税原則論も市場社会の変遷とともに変化する。まず，市場社会が形成されていく近代システムのもとにおける租税原則論として，アダム・スミスの租税原則を挙げることができる。アダム・スミスは『国富論』の第5篇で，「公平」「明確」「便宜」「徴税費最小」という四つの租税原則を提唱している。

　アダム・スミスが第一に掲げる「**公平**」の原則とは，租税負担配分の原則である。アダム・スミスはこの原則を「各人それぞれの能力にできるだけ比例して，すなわち国家の保護のもとに享受する収入に比例して」納税すべき原則として説明している。

　「能力に比例して」と主張していることから，能力原則を唱えたともみることができる。しかし，アダム・スミスの主張は，「国家の保護」という国家から受ける利益が，収入に比例していることを前提に，収入に比例して課税することにある。

　つまり，アダム・スミスは国家から受ける利益に応じて課税すべきだという利益原則を提唱したといってよい。能力に比例してと主張しているといっても，その能力とは「国家の保護のもとに享受する収入」なのである。

　こうした租税負担配分の原則に加えて，アダム・スミスは次のような内容の三つの租税原則を唱えている。

　「**明確**」の原則は，租税の賦課が恣意的に行われないように，法律によって明瞭に示されなければならないという原則である。次いで挙げられている「**便宜**」の原則とは，租税は納税義務者が納税義務を履行しやすい時期と方法で徴収されなければならないという原則である。最後の「**徴税費最小**」の原則は，徴税費用をできる限り少なくせよという税務行政上の効率性を，主張したものである。

　こうしてみれば「明確」の原則は，租税の賦課に関する基準を示しているし，「便宜」の原則と「徴税費最小」の原則は，租税の徴収の手段と費用に関する基準を取り上げていることがわかる。つまり，この三つの租税原則は，租税の

賦課と徴収という，税務執行上の租税原則を唱えていた。そうだとすればアダム・スミスの租税原則は，租税負担配分の原則と，税務執行上の原則という二つのカテゴリーの租税原則から，構成されているということができる。

※ワグナーの第1，第2原則：財政政策上の原則と国民経済上の原則

アダム・スミスの租税原則が，近代システムの形成期に主張された租税原則だとすれば，19世紀末の現代システムの形成期に主張された租税原則として，ワグナーの租税原則がある。ワグナーが『財政学』（*Finanzwissenschaft*）で主張したワグナーの租税原則は，表11-1に示したように4大原則と9小原則から構成されている。

ワグナーの租税原則をアダム・スミスの租税原則と対比してみると，第一の大原則として，財政政策上の原則を掲げていることが注目される。アダム・スミスの原則には欠けていた財政政策上の原則こそ，いかなる租税原則にも優先する最重要の租税原則だと，ワグナーは主張する。

財政に特有の公準は，「**量出制入**（出を量って入を制する）」にある。つまり，支出が決まれば，支出に必要な収入を調達しなければならない。財政政策上の原則は，「量出制入」という財政の公準，つまり「収入は需要によって規定される」という財政に特有の公準から導出される。このように税制に特有の公準から導出されるがゆえに，財政政策上の原則を最重要の租税原則として位置づけなければならないと，ワグナーは主張する。

ワグナーが最重要視する財政政策上の原則は，**十分性の原則**と**可動性の原則**という二つの原則から成り立っている。十分性の原則とは，租税は財政需要を十分に充足しなければならないという原則である。可動性の原則とは，租税は財政需要の増減という変化に対して可動的に対応して，それを充足しなければならないという原則である。ワグナーが十分性の原則と可動性の原則を最も重視したということは，税収確保という国庫的基準を，最も重要な原則として位置づけたということを意味する。

国庫上の要請を最も重視するがゆえに，ワグナーは第二に国民経済上の原則を掲げたということができる。つまり，ワグナーは必要な収入を確保することを「至上の原則」と位置づけるけれども，その際，市場経済の発展を阻害しな

表11-1 租税原則の変遷

アダム・スミスの原則	ワグナーの原則	ノイマルクの原則	マスグレイブの原則
	I．財政政策上の原則 　1．税収の十分性 　2．税収の可動性	I．国庫収入上・財政政策上の原則 　1．十分性 　2．伸張性	
	II．国民経済上の原則 　3．税源選択の妥当性 　4．税種選択の妥当性	III．経済政策的原則 　7．租税の個別介入措置排除 　8．個人領域への介入最小化 　9．競争中立性 　10．課税の積極的弾力性 　11．課税の自動的弾力性 　12．成長政策実現	2．効率的な市場の経済決定に関する干渉の最小化 3．投資促進などの租税政策による租税体系の公平侵害の最小化 4．租税構造と安定成長政策の調和
I．公平	III．公正の原則 　5．課税の普遍性 　6．課税の公平性	II．倫理的・社会政策的原則 　3．普遍性 　4．公平 　5．給付能力比例 　6．所得・財産再分配	1．税負担の配分の公平
II．明確 III．便宜 IV．徴税費最小	IV．税務行政上の原則 　7．明確 　8．便宜 　9．徴税費最小	IV．税法上・税務行政上の原則 　13．整合性と体系性 　14．明瞭性 　15．実行可能性 　16．継続性 　17．徴税費最小 　18．便宜	5．公正で非恣意的な税務行政と理解の容易な租税体系 6．徴税費および納税協力費の最小化

（出所）　佐藤・伊東［1994］などより作成。

いように配慮する必要性を強調し，国民経済上の原則を第二に主張したのである。

　国民経済上の原則としてワグナーは，**税源選択の原則**と**税種選択の原則**という二つの租税原則を設定する。正しい税源は，所得であって，財産ではない。国庫収入の確保を至上原則とするにしても，課税する税源は，財産の生み出す所得に限定すべきで，財産を侵食してはならない。

このように税源の選択を誤らないだけでなく，税種をも的確に選択しなければならない。税種の選択にあたっては，転嫁などの租税の作用を考慮して，正しい税種を選択しなければならないというのが，税種選択の原則の内容である。

◈ワグナーの第3，第4原則：公正の原則と税務行政上の原則

　ワグナーは第三の大原則として公正の原則を，第四の大原則として税務行政上の原則を挙げている。この第三の大原則と第四の大原則は，アダム・スミスの租税原則をまとめたものといってよい。

　しかし，ワグナーの公正の原則は，アダム・スミスの公平の原則とは相違している。ワグナーの公正の原則とは，すべての国民が納税の義務を負うという**普遍性の原則**と，租税負担の公平を求める**公平の原則**から成り立っている。このようにワグナーの公正の原則では，アダム・スミスの租税原則にはない普遍性の原則が加わっている。

　しかし，そればかりではなく公平の原則も，ワグナーとアダム・スミスとでは内容が違う。アダム・スミスの公平の原則では，所得に比例して課税することを公平だと考えている。つまり，課税前と課税後で所得分配の状況に変更がないことを，公平だと想定している。ということは，アダム・スミスは市場による所得分配を，公正だと考えていることになる。つまり，アダム・スミスは「交換の正義（justitia commutativa）」を「正義」だと想定していたのである。

　ところが，ワグナーは公正という概念を，歴史的概念だと主張する。ワグナーによれば，アダム・スミスの生きていた時代が，自由競争の時代だったのに対し，ワグナーの時代は「**社会時代**」だと規定している。そのうえでワグナーは，「社会時代」には公正に社会政策の視点を取り入れなければならないと主張する。

　すなわち，ワグナーは市場による所得分配を，公正だとは想定していない。市場による所得分配を，修正すべきだと考えている。そこで公平の原則でも，アダム・スミスのように，所得に比例して課税することは公平ではなく，累進的に課税することこそが公平だとしている。

　そればかりではなく，額に汗して稼得した労働所得よりも，資産所得のほうが租税を負担する担税力があると主張する。さらに，経常所得よりも，富くじ

に当たったような偶然的所得のほうを担税力に富むとして，重課することが公平だと唱えたのである。

　ワグナーは租税負担配分の原則として，能力原則を主張したということができる。能力原則を公平の原則として提唱したワグナーは，利益原則にもとづいて公平の原則を提唱したアダム・スミスとは相違していたのである。

　アダム・スミスの「公平」「明確」「便宜」「徴税費最小」という四つの原則のうち，「明確」「便宜」「徴税費最小」という三つの原則を，ひとまとめにしてワグナーは，第四の税務行政上の原則としている。つまり，租税負担配分の原則と税務行政上の原則という二つのカテゴリーから成るアダム・スミスの租税原則を，ワグナーは第三の原則と第四の原則として整理したのである。

◈現在の租税原則の特色

　租税政策の基準となる租税原則は，現在では錯綜している。表 11-1 には，代表的な現在の租税原則として，ノイマルクとマスグレイブの租税原則が示されている。

　現在の租税原則が錯綜しているとはいえ，ノイマルクとマスグレイブの租税原則が取り上げている問題領域は，ほぼワグナーの大原則に符合している。しかし，ノイマルクがワグナーの財政政策上の原則に対応する国庫収入上・財政政策上の原則を掲げているのに対し，マスグレイブがこうした原則を掲げていない点では相違している。

　一般的にいってドイツ系の租税原則論では，財政政策上の原則が重視されるのに対し，アングロ・サクソン系の租税論では，この原則が掲げられない。しかし，こうした点を除けば，ノイマルクの原則もマスグレイブの原則も，そう大きな相違はないといってよい。表現に相違こそあれ，税務行政上の原則に関しても，ノイマルクの租税原則もマスグレイブの租税原則も，ワグナーの原則と趣旨はほぼ同じと考えてよい。

　ところが，ワグナーの租税原則でいう公正の原則と，国民経済上の原則に対応する租税原則については，ノイマルクの租税原則もマスグレイブの租税原則も，その内容に相違点のあることを指摘しておく必要があろう。

　公正の原則に関してみると，ワグナーが第三の原則としたのに対し，ノイマ

ルクはこれを倫理的・社会政策的原則として，第二の原則に位置づけ，プライオリティを高めている。その内容をみると，租税負担配分の原則として能力原則を採用していることは，ワグナーと同様である。しかし，ノイマルクは表11-1に示したように，「所得・財産再分配」の原則をも掲げ，租税負担の公正という視点から一歩踏み出し，再分配政策の手段としても，租税政策を位置づけたのである。

　これに対してマスグレイブの租税原則は，ノイマルクのように再分配という課税目的を明示しているわけではない。しかも，租税負担の公平を掲げてはいるものの，それが利益原則にもとづくものなのか，能力原則にもとづくものなのか，さしあたり明らかではない。しかし，利益原則と能力原則を比較検討しつつ，利益原則が適用されるケースの存在することを認めながらも，マスグレイブも基本的には，能力原則の立場から公平を考え，かつ再分配機能の必要性をも認識していたことは間違いない。

　しかし，より重要な相違点は，ワグナーの国民経済上の原則に対応する原則にかかわっている。ワグナーのそれが，資本への課税の排除，つまり課税が資本蓄積を阻害しないように，配慮することに収斂していたのに対し，ノイマルクもマスグレイブも，次のような二つの原則を主張していると要約することができる。

　一つは，効率的な市場経済に対して，課税による介入を最小化するという原則であり，もう一つは，安定政策や成長政策の手段として，活用を図るという原則である。つまり，ミクロの経済秩序に対しては，租税の中立化を目指し，マクロの経済秩序に対しては，租税の調整手段化を図ろうとしているのである。

　このようにノイマルクとマスグレイブの租税原則を例にとって，現在の租税原則をみると，再分配政策あるいは安定政策や成長政策の手段として，租税を活用していこうとするスタンスを，その特色として指摘できるであろう。しかし，その一方で，市場の効率性を損なわない配慮も，強調されている。さらに，公平の原則も加わり，税務執行上の原則も求められる。

　こうして列挙された諸原則は，必ずしも調和するとは限らない。むしろ現在の租税原則では相互に衝突しかねない原則が掲げられ，それが現在の混乱した租税制度に反映されているということができよう。

利益原則では受益に応じた負担を求めているため，利益原則というと，すぐに受益者負担と結びつけてしまう。しかし，利益原則はあくまでも租税の原則であり，受益者負担は租税ではない。

　租税には無償性が必要であり，反対給付に対する請求権はない。利益原則でいっている利益とは一般報償であり，市場のように対価の徴収を意味しているわけではない。そのため利益原則とは対価原則ではなく，等価原則にもとづく受益に応じた負担を意味している。

　もちろん，対価原則にもとづく公的収入もある。しかし，それは租税ではなく，税外収入となる。こうした対価原則にもとづく税外収入を，広義の受益者負担金と呼び，それを畠山武道教授に従ってまとめると，図のようになる。

　使用料・手数料は，施設の使用や住民票の交付などのサービスの対価として支払われ，支払えば反対給付の請求権が生じて，租税ではない。もちろん，水道料など公共料金も，個別報償の対価として支払われ，租税ではない。

　分担金とは，「数人」または「地方公共団体の一部」に対し，防疫や防火など「利益ある事件」の費用に充当するために徴収される。つまり，「利益ある

図　広義の受益者負担金の体系

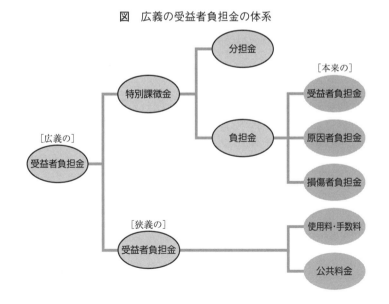

事件」から特に利益を受けたものから，「受益の限度」において徴収する。ここで「地方公共団体の一部」とは，地方公共団体の地域の一部を意味する。

　負担金とは，国と地方公共団体が特定事業の経費に充当するために，その事業と特別の関係ある者に課せられるもので，受益者負担金，原因者負担金，損傷者負担金がある。この受益者負担金が本来の受益者負担金であり，特定の事業から生じる開発利益を吸収し，帰属させるものである。例えば，都市計画の整備に伴い生じる地価騰貴という開発利益を，土地所有者から吸収して事業の経費に充当する。原因者負担金や損傷者負担金は，修繕を必要とする原因を引き起こした者や，施設を損傷した者に求める負担金である。

　分担金にしろ負担金にしろ，対価原則にもとづくため，租税ではない。

第12章
租税の分類と体系

> 　租税は一般に，直接税と間接税に分類される。直接税とは納税者から租税
> 負担が転嫁されない租税であり，間接税とは転嫁される租税だと考えられて
> いる。しかも，直接税とは公平な租税だと考えられ，直間比率が租税制度の
> 性格を考察する指標に使用される。もっとも，公平性よりも効率性が重視さ
> れる昨今では，直間比率を低めるように是正すべきだと主張される。しかし，
> 直接税と間接税という租税の分類が，きわめて曖昧な分類である。むしろ租
> 税の存在理由にさかのぼって，家計税と市場税，人税と物税という分類を考
> え，租税制度を分析していくべきである。

❖二つの租税要素

　租税は租税原則を基準にして制定された租税法にもとづいて，課税されるこ
とになる。租税法によって租税を規定する際には，少なくとも二つの事柄が決
められている必要がある。

　第一に，どのような事実が存在した時に，租税を課税するかということである。第二に，誰に租税を納税させ，負担させるかということである。

　第一の問題は，**租税客体**の問題となる。租税客体とは，租税を課税する事実，あるいは物件をいう。酒税であれば，酒を製造した，あるいは庫出しをしたという事実が，租税客体となる。この租税客体を数量化したものを**課税標準**という。酒税であれば，酒を庫出ししたという事実が租税客体であり，それを数量化した産出額が課税標準となる。

　第二の問題は，**租税主体**の問題となる。租税主体とは租税を納税する**納税者**と，租税を負担する**担税者**を意味する。納税者と担税者は，同一である場合もあれば，納税者から租税負担が転嫁され，納税者と担税者が相違する場合もあ

る。

　この租税主体と租税客体とが，租税の基本要素となる。税額は租税客体を数
量化した課税標準に税率を掛けて求めることができ，その税額を租税主体に負
担させ徴収することになる。

◈課税の衝撃点

　政治システムは租税客体と租税主体を決め，それに従って市場経済という経
済システムから租税を引き出す。そのためには政治システムが生産要素に私的
所有権を設定し，そうした保護によって生産要素が生み出す所得の循環過程か
ら，貨幣を引き出さなければならない。

　国民所得の「三面等価の原則」からもわかるように，国民所得は生産，分配，
支出という，三つの局面で把握できる。租税も，所得が生産され，分配され，
支出されていく，経済循環の三つの局面から引き出される。所得循環の過程か
ら，租税として貨幣を引き出す点を，「**課税の衝撃点**（impact）」という。政治
システムは所得循環のいずれかの地点に，「課税の衝撃点」を設けて租税を調
達するわけである。

　経済循環は生産を担う経済主体である企業と，消費を担う経済主体である家
計という二つの経済主体と，この二つの経済主体を繋ぐ，**要素市場**と**生産物市
場**という二つの市場とのあいだで，図 12-1 のように展開する。ここに家計，
企業に次ぐ第三の経済主体として，政府が登場して課税の衝撃を与えることに
なる。

　要素市場では土地，労働，資本という生産要素の生み出す，要素サービスが
取引される。生産要素は家計が所有している。したがって，要素市場では家計
が所有している生産要素の生み出す要素サービスが，家計から企業に販売され
る。貨幣の流通からいうと，要素市場では貨幣は，企業から家計へと流れるこ
とになる。

　ここで注意しておきたい点は，要素市場では生産要素そのものが，取引され
るわけではないということである。それは要素市場が，生産要素の生み出す要
素サービスが取引されるレンタル市場だということを意味している。

　というのも，労働という生産要素は，人間そのものと不可分に結びついてい

図 12-1　課税のインパクト

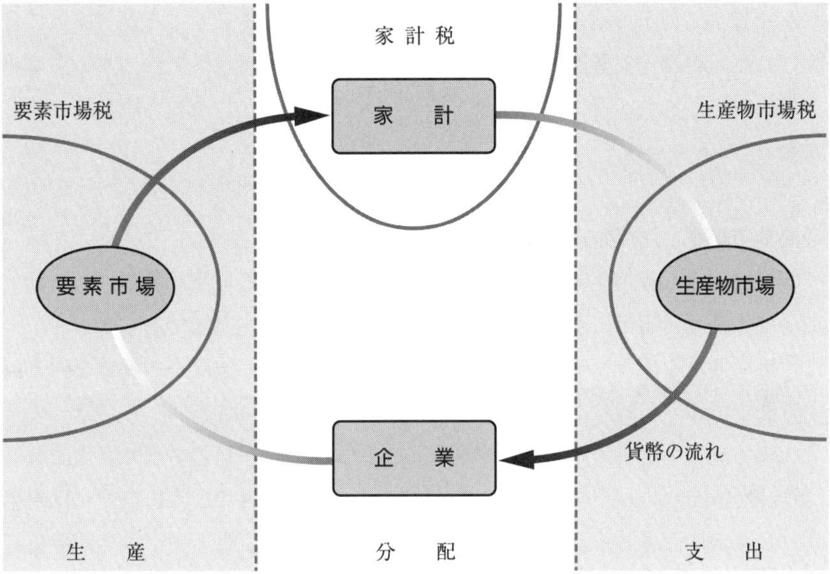

家 計 税

要素市場税

生産物市場税

家 計

要 素 市 場

生産物市場

企 業

貨幣の流れ

生　　産　　　　　　　　分　　配　　　　　　　支　　出

る。市場社会とは人間を所有の対象とはせずに，人間を所有の主体とすること
によって，人間を解放した社会である。つまり，市場社会では人間そのものを，
所有の対象として，売買することはできない。

　そのため要素市場では，労働の生み出す要素サービスを，レンタルで取引す
ることにしている。土地，資本についても同様である。つまり，レンタル市場
である要素市場では，労働の生み出す要素サービスに賃金が，土地の生み出す
要素サービスに地代が，資本の生み出す要素サービスに利子が，それぞれ支払
われることになる。

　こうした要素サービスへの支払いは，背後で生産活動が実施されていること
を意味し，生産活動の別名ともいえる。つまり，生産活動によって，所得が生
産されたことを示している。

　もちろん，要素サービスへの支払いは，それを受け取る者にとっては，所得
が分配されたこととなる。つまり，生産活動によって発生した所得は，要素
サービスへの支払いによって，家計に分配され，分配所得となる。

こうして生産要素を所有する家計には，要素サービスへの支払いとして受け取った賃金，利子，地代，配当という所得が分配される。ところが，家計に分配された所得は，消費財への支出として再び，生産物市場へ流れ出す。生産物市場に支出された所得は，生産物市場で生産物を販売した企業へ流れ込むことになる。

◈要素市場税と生産物市場税

経済循環から貨幣を租税として引き出すには，二つの方法がある。一つは，市場で流通する貨幣に着目し，市場から貨幣を引き出す方法である。もう一つは，生産要素を所有する家計が保有する貨幣に着目し，家計から貨幣を引き出す方法である。

市場で流通する貨幣を引き出す租税は，シュメルダースの言葉で表現すれば，「**市場税（Marktsteuer）**」と呼ぶことができる。すでにみたように市場には要素サービスが取引される要素市場と，生産物が取引される生産物市場とがある。したがって，「市場税」には要素市場で流通する貨幣を引き出す**要素市場税**と，生産物市場で流通する貨幣を引き出す**生産物市場税**との，二つが存在することになる。

生産要素の生み出す要素サービスが取引される要素市場から，貨幣を引き出す要素市場税としては，地租，家屋税，固定資産税，社会保障税，営業税，事業税などを挙げることができる。利潤を特殊な生産要素への支払いと考えると，法人税もこれに加えることができる。地租は支払われた地代から，家屋税は支払われた家賃から，社会保障税は支払われた賃金から，営業税は支払われた利潤と賃金から，それぞれ貨幣を引き出す租税と考えられる。

もっとも，要素市場税は要素サービスへの支払いから，貨幣を引き出そうとしているものの，要素サービスへの支払いを直接，課税標準にするとは限らない。要素サービスへの支払いが推定できるような課税標準を使用する場合もある。地租であれば，土地の面積や地価が使用される場合や，営業税であれば，従業員数や事業所面積が使用される場合が，これにあたる。

生産物である財・サービスが，取引される生産物市場から，貨幣を引き出すための生産物市場税としては，酒税，たばこ税，付加価値税，売上税などを挙

げることができる。要素市場税が所得の発生する局面での課税であるのに対し、生産物市場税は所得を支出する局面での課税ということができる。

◈家 計 税

市場で流通する貨幣を引き出す租税を市場税というのに対して、家計の所有する貨幣を引き出す租税は、**家計税**ということができる。家計税とは、家計に分配された貨幣に課税することを意味し、所得循環の分配局面での課税となる。

家計税は家計の所有する貨幣を引き出すため、家計の経済力に応じた課税が可能となる。つまり、家計税によれば、経済力に応じた能力原則にもとづく課税ができる。

しかし、要素市場税であろうと生産物市場税であろうと、市場税では経済力に応じた課税はできない。市場で流通する貨幣を引き出すからには、取引者の経済力を考慮することはできないからである。そのため市場税は、市場取引が公共サービスによって保護されていることへの対価として、利益原則にもとづいて課税されることになる。

家計税では能力原則にもとづく課税が可能だといっても、人頭税のように、家計の経済力とはまったく無関係に課税される家計税もある。しかし、前述のように家計税は、あたかも身体の寸法を測って注文服を縫製するように、家計の経済的事情に合わせて、課税することができる。シュメルダースの用語を使用すれば、家計税は経済力に応じて課税する「誂え税（Maßsteuer）」にすることが可能なのである。

◈人税と物税

家計の所有する貨幣に課税する家計税が、能力原則にもとづいて課税できるのは、課税にかかわる二つの要素のうち、租税主体にまず着目して課税しているからである。租税主体に着目し、租税主体の所有している貨幣を引き出そうとするから、租税主体の経済力に応じた課税が可能になる。

これに対して市場税が、能力原則にもとづいて課税することが不可能なのは、租税客体にまず着目して課税するからである。市場で流通する貨幣を引き出そうとすれば、まずどのような事実が存在した時に、課税するかを決める必要が

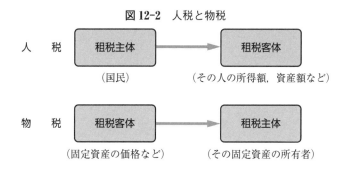

図 12-2　人税と物税

人　　税　租税主体　→　租税客体
（国民）　　　（その人の所得額，資産額など）

物　　税　租税客体　→　租税主体
（固定資産の価格など）　（その固定資産の所有者）

ある。ところが，租税客体を先に決めてしまうと，租税主体の経済力に応じて
課税することは不可能となってしまう。例えば固定資産税であれば，土地など
の固定資産に着目して，租税客体が先に決まるため，固定資産を所有する人間
の経済力を，課税に反映させることはできない。

　租税主体にまず着目し，租税主体に帰属する事実を租税客体とする租税を**人
税**という。これに対して租税客体にまず着目し，租税主体が租税客体に従属し
て決まる租税を**物税**という。簡単にいってしまえば，人税とはヒトに着目する
租税であり，物税とはモノあるいは事実に着目する租税である。

　家計税は一般に，人税といわれてきた。家計税は家計あるいはヒトという租
税主体に着目して，家計あるいはヒトに帰属する事実を，租税客体として課税
することになるからである。所得税のように，納税者に帰属する所得を租税客
体としたり，相続税のように，納税者に帰属する相続財産を租税客体とする租
税は，人税とされる。

　要素市場税は収益を生み出す生産要素に着目して，まず租税客体を決めるの
で，物税ということができる。土地に対する地租，家屋に対する家屋税，営業
に対する営業税，現在の日本の税制でいえば，固定資産税も事業税も，物税で
ある。

　位置づけが難しいのは，法人税である。法人は家計ではないので，家計ある
いはヒトに着目する家計税ではない。しかし，法人はモノを所有する主体であ
る。市場社会では，モノを所有する主体は，ヒト以外にありえない。そうだと
すれば，法人はヒトであり，法人に帰属する所得に課税される法人税は，人税

ということになる。

　ところが，法人は株式によって，ヒトに所有される客体でもある。市場社会
では所有される客体はモノでなければならず，ヒトを所有してはならない。し
たがって，ヒトに所有される法人は，モノということになる。そうだとすると
法人税は，収益を生み出す法人というモノに対する物税と，見なせるのである。

　生産物市場税も取引される生産物に着目して，まず課税標準を設定するので，
物税ということができる。実際，生産物市場税では，酒税であれば酒，たばこ
税であれば煙草というように，ヒトに所有されるモノを租税客体としている。
しかも，租税主体については，さしあたりは関心がない。したがって，生産物
市場税は物税として分類してもよい。

◈直接税と間接税

　しかし，生産物市場税は伝統的には，物税とはいわない。というのも，人税
と物税という区分は，伝統的に**直接税**にのみ適用され，**間接税**には用いられな
かったからである。つまり，同じ市場税でも要素市場税は直接税に，生産物市
場税は間接税に分類してきたのである。

　直接税と間接税とは，租税主体にかかわる分類である。租税主体とは納税者
あるいは担税者を意味するけれども，直接税と間接税という分類は，納税者と
担税者が一致するか，相違するかにかかわっている。つまり，フランスの重農
主義者ケネー（François Quesnay）にならい，あるいはルロワ－ボーリュ（Paul
Leroy-Beaulieu）に従い，直接税とは，納税者と実際に租税を負担する担税者
が一致している租税であり，間接税とは，納税者と担税者が相違する租税と理
解されている。

　租税を支払う義務のある納税者が，実際に租税を負担するとは限らない。納
税者は支払った租税の負担を，他者に移転しようとするからである。このよう
に租税負担を他者に移転することを**転嫁**といい，最終的な負担者に租税負担が
落ち着くことを**帰着**といっている。したがって，直接税とは転嫁しない租税で
あり，間接税とは転嫁する租税であると言い換えることができる。つまり，直
接税と間接税は，租税負担の転嫁の有無を基準にした分類だと考えてよい。

　租税の負担を他者に移転する租税の転嫁は，市場価格を媒介にして行われる

と考えられている。転嫁のうちでも，納税者である財・サービスの販売者が，租税負担を価格に上乗せして購買者に転嫁することを，**前転**（forward incidence）という。また逆に，納税者である購買者が，租税負担を価格の引下げによって販売者に転嫁することを，**後転**（backward incidence）という。

　もっとも，市場における価格を媒介にした転嫁ではなく，生産過程で行われる転嫁も想定されている。つまり，前転と後転以外に，**消転**ないしは**変質**という転嫁のあることが指摘されている。この消転という転嫁は，生産性の上昇によって生産過程で租税負担を吸収してしまうことをいう。

　しかし，消転のような市場を媒介としない転嫁は，納税者が他者に負担を移転する転嫁ではないから，直接税と間接税という分類とは無関係である。したがって，直接税か間接税かの分類は，市場を通ずる転嫁が存在するか否かによって決まることになる。

◆租税の転嫁

　ところが，市場を通じて租税が転嫁しているかどうかを判断することは，実際には難しい。しかも，市場の条件によっても，転嫁は左右されてしまう。インフレーションによって価格が上昇していく局面では，転嫁をすることは容易だし，逆にデフレーションで価格が下降していく局面では，転嫁は困難となる。

　一般に租税の転嫁は，需要と供給の価格弾力性に依存すると考えられている。図 12-3（a）に示すように，財・サービスの供給曲線を SS，需要曲線を DD とすれば，租税が課税されることによって，税額分（t）だけ供給曲線が，SS から $S'S'$ へと平行移動する。そうすると，この生産物の価格は，p_1 から p_2 へと上昇する。しかし，この p_2 は，課税前の価格 p_1 に，税額 t を加えた p_4 よりも低い。

　したがって，租税は完全には転嫁されずに，販売者も p_1-p_3 に相当する税額を，負担していることになる。しかも，図をみれば租税負担は，需要曲線と供給曲線の傾きに応じて，配分されていることがわかる。需要曲線と供給曲線の傾きは，価格 p と数量 q の変化率の比 $\left(\dfrac{\Delta q/q}{\Delta p/p}\right)$ である価格弾力性によって決まる。つまり，需要曲線の傾きは，需要の価格弾力性によって，供給曲線の傾きは，供給の価格弾力性によって決まる。

図 12-3 租税の転嫁

(a) 通常のケース

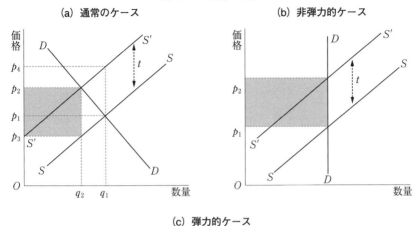

(b) 非弾力的ケース

(c) 弾力的ケース

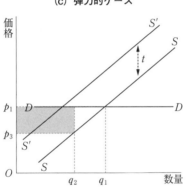

　図 12-3 (b) のように，需要の価格弾力性が，完全に非弾力的である場合には，租税は完全に，販売者から購買者へと転嫁されることになる。逆に図 12-3 (c) のように需要の価格弾力性が，完全に弾力的であった場合には，租税をまったく転嫁することができず，販売者が租税をすべて負担する。したがって，納税者と担税者は，一致することになる。

　このように租税負担が転嫁するかしないか，あるいはどの程度転嫁するのかということは，需要と供給の価格弾力性に依存する。生活必需品のように，需要が非弾力的な生産物に課税すれば，転嫁しやすく，奢侈品のように，需要が弾力的な生産物に課税すれば，転嫁しにくくなる。しかも，需要と供給の価格

弾力性については，正確な情報があるわけではないのである。

　このように転嫁の有無や程度は，供給や需要の価格弾力性によっても変化する。しかも，転嫁が市場での価格を媒介にした，他者への租税負担の移転を意味する以上，転嫁が行われる租税は，市場税以外にはありえない。そのため一般に，生産物市場税では転嫁が生じ，それは間接税だと考えられている。

◈法人税と要素市場税

　転嫁とは市場において，価格を媒介にして生じる租税負担の移転だとすれば，生産物市場においてだけではなく，要素市場においても生じるはずである。ところが，生産要素に対する租税は，転嫁が行われず，一般的に直接税に分類されている。しかし，転嫁するかしないか，あるいはどの程度転嫁するかは，生産物市場と同様に，要素市場における需要と供給の弾力性に依存するはずである。

　とはいえ，一般的に生産物市場税は間接税，要素市場税は直接税と考えられている。それは転嫁という現象が，生産物市場でしか生じないと想定しているか，あるいは直接税か間接税かを分類する基準が，あくまでも生産物市場における転嫁を想定していることを意味する。

　法人税も要素市場税と考えられるため，法人税は直接税と規定されている。というのも，法人税は生産物市場では転嫁されないと考えられているからである。ところが，法人税のような企業の利潤に対する租税も，生産物市場においてでさえ，転嫁するのではないかと考えられるようになってきている。その契機は第二次大戦の戦時財政によって，法人税負担が激増したにもかかわらず，法人利潤は減少するどころか，増加してしまったという事実に起因している。

　法人税のように企業の利潤に対する租税負担が，なぜ転嫁しないと一般的に考えられているかについては，次のように説明できる。

　図12-4（a）に示したように，生産物価格は供給曲線 SS と需要曲線 DD との交点である p_1 で決定される。例えば，この生産物を生産するための費用曲線は，図12-4（b）（c）のように示すことができる。

　図示してあるように，限界費用 MC が平均費用 AC よりも低いうちは，平均費用が減少を続ける。限界費用が平均費用を上回れば，平均費用が増加に転

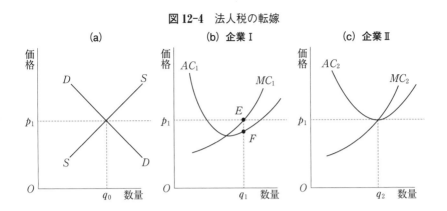

図 12-4　法人税の転嫁

(a) / (b) 企業 I / (c) 企業 II

換する。そのため当然，平均費用曲線の最小点で限界費用曲線が交わることに
なる。

　完全競争のもとでは，個々の企業が価格に影響を与えることができないため，
競争市場で決定された価格 p_1 が，個々の企業にとっての限界収入となる。それ
ぞれの企業が，利潤の最大化を目指しているとすれば，限界費用と限界収入
が一致する点で，生産をすることになる。つまり，限界収入となる市場価格
p_1 と等しくなる生産量で，企業は生産物を生産する。

　仮に限界費用が市場価格を下回っていれば，生産量を増加させることによっ
て，利潤を増加させることができる。逆に限界費用が市場価格を上回っていれ
ば，収入以上に費用がかかっているため，生産量を減少させることになる。し
たがって，企業は市場価格と限界費用が一致する点で，生産することになる。

　しかし，市場価格が平均費用を下回れば，企業は損失を被ることになる。そ
のため市場価格が平均費用よりも下がれば，企業は生産をストップする。企業
II は，平均費用曲線が市場価格に接している限界的企業である。もし，市場価
格がこれ以上，下がれば，生産を停止し，市場への供給を止めてしまう。これ
に対して企業 I は，限界費用と市場価格とが一致している E で生産を行って
いるが，平均費用がそれを下回っているため，EF に生産量 q_1 を掛けた額だけ
利潤が生じている。

　仮にここで，企業の利潤に対する租税が課税されると，企業 II には利潤が発
生しないため，法人税は課税されない。企業 I には利潤が生じているため，法

人税が課税される。しかし，企業Ⅱには法人税が課税されないため，市場価格は変化しない。そのため企業Ⅰは利潤の中から，法人税を支払わなければならなくなる。したがって，企業の利潤に対する租税負担は転嫁されないと考えられてきたのである。

◈法人税の転嫁

生産物に対して課税される生産物市場税は，税額だけ平均費用も限界費用も高めることになる。その結果，供給曲線も税額だけシフトし，租税は転嫁されることになる。もちろん，前述のように転嫁の程度は，需要と供給の弾力性に依存している。もし，完全な転嫁が行われなければ，平均費用が税額だけ上昇するため，企業Ⅱでは損失が生じ，市場から退出しなければならなくなる。

これまでの法人税は転嫁しないという議論では，価格の設定を与件とする完全競争を前提としている。ところが，現実には，こうした前提が成立しているわけではない。むしろ，企業がある程度の価格支配力を持っているのが現実である。

ホール（Robert L. Hall）とヒッチ（Charles J. Hitch）の実証研究から引き出された結論によれば，企業は限界原理にもとづいた行動をしない。つまり，企業は長期的な観点から，平均費用に一定の利潤を加算するフル・コスト原則によって，価格づけを行う。こうしたフル・コスト原則のもとでは，利潤にかかる租税は当然，平均費用に上乗せされて，価格に転嫁されることになってしまう。

実際，法人税が転嫁されていることを実証する研究が続々と現れている。すでにコルムは 1954 年の時点で，法人税の税率が引き上げられたにもかかわらず，投資と法人利潤が増大していることから，法人税が転嫁されていることを指摘している。ラーナーとヘンドリクセン（Eldon S. Hendriksen）も，1927 年から 29 年，36 年から 39 年，55 年から 57 年という三つの時期について考察し，いずれの時期においても著しく増税された法人税は，完全に転嫁されたと結論づけている。

こうして今や，法人税の転嫁を肯定する議論が，常識になっているといってもよい。このように法人税が，生産物市場で転嫁されているとすれば，法人税

は直接税ではなく，間接税だといわなければならなくなる。租税が転嫁するか否かを確定することは難しい。シュタインがいうように，転嫁は不可知論の領域に属するといったほうがよいかもしれない。

　そうだとすれば，転嫁の有無を分類基準とする直接税と間接税の区別は，きわめて曖昧な租税の分類基準となる。そのため直接税と間接税の区別は，実際の転嫁の有無ではなく，立法上の規定に委ねられるようになっている。つまり，法律上，納税者が負担することを予定している租税が直接税であり，納税者が負担しないで，取引相手が負担することを予定している租税が間接税，と理解されているのである。

◈直 間 比 率

　租税を分類する意義は，租税制度の性格を明らかにすることにある。というのは，現実の租税制度は，多種類の租税によって構成される**複税制度**となっているからである。

　もっとも，租税制度は一つの租税だけで構成されるのが理想であるという**単税論**も，繰り返し唱えられてはいる。ケネーの**単一地租論**を始め，ホッブズの**単一消費税論**，アメリカの開拓者時代に唱えられたヘンリー・ジョージ（Henry George）の**単一土地税論**，ドイツの社会主義者ラッサールの**単一所得税論**などが有名である。しかし，現実には，こうした単税制度が実現したことはない。特に現代のように，相互に衝突するような租税原則が主張される場合には，事実上，一つの租税によってそうした要請を充足することは不可能に近い。そのため実際には，数多くの租税が組み合わされた複税制度がとられることになる。

　複税制度をとる租税制度の性格を観察するには，個々の租税をグルーピングして分析することが有効となる。最も広汎に利用されている分類方法は，直接税と間接税という分類である。税制改正が行われるたびに，直接税と間接税の比率，つまり**直間比率**が高い，ないしは低いとして，その是正が叫ばれるのは周知のとおりである。

　直間比率が租税体系の性格を示す指標として利用されるのは，直間比率が租税体系の公平性を示す指標と，考えられているからである。直接税は能力原則

にもとづいて課税され，間接税は利益原則にもとづいて，課税されると想定される。直間比率が高いということは，能力原則にもとづいて課税される租税のウェイトが高い租税体系であることを示している。

　そうだとすれば，直間比率の高い租税制度は，能力原則という観点から課税の公平を重視していることになる。しかし，能力原則にもとづく課税の公平を重視しすぎると，国民経済上の租税原則が軽視され，国民経済が萎縮してしまうと考えられている。そこで直間比率が高すぎる場合，その是正が主張されることになる。

❖日本の租税体系

　これまでみてきたように分類される租税を組み合わせて，租税体系が形成されることになる。というよりも，複数存在する租税をどのように組み合わせて租税体系を形成するかを考えるために，租税は分類されると表現すべきかもしれない。租税体系を構想するには，それぞれの租税の性格を明確にする必要があり，そのために租税を分類することが試みられてきたからである。

　租税原則も，それぞれの個別の租税を構想する際の基準であることは違いない。しかし，それとともに租税原則は，どのように個別の租税を組み合わせて，租税体系を形成するかを考える基準であることを忘れてはならない。

　すでに述べたように，「課税の公平」にかかわる租税原則は，応益原則から応能原則へと変遷してきた。租税分類からいえば，間接税が応益原則にもとづいた公平性を実現するのに対して，直接税は応能原則にもとづいた公平性を実現すると考えられてきた。そのため市場社会から形成した租税体系は，間接税中心の租税体系から直接税中心の租税体系へと移行してきたのである。

　とりわけ第二次大戦後，先進諸国が福祉国家を目指し，財政の所得再分配機能を重視するようになると，所得税・法人税を基軸とする直接税中心主義の租税体系が追求されていく。ところが，第二次大戦後の高度成長が石油ショックを契機に終わりを告げる頃になると，直接税中心主義の動揺という現象が生じてくる。つまり，応能原則にもとづく直接税のウェイトが高すぎるために，高額所得者が意欲を喪失し，経済が活力を失っていると唱えられるようになる。

　こうして石油ショックを契機にして，福祉国家の行き詰まり現象が指摘され

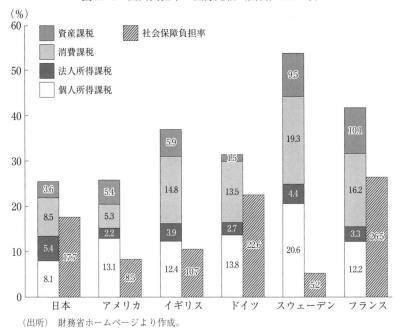

図 12-5　国民負担率の国際比較（国税，2017 年）

（出所）　財務省ホームページより作成。

るようになると，「直間比率の是正」や「所得から消費へ」という掛け声ととも
に，直接税中心主義の租税体系が動揺していく。日本では国際比較の視点か
らも直接税のウェイトが高すぎるとして，「直間比率の是正」の旗のもとに，
直接税の減税と間接税の増税が強力に進められてきたのである。

　図 12-5 には国民負担率の国際比較が示されている。国民負担率とは国民所
得に対する租税の比率である租税負担率と，社会保障負担の国民所得に対する
比率である社会保障負担率との合計である。図 12-5 ではそれぞれの国ごとに，
租税負担率を左側に，社会保障負担率を右側に示してある。日本の国民負担率
をみると，「直間比率の是正」が進められたため，個人所得課税と法人所得課
税との負担率の合計は国際的に著しく低い水準になってしまっている。

　所得課税について図 12-5 でくわしくみてみると，日本の個人所得課税の負
担率は 8.1％なのに対して，イギリスは 12.4％，ドイツは 13.8％，スウェー
デンは 20.6％で，間接税中心の国だといわれるフランスでさえ 12.2％に達し

ている。

　日本は法人所得課税の負担率が高いといわれるけれども，突出して高いというわけではない。しかも，個人所得課税と法人所得課税とを合わせた所得課税の負担率は，ヨーロッパやアメリカという先進諸国に比べて圧倒的に低いのである。

　こうしてみてくれば，日本の直間比率は高く，経済活力を抑制しているといわれてきたけれども，直接税の負担率は高いわけではないことがわかる。つまり，日本の直接税の負担率は高くはないけれども，租税全体の負担率が著しく低いために直間比率が高くなってしまうのである。直間比率が突出して高いアメリカをみると，直接税の負担率はヨーロッパと比べて高いというわけではないけれども，間接税の負担率が著しく低い。つまり，アメリカは日本と同様に租税全体の負担率が著しく低く，間接税の負担率も低いために，直間比率が突出して高くなっているのである。

　アメリカは租税負担率の低い「小さな政府」を目指している。それは政府が強制力にもとづく秩序維持にのみ責任を負担し，社会の構成員が自己責任で生活をしていく社会を追求しているといってよい。しかし，秩序維持のための租税負担は富裕者が負い，広く社会の構成員に求めるべきではないと想定していると考えられる。

　これに対してヨーロッパ諸国は，租税を広く社会の構成員が負担し合い，自己責任ではなく，共同責任で生活を保障し合う社会を追求しているといってよい。そのため第二次大戦後に形成した直接税中心の租税体系が行き詰まると，直接税の負担水準を維持したまま，間接税の負担率を引き上げることで，「直間比率の是正」を図ったのである。

　ところが，日本は「直間比率の是正」を直接税の減税によって進めていく。それは日本がアメリカ型の自己責任にもとづく「小さな政府」を目指したからである。もちろん，日本でも消費税の導入などの間接税の負担を高める試みが実施されなかったわけではないけれども，直接税の減税のほうが強力だったのである。

　日本はアメリカのような租税負担の低い「小さな政府」を目指したけれども，アメリカは直接税中心の租税体系を崩さず，広く負担は求めない代わりに，自

己責任で生活することを要請している。ところが，日本は直接税を減税し，間接税を増税して，広く国民に負担を求めている。しかし，そうなると，日本ではアメリカのようには生活保障の公共サービスを低く抑えることは不可能となる。

　日本ではアメリカ同様に租税負担水準が低く，アメリカほどには直間比率の高くない租税制度が形成されている。そのためヨーロッパ諸国のように，直間比率は低いけれども，租税負担率の高い租税体系は形成できない。結果として日本では，大幅な財政赤字が生じてしまうのである。

独身税

Coffee Break

　目的税には，用途目的税と作用目的税とがある。

　用途目的税とは揮発油税のように，租税収入の目的使用というべき目的税である。もっとも，揮発油税は正確にいえば，目的税ではなく，普通税である。とはいえ，その収入がノン・アフェクタシオンの原則に違反して，特定財源に結びつけられている。

　作用目的税とは税収入を目的とするよりも，課税によって社会政策や経済政策などの非国庫的目的を達成するために課税される。作用目的税ではターゲットとして，独身者が狙われやすい。つまり，人口政策上の目的から独身税が導入されることがよくある。

　独身税は 1920 年にフランスで導入され，34 年のドイツにおける「結婚奨励金」も，これに含めることができる。日本でも「産めよ殖やせよ」といわれた戦時中の 1941 年に独身税が人口政策要綱案として，閣議決定されたことを，独身婦人連盟の大久保さわ子氏が紹介している。

　当時の新聞は「独身税を徴収して，多子家族表彰に充当」，「三〇歳以上の独身者と子無しに税金，結婚資金に貸付け，五人産めば返済無用」などと伝えている。この独身税は日の目をみなかったが，現在でも東京の豊島区がワンルーム・マンションに課税をし，単身者を追い出し，夫婦者を招き入れる目的税を実施している。これも同じような発想である。

市場社会成立前の租税

　市場社会が成立すると，国家は租税収入に依存する租税国家となる。しかし，市場社会が成立する以前も，租税を課税していなかったわけではない。もちろん，市場社会が成立する以前の国家では，租税は主要な国家収入ではなかった。

　こうした市場社会成立前に課税された租税は，現在からみると奇妙な租税が多い。12世紀のイングランドで課税された租税に，デーン税（Danegeld）がある。この税もデーン人を退去させる代償として，デーン人の軍隊に支払われた租税である。このほかにも特別ユダヤ人税や殺人税（Moldgeld）も課税されている。殺人税とは残虐な犯罪が発生した市町村に課税される。

　しかし，市場社会が成立する以前の国家は，国家が土地も領民の労働も所有していたため，租税に依存する必要はなかった。軍隊には領民を兵士として調達することが可能であるため，租税を課税する必要はない。

　もっとも，フランク王国のカール大帝は，租税を支払えば軍務を免除する軍務報償税を課税していた。しかし，この租税はフランク王国にとって，主要な収入ではなかった。市場取引の特権を売却することへの課税の一種ともいうべき特別ユダヤ人税も課税されてはいたけれども，いずれも多くの収入を上げたわけではなかった。

第 13 章

人税の仕組みと実態

人税では能力原則にもとづいて，課税することができる。というのも，人税はヒトに着目し，ヒトに帰属する租税客体に課税するからである。そのため人税は，納税者の経済力を適切に計測して課税する「誂え税」にすることができる。「誂え税」としての人税の代表は，所得税である。所得税では納税者の人的事情を考慮して課税できる。所得税が「誂え税」として課税されるためには，最低生活費免税，累進性，差別性という三つの条件が必要となる。しかし，日本の現実の所得税は，抜け穴だらけとなってしまい，実質的な累進性が確保されない状態となっている。

◈租税の生成と人税

市場社会の誕生は，租税国家の誕生を意味する。つまり，市場経済と租税とはメダルの表と裏の関係にあり，市場経済が形成されるためには，租税の誕生を必要とする。こうした市場経済と租税との結びつきから推測されるように，租税は市場税から始まる。

1789 年に勃発したフランス革命で，国民議会は租税とは「市民の共同の義務であり，社会が市民に与える利益の代価である」と宣言した。市民革命によって市場社会が認知されるようになると，このフランス革命の人権宣言に代表されるように，租税とは「社会が市民に与える利益の代価」であり，そうした利益に対して市民が「共同の義務」として租税を，進んで支払うべきだと認識されるようになったのである。

このように利益説にもとづいて，課税の公平を利益原則で考えれば，市場での取引を保護する対価として支払う市場税が正当化されることは容易に推察できる。もっとも，「市民に与える利益」とは，「生命と財産」の保護と理解され

ていた。生命と財産の保護への代価ということであれば，生命に対する保護に対しては「人税」，つまり所得の分配局面に対する課税である家計税が適切であり，財産に対する保護に対しては「物税」，つまり所得の生産局面に対する課税である要素市場税が適切であるという考えも成り立つはずである。

　しかし，「生命と財産」に対する保護という旗印は事実上，市場取引を可能にする所有権の保護を意味し，生命に対する保護の代価としての「人税」は拒否されていく。しかも，フランスではアンシャン・レジーム（旧制度）に対する反感から，市民の「人税」に対する敵愾心に拍車がかかる。というのも，「人」に着目する租税は，そもそもフランス革命の引き金となった身分制にもとづく，免税特権に帰結すると考えられたからである。

　もっとも，アンシャン・レジームに対する反感という点からすれば，間接消費税，つまり所得の支出局面に対する課税への市民の強い憎悪も存在していた。フランス革命の燃え盛る熱情のもとで，塩税や煙草専売を始めとするおびただしい消費税の廃止決議が宣言されている。というのも，アンシャン・レジームの租税体系で，基幹税として位置づけられていたのは，あくまでも消費税だったからである。

　しかし，アンシャン・レジームを支えた絶対主義国家は，必ずしも租税国家という性格を備えていたわけではない。絶対主義国家の収入は，あくまでも家産からの収入や特権収入が中心であり，租税収入は非常時の臨時的収入という性格を拭いきれなかった。それと同時に，絶対主義国家の租税イデオロギーは，「消費税こそ最良の租税」という信念を抱いていた。というのも，絶対主義国家のもとでは，生産物市場は存在するものの，生産要素の私的所有権が確立していないため，要素市場が存在しているとはいいがたかったからである。

　このように租税の生成という視点からすれば，生産物市場税がまず生成し，要素市場の誕生とともに，要素市場税が導入され，最後に人税としての家計税が生起してくることになる。つまり，租税主体という「ヒト」から出発する家計税は，生産物市場税や要素市場税よりも遅れて生成することになる。

❖「誂え税」としての人税

　家計税という人税が遅れてきた理由は，それが能力原則にもとづく課税だか

らだということもできる。実際，公正の概念が利益原則から能力原則に転換して初めて，家計税という人税が注目を集めてくる。人税で能力原則にもとづく課税が可能なのは，租税主体がまず決まるからである。そのため注文者の身体に合わせて寸法をとって注文服を縫製するように，納税者の経済力に合わせて寸法をとるように，課税することができるからである。

経済力を測定する寸法は，家計の所得や支出，あるいは所有している資産という経済力にかかわる基本的メルクマールだけではない。家族は何人いるのか，家族はどのような構成になっているのか，幼い子供がいるのか，高齢者がいるのか，勤労学生なのか，家族が病気になったことがあるのか，盗難にあったことがあるのかなどというように，さまざまな経済的事情を考慮して課税することができる。

もちろん，人税には一人当たり，あるいは一戸当たりについて定額で課税される**人頭税**のようなプリミティブな人税も存在する。したがって，人税だから能力原則にもとづいているというわけではない。しかし，人税は「誂え税」として，能力原則にもとづいて課税できるがゆえに，遅れて生成した租税でありながら，現代租税制度の基幹税を構成するという発展を示したのである。

◈経済力の測定

人税を「誂え税」として，経済力に応じた課税にするにしても，経済力を測定するのに，どういう尺度で測ればよいのかが課題になる。つまり，所得で測定すればよいのか，支出で測定すればよいのか，あるいは資産で測定すればよいのかが，問われることになる。

もっとも，人々は経済力とは何かを，直観的に理解している。それは「お金持ち」という概念が，これを如実に物語っている。この概念は，人々が経済力を，フローとしての所得と，ストックとしての富との混合として，理解していることを示している。資産らしい資産もない年収 600 万円の給与所得者を，「お金持ち」ということはないにしても，莫大な株式を所有し，年間 600 万円の配当所得を得て生活している人に対しては，人々は間違いなく「お金持ち」という称号を授けるからである。

とはいえ，市場社会ではストックとしての資産そのものを，課税によって徴

収することはない。というのも，ワグナーが国民経済上の原則で唱えているように，市場社会のダイナミズムを維持するためには，課税によって資本の元本を，侵食する危険を避ける必要があるからである。

　そのためストックとしての富そのものを徴収する課税は，回避されることになる。したがって，経済力の基準として，フローである所得が採用されることが支配的になり，人税の中心は所得税になる。

◈人税としての資産税と支出税

　もっとも，経済力を測定する尺度として，資産を採用する人税がないわけではない。人税としての資産課税を示すと，図 13-1 のようになる。

　純資産税（net wealth tax）とは所有する資産を合算して，通常は 0.2％から 3％の低税率で課税する**資産税**である。ドイツや北欧諸国で導入されているし，日本でも富裕税という名称で 1950（昭和 25）年度にシャウプ勧告にもとづいて創設されたけれども，52（昭和 27）年度に廃止されている。

　資本課徴（capital levy）とは市場社会では例外的な租税である。というのも，資本課徴は資産そのものを，課税によって徴収することを目的としているからである。評価する資産を合算して課税標準にする点は，資本課徴も純資産税と同様である。しかし，純資産税と相違して，高税率で課税される。その代わりに経常的に課税するのではなく，臨時的に 1 回限りの課税となる。第二次大戦直後に日本では，累積した戦時国債を償還するために，25％から 90％の税率で 1 回限りの資本課徴つまり**財産税**の課税を実施した。この財産税の課税によって，旧資産階級が没落し，「斜陽族」と呼ばれる現象が出現したのである。

　相続税（succession duty）と**贈与税**（gift tax）は，人税としての資産税ではあるけれども，**資産保有税**（taxes on wealth stock）ではなく，**資産移転税**（taxes on wealth transfer）である。相続税には二つのタイプがある。一つは**遺産税**（estate duty）であり，もう一つは**遺産取得税**（inheritance tax）である。遺産税では故人の遺産を合算して課税する。遺産取得税は相続人が受領した遺産を合算して課税する。日本の相続税は遺産取得税である。相続税では生前贈与による租税回避が可能となる。そこで生前贈与という抜け穴（ループ・ホール）を塞ぐために，贈与税が相続税の補完税として課税されることになる。

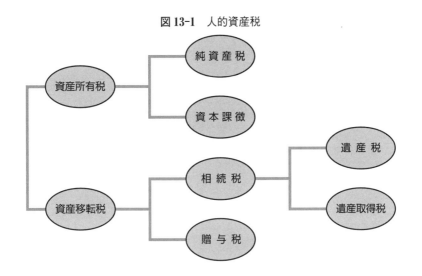

図13-1 人的資産税

人税としての資産税は，純資産税にしろ，相続税にしろ，所得税の補完税にとどまっている。つまり，所得税がストックとしての富の持っている経済力を捕捉しえないという欠陥を補完する目的で，資産を租税客体とする人税が課税されているといってよい。

消費を租税客体とする人税も存在しないわけではない。それが**支出税**（expenditure tax）である。支出税とは年間の消費を合算して課税する人税である。支出税も所得税がストックの持っている担税力を捕捉しえないという欠陥を是正しようとする課税目的にもとづいている。所得税ではストックとしての資産を食いつぶして，マハラジャのような贅沢な消費を享受している家計に課税ができないからである。しかし，この支出税はごく短期間に，スリランカとインドで実施された経験しかない「幻の人税」である。こうしてみてくると，人税の中心が所得税にあることは，紛れもない事実として確認できる。

◇所得税の発生とイギリス型所得税

人税としての所得税の課税客体はいうまでもなく「所得」である。こうした人税としての所得税が発生してくる経路には，二つある。一つは，要素市場税としての所得税が人税化するケースであり，もう一つは，人税としての人頭税

から**階級税**，そして「誂え税」としての所得税へと発展するケースである。いずれの経路を辿るにしても，人税としての所得税は，所得を総合して累進課税する**総合累進所得税**に帰着していく。

　第一の要素市場税としての所得税が人税化するケースは，**イギリス型所得税**の道ということができる。イギリスでは 1799 年に，所得税の起源ともいってよいピットの所得税が，ナポレオン戦争の戦費調達のために創設された。

　このピットの所得税にまでさかのぼることができるイギリスの所得税は，1803 年の税制改革で，アディントン（Henry Addington）が導入した**シェデュール（schedule）制**とともに定着する。つまり，イギリスの所得税の特色は，所得を，①不動産所得，②借地農所得，③利子所得，④事業所得，⑤給付所得という五つの種類（schedule）に分類し，それぞれの所得に対して比例税率で課税するところにある。さらに，イギリスの所得税では，源泉徴収課税を幅広く採用して課税していた。例えば，不動産所得の納税義務者は地代を支払う借地人となっていたのである。

　こうした分類所得税，比例税率，源泉徴収課税を特色とするイギリス型所得税は，人税とはいいがたい。むしろ収益を生み出す源泉への課税として，要素市場税ということさえできる。実際，ドイツの財政学者フォッケ（Wilhelm Vocke）は，イギリスの所得税を，「所得税の要素を持つ収益税の集まり」と批判したのである。

❖ドイツ型所得税

　第二の人税としての人頭税から，誂え税としての所得税に発展するケースは，**ドイツ型所得税**が歩んだ道である。プロイセンでは 1810 年に，人頭税に所得税の外被をかぶせたような階級税が導入される。この階級税は 1891 年のミーケル（Johannes v. Miquel）の改革で，ドイツ型所得税に改められる。

　ミーケルの改革で成立したドイツ型所得税は，さまざまな所得を合算して総合課税を実施し，かつ累進税率で課税されている。このように総合合算をして累進課税をすると，源泉徴収課税は不可能になるので，申告納税が採用されていた。つまり，イギリス型所得税が分類所得税，比例税率，源泉徴収課税を特色としたのに対し，ドイツ型所得税は総合所得税，累進税率，申告納税を特色

としたのである。

　ドイツ型所得税は人税であると同時に，経済力に応じて課税する「誂え税」ということができる。「誂え税」としての性格を備えた所得税であるためには，次の三つの条件が必要といわれている。

　第一は**税率の累進性**（progression）であり，第二は**差別性**（differentiation）であり，第三は**最低生活費の免税**（existence minimum）である。

　第二の差別性とは勤労所得には軽く，資産所得には重く差別課税をすることである。ミーケルの改革では，所得税の補完税（Ergänzungsteuer）として純資産税を導入することによって，差別課税を実現したのである。

　現代税制の基幹税として定着したのは，ドイツ型所得税である。イギリスの所得税も，1906 年のアスキス（Herbert H. Asquith）の改革で，差別性が導入される。つまり，イギリスの所得税は，比例税率で課税されていたけれども，資産所得には高い比例税率を，勤労所得には低い比例税率を導入して，差別課税を実施したのである。さらに，1910 年のロイド・ジョージ（David Lloyd George）による税制改革で，税率に累進性が導入される。こうしてイギリス型所得税も，ドイツ型所得税への衣替えをすることになる。

　20 世紀に入ると次々に，ドイツ型所得税が導入されていく。1913 年にアメリカが，14 年にはフランスが所得税を導入する。もっとも，日本では所得税が，1887（明治 20）年という著しく早い時期に導入されている。

　こうしてドイツの財政学者マイゼル（Franz Meisel）に「所得税ほど民主的で，人間的で，かつ社会的な租税は存在せぬ」と賛美された所得税が，現代租税制度の基幹税として定着していくことになる。

◈所得源泉説

　所得税の租税客体である所得の定義には，二つの考え方がある。

　一つは，**周期説**（Periodizitätstheorie）ないし**所得源泉説**（Quellentheorie）と呼ばれる所得概念である。この所得源泉説では，所得源泉と結びついた周期的所得のみを所得と観念し，**一時的所得**を所得概念から排除する。つまり，所得源泉説では相続や贈与，富くじや賭博，キャピタル・ゲインなどの一時的利得は，「所得」から外されるのである。それは所得源泉説では，基本的には要素

市場（factor market）で決定される要素サービスの報酬を，「所得」と考えていることを意味している。つまり，所有権の設定が認められた生産要素を提供することによって受け取る報酬を，所得源泉説では「所得」と認めている。

　そのため所得源泉説からすると，個人所得の集計が国民所得と等しくなる。それは所得源泉説が，国民経済活動の純成果を「所得」と考え，それのみに課税を制限しようとしていることを示唆している。というのも，所得源泉説の含意が，所得を資本から明確に区分し，資本元本の維持という観点から，所得を定義することにあったからだといってよい。

　仮に，相続・贈与などの資産の移転や，キャピタル・ゲインのような資産の譲渡に課税すれば，資本元本が侵食されかねない。それゆえに，こうした経済活動の純成果ではない利得は，所得とは見なしえない。つまり，所得源泉説は資本元本を神聖不可侵とする原則を前提とした所得概念ということができよう。

　もう一つの所得概念は，**純資産増加説**（Reinvermögenwachstheorie）である。この純資産増加説は，前述した 1891 年のミーケルの所得税の事実上の立案者といわれるシャンツ（Georg v. Schanz）を主唱者として，19 世紀後半のドイツにおいてヘルマン（Friedrich B. W. v. Hermann）とのあいだに展開された所得概念論争のうちに提起されたのである。

　シャンツの純資産増加説によれば，所得とは一定期間中における**純資産の増加**（Zugang von Reinvermögen）と定義される。この説では，要素所得（factor income）だけでなく，相続や贈与，富くじなどの一時的利得も，資産価値の増価も，さらに**帰属所得**（imputed income）も，「所得」に含まれることになる。

　市場社会では，所得分配が市場のメカニズムに委ねられている。つまり，要素市場が所得分配を決定する。所得源泉説では，要素市場で決定される要素サービスの価格を，所得と認識していたといってよい。

　これに対してシャンツの純資産増加説では，生産要素市場のルートを通さない経済力の増加をも，所得概念に包含しようとしたものと考えられる。それゆえに，市場を通さない資産の移転，現物給付，自家生産，さらに資産を所有することによる帰属所得や資産価値増価を所得に含めたのである。

◈包括的所得概念

　資産増価説は**経済力増加説**ともいわれる。所得を経済力の増加と結びつける考えは，1920年代のアメリカで，シャンツの影響を受けたヘイグ（Robert M. Haig）とサイモンズ（Herry C. Simons）によって発展させられていく。ヘイグは所得を，2時点間における経済力の純増（net accretion）の貨幣価値と定義した。もっとも，ヘイグは所得を，満足（satisfaction）のフローとして，心理的に把握する。しかしヘイグは，フィッシャー（Irving Fisher）のように，この「満足」それ自体を消費と考えることには反対する。そのためヘイグは，経済的欲求を満足させる力を行使する時にではなく，取得した時に，この満足について課税すべきと主張したのである。

　こうしたヘイグの理論を発展させたサイモンズは，「①消費の権利行使の市場価値と，②期首と期末間の保有財産価値の変化の代数和」として，所得を定義する。このように，消費プラス資産純増として定義された所得概念を，**包括的所得概念**といい，3人の主唱者に因み，**シャンツ＝ヘイグ＝サイモンズ概念**（Schanz-Haig-Simons definition）と名付けられている。

　包括的所得概念とは，支出ベースでいえば，消費プラス資産純増となるが，収入ベースでいえば，要素所得に加え，帰属所得，移転所得，さらにキャピタル・ゲインが含まれる。市場を通じた貨幣所得のみを所得とすれば，例えば何百億円もする名画を所有していても，貨幣所得が少ないため，所得税はわずかで済む。しかし，この所有者は名画を売却し，所得を生む資産に代えれば，多額の所得を得られるにもかかわらずそうしないのは，名画を所有することによって，その所得に匹敵する楽しみを，消費しているとも考えられる。

　包括的所得概念では，こうした**帰属消費**をも，所得として課税しようとする。したがって，持家も帰属家賃という所得があったものと見なされ，家事労働もそのサービスが市場を通さずに消費されたものと考えて，所得とされる。

　もちろん，企業から与えられるフリンジ・ベネフィット，つまり現物給付も所得として課税されることになる。相続や贈与による移転所得や，資産価値の増価であるキャピタル・ゲインも含まれる。

　しかし，こうした包括的所得概念を，そのまま現実の課税標準として採用することは不可能である。そのため実際には，包括的所得概念を理念型としつつ，

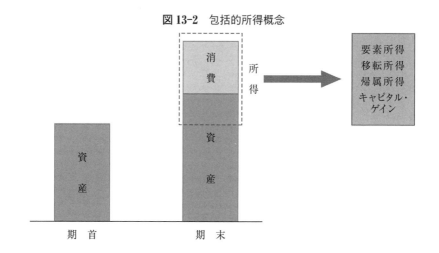

図13-2 包括的所得概念

実行可能な所得概念が模索されることになる。

◈誂え税としてのデザイン

　所得概念を選択すると，課税標準の枠組みが決まる。そのうえで所得税を経済力に応じた「誂え税」としてデザインするためには，前述したとおり最低生活費の免税，累進性，差別性という三つの条件を充足する必要がある。

　最低生活費の免税については，控除制度が一般的に利用される。つまり，総合合算した所得額から，最低生活費に相当する額を控除してから，税率を適用することになる。こうした控除は**人的控除**と呼ばれている。日本の所得税に即していうなら，すべての納税者に無条件に認められる基礎控除，配偶者があれば認められる配偶者控除，扶養家族があれば認められる扶養控除がある。さらに，それぞれの家計の条件に応じて，障害者控除，寡婦（夫）控除，勤労学生控除などが加わる。以上のような人的控除に加えて，所得控除として雑損控除，医療費控除，寄附金控除，社会保険料控除なども認められている。

　累進性の要請とは，所得控除後の課税所得に適用する税率は累進税率でなければならないという要求である。能力原則では同一の経済力の人を，同一に扱うという水平的公平だけでなく，異なった経済力の人を異なった扱いをするという垂直的公平も要求されているからである。

図13-3　所得税の課税プロセス

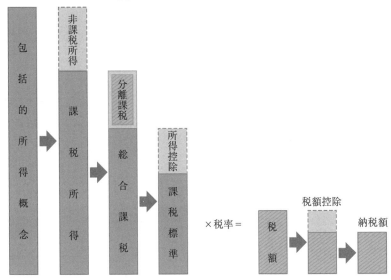

(注)　「分離課税」については他の所得と合算されずに，別途課税される。

　最後の差別性は，勤労所得よりも資産所得に，重課するという要請である。こうした要請は所得税では，ストックとしての富の持っている経済力を捕捉しえないという欠陥を，是正することにあるといってよい。差別性を実現する方法としては，勤労所得に対する税率を低くしたり，勤労所得控除を活用する方法がある。

　税率や控除によらず差別性を実現する有力な方法は，所得税の枠内で解決を図らず，ストックとしての富に，所得税の補完税を課税する方法である。このように所得税の補完税を課税する方法も，一つではない。

　その一つは，要素市場税としての収益税を，補完税とすることである。もう一つは，家計の所有する資産を総合して課税する純資産税を，補完税とすることである。この方法は，ドイツやスカンジナビア諸国などで行われていたほか，日本でもシャウプ勧告によって1950年度に導入され，52年度まで実施された経験があることは，すでに述べたとおりである。

◈所得税の課税単位：結婚への刑罰とギフト

　所得税を「誂え税」として，経済力に応じて課税する場合に，課税単位も問題となる。つまり，世帯を単位に経済力を測定するか，個人を単位に経済力を測定するかという問題である。

　家族は「最後の共同体」であり，市場経済は家族内部には入り込まない。夫と妻，親と子のあいだで，市場交換をすることはありえない。家族では人間の生活の包括的機能が営まれ，家族単位で市場に巻き込まれる以上，世帯単位で課税したほうが合理的であるように思われる。実際，すべての国が世帯単位で，所得税を課税してきたといってよい。

　ところが，第二次大戦を契機に，所得税の累進税率が著しく高まる。しかも，女性が社会的に進出するようになると，世帯単位での課税に批判が高まってくる。というのも，結婚をすると世帯単位の課税では，夫と妻の所得は合算されて，高い累進税率が適用される。そうすると結婚前に比べて，結婚後の納税額は激増してしまう。そのため世帯単位の課税は，「婚姻への刑罰」だという批判が高まったのである。

　そこで 1948 年にアメリカで**二分二乗制**が導入される。つまり，夫婦の所得をまず2分した後に，累進税率を適用して税額を算定する。そのうえで税額を2倍して，それを納税するという方法を導入したのである。

　ところが，二分二乗制によると，夫が所得のない妻と結婚すると，所得を2分の1にして，累進税率を適用してから2倍するため，結婚によって税額を低めることができる。そのため二分二乗制に，「婚姻へのギフト」だという批判が高まることになる。世帯単位は「結婚なき愛」をもたらすが，二分二乗は「愛なき結婚」をもたらすといわれるようになる。

　個人単位であれば，結婚に対しては中立的となる。ところが，個人単位を採用すると，富裕階層に有利となる。豊かな夫が妻に，さらには子供などに資産名義を分散して，租税負担を逃れることも可能になる。

　そこで戦後のシャウプ勧告では，個人単位の課税を導入するけれども，資産所得については夫婦合算した課税が勧告され実施された。ところが，1989 年に消費税が導入された際，この夫婦の資産合算はみるべき議論もなく廃止されてしまったのである。

◈日本の所得税制度 ①：包括的所得概念からの乖離

　次に，実際の日本の所得税をみてみよう。

　まず課税主体は，日本国内に住所があるか，1年以上居所を持つ個人である。租税客体は「所得があるという事実」であり，課税標準は「所得額」ということになる。

　日本の所得税も建前としては，包括的所得概念にもとづいているといってよい。もちろん，課税客体である所得を包括的所得概念どおりに課税することは，非現実的である。帰属所得となる家事労働による生産に，所得税を課税することは事実上，不可能に近い。もっとも，自宅が持家である場合，帰属家賃に課税することはできないわけではないけれども，日本では実施されていない。

　このように包括的所得概念にもとづいて課税をすることが，現実には不可能なので，日本の所得税制度では，税法で所得と見なされる所得が列挙されて，それ以外は所得とは見なさないという方法を採用している。所得税法で所得と見なされる所得は，①利子所得，②配当所得，③不動産所得，④事業所得，⑤給与所得，⑥雑所得，⑦一時所得，⑧譲渡所得，⑨退職所得，⑩山林所得の10種類である。

　以上のような10種類の所得をみれば，包括的所得概念とは大きく乖離している。まず相続や贈与という移転所得が含まれていない。そのため貧しい家庭に生まれたために，高校にも大学にも行くことができず，額に汗して働き，年間300万円の所得を得ている18歳の青年には所得税が課税されるけれども，豊かな家庭に生まれ，両親に大学の入学料と授業料を年間300万円出してもらった18歳の青年には，所得税は課税されない。

　もっとも，相続と贈与には，相続税と贈与税が課税される。しかし，入学料と授業料には贈与税は課税されない。この豊かな家庭に生まれた青年が，両親からの贈与できらびやかなブランド製品で身を固めていようとも，それが生活費と認められる限りは，贈与税は課税されないのである。

　帰属消費も所得に含まれていない。200億円を所有していれば，その運用によって所得を生じるはずである。200億円もする絵画を所有していれば，少なくとも200億円の運用によって生ずると思われる帰属消費が生じていると考えられる。しかし，そうした帰属消費は，課税対象にはならないのである。

最大の問題点は，土地や株式の値上がり，つまりキャピタル・ゲインである。純資産の増価は包括的所得概念では所得となるので，キャピタル・ゲインが発生した時点で課税することになる。しかし，未実現のキャピタル・ゲインは，実際には現金収入が生じていないことを理由に，所得から除外されてしまう。結局，キャピタル・ゲインは実現した時点で，つまり資産を売却して現金を手にした時点で譲渡所得として捕捉されることになる。

※日本の所得税制度 ②：空洞化する累進性

包括的所得概念から乖離しているとはいえ，10種類の所得をすべて総合合算し，累進税率を適用しなければ，累進性は確保できない。ところが，日本の所得税法では10種類の所得が**総合課税**されるようになっていない。

例外なく総合課税されるのは，不動産所得，事業所得，給与所得，一時所得，雑所得の5種類の所得だけだと考えてよい。それ以外の所得は事実上，総合課税されずに**分離課税**となる。

利子所得は差別性の原則からいえば，給与所得よりも差別的に重課される必要がある。ところが，利子所得は15％の比例税率で，分離課税となる。もっとも，これに地方税の住民税の5％が加わるため，20％で源泉徴収される。そのためどんなに富裕な人の利子所得でも，所得税は15％で一律課税され，累進税率が適用されない。所得税の最高税率が現在でも45％，1998（平成10）年度までは50％であったため，総合課税されれば，豊かな階層の利子所得には高い税率が適用されたはずである。

配当所得も住民税の5％を含め，税率20％で源泉徴収される。一定の条件はあるけれども，配当所得はこの源泉徴収だけで済ますことができる。もちろん，配当所得も総合課税を選択できる。さらに上場株式での配当所得は，20％での申告分離課税が選択でき，これを選択すると株式の譲渡損と損益通算が可能となる。

株式のキャピタル・ゲイン（売買差益）に対しては，申告分離課税方式と源泉分離課税方式と選択となっていたけれども，2003（平成15）年から申告分離課税に一元化されている。つまり，株式のキャピタル・ゲインは住民税を含め，税率20％で申告分離課税される。

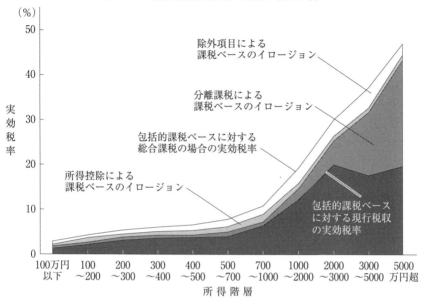

図13-4　階層別所得税負担の実態（1990年）

除外項目による
課税ベースのイロージョン

分離課税による
課税ベースのイロージョン

包括的課税ベースに対する
総合課税の場合の実効税率

所得控除による
課税ベースのイロージョン

包括的課税ベース
に対する現行税収
の実効税率

実効税率

所得階層

（出所）　鶴田［1996］151頁。

　土地などの売買差益である譲渡所得では，特別控除が認められたうえで，所有期間によって短期と長期に分けて分離課税される。税率は5年以内の短期であれば，所得税が30%，住民税が9%で，5年超の長期であれば，所得税が15%，住民税が5%である。

　退職所得については退職所得控除をしたうえで，2分の1のみを課税対象とする。

　山林所得については五分五乗制が導入されている。つまり，山林所得を5分の1にしたうえで税額を求め，それを5倍にして課税額を算定する。

　このようにみてくれば，資産所得，特に金融資産所得は総合課税されないことがわかる。差別性の基準からいって重課しなければならない資産所得が，分離課税によって累進税率を免れてしまっている。高額所得者の所得は資産所得の比重が高まるため，高額所得者は高い累進税率の適用を免れ，所得税の累進性は事実上，図13-4のように高額所得者で低下してしまうのである。

◈日本の所得税制度 ③：税額の算出プロセスと累進性の確保

　分離課税される所得を除いて，所得税法に列挙されている所得が合算される
といっても，合算された所得に，ただちに税率が適用されるわけではない。最
低生活費免税という要請に従って，所得控除が設定されているからである。

　納税者本人の最低生活費として，一律38万円の基礎控除が設定されていた。
しかし，この基礎控除は2018（平成30）年度の税制改正で，2020（令和2）年
分より働き方改革を進める観点から給与所得控除など見直しを働きかけ，48
万円に引き上げられている。もっとも，基礎控除に消失控除制度が導入され，
所得額が2400万円を超え，2450万円以下の場合は32万円に，2450万円を超え，
2500万円以下の場合は16万円と逓減し，2500万円を超えると，基礎控除は消
失してしまうことになった。配偶者がいれば配偶者控除として38万円，扶養
家族がいれば1人につき38万円の扶養控除が認められる。

　さらに配偶者特別控除がある。配偶者特別控除は配偶者がパートなどで働き，
所得が38万円を超えると，配偶者控除が受けられなくなり，世帯としては税
引き後の所得が減少してしまうので1987（昭和62）年に設けられた。配偶者
の所得が38万円を超え，123万円以下であれば，所得額に応じた一定額が控
除されることになる。

　もちろん，大学生でもアルバイトをして所得を得れば，その額が基礎控除を
超えると，所得税を納税しなければならない。したがって，所得税の納税を免
れようとすれば，年間でわずか48万円のアルバイトしかできないことになる。

　しかし，その所得が給与所得であれば，給与所得控除が認められる。給与所
得控除は差別性の要請にもとづいて設定されている。給与所得については，最
低で65万円の給与所得控除が認められていたけれども，2018年度の税制改正
で最低で55万円に引き下げられている。したがって，額に汗して働いたアル
バイトであれば，給与所得控除55万円に基礎控除48万円を加えた103万円ま
で，所得税が課税されることがない。しかも，学生でありながら，学費を勤労
によって所得を得るとは健気であるとして，勤労学生控除がさらに27万円認
められている。そのためアルバイトで年間130万円までの所得を得ても，所得
税が課税されることはないのである。

　こうした所得控除を差し引いて算定された課税所得に，税率が適用され税額

が算出される。この税額は，まだ納税額ではない。ここから配当控除などの税額控除が差し引かれる。そのうえで，納税額が確定することになる。

　以上みてきたように，日本の所得税は事実上，累進性が確保しきれなくなっている。しかも，累進税率そのものが，急速にフラット化されている。最高税率は1984（昭和59）年に75％から70％に引き下げられたのを皮切りに，87（昭和62）年に60％に，89（平成元）年に50％に，さらに99（平成11）年には37％にまで引き下げられてしまった。しかし，2007（平成19）年の地方分権改革の要請による所得税から住民税への税源移譲に伴い，所得税の累進税率はそれまでの10％から37％までの四段階が5％から40％までの六段階となる。しかも，2015（平成27）年には所得再分配機能を回復する意図のもとに，最高税率が40％から45％に引き上げられたのである。

消費税の全盛

Coffee Break

　市場社会が誕生し始めた頃は，消費税つまり生産物市場税の全盛期であった。そうした消費税全盛期の有様を，1820年に発行された『エディンバラ・レヴュー』紙の主筆シドニー・スミス（Sydney Smith）が，次のように報じていることを，武田隆夫教授が紹介している。

　「口に入り，身にまとい，足にはくあらゆるものに租税がある。

　目や，耳や，その他の感覚を楽しませるものすべてに租税がある。

　光熱と交通に租税がある。

　地上と水中と地下のすべて，外国から買い国内でつくられるあらゆる商品に租税がある。

　原料に租税があり，人の勤労がこの原料に付加する価値のことごとくに租税がある。

　飢渇をいやす食餌にも，健康を回復させる薬にも，法官を飾る貂の毛皮にも，罪人の首を絞める麻縄にも，貧しい人の塩にも，富める人の香料にも，棺の釘にも，花嫁のヴェールにも租税があり，寝床にいても食卓にいても租税がある。

　われわれは，寝ても醒めても税を払わなければならない。学童は，税のかかったコマをまわし，若者は税のかかった道のうえを，税のかかった手綱をもって，税のかかった馬を乗りまわす。

イギリス人は，死ぬときには7%の税のかかった薬を，15%税のかかった匙でのみ，22%税のかかったベッドに身を横たえ，薬剤師の腕にだかれて目をとじるが，この薬剤師もまた死者をあつかう免許税を何ポンドか納めているのである。

　そしてこの死んだ人の財産全部に対して，2〜10%税がかけられる。

　彼の埋葬のためにはこの遺産税のほか，高い手数料を払わなければならない。

　彼の美徳は，税のかかった大理石にきざまれて後世に伝えられる。

　こうして，はじめて彼は父祖の列に加わり，そのうえ税を払わなくてもよいようになるのである。」（武田［1985］118〜119頁）。

　こうした間接消費税の全盛期は，「最良の租税」といわれる所得税の登場によって終焉を告げる。税収が豊富に調達できる所得税によって，細々とした間接消費税を整理することができたからである。もちろん，所得税の導入は能力原則にも適合するとして支持されていく。

　ところが，所得税を抜け穴だらけにしてしまい，不公平な租税だという気運を巻き起こし，消費税を礼讃する議論が現在では支配的である。そのためシドニー・スミスが嘆いたような事態が，現在では再演されようとしている。現状を改革するのに，時計の針を逆戻りさせても始まらない。未来は創造するもので，過去への後退であってはならない。

第 14 章
生産物市場税の仕組みと実態

> この章では生産物市場税の仕組みを，歴史的に生成してくる動態とともに
> 考察する。生産物市場税とは生産物市場での取引に課税され，一般的に間接
> 消費税といわれている。間接消費税は個別消費税と一般消費税に分けられる。
> 歴史的にみると，税務行政が容易な従量税で課税できる個別消費税から生産
> 物市場税は始まる。しかし，従量税ではインフレーションに対応できないた
> め，第一次大戦で生じたインフレーションを契機に，従価税で課税される一
> 般消費税が登場する。ところが，取引段階ごとに課税される一般消費税では，
> 租税負担が累積してしまうため，「最後の租税」といわれる付加価値税が誕
> 生して，現在に至っている。

◇**個別消費税から始まる生産物市場税**

　一般に**間接消費税**と呼ばれる**生産物市場税**の歴史は古い。生産物市場税は租
税客体に着目して課税し，租税主体には関心がない。つまり，人税のように租
税主体に着目していないため，生産物市場税は能力原則の要請に応えることは
できない。生産物市場税は，生産物に私的所有権を設定し，生産物市場での取
引を保護するという政府の提供する公共サービスの利益に対して支払われる，
利益原則にもとづく租税ということができる。

　生産物市場税は国民経済と国民経済とのあいだで成立する生産物市場に課税
される**関税**と，国民経済内部の生産物市場に課税される**内国消費税**とに分けら
れる。内国消費税は，さらに生産物市場で取引される特定の生産物に課税され
る**個別消費税**と，生産物市場で取引される生産物一般に課税される**一般消費税**
とに分けることができる。

図14-1　生産物市場税体系

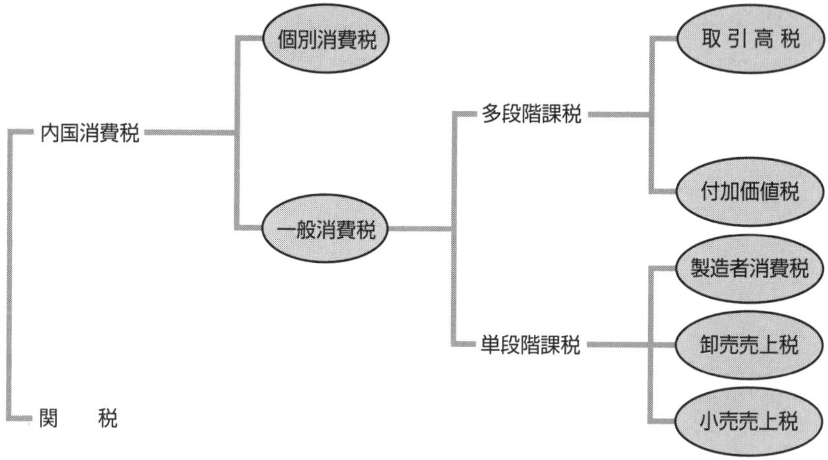

```
                        ┌─ 個別消費税
          ┌─ 内国消費税 ─┤                        ┌─ 多段階課税 ─┬─ 取 引 高 税
          │             └─ 一般消費税 ─┤         │              └─ 付加価値税
生産物市場税┤                                                    ┌─ 製造者消費税
          │                           └─ 単段階課税 ─┼─ 卸売売上税
          └─ 関　　税                                  └─ 小売売上税
```

※従量税による個別消費税

　歴史的にいえば，生産物市場税は個別消費税から始まる。というのも，市場での取引価格を捕捉することが税務行政上，きわめて困難だからである。

　生産物市場税では取引価格を課税標準とする**従価税**と，取引数量を課税標準とする**従量税**とがある。税務行政上は取引価格を捉えにくいため，従量税のほうが税務執行上，容易ということになる。

　ところが，従量税に頼ろうとすると，個別消費税にならざるをえない。というのも，従量税で課税しようとすると，課税する生産物ごとに，数量の単位を変える必要があるからである。例えば，たばこ税であれば，数量を本数で数える必要があるし，酒税であれば，リットルの量で捉える必要がある。このように従量税では，生産物ごとに課税標準の算定を変える必要があるため，個別消費税にならざるをえないのである。

　しかし，個別の生産物に課税する個別消費税では，需要の価格弾力性の低い生産物に課税せざるをえない。というのも，第12章で「租税の転嫁」を解説した際にも議論したように，価格弾力性の高い生産物に課税すれば，課税によるわずかな価格上昇でも需要が大幅に減少し，租税収入が望めなくなるからである。逆に，需要の価格弾力性が低い生産物に課税をすれば，課税によって価

格が上昇しても，需要は減少せず，租税収入の確保が望める。図12-3（b）のように需要の価格弾力性が非弾力的であれば，課税価格が上昇しても需要が減少せず，斜線部分が税収となる。ところが，需要の価格弾力性が図12-3（c）のように弾力的であれば，課税によって需要が減少してしまうため，税収も減少してしまうことになる。

◈個別消費税の課税対象

　個別消費税を課税する生産物として，需要の価格弾力性が低い生産物を選択しようとすれば当然，生活必需品に行き当たることになる。実際，塩税，麦粉税，屠肉税など生活必需品に個別消費税が課税されてきたのである。

　しかし，生活必需品に対する課税は，人間の生存を困難にするため強い租税抵抗を生み，社会システムから忠誠の調達を不可能にする。そこで，課税によって人間の生存が脅かされることなく，需要の価格弾力性が非弾力的な生産物が探索される。

　そのような商品の典型は，消費に習慣性が生じる麻薬である。麻薬の消費は習慣性があるため健康に害を与え，その摂取がついに人間の生存そのものを脅かす場合すらある。そのため麻薬に課税しても，租税抵抗は少ない。しかも，消費に習慣性があるからこそ，需要の価格弾力性はきわめて低い。そこで常用すれば習慣性になるけれども，比較的軽度の中毒症状で済む酒，煙草などが，個別消費税の課税対象として選択される。つまり，ただ刺激のためだけに消費し，消費に習慣性のある酒や煙草などの嗜好品が，課税対象とされてきたのである。

　さらに，自動車が普及すると，燃料として代替品のないガソリンも，需要の価格弾力性が非弾力的となる。そこでガソリンも，個別消費税の重要な課税対象に加えられたのである。

　もっとも，税収よりも奢侈消費を抑制することが課税目的であるような場合には，需要が弾力的である奢侈品にも課税される。しかも，奢侈品であっても，課税対象を増加すれば，税収確保も不可能だというわけではない。

❖一般消費税の誕生

　従量税で課税される個別消費税には，致命的な欠陥がある。それはインフレーションに対応できないということである。

　特定の生産物に課税される個別消費税は，従量税で課税せざるをえない。前述したように，生産物によって数量の基準が異なるため，生産物一般に課税される従量税はありえないからである。ところが，従量税は一定数量に対する一定金額として課税されるため，生産物の価格が上昇しても，租税負担は一定のままである。むしろ価格に対する租税負担は事実上，減少してしまい，インフレーションに対応して税収を上げることはできない。そのためインフレーションが激しくなると，従量税では大幅な増税を繰り返さない限り，実質的に税収を維持できなくなってしまう。

　従価税であれば，インフレーションで価格が上昇するに従い，税収も増加していく。つまり，インフレーションに対応していくためには，従価税を導入する必要がある。しかし，従価税を導入するのであれば，個別消費税に固執する必要はない。従価税ではなく，従量税で課税できるという理由で，個別消費税が導入されていたにすぎないからである。

　従価税を導入するのであれば，個別消費税に固執する必要はなくなり，生産物一般に課税することができるようになる。こうしてインフレーションが激化した第一次大戦末期に，一般消費税が登場することになったのである。

❖取引高税の誕生

　第一次大戦末期に登場した一般消費税とは，ドイツとフランスで導入された**取引高税**である。取引高税は財・サービスの取引が実施されるたびに，取引高を課税標準として課税される。この取引高税は製造，卸売，小売と取引が繰り返されるたびに課税されるため，租税負担が取引ごとに累積していくことになる。このように租税負担が累積していく効果を，**カスケード**（cascade）**効果**と呼んでいる。

　カスケード効果は，製造段階から小売段階までの取引回数を少なくすることによって回避することができる。そのため企業間で垂直統合が進み，垂直統合による独占という好ましくない結果が生じてしまう。そこでカスケード効果を

いかに除去するかをめぐって，一般消費税の諸形態が展開することになる。

◈単段階の一般消費税

　カスケード効果を除去する手っ取り早い方法は，ただ一つの取引段階に限って，一般消費税を課税することである。つまり，製造段階，卸売段階，小売段階といういずれか一つの取引段階で，一般消費税を課税すればよい。

　そこで**製造者消費税，卸売売上税，小売売上税**という一般消費税が生まれる。取引段階の下流で課税すればするほど，課税ベースは大きくなるので，製造者消費税よりも卸売売上税のほうが，卸売売上税よりも小売売上税のほうが，低い税率で同じ税収を上げることができる。ところが，取引段階が下流になるに従い，納税者は増える。納税者が増加すれば，税務行政は困難となる。そのため製造者消費税よりも卸売売上税のほうが，卸売売上税よりも小売売上税のほうが，税務行政の執行が困難になる。

　単段階の取引に課税する主要な欠陥は，「業者」を確定しなければならない点にある。製造者消費税であれば，課税する「製造業者」を確定しなければならない。製造者消費税の課税では通常，「製造業者」を登録させている。そのうえで，登録業者が登録業者に販売した時には非課税とし，登録業者が非登録業者に販売した時に課税する。製造業者間の取引を非課税としなければ，単段階課税にはならないからである。

　しかし，製造者消費税は必然的に，卸売売上税に発展せざるをえない。というのも，卸売業者に一定の作業をさせることで，製造業者の販売価格を低めることができるからである。例えば，自動車であれば，シャシーのフレーム以外の組立てや艤装を，卸売業者にさせてしまえば，製造業者の販売価格を低めて，課税を回避することができる。

　そのため製造者消費税は，卸売業者をも登録業者とする卸売売上税に発展せざるをえない。逆に卸売売上税では，製造業者も登録業者にせざるをえない。というのも，もし，製造業者を卸売業者として登録させなければ，製造業者は卸売業者を介在させずに，小売業者に販売することによって課税を免れるからである。

　製造者消費税が卸売売上税に発展せざるをえなかったように，卸売売上税も

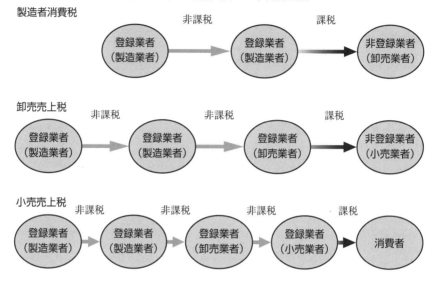

図 14-2　製造者消費税から小売売上税へ

小売売上税へと発展する。小売売上税では卸売業者も登録業者としなければ，卸売業者は直接，消費者に販売して課税を免れてしまう。そうなると製造業者を含め，企業をすべて登録業者にせざるをえなくなる。もちろん，登録業者間の取引は非課税となる。極端にいえば小売売上税では，全企業が登録業者となり，税務行政は複雑となる。もっとも，小売売上税の課税ベースは当然のことながら，製造者消費税や卸売売上税よりも広く，低い税率で多額の税収を確保することができるようになる。

❖小売売上税の課税方法と付加価値税の誕生

　全企業を登録業者とする小売売上税は，必然的に**付加価値税**へと発展していくことになる。小売売上税では製造業者も卸売業者も登録業者となり，登録業者間の取引が非課税とされ，課税猶予を実施して単段階課税を確保する。

　表 14-1 のように製造業者は証明書を発行して，課税猶予を受けることになる。卸売業者も同様である。しかし，製造業者も卸売業者も課税猶予となると，税務当局からいえば納税が遅れることを意味する。そこで納税時期を早めるために，**分割納付制**が導入されることになる。つまり，製造段階でも卸売段階で

表 14-1　小売売上税から付加価値税へ

取引段階	売上高	取引高税	課税猶予制 (小売売上税)	分割納付制 (付加価値税)
Ⅰ　製　　造	100	10 (100 × 0.1)	課税猶予	10 (100 × 0.1) − 　0)
Ⅱ　卸　　売	200	20 (200 × 0.1)	課税猶予	10 (200 × 0.1) − 10)
Ⅲ　小　　売	300	30 (300 × 0.1)	30	10 (300 × 0.1) − 20)

も，小売売上税として徴収する税収を，分割納税させるのである。

　この分割納付制は，次のようになる。まず，製造業者が卸売業者に，売上高100 に税率10％をかけて算出した税額10 を請求し，取り立てて納税する。次いで卸売業者が売上高 200 に税率10％をかけて税額20 を小売業者に請求するが，そこから製造業者によって請求された税額10 を差し引いて納税する。小売業者も消費者に対して，売上高 300×10％の税額30 を請求し，卸売業者に請求された税額20 を差し引いて納税をするというものである。

　このように小売売上税に分割納付制が導入されると，それは事実上，企業が新たに加えた付加価値に課税する付加価値税となる。正確にいえば，**前段階税額控除方式**の付加価値税となる。表 14-2（b）に示すように，企業が仕入れ額に加えた付加価値の合計は小売売上高に等しくなる。

◈前段階税額控除方式と前段階売上高控除方式

　分割納付制から誕生する付加価値税は，前段階税額控除方式の付加価値税である。この前段階税額控除方式の付加価値税としては，その業者の売上高に税率をかけて算出した額から，前段階の業者が請求する税額を控除して，納税額を計算する。この前段階税額控除方式では，前段階の業者が税額を請求するためにインボイス（送り状）を使用することから，**インボイス方式**の付加価値税ともいう。

　企業が新たに加えた付加価値は，売上額から仕入額を差し引いて求められる。したがって，売上額から仕入額を差し引き，それに税率を掛けても，付加価値税は課税できる。こうした方式で税額を計算する付加価値税を，**前段階売上高控除方式**の付加価値税という。前段階売上高控除方式の付加価値税では，売上

表 14-2　付加価値税の税額計算

(a) 前段階売上高控除方式

取引段階	売上額 (A)	仕入額 (B)	付加価値 (C) $(A-B)$	税　率 (t)	納税額 (T) $(C \times t)$
I	100	0	100	10%	10
II	200	100	100	10%	10
III	300	200	100	10%	10
税収総額					30

(b) 前段階税額控除方式

取引段階	売上額 (A)	仕入額 (B)	税　率 (t)	税請求額 (D) $(A \times t)$	税控除額 (E) （前段階税額）	納税額 (T) $(D-E)$
I	100	0	10%	10	0	10
II	200	100	10%	20	10	10
III	300	200	10%	30	20	10
税収総額						30

(c) 前段階売上高控除方式で業者 II が免税

取引段階	売上額 (A)	仕入額 (B)	付加価値 (C) $(A-B)$	税　率 (t)	納税額 (T) $(C \times t)$
I	100	0	100	10%	10
II	200	100	100	免税	0
III	300	200	100	10%	10
税収総額					20

(d) 前段階税額控除方式で業者 II が免税

取引段階	売上額 (A)	仕入額 (B)	税　率 (t)	税請求額 (D) $(A \times t)$	税控除額 (E) （前段階税額）	納税額 (T) $(D-E)$
I	100	0	10%	10	0	10
II	200	100	免税	0	10	0
III	300	200	10%	30	0	30
税収総額						40

(e) 前段階税額控除方式で業者 III にゼロ税率

取引段階	売上額 (A)	仕入額 (B)	税　率 (t)	税請求額 (D) $(A \times t)$	税控除額 (E) （前段階税額）	納税額 (T) $(D-E)$
I	100	0	10%	10	0	10
II	200	100	10%	20	10	10
III	300	200	0%	0	20	還付△20
税収総額						0

高から仕入額を差し引く計算を帳簿上で行うため，**帳簿方式**ないしは**アカウント方式**の付加価値税ともいう。

　売上高を A，仕入高を B，税率を t とすれば，納付額 T は前段階税額控除方式では，$T = At - Bt$ となり，前段階売上高控除方式では，$T = (A - B)t$ となるため，いずれの方式でも税額は同額となる。ところが，免税や軽減税率が導入されると，二つの方式の税額が相違してくる。

　仮に表14-2 (c) (d) で，Ⅱの業者が免税業者だとしよう。

　前段階売上高控除方式では，$(A - B)t$ で税額が算定されるため，Ⅰの業者もⅢの業者も納税額に変化がなく，Ⅱの業者のみが納税しないことになる。したがって，税収総額は30から20に減少する。

　前段階税額控除方式ではⅠの業者には変化がなく，Ⅱの業者は納税しない。Ⅱの業者が納税しないと，Ⅱの業者はⅢの業者に，税額を請求するインボイスを送らない。そうすると $T = At - Bt$ で求められるⅢの業者の納税額は，Ⅱの業者が請求する税額が引けないため（300×10％−0＝30），30の税額を納税しなければならないことになる。

◈取戻し効果とゼロ税率

　表14-2 (d) に示したように，前段階税額控除方式では免税業者が入ると，税収総額が逆に10増加してしまう。これを**税収の取戻し効果**（catching effect）という。

　このように免税業者から仕入れると，前段階税額控除方式では仕入れた業者の納税額は増加する。そのため免税業者から仕入れなくなってしまう。このように前段階税額控除方式で免税業者が取引から排除される効果を，**排除効果**と呼んでいる。

　こうした排除効果からもわかるように，前段階税額控除方式では前段階の業者の納税額が少なければ，次の段階の業者の納税額が増加してしまう。そのため納税者間で正確な納税をめぐり，相互にチェックする**自動制御効果**（self controlling effect）が機能することになる。

　このように付加価値税のシステムにおける免税は，実質的な免税を意味しない。そこで輸出などには，ゼロ税率が導入されている。前述の例でⅢの業者に

ゼロ税率が適用されると，Ⅱの業者の請求した税額20がマイナスとなり（300×0％−20＝−20），そのマイナスとなった税額20がⅢの業者に税務当局から還付されることになる。

◈消費型付加価値税

付加価値税で税額を算定する場合は，もう一つ重要な問題がある。それは売上高から仕入高を差し引いたり，あるいは売上高に対する税額から，仕入高に対する税額を控除する場合に，差し引いたり控除したりする「仕入」として，何を認めるかという問題である。

具体的にいえば，資本財を控除すべき「仕入」とするかどうかが問題になる。付加価値とは文字どおり，その企業が新たに付け加えた価値を意味する。企業が中間投入財として仕入れる原材料は，新たな生産物に姿を変えるだけであるから，当然，控除されることになる。しかし，購入された資本財は，新しい生産物に変えるわけではない。企業によって保存され，継続的に生産に貢献していく。

それにもかかわらず，この資本財の購入も，控除すべき「仕入」に含める計算方式が一般的に行われている。つまり，売上高から原材料などの購入額を引いた粗利潤から，さらに資本財の購入額をも控除して，付加価値税の課税標準とする方式が広汎に行われているのである。

この計算方式では，資本財に即時償却を認めたことと同じ結果になる。原材料と相違して，資本財は生産過程にとどまり，生産に貢献していく。もっとも，資本財にも耐用年数があるため，生産のつど資本財も減耗していると考えられる。そのため減価償却が認められるけれども，資本財の購入時に全額控除を認めることは，減価償却を即時に認めたことになる。

これを国民経済からみると，クローズド・システムでは国民総生産（GNP）から粗投資（I）を控除したものに等しくなる。つまり，この計算方式では，課税標準を消費（C）としたことになる（GNP$-I=C$）。したがって，こうした課税標準にもとづく付加価値税を，**消費型付加価値税**と呼んでいる。

しかし，ここで次の点に注意しておく必要があろう。すでに付加価値税が生成していく過程でみたように，付加価値税は企業の付加価値に課税することを

表 14-3　付加価値税の種類

種　　類	課 税 標 準	備　　考
GNP型 付加価値税	売上額－仕入原材料額	GNP＝C(消費)＋I(投資) 　　　＝賃金(W)＋利潤(P)＋減価償却額(D)
所得型 付加価値税	賃金＋利潤 ＝売上額－仕入原材料額－減価償却額	$NI = W + P = C + I - D$
消費型 付加価値税	売上額－仕入原材料額－資本財購入額	$C = $ GNP $- I$

目的に生み出された租税とは必ずしもいいがたい。あくまでも生産物の取引，つまり売上に対する租税であった。仕入に対する控除は，付加価値を計算するだけではなく，課税の累積を排除するためでもあった。資本財に課税されていた税額控除を認めたのも，ただ資本財における累積課税を排除することを意図したにすぎないのである。

しかし，企業の付加価値に対する課税を構想するとすれば，何も消費を付加価値と見なす必要はない。粗利潤したがって国民総生産を付加価値とする**GNP型付加価値税**も考えられれば，純所得したがって国民総生産から減価償却額（D）を排除した国民所得（NI）を，付加価値とする**所得型付加価値税**も想定できる。

GNP型付加価値税は，売上額から原材料費などのみを仕入として控除を認め，資本財購入額の控除を認めなければよい。所得型付加価値税は売上額から控除する仕入として，原材料に加えて減価償却額も認めればよい。しかし，所得型付加価値税は通常，控除型ではなく，加算型で実施される。つまり，所得型付加価値税は賃金（W）と利潤（P）を加算して課税される（$W + P =$ GNP $- D = NI$）。

実際，付加価値税には二つの出自がある。一つはこれまでみてきた生産物市場税としての付加価値税，つまり消費型付加価値税であり，もう一つは要素市場税としての付加価値税である。要素市場税としての付加価値税については，後に述べることにしたい。

現在，最も普及している付加価値税は，**ヨーロッパ型付加価値税**である。ヨーロッパ型付加価値税は，前段階税額控除方式にもとづく消費型付加価値税

である。これに対して日本の消費税は，アカウント方式の消費型付加価値税ということができる。

◈日本の消費税

　日本の消費税は，「消費税」とネーミングされているけれども，付加価値税である。それも消費型付加価値税である。しかし，ヨーロッパ型のインボイスを使用する前段階税額控除方式の付加価値税ではなく，アカウント方式つまり帳簿で処理する前段階売上高控除方式の付加価値税である。

　日本の付加価値税を，前段階税額控除方式だという説明もないわけではない。帳簿によって仕入商品について，すでに支払われていると思われる消費税額を計算し，売上高に対する消費税額から控除して，納税額を算定するからである。

　しかし，帳簿を使用するため，実質的には前段階売上高控除方式といわざるをえない。実際，インボイスを使用しないため，インボイス方式にもとづく前段階税額控除方式の特色は存在しない。取戻し効果もなければ，自動制御効果も存在しないのである。しかも，インボイス方式であれば，複数税率が容易に導入できる。標準税率に加え，生活必需品には軽減税率を，奢侈品には割増税率を設定することができる。しかし，日本のアカウント方式の付加価値税では困難である。

　アカウント方式を採用する日本の消費税には，さらに簡易課税方式という問題が存在する。簡易課税制度は一定規模以下の中小事業者，具体的には売上高が5000万円以下の事業者が適用を受けることができる。簡易課税制度が適用されると，仕入高がわからなくても，売上高さえわかれば，仕入額を推定計算できる。卸売業であれば，売上高の90％，小売業であれば，売上高の80％と，それぞれ仕入高を推定することができる。

　ある小売業者の売上高が5000万円で，仕入高が実際には3500万円だとする。消費税率10％だとすれば，売上高の10％である500万円から仕入高の10％である350万円を控除して，150万円の納税となるはずである。

　しかし，簡易課税方式では，仕入高が売上高の80％と推定されるため350万円ではなく，400万円が控除される。したがって，この小売業者の納税額は100万円で済んでしまう。ところが，この小売業者はお客から500万円の消費

税を取る一方で，仕入商品によって自分が負担した租税は350万円である。つまり，150万円の差額が生じているのに，100万円しか納税しないため，50万円がすべて儲けとして転がり込むことになる。日本の消費税の大きな問題点は，ここにあるといえる。

◈逆進性と複数税率

　現代の先進諸国の租税体系は，消費税つまり付加価値税を所得税とともに基幹税として形成されている。租税体系の基幹税となるには，課税ベースが広いことが条件となる。もちろん，付加価値税は課税ベースが大きく，低税率で多額の税収を確保できる多収性に優れ，基幹税としての条件を備えている。

　しかも，消費課税としての付加価値税は，所得税の欠陥を補強することができる。所得税では莫大な財産を喰い潰しながら贅沢な消費生活をしていても課税できないけれども，付加価値税では課税できる。所得税では所得によって捕捉率に相違が生じるけれども，付加価値税では所得税を逃れても，所得を消費に振り向けた瞬間に課税されることになる。

　このように付加価値税は所得税の欠陥を補強できるため，所得税を基幹税とする直接税中心税制が動揺していくと，ヨーロッパの先進諸国では所得税とともに付加価値税をも基幹税とする租税体系が形成されていくことは，すでに触れたとおりである。しかし，付加価値税を基幹税として位置づけようとすると，付加価値税には逆進性があるという批判が生じる。もっとも，所得税のデメリットを付加価値税が補強するように，付加価値税のデメリットを所得税が補強すればよい。つまり，付加価値税が逆進的負担をもたらすのであれば，それを所得税の累進的負担で補強すればよい。それだからこそ所得税と付加価値税とを，二本柱とする基幹税の形成が追求されていくのである。

　とはいえ，付加価値税の逆進性対策を，付加価値税そのものの公平性を高めることで，実現しようとする試みも展開していく。しかし，担税者の経済力を勘案して課税することが不可能な間接消費税では，応能的な課税の公平性を実現することはできない。

　間接消費税の公平性とは，生活必需品などの社会的に望ましい消費には軽く課税し，贅沢品あるいは健康や環境に望ましくない消費には重くすることにあ

る。そのため付加価値税では税率が高まるにつれ，複数税率が導入されるように
なる。

　日本でも付加価値税つまり消費税の税率は，2019（令和元）年10月から10%
に引き上げられた。それに伴い8%の軽減税率が導入され，酒類と外食を除く
飲食料品と，新聞の定期購読料に適用されることになったのである。

益税とはどういう租税か

　日本の消費税は消費型付加価値税である。それも前段階売上高控除方式の消
費型付加価値税であるといってよい。

　ところが，消費税は売上高にかかわる税額から，仕入にかかわる税額を控除
して税額計算をするので，前段階税額控除方式だと強弁した説明がまかり通っ
ている。しかし，インボイスを使用して実際の前段階の税額を控除するわけで
はないので，計算上，仕入にかかわる税額を控除するから前段階税額控除方式
だといってみても，意味がない。

　というよりも，実態が前段階売上高控除方式であるがゆえに，「益税」と呼
ばれる現象が生じてしまう。売上にかかわる税額から仕入にかかわる税額を計
算する際に，中小企業などでは仕入が把握できないとの批判を受け，消費税で
は一定規模以下の中小企業に，簡易課税制度が認められている。

　簡易課税制度とは，仕入額を実際の仕入額ではなく，計算上の仕入額を使用
するという制度である。例えば卸売業では，売上額の90%が仕入額と見なさ
れる。

　そうなると，実際の仕入額が計算上の仕入額よりも小さい場合には，売上額
と仕入額との差額である付加価値額も，実際よりも小さくなる。そのため消費
者から徴収した消費税額よりも，少ない額しか納税しないことになり，その差
額が業者の収入となる。この収入を「益税」と呼んでいる。

犬にあって猫にない租税

　ドイツ人は犬好きである。愛犬家の多いドイツでは，地方税として犬税を課
税する市町村が多い。犬は糞などによって街を汚すため，その清掃などの費用

に充当するためである。とはいえ，ドイツの犬税は目的税ではなく，普通税である。犬税だけでは，愛犬家の多いドイツでは，とても犬にかかわる費用を捻出できないそうである。

犬税を課税している国は多く，日本も犬税を課税していた。1955（昭和30）年度でみると，2686の市町村が犬税を課税していた。つまり，その当時でいうと，全国の市町村のほぼ6割が犬税を課税していたことになる。

この時代には犬税は，日本の地方の独自課税の王様だった。しかし，日本では1981（昭和56）年度に，最後まで犬税を課税していた長野県東筑摩郡四賀村が廃止すると，犬税が姿を消してしまうことになる。ドイツでは現在でも犬税が地方独自課税の王様である。

日本は明治以降，さまざまな動物に租税を課税してきた。牛，馬，兎など数え上げると切りがない。しかし，猫には課税したことがない。和田八束立教大学名誉教授によると，世界的にも猫に課税した国はないそうである。猫は所有権が確定できないことが大きな理由だといわれている。

第 15 章

要素市場税の仕組みと実態

> 　要素市場税も生産物市場税と同様に，市場の取引に着目して課税されるに
> もかかわらず，間接税でなく直接税であると位置づけられている。しかし，
> 人税ではなく物税であり，能力原則にもとづいて課税することはできず，利
> 益原則にもとづいて課税されることになる。そのため要素市場税は，地方税
> に適していると考えられている。法人税も，利潤を特殊な要素サービスへの
> 支払いと考えれば，要素市場税に分類できる。しかし，所得税から分離して
> 誕生した法人税は，所得税の前取りという性格が刻印されて課税形態が動揺
> する。

◈要素市場税と利益原則

　要素市場税は生産物市場税と同様に，利益原則にもとづいて課税される。な
ぜなら，生産要素が生み出す要素サービスの取引によって所得が生じるのは，
公共サービスによって，生産要素の所有権が保護されていることによると考え
られるからである。さらに加えて，公共サービスは生産要素と結合して，生産
活動に協力する「高次の生産要素」としても機能していると考えられるからで
ある。

　要素市場とはあくまでもレンタル市場であり，そこでは生産要素の生み出す
サービスが取引される。つまり，要素市場では土地に地代，労働に賃金，資本
に利子がレンタル料として支払われる。ところが，生産要素はそれ自体が，資
産として資産市場でも取引されている。

　そのために要素市場税は，二つの側面から課税されることになる。一つは，
生産要素の生み出すサービスの取引に着目して課税される，本来の要素市場税

である。もう一つは，資産市場における資産としての取引に着目して課税される場合である。もっとも，後者の場合であっても，資産の生み出す所得，つまり要素市場での取引に対して，間接的に課税するという趣旨のものとなる。

　逆に，前者の本来の要素市場税であっても，後者の資産市場での課税という装いをとる場合もある。というのも，家計と企業とが明確に分離していない自営業のような企業形態の場合には，生産活動に要素市場が介在しないからである。つまり，自営業では雇用もせずに，家族従業員と家族資産とで生産活動を実施しているからである。

　そのため要素市場税は，市場における実際の取引価格ではなく，それを推定するような課税標準が用いられることもある。そうした課税標準としては，資産市場での取引価格，つまり土地であれば地価が用いられることがある。

◈収益税の展開

　生産要素が生み出すサービスの価格に課税する租税として，**収益税**がある。これは土地の地代，資本の利子などに課税される租税で，フランスや日本の例では，地租，家屋税，営業税，資本利子税の四つに分かれている。しかし，こうした収益税も初期の段階では，土地の面積や，家屋の容積や，店舗の面積や，従業員数などを課税標準として課税されてきた。つまり，要素サービスの価格を推定させるような外形を，課税標準として課税してきたのである。

　それが実際に，生産要素が生み出すサービスの価格に課税されるようになると，一部は人税である所得税に吸収されるとともに，一部が資産としての生産要素に対する課税という性格を持つようにもなる。つまり，収益税は一部が所得税に吸収され，なお残存する収益税が資産としての生産要素の価値を資本化して評価し，それを課税標準として課税されるようにもなる。地租であれば，地代を利子率で割り引き，それを土地の価格として課税標準にするようになる。

　現在の日本では，収益税として地租と家屋税とを統合した**固定資産税**と，営業税である**事業税**がある。いずれも利益原則から弁証される地方税である。**資本利子税**は建前としてはないことになっているが，利子所得にかかる源泉分離課税の所得税は，実体としては資本利子税ということができる。

　固定資産税は土地，家屋，償却資産である機械設備などの「資産としての生

産要素」の価格を課税標準としている。これに対して事業税は事実上，個人については事業所得などに限定した比例所得税であり，法人については，電力業などで収入金額を基準とする例外はあったものの，法人税と同様に法人利潤を課税標準としていた。しかし，収益税としての性格を明確にするため，付加価値額や資本金額を課税標準とする外形標準課税が，2003（平成15）年の改正で導入されたのである。

　収益税は生産要素に対する課税であるといっても，原則として労働という生産要素を課税対象とすることはない。しかし，社会保障負担あるいは**社会保険税**は，賃金を課税標準としているため，労働という生産要素に対する要素市場税ということができよう。

　資産としての生産要素の取引に対する課税は，**流通税**と呼ばれてきた。こうした租税は，大きく**不動産取引税**と**資本取引税**に分かれる。前者では**不動産取得税**，後者では**有価証券取引税**などを，代表例として挙げることができる。いずれも，不動産あるいは有価証券の資産市場における取引価格を，課税標準としている。

❖所得税に包摂された法人税

　収益税のほかに，利潤を特殊な生産要素への支払いと考えると，法人税も要素市場税として取り扱うことができる。とはいえ，出自からいえば，法人税は所得税から分離独立した租税であり，歴史的にみると，所得税として，個人の所得にも法人の所得にも課税していたのである。

　しかし，法人税が分離されるのは，人税としての所得税からとはいいがたい。フォッケが収益税の寄せ集めだと規定したような物税としての所得税，つまり要素市場税としての性格の強い所得税から，法人税は分離されてくるのである。

　というよりも，法人税が所得税から分離されてくる過程をみると，物税としての性格を持っていた所得税が，人税としての性格に純化していくために，法人税を分離せざるをえなかったということができる。

　生産要素サービスが生み出す所得に着目し，それに比例税率で課税する収益税的性格の強い所得税のもとでは，法人の所得にも生産要素の生み出す他の所得と同様に課税することができる。比例税率で課税されていれば，個人が法人

の利潤を配当として受け取った段階で課税し，法人の所得を非課税にしたとしても，法人の利潤に対して課税し，個人が受け取った配当を非課税にしても同じことだからである。

　ところが，二つの条件が形成されると，法人税は所得税から分離されざるをえなくなる。

　一つは，公開的な株式会社が発達し，法人が利潤をすべて配当に回さなくなり，利潤を内部留保するようになってくるという条件である。もし，法人段階を非課税とし，個人が配当を受ける段階だけで課税すれば，法人の所得のうちの内部留保される部分が非課税のまま残されるからである。もっとも，所得税が比例税率で課税されている限り，個人の受取配当を非課税とし，法人所得を所得税の比例税率で課税すれば問題は解決してしまう。

　だが，所得税が誂え税として鋳直され，累進課税が導入されるようになると，配当は受取段階で，他の所得と総合して課税される必要が生じる。しかし，この場合にも法人段階を非課税にすれば，法人利潤のうち内部留保される部分は，非課税のまま残されてしまう。このように所得税に累進税率が導入されたことが第二の条件となり，所得税とは独立の法人税が課税されるようになったのである。

❖二重課税の調整問題

　法人の所得に法人段階で法人税を課税し，受取りの配当に対して個人段階で所得税を課税するということは，配当に対して支払段階でも受取段階でも課税することを意味する。ここに配当の「**二重課税問題**」が生じることになる。

　この二重課税問題は，**法人擬制説**（fiction theory）と**法人実在説**（entity theory）との対立という法人本質論と結びつけて議論されてきた。つまり，法人が株主とは別個の主体として存在するという実在説の立場に立てば，二重課税の調整は不必要であり，法人が株主とは別個の存在ではないとする擬制説の立場に立てば，二重課税の調整が必要であると理解されてきたのである。

　しかし，二重課税の調整問題は，必ずしも擬制説や実在説と厳密に結びついているとは考えられない。確かに，二重課税の調整を行わずに，受取配当を所得税で総合課税し，法人所得にも法人税を課税することは，実在説からしか弁

証できないように思える。だが，配当の二重課税を完全に調整する方法として，配当については個人の受取段階だけで課税し，法人税は内部留保についてのみ課税するという方法がある。この課税方法では，二重課税を完全に調整しているから，擬制説に立っているといえそうである。

この課税方法は，アメリカで1936年から39年にかけて，**留保利潤税**として実施されている。この留保利潤税は，法人の内部留保に対して累進税率で課税されている。法人の内部留保に累進税率で課税するということは，法人に独自の担税力を認めていることになる。つまり，この課税方法は，法人を株主とは別個の主体とみる実在説に立脚していると見なさざるをえないのである。

そうだとすれば，二重課税問題を法人の本質論に拘泥して議論しても，生産的とはいえないように思われる。実際，法人は「物」を所有する主体であるという点では，「人間」であるし，「人間」に所有される客体であるという点では，「物」にすぎない。

市場社会では所有する主体が「人間」であり，所有される客体が「物」である。「人間」は決して所有される客体にならないということが，市場社会の前提である。法人は所有の主体にも客体にもなるというアンビバレントな存在なのである。こうした認識を前提にすれば，擬制説か実在説かという神学論争に，結論を出す必要はないと考えられる。

❖支払段階調整方式と受取段階調整方式

実際に行われている二重課税の調整方法をみると，**支払段階調整方式と受取段階調整方式**との大きく二つの調整方式がある。配当が支払われる法人段階で配当二重課税を調整する支払配当段階調整方式には，すでにみた支払配当を非課税にする方法に加えて，支払配当に内部留保よりも低い法人税率を適用する**支払配当軽課方式**がある。

配当を受け取った段階で，配当二重課税を調整する受取段階調整方式には，**配当税額控除方式と配当帰属計算方式**などがある。配当税額控除方式は現在，日本で採用されている調整方式である。つまり，個人が受け取った配当の一定比率を，法人段階で支払配当に課税された税額と見なし，それを所得税から控除する方式である。これを精緻にした方法が，配当帰属計算方式ということが

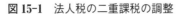

図 15-1　法人税の二重課税の調整

(a) 現行日本方式
（受取段階調整方式）

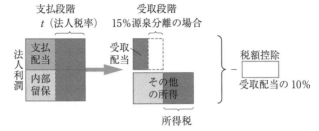

(b) 内部留保税方式

(c) 支払配当軽課方式

(d) インピューテーション方式

(e) 完全調整方式

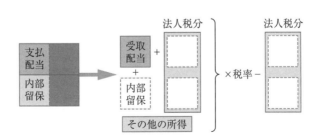

できる。

この配当帰属計算方式は，まず受取配当（d）と，その受取配当に実際に課税された法人税額（c）とを加算して帰属計算を行う。そのうえで所得税率（t）を適用して求めた税額から，受取配当に実際に課税された法人税額（c）を控除する方法である。つまり，税収 T は，$T=(d+c)t-c$ として算出される。この方法は**インピューテーション方式**ないしは**グロスアップ方式**と呼ばれ，ドイツもフランスもイギリスも導入してきた。しかし，2004年はフランスが，2005年にはドイツが廃止している。イギリスはインピューテーション方式を部分的に導入していたけれども，これも2015年に廃止している。

❖要素市場税としての法人課税

法人税の課税方式をみていくと，次の特徴を指摘できよう。所得税が訴え税となっている現代では，配当二重課税の調整を行おうと行うまいと，配当について受取段階で課税せざるをえなくなっているということ，しかも配当二重課税の調整を行う場合にも，法人所得に対して，少なくとも内部留保に対しては，独立した法人税を課税しているということである。

もっとも，1966年にカナダのカーター委員会が提案した方式は，この限りではない。この方式は配当帰属計算方式を，さらに徹底した方式ということができる。つまり，内部留保についても，株主に配分されたものとして帰属計算し，所得税の税額を算出したうえで，そこから法人税額を控除するという方式である。しかし，この方式では法人税は，完全に所得税に吸収されてしまい，独立の租税としては存在しなくなってしまうのである。

こうしたカーター方式を別にすれば，法人税は所得税とは独立した租税として成立しているが，能力原則から弁証することはできない。法人税は企業という人的所得分配の単位にはなりえない主体を，租税主体とする租税だからである。インピューテーション方式でも，法人税そのものは，株主の家計の経済力を考慮しているわけではない。したがって，法人税は利益原則から弁証される要素市場税として位置づけるべきであろう。

しかし，公共事業や義務教育などという公共サービスは，法人の企業活動の前提条件となる。公共サービスの利益を，法人が受けていることから，法人税

が弁証されるとした場合，その課税標準は法人所得，つまり利潤とすべきなのだろうか。それはむしろ付加価値を基準とすべきだと提唱されてきた。というのは，利潤を課税標準とすれば，赤字企業は納税しない。ところが，赤字であろうとなかろうと，その企業が公共サービスから利益を受けていることには変わりはないからである。

　こうした観点から，企業税としての付加価値税が，1921年にアダムス（Thomas S. Adams）によって提唱される。それがコルムやステュデンスキー（Paul Studenski）によって継承されていく。つまり，すでにみた生産物市場税としての付加価値税とともに，要素市場税としての付加価値税が存在する。こうした要素市場税としての付加価値税は，一般的には加算法つまり利潤と賃金を加算する所得型付加価値税という形態をとることになる。シャウプ勧告が提案した付加価値税も，こうした要素市場税としての付加価値税だということができる。

◈益金算入・損金不算入

　日本の法人税では課税標準は，「**法人所得**」となっている。所得税の所得概念をめぐって，所得源泉説あるいは所得周期説と，純資産増価説あるいは経済力増加説という対立が存在していた。法人税の場合には純資産増価説にもとづきながら，益金と損金を列挙し，その差額を法人所得と規定している。

　つまり，法人所得を〈法人所得＝純益金－純損金〉として求めることとし，益金に算入する項目と，損金に算入する項目を列挙して，課税標準を算定することにしている。ところが，純資産の増加の要因となる項目が，すべて益金として列挙され，純資産の減少となる項目がすべて損金として列挙されているわけでもない。益金算入上で指摘されてきた問題点として，受取配当や資産評価益の扱いがあり，損金算入上で，指摘されてきた問題点として，棚卸資産評価や減価償却費の算定，そして引当金準備金，交際費，役員報酬などの扱いがある。

　受取配当の問題点とは，法人が他の法人から受け取る法人間の配当に課税するか否かという問題である。法人擬制説に立てば非課税，法人実在説に立てば課税ということになる。日本は従来，支払配当に達するまでは非課税とし，支

払配当を超える部分については75％控除という仕組みを採用していた。しかし，現在では益金に入れずに，非課税とする他の法人からの受取配当を，80％に制限している。

　受取配当問題でもわかるように，日本の法人税はシャウプ勧告以来，原則として法人擬制説にもとづいているといってよい。法人擬制説に立てば，法人と個人間の配当二重課税も調整しなければならない。

❖日本の法人税の課税形態

　日本はシャウプ勧告にもとづいて，配当二重課税を受取段階で調整してきた。つまり，法人段階では法人税を支払配当にも内部留保にもフル課税をし，個人の受取段階で税額控除を実施してきたのである。

　ところが，1961（昭和36）年度から法人企業の自己資本比率を向上することを謳い文句に，支払段階での調整も導入されてしまう。つまり，支払配当軽課方式が導入され，支払配当には内部留保よりも，低い法人税率が適用されていくことになる。

　しかし，1990（平成2）年から支払配当軽課方式が廃止され，現在では税率は支払配当と内部留保の区別なく，一律に課税されている。しかも，税率は急速に引き下げられ，1990年に37.5％，98（平成10）年で34.5％，99年で30％，2012（平成24）年に25.5％，15（平成27）年に23.9％，16年に23.4％，さらに18（平成30）年からは23.2％となっている。

　このように日本では第二次大戦後，法人擬制説から出発したとはいえ，その調整方式は激しく動揺してきたのである。そればかりではない。法人擬制説か法人実在説かについても動揺している。

　日本の法人税率では，中小法人に対して15％という軽減税率が適用されている。しかし，法人は株主の集合体であり実体がないという考え方からすれば，中小法人に軽減税率を適用する根拠はない。大法人であっても零細所得の多数の株主から構成される法人もあれば，中小法人であっても豊かな少数の株主によって構成されている場合もあるからである。

　もちろん，法人実在説に立てば，中小法人の軽減税率は正当化される。しかし，法人実在説に立つのであれば，配当二重課税の調整をする必要はないので

ある。

　しかも，法人税には転嫁の指摘すらある。こうして法人税は，課税の根拠を明確にすることができないまま，揺れているというのが現状である。

旧税は良税なり，新税は悪税なり

　租税には租税抵抗が付きまとう。それゆえに財政学では，その社会の「公正」観を観察せざるをえない。つまり，財政学では「交換の正義（justitia commutativa）」だけでなく，「分配の正義（justitia distributiva）」も考慮せざるをえない。

　もっとも，実際には自分が租税をどれほど負担しているのか正確に認識している者は少ない。そこでイギリスで大蔵大臣まで務めた財政学者ドールトンは，有名なケンブリッジの法則を唱えている。つまり，貧者には実際の租税負担が主観的に感じる負担感よりも少ないと認識させ，富者には実際に支払った租税よりも少なく支払ったと認識させるような，租税政策が望ましいと唱えたのである。

　さらに，租税の「公正」を求める努力にカナール（Nicolas F. Cannard）は，「旧税は良税なり，新税は悪税なり」という皮肉な「カナールの法則」を唱えている。つまり，不公正だと思われる旧税を，より公正に改正しようとしても，国民の負担感をかえって強める結果になると警告している。

　それは不公正な租税であっても，制度的に定着している租税のほうが租税抵抗が少ないことをも意味している。そのため公正を求めるという努力を棚上げにするという誘惑が，現実の税制改革では働く結果となる。

幸福な国は租税負担率が高い

　古くから租税負担には限度があるという議論がされてきた。「十分の一税」に対応する10％が限度だといわれた時代もある。フランスの財政学者ルロワ＝ボーリュは，所得の12％から15％が限度だと主張した。「ポーピッツの法則」で有名なポーピッツ（Johannes Popitz）は，所得の3分の1が限度だと考えていた。

日本では国民は租税負担が低いことを歓迎すると信じられている。租税負担が高くなると，経済成長を停滞させ，国民の利益にならないと考えられるからである。しかし，租税負担が高まれば，経済が停滞するという関係が認められるわけではない。しかも，経済が発展するとは，単に経済成長をすることだけを意味しない。経済成長が実現しても，格差や貧困が溢れ出ているのであれば，経済が発展したとはいいがたいからである。というよりも，現在では国家発展の政策目標として，「国民総生産（Gross National Product）」ではなく，「国民総幸福度（Gross National Happiness）」を追求しようとする動きが広がっている。つまり，経済成長だけではなく，格差や貧困の解消，人権の尊重などという，経済的要素にとどまらず社会的要素をも含む多様な政策目標の追求がされようとしている。

　国際連合が 2021 年に公表した幸福度調査によれば，第 1 位にランキングされているのは，フィンランドであり，第 2 位がデンマーク，第 4 位にアイスランド，第 6 位にノルウェーに，第 7 位にスウェーデンとスカンジナビア諸国が上位を占めている。ルクセンブルクは第 8 位だけれども，アメリカは第 19 位であり，日本は第 56 位である。

　租税負担率を OECD 諸国についてみると，第 1 位がルクセンブルクの71.0％であるけれども，第 2 位がデンマークの 61.9％であり，第 3 位がスウェーデンの 53.5％である。北海油田の恩恵を受けるノルウェーは 38.5％と40％を切るものの，フィンランドは 44.2％と，幸福度の高いスカンジナビア諸国の租税負担率は高い。これに対してアメリカの租税負担率は 23.4％と著しく低く，日本も 26.1％である。

　こうしてみてくると，幸福度の高い国はむしろ租税負担率が高いといえそうである。逆に租税負担率が低いと，格差や貧困が溢れ出てしまい，経済成長率もままならない傾向に陥りがちである。つまり，租税は国民を苦しめる「悪」というよりも，サックス（Jeffrey Sacks）が唱えるように，租税は「良き社会」において「良き市民」が支払う「文明の対価」だと考えたほうが実態に近いと思われる。

第 16 章
オプションとしての公債と公債原則

　　財政では政治活動に必要な貨幣を，強制的に無償で調達することを原則としている。しかし，貨幣市場から借入れによって調達する場合がある。それが公債である。財政ではどのような時に，公債に依存すべきかという議論が，公債原則論となる。公債原則論では古典派が公債の起債を排撃し，ドイツ正統派財政学が建設公債原則を唱えている。この建設公債原則は，日本の財政法で制度化されている。ケインズ派は建設公債原則のように，経費の使途を基準にするのではなく，景気基準での起債原則を唱えた。現在，財政は公債に抱かれるようになっており，公債大量発行を前提に，公債負担論，公債の経済効果，公債管理論が展開されている。

◈財政公債としての公債

　財政収入という財政のインプット・システムは，政治システムが独占している強制力を背景に，強制的にかつ無償で貨幣を調達することが原則となる。しかし，公共サービスに必要な財源を，強制力を背景にして無償で調達する経常的収入で賄えなくなると，政府も借入れに頼らざるをえない。このように政府が負う債務，つまり公的債務を**公債**（public debt, öffentliche Anleihe）といっている。

　もっとも，公債は例外的収入であり，租税のオプションと見なされている。実際，日本の財政法第4条では「国の歳出は，公債又は借入金以外の歳入を以て，その財源としなければならない」と，国債発行の原則禁止を謳っている。

　市場社会における政府は，生産要素を所有しない無産国家である。債務がある場合にも，その返済は，強制的かつ無償で調達する租税収入に頼ることになる。つまり，公債はあくまでも「租税収入の前取り」という租税のオプション

であり，それゆえに例外的収入と考えられている。

　公債は「租税収入の前取り」とはいえ，租税収入とその性格が相違する。公債も租税収入も，経済システムから貨幣を調達するけれども，租税は強制的に調達するのに対し，公債は自由意思にもとづいて調達する。租税は政治システムの「強制の論理」にもとづいて調達するのに，公債は経済システムの「市場の論理」にもとづいて調達するということができる。

　公債は経済システムの「市場の論理」にもとづいているといっても，租税と比較して，そういえるにすぎない。つまり，公債といえども，あくまでも背後には，政治システムが独占している強制力があることを忘れてはならない。そのため公債は，「市場の論理」にもとづいているといっても，あくまでも，私債とは本質的に相違していることを見過ごしてはならない。

　繰り返して指摘すると，第一に，公債は政府が強制力をもって調達する租税という政府の支払い能力を，担保としている。

　第二に，強制力を背景とするため，「永久債（perpetual bond）」を発行することができる。つまり，利払いのみを約束し，元金の償還を約束しない債券を政府は発行できる。19世紀後半のイギリスをみると，公債の中心は永久債である。もちろん，私債では，必ず返済期限が約束される。

　第三に，私債と相違して，公債では償還つまり返済を強制できない。強制力を独占しているのは政府だからである。私債で債務不履行をすれば，強制力を独占している政府が強制執行をする。しかし，強制力を独占している政府に対して，強制執行をする主体は存在しないのである。

❖公債の種類

　公債を広く公的債務と定義しておくと，政府が郵便貯金や年金などの事業を実施すると，その入金も公債ということになる。政府が郵便貯金などを行政活動として行えば，その公的債務は，**行政債務**（Verwaltungsschulde）と呼び，ここでいう狭義の公債とは区別されている。

　つまり，広義の公債には，狭義の公債と行政債務がある。狭義の公債とは経費調達を目的とする公的債務であり，**財政公債**と呼ばれている。財政公債は通常，証券形態が採用されている。さらに行政債務というと，政府金融機関への

表 16-1 公債の分類

区　分	公債の種類
発行主体	国債，地方債，（政府保証債）
発行方法	公募発行，中央銀行引受け
償還期限	長期公債，短期公債
募集地別	内国債，外国債
発行目的	建設公債，赤字公債

入金に限らず，年度内における収入と支出の乖離から，一時的な現金不足を補うための債務を指す場合もある。つまり，政府がいわば運転資金を融通するための債務である。

　このように年度途中で生じた一時的資金不足を埋め合わせる公債を，**短期公債**といっている。日本でいえば**政府短期証券**である。こうした資金繰りのために発行される短期公債は，経費調達を目的とした財政公債ではない。

　国債発行の原則禁止を定めている財政法第4条では，短期公債の発行が禁止されているわけではない。つまり，財政法第4条では，国の歳出の財源調達のために公債を発行することを禁止しているので，年度内に償還する**短期債**ではなく，償還期間が年度を超える**長期債**の発行を禁止していることになる。

　このように公債は償還期限によって，1年間を基準に短期債と長期債に分類することができる。長期債をさらに詳細に分類する場合もある。日本では長期債の償還期限を原則として10年にしているため，償還期限10年の国債を長期債，2年から5年を**中期債**，15年以上を**超長期債**と呼んでいる。

　これに償還期限が1年以下の短期債が加わる。資金繰りのために発行される短期国債には，財政法第7条1項の規定にもとづく財務省証券，特別会計に関する法律第136条1項および第137条1項にもとづく食糧証券，特別会計に関する法律第83条1項にもとづく外国為替資金証券などがある。

　公債は発行主体を基準に分類すると，中央政府が発行する**国債**と，地方政府が発行する**地方債**に分類できる。国債や地方債以外に，特殊法人などの政府関係機関が発行する債券に，政府が債務保証をする場合がある。これを**政府保証債**と呼んでいる。

国債や地方債という財政公債は，租税収入を償還財源としている。ところが，特殊法人などが発行主体となる政府保証債は，料金などの事業収入を返済財源としているため，政府保証債は財政公債とはいいがたい。しかし，政府が債務保証をすることによって，最終的には租税収入が返済財源となる。そのため政府保証債は，**準公債**といわれる。

公債は募集地を基準に，**内国債**と**外国債**に分類できる。内国債は国内で，外国債は海外で募集される。金融の自由化が進むと内国債といえども，外国の投資会社なども応募する場合が出てくるため，内国債と外国債の区分が無意味なように思えるかもしれない。しかし，外国債では為替の問題などが存在し，依然として内国債と外国債という募集地基準の区分は意味がある。

◈発行方法と発行形態

公債の発行方法には，**公募発行**と**中央銀行引受け**という二つの方法がある。もっとも，財政法第5条では，中央銀行引受け，つまり日本銀行引受けによる国債発行は，原則として禁止している。日本銀行引受けで国債を発行したために通貨増発を招き，インフレーションを引き起こした第二次大戦期の苦い経験を反省したためである。公募発行には，金融機関が国債募集引受け団つまりシンジケート団を結成して引き受ける方法と，証券会社などを通じて一般投資家から公募する**公衆引受け**とがある。

経費調達を目的とする財政公債では，その調達した収入は，歳入として予算に計上される。こうした歳入の調達を目的として発行される国債を，**普通公債**と呼んでいる。

ところが，歳入を目的とせずに，現金給付に代えて発行される形態の国債もある。これを**交付国債**という。明治時代に士族の身分を放棄する代わりに，国債を交付したり，戦没者の遺族に対する現金給付の代わりにも，交付国債が交付されている。IMFや国際機関に対する出資金や拠出金を，現金での払込みに代えて，国債で払い込む**出資国債**も，交付国債と考えてよい。最近では金融機関の不良債権処理のために，交付国債が発行されている。

交付公債とは事実上，歳出の繰延べのために発行される形態の公債ということができる。そのため交付公債は，発行された際には歳入として予算に計上さ

れず，元利の支払いが生じた時に，歳出として予算に計上されることになる。

交付公債と同様に普通公債も**借換債**も，発行されても歳入として予算には計上されない。借換債とは満期がきても償還できずに，再び借り換えるために発行される公債だからである。借換債として，償還期限が1年以下の短期国債もある。つまり，短期国債には資金繰りのために発行される政府短期証券に加えて，1985（昭和60）年度から国債の円滑な償還や借換えのために，償還期限が1年以下である借換債として，**割引短期国債**が発行されている。

◈古典派の公債原則

このように公債には諸種の形態があるけれども，一般的には財政公債つまり財政収入調達手段としての公的債務を意味している。そうなると，財政収入調達手段として公債に依存すべきかどうか，依存するにしても，どのような場合に依存すべきなのかが問われることになる。というのも，財政では本来，「量出制入」が原則であり，必要な財源は国民の合意のもとに，強制的に無償で調達すべきだと考えられるからである。

財政収入を公債によることが正当化できるか，正当化できるとすれば，それはどのような場合なのかという，公債起債のための原則論を，**公債原則**という。公債原則は官房学（カメラリズム）までさかのぼることができるけれども，アダム・スミスを始祖とする古典派経済学は，経費が不生産的であることを前提に，公債を排撃する公債原則を展開した。

アダム・スミスによれば，以下のようになる（『国富論』第5篇第3章）。政府の経費を支弁するための収入が，自由な，すなわち抵当に供されていない租税収入から年度内に調達される場合には，個人収入の一部が不生産的労働を維持するために使われていたのを，他種のそれを維持するために使うようにするだけのことであるにすぎない。ところが，公債発行によると，生産的労働を維持するために使用されていたものを，不生産的労働を維持するために使用することになる。

租税収入では不生産的に使用されていた資金を，言い換えれば民間消費に使用される資金を調達し，不生産的に使用するにすぎない。しかし，公債発行では生産的に使用される資金を，言い換えれば民間投資に使用される資金を，不

生産的に使用することになる。したがって，公債による財政収入の調達は避けるべきだというのが，アダム・スミスの主張である。

　一度限りの財産税つまり**資本課徴**（capital levy）を課税して，公債を一挙に償還することを主張したリカードも，「国を貧困ならしめるものは政府および個人の濫費と負債である」として公債を排撃した。このように古典派は，公債発行を排撃する公債原則を展開したのである。

◈建設公債原則

　こうした古典派の公債原則に対して，ドイツ正統派財政学は経費に生産性を認め，公債発行を容認する公債原則を提唱した。とはいえ，ディーツェルの公債論を踏まえたワグナーの公債原則をみても，公債発行に一定の制限を加えようとしていたことに違いはない。

　つまり，ワグナーは経費ないしは財政需要を，「**経常的財政需要**」と「**臨時的財政需要**」に分類し，後者の充足に公債発行を認める。この「臨時的財政需要」はさらに，「永続的雇用の基礎であり，その限りにおいて固定的投資たるもの」と「一時的に個々の財政期間において，国家目的の実現を妨げる異常な困難によって生じ，国民経済にとって物的財貨の損失をなすもの」に分類されている。前者は公営企業創設などを代表とする**資本的経費**であり，後者は戦費を典型とする「**狭義の臨時的経費**」である。

　こうしたワグナーの公債原則論をみると，それは経費の使途を基準とした公債原則を主張したものということができる。つまり，資本的経費ないしは臨時的経費の支弁には公債発行を推奨し，経常的経費は可能な限り租税で賄うべきだと提唱したのである。

　こうしたワグナーの公債原則は，**建設公債原則**と呼ばれている。前述のように日本の財政法では第4条で，公債発行を原則禁止している。しかし，この財政法第4条1項の但書では，「公共事業費，出資金及び貸付金の財源については，国会の議決を経た金額の範囲内で，公債を発行し又は借入金をなすことができる」と規定している。つまり，日本の財政法は公債発行を原則禁止しながら，資本的経費には公債発行を認めている。したがって，日本の財政法はワグナーの教えに従い，建設公債原則を規定しているということができる。

建設公債原則を規定している以上，経常的経費を支弁するための公債発行は認められない。つまり，租税収入が不足し，経常的経費を賄うための**赤字公債**の発行は，財政法違反となる。そこで赤字公債を発行する場合には，財政法に違反する特例法を制定して発行せざるをえない。そのため赤字公債は，**特例公債**ともいわれる。

❖ケインズ派の公債原則

第一次大戦を経過すると，ドイツ正統派財政学の公債原則は動揺する。ドイツ正統派財政学の建設公債原則は，租税よりも公債によって賄うことを，推奨すべき使途のあることを認めるとはいえ，公債発行を無条件に認めたわけではない。ところが，第一次大戦という総力戦遂行による巨額な公債発行は，それなしには財政が立ち行かないという現実を生成してしまったのである。

しかも，1929年の世界恐慌を契機に，ケインズ経済学にもとづいて，フィスカル・ポリシー論が台頭し，景気状況を基準とする新しい公債原則が主張されるようになる。つまり，有効需要を増大して経済不況を克服する必要が生じた場合には，公債発行に財源を求めるべきだという公債原則が唱えられるようになる。

世界恐慌を契機とする「長期停滞」という事態に直面して，長期停滞論を展開したハンセンは，短期的に需要を創出する財政政策ではなく，「**補整的財政政策**」という不断に需要を拡大する政策の必要性を唱えた。ハンセンは公債が「富の分配の不平等を強化する傾向をもっている」と指摘したうえで，そうした傾向がないとすれば，「公債のほうが常に租税よりも望ましい」と主張する。さらに，「価格インフレーションを防ぐために，いつもほどよい完全雇用の点で食い止められる」のであれば，「公債のほうが常に租税よりも望ましい」と主張したのである。

ドイツ正統派財政学の公債原則が使途基準の公債原則なのに対し，ケインズ派のそれは景気状況基準の公債原則だということができる。こうして世界恐慌を契機に，ケインズ派の公債原則が支配的な潮流になっていく。ところが，現在ではケインズ派の公債原則の地位も，大きく揺らいでいるということができる。

❖ケインズ派の公債負担論

　ケインズ派が所得の不平等な分配とインフレーションを回避する限り，公債のほうが租税よりも常に望ましいと言い切るのは，公債を私債と混同すべきではないという点に根拠がある。ケインズ派の考えにもとづくと，それまでの公債原則では公債と私債を混同し，公債も私債と同様に，将来に負担が転嫁すると誤解していることになる。ところが，公債は私債と相違して，将来世代に負担を転嫁することはないというのが，ケインズ派の公債原則を支える根拠となっている。

　確かに，古典派の公債原則では，公債発行により将来世代に負担が転嫁すると考えている。古典派の公債原則では，租税は民間消費に充当される資金から徴収されるのに対し，公債は民間投資に充当される貯蓄から募集されるが，財政経費は不生産的なので，公債発行は民間資本形成を阻害して，将来の生産にマイナスの効果をもたらし，将来世代に負担が転嫁されることになると考えられている。

　ドイツ正統派財政学の公債原則も，将来に公債負担が転嫁すると考えている。公債負担が転嫁するがゆえに，資本的経費のように利益が将来世代にも及ぶ事業に使途を限定するように主張したのである。

　これに対してケインズ派の公債負担論では，以下のように考えられている。租税によろうと公債によろうと，財政支出が実施された時点で，租税あるいは公債によって，利用可能な民間資源が引き揚げられ，減少するという負担が発生する。ところが，公債が将来，償還される時には，公債を所有していない者から公債を所有している者へと，資金が移転するだけである。したがって，内国債である限り，公債を所有していない国民から公債を所有している国民へと，所得再分配が行われるものの，将来世代に負担を転嫁するわけではないと考えられている。

❖公債負担転嫁論

　ところが，1960年代頃からケインズ派の公債負担非転嫁論に対する批判が花盛りとなる。ブキャナンは負担を個人主義的に定義し，個人レベルで効用ないしは利用可能な資源が強制的に減少させられることを負担と見なした。

そのように負担を定義すると，公債発行の際に個人が自発的に公債に応募することは負担にはならない。この時点では個人の自発的な行動による限り，効用が損なわれたわけでもなく，個人的資産の減少にもならないからである。ところが，公債の元利払いが実施される時点になると，強制的に租税が徴収されることになる。そのため強制的に効用が低下させられ，個人資産も減少させられて負担が生じることになる。

　ブキャナンの公債負担論は，ケインズ派の公債負担論と，まったく正反対の結論になる。それは負担の定義がまったく反対に構成されているからである。つまり，ケインズ派は負担を一国全体というマクロ・レベルで捉え，ブキャナンは個人というミクロ・レベルで捉えているからである。

　こうしたブキャナンの公債負担論に対して，ボーエン（William G. Bowen）は公債による負担を，世代レベルの生涯消費の減少と定義する。公債を発行した段階では，租税によれば消費が減少するのに，公債発行によっているため，この世代では消費の減少という負担を負うことはない。ところが，公債を償還する段階では，租税によって消費が減少するため，この世代では負担が生ずることになる。つまり，ボーエンは古典派と同様に，租税は消費に向かう資金から支払われ，公債は貯蓄に向かう資金から支払われると考え，古典派とともに公債は将来世代に負担が転嫁すると主張したということができる。

　モディリアーニ（Franco Modigliani）の考え方も，古典派に近い。公債発行によって民間投資が抑制されることを負担と考えている。つまり，民間消費を減少させる租税よりも，公債発行のほうが民間貯蓄を削減し，将来所得をより多く低下させるので，将来世代に負担が転嫁すると主張したのである。

　こうして公債負担論をみてくると，負担転嫁論では古典派への回帰がみられる。ケインズ派が大規模な不完全雇用状態を想定しているのに対し，負担転嫁論は第二次大戦後の高度成長を反映して，完全雇用状態に近い状況を想定しているということができる。

　ところが，古典派のリカードの理論を継承しながら，合理的期待形成学派はケインズ派の公債負担論と同じ結論に到達する。つまり，バロー（Robert J. Barro）に代表される合理的期待形成学派はリカードの「等価定理」を展開して，将来世代に公債負担が転嫁されないと主張したのである。

合理的期待形成学派によれば，公債が発行されても，合理的に将来を予見して，必ず公債償還のために将来，増税が実施されると予想して，人々は行動する。つまり，人々は将来の増税に備えて貯蓄して，消費を抑制することになる。このように現在世代が元利償還のための増税が実施されることを合理的に予測し，増税による将来世代の負担に備えて貯蓄を増加させれば，公債負担は将来世代に転嫁されないことになる。

　こうした合理的期待形成学派が主張する公債負担非転嫁論は，「**バローの中立命題**」と呼ばれる。ところが，「バローの中立命題」が成り立つと，財政需要を公債で賄っても，租税で賄っても，マクロ経済に対する効果は同じことになってしまう。

　そうなると「バローの中立命題」は，ケインズ派が認める公債発行による有効需要拡大効果を否定することになる。つまり，合理的期待形成学派は公債負担論では，ケインズ派と同様の結論になるけれども，公債の経済効果という点では対立する結論となる。

❖ *IS-LM* モデルとクラウディング・アウト

　ケインズ派の公債原則は，公債発行をすれば有効需要拡大効果があることを前提に，景気基準の公債原則となっていた。ケインズ派の公債原則に対する批判は，公債負担論という視点からではなく，ケインズ派の主張する公債の経済効果にも向けられている。

　マネタリストは公債発行による有効需要拡大効果に，疑問を表明する。それは，公債発行によって財政資金が民間資金を追い出してしまう，つまり**クラウディング・アウト**（crowding out）が生じてしまうからである。このクラウディング・アウト論では，公債発行による財政支出の増加が，不完全雇用のもとで国民所得を増加させるにしても，利子率の上昇によって民間投資の資金調達が困難となって，国民所得を増加させる所得を相殺すると主張される。この関係は *IS-LM* モデルを使用して，次のように説明される。

　IS-LM モデルとは，生産物市場と貨幣市場を，同時に均衡させる条件を分析するモデルである。*IS* 曲線は生産物市場を均衡させる利子率 r と，国民所得 Y との関係を示している。それに対して *LM* 曲線は，貨幣市場を均衡させ

図16-1 IS-LM 曲線の導出

(a) IS 曲線

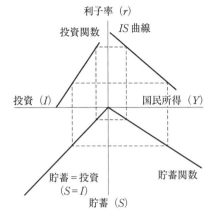

(b) LM 曲線

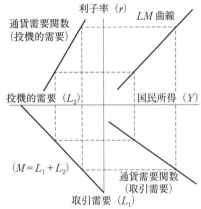

　る利子率 r と，国民所得 Y の関係を示している。

　生産物市場の均衡条件は，投資 I と貯蓄 S が一致することになる。それは図16-1（a）の第Ⅲ象限の $S=I$ で示されている。投資と利子率との関係である投資関数は第Ⅱ象限に示したように，利子率の減少関数となる。貯蓄関数は第Ⅳ象限に示したように，所得の増加関数になる。そうなると IS 曲線は，第Ⅰ象限に示したような右下がりの曲線を描くことになる。

　貨幣市場の均衡条件は，貨幣供給量と貨幣需要量が一致することである。所得の貨幣需要は，図16-1（b）の第Ⅳ象限に示したように所得の増加関数である貨幣の取引需要 L_1 と，第Ⅱ象限に示したように利子率 r の減少関数である貨幣の投機的需要 L_2 の合計となる。貨幣供給量 M を一定とすれば，第Ⅲ象限に示した $M=L_1+L_2$ が貨幣市場均衡の条件となる。そうだとすれば，第Ⅰ象限に示したように LM 曲線は右上がりの曲線となる。

　IS-LM モデルで財政支出が増大すると，IS 曲線は右にシフトする（図16-2）。しかし，政府支出の増加によって利子率が上昇して民間投資が減少するため，所得増加は乗数効果で右へシフトする幅よりも抑えられてしまう。これをクラウディング・アウトといっている。

　貨幣数量説に立脚するマネタリストは，通貨需要が利子率に対して非弾力的

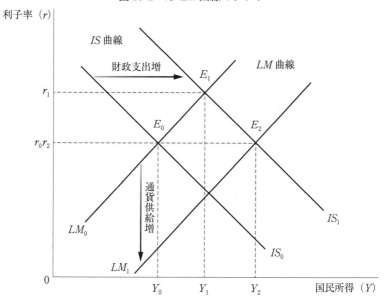

図 16-2 *IS-LM* 曲線のシフト

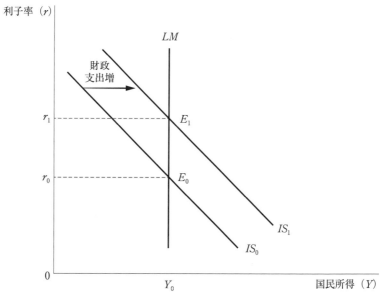

図 16-3 通貨需要が利子率に対して非弾力的

と考えるため，LM 曲線は垂直に近くなる。そのため財政支出が増大しても，図 16-3 のように利子率が上昇することによるクラウディング・アウトが生じるだけで，所得水準は上昇しないと主張する。

◈公債によるインフレ効果

　貨幣供給が増加すると，LM 曲線は下にシフトする（図 16-2）。金利上昇によるクラウディング・アウトを回避しようとすれば，通貨供給量を増加させて LM 曲線を下にシフトさせればよい。しかし，そうなると，インフレーションを引き起こしかねない。公債発行によるインフレ効果は，公債発行方法と密接に結びつく。

　公債発行が中央銀行引受けで実施されれば，通貨創造と類似した通貨供給が生じ，悪性インフレーションをも引き起こしかねない。そのため前述のように，日本の財政法第 5 条では，中央銀行引受けによる公債発行を原則として禁止している。

　もちろん，民間金融機関が引き受けた場合には，通貨供給が増加するとはいいがたい。しかし，民間金融機関が引き受けた場合であっても，中央銀行が公債を保有する民間金融機関に対して信用を供与してしまえば，中央銀行が引き受けた場合と同様の事態となる危険性がある。

　さらに，公債を国内貯蓄だけで消化できなくなると，外国の資金に依存せざるをえなくなる。そうなると外貨が流入し，円高となるため，日本の経常収支を悪化させる。これはマンデル＝フレミング効果といわれる，財政赤字が金利上昇を招き，高金利を求めて外貨流入が生じて，円高になるメカニズムと同様の効果となる。そのため公債発行による公共投資で景気浮揚を図っても，景気回復効果が相殺されてしまう結果となってしまうと主張されることになる。

　このように公債の作用をめぐる議論は，混迷を深め，1930 年代の世界恐慌を契機に支配的学説を形成してきたケインズ派の公債原則が動揺しているとはいえ，新しい公債原則が再構築されたとはとうていいいがたい状況にある。そして，こうした公債原則の混迷が，公債発行の安易な拡大へ道を開いてしまっているとさえいうことができる。

❖公債管理政策

公債原則の混迷が安易な公債発行を許してしまうと，フローのレベルで，公債が毎年発行されていくというだけでなく，ストックのレベルでも，公債の発行残高が累積して，国債に抱かれた財政となってしまう。

もっとも，財政が公債に抱かれてしまう現象は，むしろ総力戦という二つの世界大戦によってより厳しい現象として出現していた。日本は悪性インフレーションによって，第二次大戦による巨額に累積した公債残高を償却してしまったが，アメリカやイギリスという戦勝国は，膨大に累積した公債残高を抱え財政の転換を余儀なくされたのである。

そこで膨大に累積した公債を管理する**公債管理政策**が登場することになる。ウォーレン・スミス（Warren L. Smith）の唱える定義では，公債管理政策とは政府や中央銀行が民間の所有している公債の構造を変化させる政策ということになる。つまり，政府が発行する公債あるいは借換債の種類を決定したり，中央政府が公開市場操作の対象とする公債の種類を決定したりする政策が，公債管理政策である。

この定義では，公債や借換債の発行額や公債の償還を決定する政策は，公債管理政策の対象とはならない。つまり，公債管理政策とは公債残高の累積を前提に，公債残高の満期期間構造を変化させる政策ということができる。

ところが，公債管理政策の目的の設定には三つの対立する考え方がある。

第一は，ウォーレン・スミスのように，利子費用最小化を公債管理政策の目的とする考え方である。この考え方によれば，利子率の高い好況期には短期債を発行し，利子率の低い不況期には長期債を発行すればよい。

第二は，ロルフ（Earl R. Rolph）やトービン（James Tobin）の考え方であり，公債管理政策の目的は，景気安定化機能にあるという考え方である。この考え方によれば，好況期には景気過熱を抑えるために流動性を低めるように，不況期には景気刺激のために流動性を高めるように，公債の満期期間の構造を管理すればよい。つまり，好況期には満期構成を長期化して流動性を低め，不況期には満期構成を短期化して流動性を高めるように，公債管理を実施すればよいことになる。第一の考え方とは正反対の公債管理政策が打ち出される。

最後の第三の考え方は，フリードマン（Milton Friedman）やケインズのよう

な，中立的公債管理政策の主張である。つまり，公債残高の満期構成を変化させることによる攪乱を，排除するという考え方である。こうした考え方からは公債発行の種類を単純化し，発行時期を規則化する政策が追求されることになる。

　第二次大戦後の日本で，財政法第4条の公債発行禁止規定に背反して，国債発行に踏み切ったのは，1965（昭和40）年度にさかのぼる。もっとも，財政法第4条に違反する特例国債は，1965年度のみにとどまり，それ以降は73（昭和48）年の石油ショックに至るまでの昭和40年代には，財政法第4条の但書にもとづく建設国債が発行されている。

　この昭和40年代には，金融機関にシンジケート団を組織化させ，そこに割り当てて引き受けさせるシンジケート団引受けで，国債が発行されている。このシンジケート団への割当発行では，応募者利回りは資金コストに相当する低金利で設定されたために，国債発行後1年を経過すると，日本銀行が国債を無条件で買い入れる措置が採用されていた。

　ところが，1975（昭和50）年度以降，国債が大量に発行されるようになると，日本銀行による無条件買入れはインフレ懸念から不可能になる。そのため中期割引債および中期利付債などの発行国債の種類が多様化していく。しかも，金融機関の保有国債の売却が解禁され，国債流通市場も拡大していき，応募利回りを流通利回りの市場実勢に合わせるという傾向が強まっていく。こうして日本では，国債大量発行を契機に，市場重視型の国債管理政策へとシフトしていったのである。

プライマリー・バランス

　最近の財政赤字に関する実証研究によれば，政権基盤が強固な国家ほど，財政赤字の解消に成功している。もっとも，こうした指摘は財政学では古くから繰り返し指摘されてきた。

　ロッツ（Walther Lotz）は1931年に出版した財政学のテキストで，クリミア戦争におけるイギリスとフランスの戦費調達を比較し，イギリスに比べフランスが戦費を公債に依存しなければならなかったのは，イギリスのグラッドス

トーン政権の基盤が強固だったのに対して，フランスでは革命によって成立したナポレオン三世の第二帝政が，不安定な政権基盤だったことに起因しているとしている。日本の財政赤字が国際的に悪化している要因も，政権基盤が安定しない点にあるのだろうか。

公債費を除く経費と，公債や借入金などを除く租税収入などの歳入とがバランスしていることを，プライマリー・バランス（primary balance）という。日本ではこのプライマリー・バランスも赤字であるため，財政再建を実現していくステップとして，プライマリー・バランスの回復が，1997（平成9）年の財政構造改革法でも，2001（平成13）年の経済財政諮問会議の方針でも目指されることになった。

図　プライマリー・バランスの概念図

国　債	国債費
	← プライマリー・バランスの赤字
税収など	一般歳出など
歳入	歳出

減 債 基 金

Coffee Break

公債は償還期限が到来すれば，償還しなければならない。こうした公債の償還を円滑に進めるために，日本では「減債基金制度」が導入されている。つまり，一般会計と特別会計から国債の償還に充当する財源として，毎年度一定金額が国債整理基金特別会計に積み立てられることになっている。

このように国債整理基金特別会計に減債基金を積み立てる方法には三つの方法がある。一つは「定率繰入れ」，もう一つは「剰余金繰入れ」，最後の一つは

「予算繰入れ」である。

定率繰入れでは，前年度期首国債残高の60分の1を積み立てる。剰余金繰入れでは，一般会計で生じた決算上の剰余金の2分の1を下回らない金額を積み立てる。さらに予算繰入れでは，必要に応じて予算措置で積み立てることになる。

つまり，現行の減債基金制度は，定率繰入れを基準に，それを剰余金繰入れで補充し，さらに必要に応じて実施する予算繰入れで対応することになっている。定率繰入れが60分の1を積み立てることからもわかるように，国債は本来，60年で償還することにしている。しかし，実際には償還期限10年で発行されることが多く，借換債を発行して借換えが実施される。

第5編

財政のアウトプットとサブシステム

第17章

貨幣支出としてのアウトプット

　　この章から，調達した貨幣を支出する経費論に入っていく。財政では貨幣
を調達する場合には，原則として市場を使用しないのに対して，貨幣を支出
する場合には，原則として市場を使用する。人件費や物件費として，要素市
場や生産物市場に貨幣を支出するからである。もっとも，補助金や社会保障
給付のように，市場に支出されずに，無償で現金が給付されることもある。
しかし，実は人件費や物件費への貨幣支出も，現物（サービス）給付を生産
するのに必要な労働サービスや生産物を調達するために支出される。それに
よって生産された現物給付は，無償で供給される。現物給付にしろ現金給付
にしろ，公共サービスは原則として無償で供給されるのである。この章では，
こうした貨幣支出による財政の市場経済に及ぼすインパクトについても考察
していくことにする。

❖公共支出の理論

　財政のアウトプット・システムである**公共支出**の理論は，長期間にわたって
財政学の対象とは認識されてこなかった。というのも，財政のインプット・シ
ステムと相違して，アウトプット・システムでは，政治システムの強制力を背
景にした財政に固有の論理を使用しないからである。

　財政のインプット・システムでは，租税に典型的にみられるように，政治シ
ステムの強制力を背景にした財政に固有の論理を使用する。つまり，財政のイ
ンプット・システムでは，市場経済の所得循環から，市場原理にもとづくこと
なく，強制的に無償で貨幣を引き出してくる。

　ところが，財政のアウトプット・システムである公共支出では，市場原理に
もとづいて，貨幣が市場経済に支出されるだけである。つまり，政府は要素市

244　　第5編　財政のアウトプットとサブシステム

場に人件費を支出して，そこから公務員を雇用し，生産物市場に物件費を支出して，そこから財・サービスを調達する。

　ところが，公共支出には要素市場あるいは生産物市場という市場に，貨幣を支出しない支出がある。つまり，市場を経由しないで，企業と家計という二つの経済主体に直接，給付する貨幣支出がある。この市場を媒介としない支出こそ，むしろ公共支出の特色を表現しているといえるかもしれない。市場を媒介としないということは，何の対価もなく無償で給付されることを意味する。この無償性こそ，公共支出の特色を示していると考えられるからである。

　反対給付もなく無償で，企業と家計という経済主体に給付される**現金給付**は，それぞれ**補助金**と**社会保障給付**と呼ばれる。つまり，企業に対する現金給付は補助金，家計に対する現金給付は社会保障給付と呼ばれている。こうした補助金や社会保障給付にみられるように，財政のアウトプットとは，何の対価もなく，したがって市場を経由することなく，無償で給付されるものなのである。

　しかも，公共サービスは無償で供給されるだけでなく，強制的にも供給される。防衛という公共サービスの利益を受けたくない人々も，否も応もなく防衛サービスを受け入れざるをえない。つまり，公共サービスでは無償で供給されるために，人々は「**ただ乗り**（free rider）」になるだけでなく，同時に「**強制された乗客**（forced rider）」にもなる。このように公共サービスという財政のアウトプットが，強制的に無償で供給されるということは，財政のインプットである租税が，強制的に無償でインプットされることに対応している。

◇統治の主体としての政府

　公共サービスは強制的に無償で供給されるのに，公共支出は要素市場と生産物市場という二つの市場に，貨幣を支出する。このことは政府が，消費の主体である家計とも，生産の主体である企業とも，区別される経済主体であることを示している。

　財政学の歴史を振り返ってみると，政府を家計のような消費の主体と考えるか，企業のような生産の主体として考えるかをめぐって揺れ動いていることがわかる。しかし，政府は消費の主体でもなく，生産の主体でもなく，あくまでも統治の主体なのである。

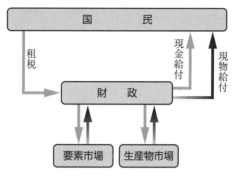

図 17-1　財政のインプットとアウトプット

　財政を貨幣の流れとして捉えると，財政のインプットは市場を通さずに，租税として強制的に無償で調達される。ところが，財政からのアウトプットは，公共支出として二つの市場に支出される。

　財政を現物の流れとして眺めると，財政へのインプットとは，要素市場と生産物市場から，人件費と物件費で購入した要素サービスである「公務員の労働」と「生産物」であることがわかる。これに対して，現物の流れとしてみた財政からのアウトプットとは，購入した「公務員の労働」と「生産物」とで生産した公共サービスを，市場を通さずに強制的に無償で供給することになる。

　図 17-1 に示したように，貨幣の流れと現物の流れを統合して考えると，財政のインプットとは市場を通さずに貨幣を調達することであり，財政のアウトプットとは市場を通さずに現物サービスを供給することである。つまり，財政とは市場社会において，市場を使用しない経済現象ということができる。

◈財政のインプットとアウトプット

　財政現象の本質が市場を使用しない経済現象にあるといっても，実は財政も市場を使用する。というのも，図 17-1 のように，貨幣のインプットを現物のアウトプットに転換するためには，貨幣を市場にアウトプットし，現物を市場からインプットする必要があるからである。つまり，こうした財政における貨幣のアウトプットと現物のインプットは，市場を媒介にして実施される。

　企業という生産の主体では，貨幣のインプットは市場を媒介にして，現物の

アウトプットとの交換で行われる。現物のインプットも，市場を媒介にした貨幣のアウトプットとの交換となる。つまり，生産の主体である企業は，貨幣のインプットも現物のアウトプットも，すべて市場を媒介にして処理する。

これに対して，家計という消費の主体では，現物のアウトプットが，市場を媒介にしないで実施される。家族では家族内で生産された食事などの財・サービスは，無償で家族の構成員に分配されるからである。それゆえに，家計は消費の主体となる。

家族がその構成員に財・サービスを無償で供給できるのは，労働を所有している家族内では，無償労働で財・サービスを生産できるからである。とはいえ，食事を考えても，食材は生産物市場から購入しなければならない。つまり，調理は無償労働で可能でも，原材料は生産物市場から購入する必要がある。生産物市場から原材料を購入するには，貨幣が必要となる。その貨幣は，家族が所有している労働を，要素市場で販売して獲得することになる。

政府は現物サービスを無償でアウトプットする点では，消費の主体である家計と同様である。しかし，要素サービスをインプットするために，市場を媒介にする点では生産の主体である企業と同様である。

政府は現物サービスを市場にアウトプットしない点で，生産の主体である企業と相違する。しかし，要素サービスを市場から調達する点で，消費の主体である家計とは相違する。つまり，政府は消費の主体でも生産の主体でもなく，あくまでも統治の主体なのである。

◈公共支出の分類

以上のように考察してくると，貨幣支出としての経費ないしは公共支出には，二つの種類のあることがわかる。一つは，市場への貨幣支出であり，もう一つは，市場を通さない貨幣支出である。市場を通さない貨幣支出とは，現金給付であり，企業に給付されると補助金となり，家計に給付されると社会保障給付となる。市場への貨幣支出も，要素市場に支出されると人件費となり，生産物市場に支出されると物件費となる。人件費と物件費は，公共サービスの供給という財政のアウトプットを行うためのインプットを意味する。

そうだとすると，財政のアウトプットとしての公共サービスは，次の二つか

ら構成されることがわかる。一つは、人件費と物件費で調達した労働と財・サービスとで生産した現物給付である。もう一つは、無償で貨幣が給付される現金給付である。

ピグーは現物給付を生産するために市場に支出する貨幣支出を**実質的経費**と呼び、無償で給付される貨幣支出を**移転的経費**（transfer expenditure）として分類した。もっとも、ピグーの定義では、移転的経費とは民間部門に対する貨幣の給付で、民間部門における資源配分を変えるとしても、生産資源を公共部門へ引き揚げない経費と定義される。そのため補助金や社会保障給付に加え、内国債の元利償還費を含むものの、外国債の元利償還費は含まれない。

次に、**歳出予算**とは、貨幣支出を歳出として計上した予算ということができる。つまり、現物給付という公共サービスを生産するために支出される貨幣支出や、公共サービスとしての現金給付という貨幣支出が、歳出予算には経費として計上されている。

日本では歳出予算の経費は、所管別、使途別、目的別、主要経費別の四つの分類方法が採用されている。**所管別分類**では経費が各省庁別に分類される。つまり、貨幣支出という貨幣のアウトプットに責任を負う行政機関別に、経費を分類したものということができる。

使途別分類とは人件費、物件費、補助費、委託費、他会計への繰入れなどと分類される。つまり、貨幣支出という貨幣のアウトプットが、市場に支出されるのか、あるいは非市場的に支出されるのかを示す分類ということができる。

この所管別分類と使途別分類は、どのように貨幣のアウトプットを実施するかという点に着目した分類といってよい。それは言い換えれば、公共サービスを生産するための投入、つまりインプットに着目した分類ということができる。

これに対して**目的別分類**と**主要経費別分類**は、公共サービスの産出、つまり公共サービスのアウトプットにかかわる分類といってよい。目的別分類とは、どのような目的の政府機能のために、公共サービスが産出されるかという分類であり、主要経費別分類とは、どのような政府の政策のために、公共サービスが産出されているかという分類である。

このように経費は、公共サービスのインプットとアウトプットという二つの側面から分類される。しかし、社会の構成員、つまり国民が財政をコントロー

ルするという側面からは，貨幣支出が国民の意思どおりに執行されるか否か，という執行責任が重視される。それゆえに財政法第 23 条の規定でも，まず所管別に経費を分類するように求めているということができる。

◈移転的経費と非移転的経費

所管別分類が貨幣をアウトプットする責任を明確にするのに対して，使途別分類は貨幣を市場にアウトプットするのか，あるいは非市場的にアウトプットするのかを明示する。貨幣が市場にアウトプットされるのか，あるいは非市場的にアウトプットされるのかは，市場経済ないしは国民経済に大きなインパクトを与える。

市場への貨幣のアウトプットは，公共サービスを生産するためのインプットの購入を意味することは，すでに説明したとおりである。市場に貨幣をアウトプットする場合にも，要素市場に人件費として支出される場合と，生産物市場に物件費として支出される場合がある。さらに生産物市場に支出される場合でも，消費財の購入に充当される場合と，資本財購入に充当される場合で経済的効果は相違する。

人件費と消費財の購入に充当される貨幣支出は，**政府消費支出**となり，資本財購入に向けられる貨幣支出は，**政府資本形成**となるとほぼ考えてよい。つまり，国民経済計算風にいえば，「公共支出＝政府消費支出＋政府資本形成＋移転的経費」ということになる。

◈政府支出の乗数効果

ケインズ経済学の考え方にもとづけば，国民所得は総需要の大きさによって決定されることになる。政府が公共支出によって，総需要を増加させようとすれば，総需要を形成する非移転的支出と，移転的支出では効果は相違する。

総需要の構成要素を形成する政府消費支出と**政府投資支出**は，経費支出を増加させると，それだけ総需要は増加する。しかも，それに伴う所得増大は民間の経済主体に波及する総需要増大をもたらすことになる。民間消費支出を C，民間投資支出を I，政府消費支出と政府投資支出とから成る政府支出を G とすれば，総需要は図 17-2 のように $C+I+G$ となる。ここで 45 度線を引けば，

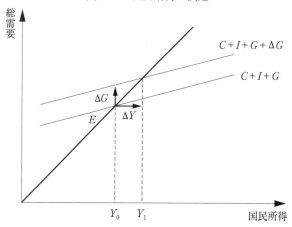

図17-2 国民所得の決定

総供給と総需要が等しくなり，均衡国民所得が決定される。つまり，E が均衡値となり，均衡国民所得は Y_0 となる。

　ここで政府支出を ΔG だけ増加させると，均衡国民所得は Y_1 となる。そうなると，政府支出の増加分 ΔG よりも，国民所得の増加分 ΔY のほうが大きくなる。

　民間消費支出は国民所得の大きさに依存する。図17-2のように国民所得 Y が増加すれば，民間消費支出 C も増加するけれども，所得の増加分のうち消費に向かう割合である限界消費性向 c が，図の $C+I+G$ の傾きとなる。そうなると均衡国民所得の増加 ΔY は，次のようになる。

$$\Delta Y = \frac{1}{1-c} \Delta G$$

　c は当然，1よりも小さいので，乗数と呼ばれる $1/(1-c)$ は1よりも大きくなる。したがって，政府支出の増加分 ΔG よりも，国民所得の増加分 ΔY のほうが大きくなる。これを**乗数効果**という。

　乗数効果が生じるのは，政府消費支出と政府投資支出が，総需要を増加させるだけでなく，それが必ず誰かの所得として分配されるからである。分配された所得は，貯蓄されるか，消費されるにしても，消費される部分は，民間消費支出として総需要を増加させる。この総需要の増加分も，必ず誰かの所得とし

て分配され，民間消費支出として，総需要をさらに増加させることになる。こうした波及によって，乗数効果が生じることになる。

◆政府支出と移転的支出の乗数効果

政府消費支出と政府投資支出の合計である政府支出の乗数が，$1/(1-c)$ であるのに対して，移転的支出の乗数は $c/(1-c)$ となる。というのも，移転的支出は単なる所得の移転であるため，移転的支出そのものが総需要の増加とはならない。所得を移転された者が，消費性向分だけ消費支出をして，初めて総需要の増加となるからである。

もちろん，消費性向分だけ総需要が増加すれば，乗数効果によって総需要は増加していく。しかし，移転的支出の増加分 ΔTr による所得の増加は，次の式で表示されることになってしまう。

$$\Delta Y = \frac{c}{1-c} \Delta Tr$$

それは，政府支出の増加分 ΔG が，初めから誰かの所得になるのに対し，移転的支出の増加分 ΔTr では，所得創出が $c\Delta Tr$ から始まるからである。

そうなると，政府支出と移転的支出とでは，景気浮揚効果が相違することになる。政府支出による所得増加から，移転的支出による所得増加を差し引けば，次のようになる。

$$\frac{1}{1-c} \Delta G - \frac{c}{1-c} \Delta Tr$$

もし仮に，政府支出と移転的支出を，同額だけ増加させたとする。それは $\Delta G = \Delta Tr$ となるため，上の式は次のようになる。

$$\frac{1-c}{1-c} \Delta G = \Delta G$$

ということは，政府消費支出や政府投資支出という政府支出に使用するほうが，移転的支出に使用するよりも，ΔG だけ所得創出効果が大きいということになる。それは，景気浮揚効果が経費支出に使用した金額だけ，政府消費支出や政府投資支出に使用したほうが，移転的支出に使用するよりも大きいということを意味している。

産業政策の手段としての財政

財政は景気政策の手段としても，産業政策の手段としても利用される。景気政策とは労働や資本という生産要素に未使用が存在する場合に，それを活用するような政策措置であり，国民総生産を短期的に引き上げることである。

産業政策は，経済成長政策と構造政策とに分類することができる。つまり，景気政策が需要サイドから未使用生産要素の活用を図るのに対して，産業政策は供給サイドから技術革新などを促進して，長期的な経済成長を目指したり，産業構造を変化させたりする。

こうした産業政策に財政を動員するには，二つの手段が考えられる。一つは社会資本の供給であり，もう一つは民間投資を刺激することである。

前者は，社会資本の供給それ自体が産業政策に寄与することになる。社会資本は民間企業活動の前提条件を整備することであり，交通や通信などの有形社会資本だけではなく，教育や研究開発などの無形社会資本も含まれる。

後者は，財政によって民間投資を推進することになる。こうした財政手段は民間投資の資金調達力を拡大することによって，民間投資を促進していく。

租税措置・政策金融・補助金

民間投資を促進する手段として財政を活用するには，大きく三つの政策手段がある。一つは租税特別措置であり，もう一つは政策金融であり，最後の一つは補助金である。

租税特別措置とは特定の民間投資に対して租税を減免する措置である。しかし，この手段は企業が十分な利益を上げていて初めて，効果を発揮する。しかも，租税の公正を崩して，公正ではないがゆえに効果があるという結果を招く。

政策金融とはハンスマイヤー（Karl-Heinrich Hansmeyer）の言葉で表現すれば，民間金融と補助金との中間形態ということになる。つまり，政策金融とは「補助金としての国家信用供与」ということになる。政策金融は補助金や租税特別措置と相違して，企業に融通した資金を回収しなければならない。金融市場よりも優遇された条件で企業に融通するとはいえ，資金を回収しなければならない以上，採算のない産業に融通するわけにはいかない。

これに対して補助金であれば，当面は採算がとれない分野にも運用することができる。しかも，租税特別措置と相違して，どういう分野に交付するのかを予算に計上するため，国民の意思のもとにコントロールできる。とはいえ，租税資金を使用するため，政策金融のように巨額の資金を融通するには限度がある。

第18章

公共サービスの供給としてのアウトプット

　この章では経費支出の結果として，社会の構成員に供給される公共サービスを考察する。経費支出によって貨幣を支出することで，現物給付と現金給付という公共サービスが供給されることになる。予算論や租税論では，財政学は伝統的に，予算や租税を決定する基準としての予算原則や租税原則を議論してきた。しかし，経費論では財政学は，経費を決定する基準としての経費原則を提唱してきたわけではない。というのも，経費は政治的に決定されるため，財政学の対象というよりも，政治学の対象だと考えられてきたからである。このように経費論では，経費原則を議論してこなかったけれども，経費には経費膨張という法則があると主張されてきたのである。

◈アウトプットの経費分類

　無償で貨幣を給付する移転的支出と，政府消費支出や政府投資支出との経済効果の相違は，貨幣のアウトプットとしての経費の相違である。貨幣を市場にアウトプットしたほうが，市場を通さずに，貨幣をアウトプットするよりも，所得創出効果が大きい。

　とはいえ，ここで注意しておきたい点は，貨幣を市場にアウトプットすることは，それ自体が，経費支出の目的ではないということである。というのも，それは公共サービスの供給，つまりアウトプットのためのインプットにすぎないからである。公共サービスを生産すべく，市場からインプットを購入するために，貨幣を市場に支出したにすぎない。ところが，市場を通さない貨幣のアウトプットは，それ自体が目的となる。例えば，社会保障とか中小企業政策とかという目的のために，貨幣が給付されている。

　このように財政のアウトプットには，公共サービスを供給するという現物の

表 18-1　一般会計予算の主要経費別分類（構成比）

（単位：％）

事　項	1934〜36平均	55	92	95	2000	2005	2010	2015	2020年度
社 会 保 障 関 係 費	0.7	10.5	17.7	19.6	19.7	24.8	29.5	32.7	34.9
文教及び科学振興費	6.6	13.2	7.9	8.6	7.7	7.0	6.1	5.6	5.4
国 　債 　費	16.9	4.4	22.8	18.6	25.8	22.4	22.4	24.3	22.7
地 方 財 政 関 係 費	0.3	13.9	21.8	18.6	17.6	19.6	18.9	16.1	15.4
防 　衛 　関 　係 　費	44.8	13.6	6.3	6.7	5.8	5.9	5.2	5.2	5.2
公 共 事 業 関 係 費	7.4	16.5	11.2	13.0	11.1	9.1	6.2	6.1	6.6
経 済 協 力 費	–	1.0	1.3	1.5	1.2	0.9	0.6	0.5	0.5
中 小 企 業 対 策 費	0.0	0.3	0.3	0.3	0.2	0.2	0.2	0.2	0.2
エ ネ ル ギ ー 対 策 費	–	–	0.9	1.0	0.7	0.6	0.9	0.9	0.9
食料安定供給関係費	–	–	1.1	1.1	0.8	0.8	1.3	1.1	1.0
そ 　の 　他	23.3	26.6	8.9	11.1	9.4	8.7	8.7	7.3	7.2
合 　　計	100.0	100.0	100.0	100.0	100.0	100.0	100.0	100.0	100.0

（注）　食料安定供給関係費は，1995年は「食料管理費」，2000年は「主要食糧関係費」。
（出所）　2000年度までは財務省主計局調査課編［2006］『平成18年度財政統計』国立印刷局，
　　　26〜27頁，2005年度以降は財務省ホームページより作成。

表 18-2　中央一般会計歳出決算の目的別分類（構成比）

（単位：％）

事　項	1934〜36平均	50	65	90	95	2000	2005	2010	2015年度
国 　家 　機 　関 　費	7.4	10.8	8.9	6.8	5.5	5.4	5.2	5.2	5.2
地 　方 　財 　政 　費	0.3	17.1	19.3	23.0	16.2	17.7	20.5	19.7	17.2
防 　衛 　関 　係 　費	46.2	17.6	8.2	6.2	6.2	5.5	5.7	4.9	5.2
対 　外 　処 　理 　費	–	0.2	0.5	–	–	–	–	–	–
国 土 保 全 及 び 開 発 費	7.2	14.8	19.2	8.5	14.4	11.5	9.3	5.9	6.5
産 　業 　経 　済 　費	4.5	16.5	8.3	5.9	6.7	4.6	3.5	4.5	3.4
教 　育 　文 　化 　費	6.7	3.3	12.7	7.8	8.7	7.5	6.8	6.0	5.4
社 会 保 障 関 係 費	1.2	8.6	17.2	18.4	22.3	22.0	25.7	30.4	32.5
恩 　　給 　　費	7.9	0.8	4.2	2.6	2.2	1.6	1.2	0.7	0.4
国 　債 　費	16.5	9.2	0.3	20.7	16.9	24.0	21.9	20.5	22.9
そ 　の 　他	2.0	1.2	1.1	0.1	0.9	0.2	0.2	2.2	1.3
合 　　計	100.0	100.0	100.0	100.0	100.0	100.0	100.0	100.0	100.0

（出所）　1995年度までは林健久・今井勝人・金澤史男編［2001］『日本財政要覧［第5版］』東京
　　　大学出版会，72〜73頁より作成。2000年度以降は財務省ホームページより作成。

表 18-3　中央一般会計歳出決算

	1935 年度		55	65	75	85	90	95
皇　室　費	0.2	皇　室　費	0.0	0.1	0.0	0.0	0.0	0.0
司　法　省	1.8	国　　　会	0.3	0.3	0.2	0.2	0.1	0.2
外　務　省	1.4	裁　判　所	0.9	0.8	0.6	0.4	0.4	0.4
大　蔵　省	19.8	会計検査院	0.0	0.0	0.0	0.0	0.0	0.0
文　部　省	6.8	内　　　閣	0.0	0.1	0.0	0.0	0.0	0.0
農　林　省	4.7	総　理　府	35.4	16.0	13.3	11.8	10.8	11.7
商　工　省	0.5	法　務　省	2.0	1.5	1.1	0.7	0.7	0.7
通　信　省	8.7	外　務　省	1.3	0.6	0.6	0.7	2.9	1.0
内　務　省	8.4	大　蔵　省	12.2	4.2	8.0	20.9	24.2	21.3
陸　軍　省	22.5	文　部　省	12.4	12.5	11.9	8.7	7.4	8.0
海　軍　省	24.3	厚　生　省	8.6	13.8	19.3	18.6	16.7	19.7
拓　務　省	0.8	農林水産省	9.4	10.7	10.8	6.3	4.2	5.5
		通商産業省	0.7	1.5	1.4	1.5	1.2	1.8
		運　輸　省	2.7	2.6	3.5	2.4	1.2	1.8
		郵　政　省	0.1	0.1	0.1	0.0	0.0	0.2
		労　働　省	3.0	2.4	1.7	0.9	0.6	0.7
		建　設　省	10.8	13.2	10.7	8.3	6.5	10.6
		自　治　省	–	19.6	16.6	18.4	23.1	16.4
合　　　計	100.0	合　　　計	100.0	100.0	100.0	100.0	100.0	100.0

（出所）　1995 年度までは，林・今井・金澤編，前掲書，74〜75 頁，2000 年度は，2005 年度以降は財務省ホームページより作成。

アウトプットと貨幣のアウトプットとがあり，それが目的別分類や主要経費別分類にかかわってくる。つまり，使途別分類は公共サービスを生産するためのインプットにかかわる分類であるのに対して，目的別分類や主要経費別分類は，公共サービスの供給というアウトプットにかかわる分類なのである。

　公共サービスのアウトプットという観点から，日本の経費支出の現状を目的別分類，主要経費別分類でみると，経費項目が総花的に分散していることがわかる。そうした総花的分散現象は，第二次大戦前の基準年度である 1934（昭和 9）〜36（昭和 11）年度の平均と比べてみれば，明確になる。

　主要経費別分類でみると，戦前の基準年度では，防衛関係費や国債費という二つの経費に集中している。ところが，現在では国債費，社会保障関係費，地方財政関係費，公共事業関係費，文教及び科学振興費，防衛関係費などに総花

の所管別分類（構成比）

（単位：％）

	2000	2005	2010	2015年度
皇　室　費	0.0	0.0	0.0	0.0
国　　　会	0.2	0.1	0.2	0.1
裁　判　所	0.4	0.4	0.3	0.3
会計検査院	0.0	0.0	0.0	0.0
内　　　閣	0.1	0.1	0.1	0.1
内　閣　府	6.2	6.3	0.5	2.7
総　務　省	19.9	22.1	22.3	18.2
法　務　省	0.7	0.8	0.7	0.8
外　務　省	0.9	1.0	0.9	0.9
財　務　省	26.4	23.5	23.1	24.7
文部科学省	7.7	7.0	6.3	5.6
厚生労働省	20.4	24.8	30.0	30.4
農林水産省	4.2	3.6	2.7	2.8
経済産業省	1.3	1.0	1.6	1.3
国土交通省	11.3	9.0	6.0	6.5
環　境　省	0.4	0.3	0.4	0.4
防　衛　省	–	–	4.9	5.2
合　　　計	100.0	100.0	100.0	100.0

財務省主計局調査課編，前掲書，78〜79頁．

的に分散している（表18-1）。

　目的別でみても同様のことがわかる。戦前基準年度では，防衛関係費と国債費の二つの経費に集中している。ところが，現在では国債費，社会保障関係費，地方財政費，国土保全及び開発費，教育文化費，防衛関係費などに分散している（表18-2）。

　こうした経費の総花化現象は，所管別分類でみても指摘することができる。戦前基準年度では海軍省，陸軍省，大蔵省という三つの省庁に経費支出が集中している。ところが，第二次大戦後になると大蔵省，自治省，厚生省，総理府，文部省，建設省，農林水産省などに分散している（表18-3）。国債費は大蔵省（現財務省）の所管であり，地方交付税交付金は自治省（現総務省）の所管であり，防衛費は総理府（現内閣府）の所管となる。つまり，所管別にみても，軍事費

表 18-4　一般会計予算の使途別分類（構成比）

(単位：%)

分類項目	1934～36 平均	55	65	75	85	95	2000	2005	2010	2015年度
人 件 費	10.0	12.9	9.8	8.5	5.6	5.2	4.8	4.7	4.2	4.3
旅 費	1.5	1.0	0.6	0.3	0.2	0.2	0.1	0.1	0.1	0.1
物 件 費	27.5	8.5	5.9	2.9	2.7	3.2	3.0	3.2	3.1	3.2
施 設 費	16.1	6.6	3.5	2.1	1.8	2.2	1.9	1.3	1.0	3.7
補助費・委託費	14.5	30.4	29.0	34.4	29.2	29.7	27.8	29.6	30.9	32.7
他会計へ繰入	19.4	23.7	43.6	44.5	54.8	54.4	57.4	58.5	57.3	54.4
そ の 他	11.0	16.9	7.6	7.3	5.7	5.0	4.9	2.5	3.4	1.5
合 計	100.0	100.0	100.0	100.0	100.0	100.0	100.0	100.0	100.0	100.0

(注)　人件費：議員歳費，職員基本給，職員諸手当，超過勤務手当，雑手当等。物件費：庁費，立法事務費，原材料費等。補助費・委託費：補助金，負担金，交付金，補給金，分担金，奨励金，委託費等。その他：出資金，供託金利子，貸付金，年金及び恩給，補償金，保証金，賠償償還及び払戻金，交際費，報酬費等。

(出所)　2000 年度までは財務省主計局調査課編，前掲書，34～35 頁，2005 年度以降は財務省ホームページより作成。

と国債費に集中していた経費が，総花的に分散していることがわかる。

　公共サービスのインプットという観点からの分類である使途別分類でみても，第二次大戦後になると，人件費や物件費という実質的経費の比重が異常に小さくなるのも，軍事費あるいは防衛関係費が減少したためであることは間違いない。それだけではなく，防衛関係費以外の増加した経費が，人件費と物件費をほとんど支出していないから，実質的経費の比重が著しく低くなったのである。

　つまり，第二次大戦後に増加する公共事業関係費，社会保障関係費，文教及び科学振興費などでは，地方自治体への補助金や特別会計などの繰入れなどが大きい。そのために補助費，委託費，他会計への繰入れの比重が，著しく高くなっている。これを裏から表現すれば，日本の一般会計では実質的経費のウェイトが著しく低くなっているということになる（表 18-4）。それによって日本の中央政府が，地方公共団体や政府関係機関に資金を配分して仕事をやらせる**「資金配分政府」**だという実像が浮かび上がってくる。

　こうした資金配分政府という特色を持つとはいえ，現在の経費構造が総花化していることは，政府機能が多元化していることを端的に表現している。こうした政府機能自体についての分析は，財政学では伝統的に政治学の領域として

扱うことを前提としてきたが，現在では政府機能自体の分析にも，財政学の分析のメスが加えられようとしている。

◈アウトプットとしての公共サービス

前述のように，財政における経費支出は貨幣支出を意味する。それは要素市場や生産物市場への支出では，公共サービスを生産するために必要なインプットの調達を表現している。つまり，公共サービスというアウトプットに必要な労働と，財・サービスというインプットを調達するための貨幣支出なのである。

公共サービスという財政のアウトプットは，無償で供給される。ただし，政府という経済主体の個別経済である財政だけが，財・サービスのアウトプットを無償で行うというわけではない。すでに説明したように，家族や，さらにはコミュニティなどの共同体でも，構成員に財・サービスを無償で供給している。生活機能を担う家族などの共同体は，共同体の構成員の生活を維持するために，財・サービスを無償で供給している。というのも，構成員の生存を維持していくために必要なもの，つまりニーズ（needs）を充足するためには，無償で供給しなければならないからである。

企業は財・サービスを，市場を通じて供給する。市場経済を通じて供給される財・サービスは，社会の構成員のニーズに応じて分配されるわけではない。市場経済では，社会の構成員が所有している購買力に応じて，財・サービスが分配されてしまう。ニーズつまり必要に応じて，社会の構成員に財・サービスを供給しようとすれば，構成員が所有している購買力とは無関係に，つまり有償ではなく無償で供給するしかないのである。

政府も公共サービスを，無償で供給する。家族やコミュニティという共同体の目的が，構成員が生活を営んでいくことにあるとすれば，政府の目的は，社会を統合していくことにある。家族などの共同体が生活機能のために，財・サービスを無償で供給するように，政府も社会を統合していくという統治機能のために，無償で公共サービスを供給することになる。

政府が公共サービスを無償で供給するのは，社会統合という政治目的のために，ニーズに応じて財・サービスを供給しなければならないからである。つまり，社会統合に必要な財・サービスを購買力に応じて分配すると，社会統合と

いう政治目的が実現できなくなってしまうから，公共サービスは無償で供給される。

　もっとも，政府は公共サービスというサービス給付だけでなく，貨幣そのものの現金給付も行う。政府はサービス給付に必要な要素サービスと財・サービスを，人件費と物件費として貨幣を支払うだけでなく，貨幣を家計や企業に無償で給付する。前述のように，家計への貨幣の無償給付が社会保障給付であり，企業への貨幣の無償給付が補助金である。政府はこうした現金給付とサービス給付，つまり現物給付を無償で供給することによって，社会統合を図っている。

※ワグナーの経費膨張の法則

　アダム・スミスは，社会統合を目的とする政府の機能を，三つに分類している。第一は，国防であり，第二は，社会の構成員を不正と圧迫から保護する司法であり，第三は，公共事業と公共施設の提供，つまり商業交通を促進する施設や教育施設の提供である。こうした三つの機能を遂行するための経費支出のほかに，アダム・スミスは主権者自身の経費，つまり「主権者の尊厳を保持する経費」を加えている。

　ところが，こうした政府機能に伴う経費支出は，時の経過とともに，拡大していくということが指摘されてきた。実際，日本の経費支出の推移でもみたように，政府機能の拡大に対応して経費支出が多様化してきたことは間違いない。

　このように政府の活動が多様化していくことを，ワグナーは「**公共活動，特に国家活動膨張の法則**」として定式化している。ワグナーは「国家活動膨張の法則」を指摘するだけでなく，国家活動の膨張に伴い財政支出を絶対的に膨張させるとともに，国民所得で計測される財政支出の相対的膨張をも，法則として主張したため，「**経費膨張の法則**」として世に知られている。

　ワグナーは政府活動が，外延的（extensive）かつ内包的（intensive）に拡大すると主張する。つまり，政府活動は新しい多様な機能を拡大するだけでなく，古い機能をも充実させていくと主張する。

　ワグナーは政府活動の拡大に伴って膨張する経費を，「法および権力目的」という政府活動から生じる支出と，「文化および福祉目的」という政府活動から生じる支出とに分類する。アダム・スミスが政府という経済主体を，家計と

いう経済主体に引き付けて理解していたのに対して，ワグナーは政府という経済主体を，企業という経済主体に引き付けて理解している。「法および権力目的」の経費は，企業経営でいえば，それぞれの事業部門の「**共通管理費**（Verwaltungsgemeinkosten）」であり，「文化および福祉目的」の経費は，それぞれの事業部門の「**個別費**（Einzelkosten）」ということができる。

　こうして二つの経費に分類したうえでワグナーは，まず「法および権力目的」費の増大を指摘する。市場経済が発生すれば，「国内的および国際的分業」や「自由競争システム」の進展によって，社会的摩擦が激化するため，市場経済を円滑に運営するには，「法および権力目的」機能が拡大せざるをえないとワグナーは主張する。

　さらにワグナーは，「進歩した文化的民族による国家，特に近代国家」が「できる限り法律および権力目的だけを専一的に実現するという意味で一面的な法治国家」であることを超え，「文化目的と福祉目的への給付」を不断に増大させつつ，ますます「文化国家または福祉国家」になりつつあると指摘する。つまり，「文化および福祉目的」の教育，社会福祉，社会保険などの事業への経費配分が，相対的に拡大していくことを確認できるとしたのである。

　このようにワグナーは社会摩擦を抑制し，社会秩序を維持する「法および権力目的」費という政府の「共通経費」が拡大するだけでなく，政府の事業部門の「個別費」が相対的に増大していくことを主張した。しかも，教育や福祉に関連する事業の拡大にとどまらず，鉄道業，郵便事業，さらには銀行業などで国営事業を発展させることが，市場経済の技術進歩と経済安定にとっても望ましいと唱えたのである。

❖ティムのタイム・ラグ仮説

　ワグナーは膨張する政府活動の要因を，「文化と国民経済の進歩」に伴って，新しい任務が生じる点に求めている。こうしたワグナーの主張の背後には，市場経済に対する本源的な懐疑が潜んでいるといってよい。

　とはいえ，ワグナーの経費膨張の法則は「法則」というよりも，歴史的予言という色彩が強い。しかし，その予言は，驚くほど的中したということができる。そのためワグナーの経費膨張の法則を，実証的に検討しようとする財政学

的関心が強まっていく。

ティム（Herbert Timm）は 1961 年に発表した経費膨張の法則に関する論文で，財政支出が国民所得よりも，相対的に膨張していく根拠を，公共サービスに対する**需要の時間的遅れ**（time lags）によって説明しようとしている。こうした時間的遅れとしてティムは，大きく 3 点を指摘する。

第一は，**自然的ラグ**である。これは公共サービスが，上級財であるという仮説だといってもよい。つまり，教育，医療，社会福祉などの公共サービスへの需要は，一人当たりの実質所得が一定のレベルを超えた時に初めて切迫して高まり，その需要を充足する必要性が生じると主張する。第二は，**体制的ラグ**である。これは，大衆の所得の増大が資本蓄積よりも遅れるというラグである。第三は，**制度的ラグ**である。これは，所得分配や資産所有状態を維持しようとする伝統的理念を打破するためには時間がかかり，所得分配や資産所有状態を変更しようとする政策の準備は，所得の増大よりも遅れるという主張である。

こうしたティムの**タイム・ラグ仮説**では，国民経済の発展とともに，経費が一律に膨張していくというわけではなく，公共サービスの需要は，所得の増大に遅れるため，段階的に経費が膨張していくことになる。つまり，ティムは経費膨張の歴史的傾向を観察しながら，財政経費が市場経済の初期の段階では相対的に縮小し，後期に至っては段階的に膨張していく，経費膨張の歴史的傾向を説明しようとしたものといってよい。

奇しくもティムがタイム・ラグ仮説を発表した 1961 年には，ピーコックとワイズマンが，段階的に経費膨張が進むという歴史的傾向を，実証的に明らかにした研究を発表している。つまり，ピーコックとワイズマンは，経費膨張が一律に進むのではなく，**転位効果**（displacement effect）を伴い段階的に膨張することを明らかにした。

経費膨張は二つの世界大戦のような大規模な戦争や社会的混乱を契機に生じ，大規模な戦争や社会的混乱が収まったとしても，元の水準に戻ることなく，著しく膨張した水準で維持される。こうした事態をピーコックとワイズマンは，転位効果と名付けたのである。

転位効果を伴いながら，経費が段階的（stepwise）に膨張する理由は，平時には国民が租税負担の低いことを優先するにしても，戦争などの社会的混乱期

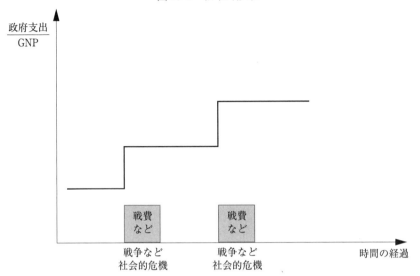

図18-1　転位効果

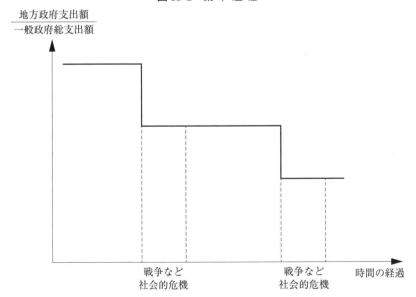

図18-2　集中過程

には，財政支出の増大を受け入れる。しかも，こうした経費増大を受け入れるだけでなく，租税負担の引上げを承認する。

こうした転位効果とともに，ピーコックとワイズマンは**集中過程**（concentration process）も主張する。つまり，大規模な戦争などの社会的混乱期には，地方政府の経費よりも中央政府の経費が相対的に膨張して集中する現象が生ずると指摘したのである。

もっとも，ピーコックとワイズマンの転位効果仮説については，ドイツには妥当しないことを，アンディック（Suphan Andic）とベベルカ（Jindrich Veverka）が明らかにしている。つまり，ドイツの経費膨張は，両大戦間期に発した世界恐慌を契機にしており，第二次大戦では転位効果が生じていないことを明らかにしたのである。レクテンワルトも，第二次大戦を契機に転位効果は生じず，財政支出はむしろ縮小していると主張している。集中過程も，日本やドイツでは第二次大戦を契機に生じているわけではない。

このようにワグナーの経費膨張の法則は，ティムやピーコックとワイズマンの研究にみられるように，歴史的パターンの検証へと継承されていく。しかし，そうした歴史的パターンの実証研究が進むとともに，ワグナーのように政府機能との関連で経費膨張を検証する視点は後退し，政府の意思決定過程つまり公共選択に視点が集中していってしまうことになる。つまり，大衆民主主義における利益政治のもとでは，政治的意思決定過程が財政規模を必要以上に拡大していく方向に機能すると主張されるようになる。

◈公共サービスと効率性

経費膨張が政府の政策決定過程に起因するという「政府の失敗」論は，民営化と規制緩和への熱狂とともに，経費縮減を目指す「小さな政府」論の高まりに帰結する。大衆民主主義のもとでは，政治家は得票最大化を目指し，多元的利益の代弁者にすぎなくなる。官僚も予算最大化を目指して，経費を不必要に膨張させる。しかも，公共部門には利潤というインセンティブが欠如しているため，非効率であることが非難される。こうした公共部門に生じる非効率は，**X非効率**と呼ばれている。

しかし，このように非難される非効率とは，**内部効率性**における非効率にす

ぎない。内部効率性とはいかに低いコストで、公共サービスを生産するかという効率性である。ところが、公共サービスの効率性では、**外部効率性**が重要となる。外部効率性とは、公共サービスが社会の構成員のニーズに適合しているか否かという効率性である。社会の構成員のニーズを充足しない公共サービスは、それがいかに低いコストで生産されようとも、無駄となる。

　公共サービスを社会の構成員のニーズに適合させるには、公共サービスの供給が、社会の構成員の共同意思認定にもとづいて決定されることが必要となる。それは結局、財政民主主義を機能させるしかないことになる。つまり、無意味な経費膨張を抑制し、必要な公共サービスを供給しようとすれば、財政民主主義を機能させるしかないのである。

 公債と租税
Coffee Break

　　公債発行は租税制度と不可分に結びついている。公債を発行するには、強力な租税制度が必要である。東京大学で財政学講座を担当されていた鈴木武雄教授は第二次大戦後のアメリカで発表された「公債政策委員会」の報告を引用しながら、公債制度と租税制度が車の両輪となることを指摘している。

　　アメリカの「公債政策委員会」の報告書は、次のように述べている。

　　「わが国の初期の戦争においては、適当なまたは弾力的な租税機構は何ら存在しなかった。独立革命の時には、中央政府は何らの課税力を持たず、各州に賦課金を課したのであるが、その結果は驚くべきほど貧弱なものであった。例えば、戦争の末期にあたってモーリス（Robert Morris）は、ハミルトン（Alexander Hamilton）に対しニューヨークの徴税官になることをすすめた。それは、ハミルトンの大きな、高まりつつある人気をもってすれば、ニューヨーク州を説得して、1782 年の同州に対する賦課額 36 万 5600 ドルを徴収し政府に納得させることができるだろうという期待からであった。最大の精力的な努力にもかかわらず、ハミルトンが集めえたのは、わずかに 6250 ドルであった。そうして彼は、幾月も経たないうちに、諦めてその地位を辞したのである。そこから借り入れるべき銀行もなく、かつフランスとオランダからのわずかな借款しかないという状態のもとにおいて、大陸会議は、やむをえず紙幣の印刷に依存した」。

財政を知れば，世界大戦を予知できる

Coffee Break

政治システム，経済システム，社会システムから構成されるトータル・システムとしての社会と，財政とが相互制約関係にあるというのが，財政学の伝統的な考え方だといってよい。ロッシャー（Wilhelm G. F. Roscher）も，「よい財政制度なくして，繁栄した国民経済なし。しかしまた少なくとも長い間においては，繁栄した国民経済なくしてよき財政制度なし」と述べている。

財政は政治，経済，社会という総体としての社会の動きを理解せずして解明することはできない。逆に財政を分析すれば，社会全体の動きを解明することができる。シュンペーターは著書『租税国家の危機』の中で，「予算の読み方」を知る者は，「少なくとも10年前から世界大戦の到来を知ることができた」と断言している。つまり，財政を熟知すれば，世界大戦の勃発をも察知することができ，人間社会の運命を認識することができる。

さらにシュンペーターは，『経済分析の歴史』の中で，「経済学の対象は歴史的時間上の過程であるから，歴史的事実を十分つかまず，また歴史的センスまたは歴史的経験を必要な程度に持たなければ，現在も含めていかなる時代の経済現象も理解することはできまい」と述べたうえで，「今日犯されている基本的誤謬の大多数は，経済学者が他のいかなる用具の欠陥にもとづくというよりも，歴史的経験の欠如にもとづくことがはるかに多いということである」と主張している。

第19章

三つのサブシステムと公共支出

　財政のアウトプットとして公共サービスを分析してみると，それには二つの機能があることに気がつくはずである。一つは，政治システムそのものを維持する機能である。もう一つは，共同体機能を変形させた機能である。前者の政治的機能では，暴力を独占する政治システムそのものの機能を維持する公共サービスを供給することになる。後者の機能では，市場社会においては共同体機能が，生活機能と生産機能とに分離していることに注意しなければならない。そのために共同体機能を変形した公共サービスも，生活機能を支えていた共同体の相互扶助と，生産機能を支えていた共同体の共同作業とを変形した公共サービスとなる。それは社会システムと，経済システムの機能を，政治システムが補完していく機能といってよく，財政のアウトプットによって三つのサブシステムの統合が図られていくことになる。

◈政治システム維持サービス

　公共支出は，政府機能の範囲が歴史的に相違することを反映する。こうした公共支出と政府機能との関係は，社会全体が経済システム，政治システム，社会システムという三つのサブシステムから構成され，そのサブシステムを媒介して，財政がトータル・システムとしての社会を統合していくという視点から整理すると，次のようにまとめることができる。

　まず社会を統合していくことを使命とする政治システムそのものを，維持していくための経費である。政治システムは社会秩序を維持し，社会を統合していくために，正当化された暴力の行使を独占している。こうした正当化された暴力の行使のための政府機構を維持するためにも，経費支出が必要となる。

　政治システムそのものを維持する公共サービスは，大きく二つに分類するこ

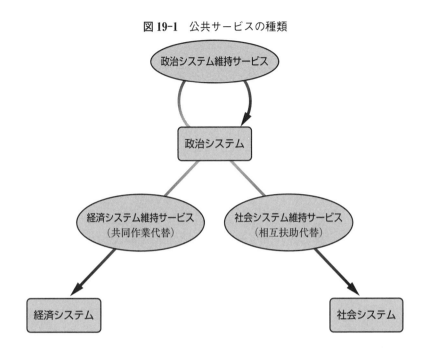

図 19-1　公共サービスの種類

とができる。一つは，軍事サービスと国内の治安維持サービスである。もう一つは，所有権を設定し，契約履行を強制するサービスである。

　すでに述べたように，社会システムにおける自発的協力の限界を克服するために，政治システムは誕生する。人間は自由への願望と，他者との相互依存関係が，生存の絶対的条件であるために，共同体という社会システムを形成する。しかし，共同体的絆は継続的な人間関係の触れ合い，つまり顔見知りの関係が必要である。顔見知りの関係のない共同体と共同体とを協力させるためには，強制力の存在が不可欠となり，政治システムが登場する。

　したがって，政治システムを維持する公共サービスのうち，第一のカテゴリーである軍事サービスと国内治安維持サービスは，市場社会が成立する以前でも政治システムである以上，必要不可欠な公共サービスということができる。これに対して，第二のカテゴリーである所有権を設定し，契約履行を強制するサービスは，市場社会に固有な公共サービスということができる。

　この所有権を設定し，契約履行を強制する公共サービスの存在によって，経

済システムとしての市場経済が初めて機能することができる。つまり，こうした公共サービスの供給は政治システムから経済システムを分離し，市場社会を形成する前提条件となっている。

アダム・スミスの指摘によれば，政治システムそのものを維持する二つのカテゴリーの公共サービスとは，第一に国防であり，第二に社会の構成員を不正と圧迫から保護する治安維持となる。こうした政治システムそのものを維持する公共サービスのうち，軍事サービスや国内治安維持という公共サービスは，強制力によって社会システムから忠誠を調達することを目的としている。

これに対して所有権を設定し，契約履行を強制する公共サービスは，経済システムを機能させていくための公共サービスである。つまり，政治システムそのものを維持する公共サービスも，財政を通じて社会システムから忠誠を調達し，経済システムを機能させるために供給されているのである。

アダム・スミスは政府機能に応じて経費支出を，防衛費，司法費，公共事業と公共施設，そして主権者の維持費用の四つに分類している。ここで，このアダム・スミスの経費分類による政治システムそのものを維持する経費支出とは，防衛費，司法費，それに主権者の維持費用にあたる。

もちろん，ワグナーが指摘するように，政府機能は歴史的に変化していく。そのためアダム・スミスの政府機能に応じた経費分類も，政府機能の歴史的変化を踏まえながら発展的に展開されている。例えばシャウプは公共サービスを供給する理由として，①国家の保持，②集団消費，③現物による所得再分配，④その他，の四つを挙げている。

このシャウプの四つの理由では，現物給付のみを対象としているけれども，ヒックスは現金給付をも含めて，経費支出を表 19-1 のように分類している。このヒックスの分類でいえば，政治システムそのものを維持する経費とは国防費と民治費の二つである。シャウプの指摘する公共サービスを供給する理由でいえば，それは国家の保持となる。

シャウプやヒックスの経費分類と，アダム・スミスのそれとを比較すると，シャウプにしろヒックスにしろ，政治システムそのものを維持する経費以外の経費を拡大させていることがわかる。つまり，アダム・スミスが公共事業と公共施設とを分類していた経費が，その後の政府機能の拡大を反映して特定され

表 19-1 ヒックスの経費支出分類

Ⅰ	国防費
Ⅱ	民治費

　①保護的側面（警察，司法，消防）
　②行政的側面（一般行政）

Ⅲ　経済関係費
　①民間企業への直接援助
　　（ⅰ）企業一般へのサービス（貿易振興，度量衡，職業紹介，調達など）
　　（ⅱ）特定産業保護（農業など）
　②社会一般への便益（公共土木事業，国営・公営企業など）
Ⅳ　社会関係費
　①教育（高等教育費を含む）
　②医療，住宅，健康保険
　③所得扶助（生活扶助，失業扶助，年金など）
Ⅴ　国債利払費

ている。

　政治システムそのものを維持する経費とは，社会統合のために政治システムが独占している暴力を維持する経費と言い換えてもよい。こうした経費は市場社会以前の社会でも，顔見知りの関係のない共同体と共同体とを，強制的に協力させるために必要であった政府機能を反映している。市場社会において政治システムは，そうした共同体間の強制的協力のために，市場に経費支出を行う必要がある。もちろん市場社会では，暴力を維持することを目的とする共同体間の強制的協力だけでなく，所有権の設定と維持という市場経済を機能させることが加わってくる。

　社会システムと経済システムが分離している市場社会では，このように政治システムそのものを維持する経費も，社会システムと経済システムを統合していくという機能を担うことになる。つまり，その経費は社会システムから忠誠を調達するだけでなく，経済システムを機能させる任務を担うことになる。

◈家計と企業の分離

　政治システムそのものを維持するための経費以外の経費は，ワグナーが指摘したような，市場経済の発展とともに，またさらにその発展を上回って拡大する政府機能ということができる。こうした政府機能は本来，共同体が担ってい

た機能の変形（transforming）だと考えてよい。つまり，共同体としての社会システムが，それまで**共同作業**や**相互扶助**という自発的協力によって，処理してきたサービスを，政治システムが肩替わりをして供給するというサービスの変形が生じたものと認められる。

　共同体という社会システムの内部では，その構成員がサバイバルするために必要なニーズは，共同体内部の構成員相互の共同作業と相互扶助によって充足される。このように共同体内部の自発的協力によって，その構成員の生存が保障されている場合，政治システムは共同体同士の対立と抗争を調停しさえすれば，社会秩序を維持することができる。

　しかし，共同体がその構成員の生活保障に失敗すれば，政治システムが共同体の構成員の生活保障に乗り出さざるをえない。社会の構成員のサバイバルを保障しなければ，政治システムが使命とする社会統合を果たせないからである。飢饉が生じ，共同体が構成員の生活保障に失敗した場合には，領主は自らの蔵を開いて領民に食糧を配給したのである。

　共同体は構成員の生存を保障するために，自発的協力としての共同作業と相互扶助を遂行する。共同作業は主として共同体の生産活動のために遂行され，相互扶助は共同体の生活活動のために遂行される。

　市場社会が成立する以前の共同体では，生産と生活が機能的に分離していたわけではない。ところが，市場社会が成立すると，それが機能的に分離してくる。市場社会が成立するということは，要素市場が誕生することを意味し，「家計」と「企業」が分離することになるからである。

　もちろん，市場社会が成立しても，「家計」と「企業」が機能的に分離していない小生産者の家族が存在しないわけではない。しかし，要素市場が成立して，「企業」と「家計」が分離してくると，消費単位としての「家計」としての機能しか果たさない家族が急増していくことになる。

◈共同体機能の変形

　生産機能をも備えた農民や自営業者の家族が存在していると，共同作業や相互扶助という無償労働に，生産機能を備えた家族の構成員が参加するため，共同体の自発的協力が作動する。ところが，生産機能を備えた家族が減少し，生

活機能のみを備えた家族が増加すると，共同作業や相互扶助という無償労働への参加者が減少してしまう。

　生産機能を備えない家族は，家族の構成員の生存を維持するために，消費財を生産物市場から購入する必要がある。消費財を生産物市場から購入するには，要素市場に労働サービスを提供して賃金を獲得しなければならない。そのため共同体の自発的協力に，無償労働を提供する余地がなくなってしまうのである。

　こうして要素市場が成立し，企業と家計が分離するとともに，共同体の自発的協力が劣化していく。共同体の自発的協力が衰退すれば，社会システムで営まれている生活を自発的協力で保障することが困難となる。そうなると社会システムにも軋轢が生じ，家族間あるいはコミュニティ間に対立と抗争が勃発する。

　ここで，政治システムはこうした「**共同体の失敗**」に対応するために誕生したことを想起されたい。政治システムは社会システムの対立と抗争を調停し，そこから忠誠を調達して社会統合を果たさなければならない。そのためには共同体が共同作業や相互扶助によって供給していた財・サービスを，政治システムが代替して供給する必要がある。こうして市場社会では，政治システムが共同体機能を変形した財・サービスを公共サービスとして給付せざるをえなくなるのである。

◈共同作業代替サービス

　共同体の共同作業は，その構成員が生産活動のために，共同で利用する施設の建設や維持管理をするために行われてきたといってよい。つまり，共同体の共同作業は，生産活動の前提条件を形成してきたのである。

　こうした事実は農村で水利を共同で建設し，共同で管理したり，都市で街路を共同で建設し，共同で維持してきたことを想起すれば，容易に理解できるであろう。共同体の機能が劣化してくると，公共サービスがこうした共同作業の代替として，生産活動のための前提条件を形成しなければならなくなる。

　市場社会では企業と家計が分離し，企業が生産活動を担うため，その前提条件とは，企業が共同で利用するための施設の建設や維持管理ということになる。繰り返していえば，生産要素とは生産活動を営む主体である人間の労働と，生

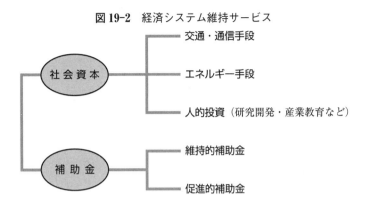

図 19-2　経済システム維持サービス

社会資本
- 交通・通信手段
- エネルギー手段
- 人的投資（研究開発・産業教育など）

補助金
- 維持的補助金
- 促進的補助金

産活動の手段である資本と，生産活動の対象となる土地をいう。生産活動のために共同利用する施設も，生産活動の手段である「資本」と認識され，**社会資本**と呼ばれる。

　しかし，生産活動の前提条件を社会資本と呼ぶにしても，それは広義の社会資本といわなければならない。これには，鉄道・港湾・道路・空港などの交通手段，電信・電話などの通信手段，それに電力・ガスというようなエネルギー手段がある。

　こうした生産活動の前提条件は，必ずしも生産活動の手段である「資本」，あるいは「資本」の延長線上に位置づけられるというわけではない。確かに，生産手段が生産性を決定する工業社会では，生産活動の手段の前提条件を整備することが重要となる。しかし，農業社会であれば，灌漑にしろ水利にしろ，生産活動の対象である自然の再生力を豊かにしておくことに，生産の前提条件があったといってもよい。

　工業社会ではなく「脱工業化社会」あるいは「知識社会」になると，生産活動の前提条件も，自然に働きかける主体である人間そのものにかかわってくる。つまり，研究・技術開発や産業教育などの人的投資が生産活動の前提条件となる。そのためヨーロッパ社会経済モデルでは，社会資本（social capital）といえば，人間の絆を意味するようになっている。日本で社会資本といえば，物的資本を意味するけれども，そうした有形財は社会的インフラストラクチュア（social infrastructure）と呼ばれ，社会資本はヨーロッパ社会経済モデルでは無

形財を意味する。そうした公共サービスも，コルムの主張する高次の生産要素と見なすことが可能である。

　こうした生産活動の前提条件は，市場で取引することができないわけではない。道路もロード・プライシングで，使用枠を取引することができる。それにもかかわらず，公共サービスとして供給されるのは，生産活動の前提条件が，まさに共同体が担ってきた社会の共同事業だからである。つまり，市場経済が発展するための前提条件であるがゆえに，それに応じて，政府がそれを形成しなければならないのである。

◈相互扶助代替サービスの供給

　共同体では自発的協力によって，生産機能の前提条件を整備するために共同作業を実施するだけでなく，生活機能の前提条件を整備するために，相互扶助が展開される。

　こうした地域共同の相互扶助によって担われてきた生活機能の前提条件には，教育（education），医療（health service），福祉サービス（social service）がある。いずれも，共同体として共同生活を営むために，必要な能力が共同体の構成員に欠落している場合に，相互に扶助し合うことを意味している。つまり，生活する能力が形成されていない場合には，教育をしたり，生活する能力を喪失した場合には，医療サービスや福祉サービスによって保障し合うことになる。

　こうした生存のために必要な生活能力が高度化すれば，自発的協力にもとづく相互扶助も組織化される。つまり，ヨーロッパなどでいえば教会などの慈善組織によって，地域共同体の相互扶助が組織化されていくことになる。

　しかし，市場社会が成立して，生産機能と生活機能が分離すると，相互扶助という自発的協力は衰退していく。というのも，生産機能が生活機能と分離すると，生活するために必要な生産物は，生産物市場から購入せざるをえなくなる。もちろん，そうした生産物を生産物市場から調達するには，貨幣が必要となる。そのため要素市場で労働サービスを販売して貨幣を調達しなければならなくなる。しかし，要素市場で労働サービスを販売しなければならなくなると，無償労働で地域共同体の相互扶助を担う人々は減少し，地域共同体の相互扶助機能は衰退する。

このように相互扶助機能が衰退すると，共同体という社会システムが生活保障機能を果たしえなくなってしまう。こうした「共同体の失敗」は政治システムによって財政というチャネルを通して代替されなければ，社会システムからの「忠誠」が調達できなくなり，社会統合が困難になる。そこで政治システムが「共同体の失敗」をブレイク・スルー（break-through）すべく，相互扶助代替サービスを供給することになる。

◈共同体機能の変形としてのサービス給付

　共同体の相互扶助に代替する公共サービスは，大きく次の三つに分類することができる。

　一つは，地域共同体の相互扶助によって担われてきた教育，医療，福祉という社会サービスである。こうした相互扶助は，ヨーロッパでいえば教会によって担われてきたサービスだということができる。

　もう一つは，家族内部の無償労働によって担われてきたサービスである。高齢者に対する養老，子供に対する育児という保護サービスである。

　最後の一つは，ボランティア活動によって担われてきた共同体の祭事などの延長線上に位置づけられる，レクリエーションや文化活動である。自然と人間との物質代謝に拘束される時間が減少し，自由時間が増大すれば，こうした公共サービスが増加していくことになる。

　以上のように共同体の相互扶助代替サービスは，家族，教会，ボランティア組織が担っていた機能を，政府が代替していくことによって，公共サービスとして供給される。こうした相互扶助代替サービスを政府が供給することによって，政府は共同体機能を補完して，生活保障機能を果たして忠誠を調達することになる。

　もっとも，先述した共同体の共同作業を代替する公共サービスの中にも，社会システムに対して供給されるものもある。共同体では，住宅や生活環境施設も，共同体によって建設されてきたからである。したがって，住宅建設，上下水道や公園などの生活環境施設などの公共サービスも，共同体の共同作業代替サービスと位置づけることができる。

　前述のように，共同体の共同作業では，経済システムにおける生産活動の前

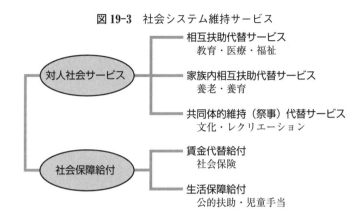

図 19-3　社会システム維持サービス

対人社会サービス
- 相互扶助代替サービス
  教育・医療・福祉
- 家族内相互扶助代替サービス
  養老・養育
- 共同体的維持（祭事）代替サービス
  文化・レクリエーション

社会保障給付
- 賃金代替給付
  社会保険
- 生活保障給付
  公的扶助・児童手当

提条件をも形成する。そうした共同体に代替する公共サービスは，道路・鉄道・港湾などの交通手段や電信・電話などの通信手段だけでなく，研究開発，職業訓練あるいは高等教育も加わる。

　基礎教育が生活を営むための相互扶助代替として位置づけられるのに対し，職業訓練や高等教育は生産活動の前提を形成する共同作業代替と認めることができる。とはいえ，こうした人的投資は工業社会が知識社会に移行するに伴い，経済システムに対する公共サービスであると同時に，社会システムに対する公共サービスとして融合していくことになる。

　こうした共同体の共同作業や相互扶助を変形した公共サービスを，無償サービスとして社会システムや経済システムに供給しながら，政治システムは社会システムから忠誠を調達し，経済システムからは租税を調達する。もちろん政治システムは，政府システムに認められた暴力の行使を維持するための公共サービスも生産している。そうした暴力を行使する装置を維持することによっても，社会システムから忠誠を調達し，所有権を設定することで経済システムを機能させているのである。

◈企業への現金給付

　これまで述べてきたことをまとめると，政治システムが財政を通じて供給するサービス給付は，大きく二つに分類することができる。一つは，政治システ

ムそのものを維持するサービス給付である。ヘーゲル（Georg W. F. Hegel）を
して語らしめれば，「国家の第一の義務は，自己保存である」ということになる。
もう一つは，共同体の共同作業や相互扶助を代替したサービス給付である。こ
うした二つの種類のサービス給付によって，政治システムは経済システムを機
能させるとともに，社会システムから忠誠を調達して社会統合を果たしている
ということができる。

　しかし，政治システムは財政を媒介にしてサービス給付を実施するだけでは
なく，前述のように，租税として調達した貨幣を，そのまま無償で給付する活
動も果たしている。こうした貨幣の無償給付は，貨幣を給付する対象によって
大きく二つに分けることができる。一つは，企業に給付される**補助金**であり，
もう一つは，家計に給付される**社会保障給付**である。

　企業に給付される補助金は，**維持的補助金**と**促進的補助金**の二つに分類でき
る。維持的補助金とは市場経済から離脱しなければならないような企業の存続
を維持するための補助金である。農業補助金などが維持的補助金ということに
なる。これに対して促進的補助金とは企業の生産性を向上させ，成長促進のた
めに給付される。維持的補助金と促進的補助金の区別は，レプケの表現では，
市場に一致しない補助金と市場に一致する補助金となる。

　こうした企業に対する貨幣給付である補助金は，現物（サービス）給付でい
えば，共同作業代替の現物給付である社会資本つまり社会的インフラストラク
チュアとしての社会資本と，その目的が類似している。社会資本は生産活動の
前提条件を整備し，企業の生産性を向上させ，企業の促進を目指しているから
である。もっとも，共同作業代替の現物給付である社会資本についても，生産
活動の前提を目指す社会資本と，生活活動の前提条件をも目指す社会資本に区
分することができる。

　補助金も基幹産業，エネルギー産業，さらには先端産業に給付される促進的
補助金が，生産活動の前提条件の整備という目的を追求しているのに対し，農
業などへの維持的補助金はむしろ，農業従事者の生活保障という色彩が強い。
つまり，補助金も共同作業代替の現物給付であると同時に，相互扶助代替とし
て生活活動を維持するためにも給付されるといってよい。

❖家計への現金給付

　補助金が企業に対する無償の現金給付であるのに対し，家計に対する無償の現金給付は，社会保障給付である。社会保障給付とは，家計が稼得する賃金代替の現金給付だといってよい。

　市場社会では，家族という共同体が担っていた生産機能と生活機能が分離している。市場社会が成立するまでの社会では，家族という共同体は，生産機能と生活機能を統合的にあわせもっていた。しかし，市場社会が成立すると，家族機能から生産機能が抜け落ち，家族の機能は生活機能に特化していく。つまり，家族の構成員の生存を維持していくために必要な生産物は，生産機能を含む企業が生産し，家計がそれを生産物市場から購入することになる。

　もっとも，家族が営む生活機能にも，生産機能が残存している。企業から生産物市場を通じて購入した生産物は，生活機能に残されている生産活動により加工される。例えば食事であれば，食料品は生産物市場から購入されても，家族内部の無償労働で調理されて，家族の構成員に必要に応じて無償で配分されることになる。こうして家族の内部では，生存に必要なニーズが充足され，家族の構成員の生活が保障される。

　しかし，家族内部で構成員の生活が保障されるためには，生産物市場から必要な生産物が購入されなければならない。生産物市場から生産物を購入するために，家計は所有している生産要素が生み出す要素サービスを，要素市場で販売して貨幣を調達する。土地や資本という生産要素を所有していない家計であれば，労働の生み出す要素サービスを販売して賃金を稼得することによって，生産物を購入する。つまり，賃金さえ稼得できれば，家計は必要な生産物を購入して，生活保障機能を果たすことができる。

　家計に無償で給付される貨幣としての社会保障給付は，賃金の代替として家計に給付されることになる。賃金の代替として貨幣が給付されれば，家計は必要な生産物を購入して，生活保障機能を発揮することができるからである。

　賃金の代替として家計に給付される社会保障給付には，二つの種類がある。一つは，賃金を正当な理由で稼得できなくなった場合に，給付される社会保障給付である。もう一つは，賃金の稼得が不足する場合である。

　前者の正当な理由で賃金を喪失した場合には，それまでの賃金の代替として

政府が無償で貨幣を給付することになる。後者の賃金の稼得が不足する場合には，前者のように賃金を喪失するというリスクを保障するわけではない。賃金を稼得していたとしても不足し，家族の生存が維持できない場合，あるいはそもそも賃金の稼得が不可能である場合に給付される。

　賃金を稼得していたとしても不足している場合に給付される貨幣として，生活保護などの**公的扶助**がある。さらに，賃金の稼得が生来の事情で不可能な場合に給付される現金給付がある。児童が賃金を稼得する能力が備わるまで，生存を維持するための貨幣として給付される児童手当も，賃金稼得が不可能な場合に給付される現金給付ということができる。

　このように家計に対して給付される現金給付は，賃金を喪失した場合にせよ，賃金そのものが不足している場合にせよ，要素市場で稼得される賃金の代替として給付される。こうした家計に対する賃金代替としての現金給付は，共同体における相互扶助の代替といってよい。共同体の相互扶助による生活保障が不可能になる場合には，政府が代替機能を果たさない限り，社会統合は困難となる。そのため政府は，共同体の相互扶助機能の縮小とともに，賃金代替の現金給付を実施することになる。

　このようにみてくれば，企業に対する現金給付にしろ，家計に対する現金給付にしろ，共同体機能の代替であることがわかる。つまり，政府は政治システムそのものを維持する現物給付とともに，共同体機能を代替する現物給付と現金給付を，社会システムと経済システムに供給することによって，社会統合を実現しているのである。このように社会統合を実現することこそ，財政支出の機能なのである。

Coffee Break　飛脚の復活する日

　民営化といえば，時代の流れのように受け取られている。しかし，先進国であれば公的事業として実施されている事業が，発展途上国では民間事業として実施されているもののほうが多い。

　歴史的にいっても，民間事業で実施されていたものが，公的事業になって

いったといってもよい。公的事業の代表ともいうべき郵便事業も，日本では市場社会になるまでは，民間事業として実施されている。つまり，明治以前は郵便事業が飛脚として民間事業で実施されていたのである。

　飛脚という市場原理で営まれていた郵便事業しか知らない福澤諭吉が，フランスの都パリで公的事業として営まれる郵便事業に接した時の驚きは，想像を超えている。『福澤全集』をみると，その緒言で福澤諭吉は「仏京巴理在留中に何れへか手紙を出さんとして其手続を偶然来客の一人に尋ねしに，客は紙入より四角なる印刷の紙片を出し，此印紙を手紙に張て出せば直に先方に達す可しと云ふ。夫れは飛脚屋へ頼むことかと問へば，否なとよ巴理にそんな飛脚屋はなし，町内何れの処にも箱のやうなものあるゆえ，唯其の箱の中に投ずれば手紙は自然に表書の届先に届くと云ふ。いよいよ不思議に堪へず」と述べている。

　市場原理で営まれている飛脚制度のもとでは，料金は市場原理によって決まる。したがって，料金は配達など期限をつければ，それだけ高くなる。つまり，「江戸の飛脚屋京屋島屋に手紙を頼むに，江戸より京大阪まで七日限りと云へば書状一本に付き金弐歩の定価なり，日を限らぬものにても一本に付二三百文を払ふことになる」のである。

　ところが，「仏蘭西では唯印紙を張れば手配は恰も独りで先方に届く，さてさて奇なりと無理に客を引留めて全体の次第柄を聞けども，其日は要領を得ずして相分れ，翌日は此方より客の家に出掛けて不審の残りを質問し，尚ほ合点行かずして重ねて訪問する等，凡そ時を費すこと三四日にして始めて腹に落ちて成程旨い通信法なりと独り感心したるは，他なし」と述懐している。

　しかし，福澤諭吉が苦労して学んだ郵便制度も，今では風前の灯である。飛脚制度が復活する日も間近い。

　「民でできることは民で」といえば，何でも「民」でできる。純粋な公共財といわれる防衛でさえも，民間委託することができる。アフガニスタンに君臨したタリバン政権は，民間組織アルカイーダに防衛を民間委託していたと見なすことができる。タリバンこそ「民でできることは民で」を実践した理想的な政権なのだろうか。

第 6 編

政府間財政関係

第20章
地方財政と中央財政

　財政の主体である政府は，複数の主体から構成されている。この章からは，こうした複数の主体から成る政府が織り成す政府間財政関係を取り上げる。こうした政府間財政関係の基本は，中央政府と地方政府との財政関係にある。一つの国の政府を眺めると，中央政府を頂点として，複数の地方政府がピラミッド状となり，政府体系を形成している。こうした中央政府と地方政府との政府間財政関係は，19世紀後半から中央集権的方向に振り子が振れていた。ところが，20世紀から21世紀の世紀転換期には，中央政府から地方政府への権限委譲（devolution）が世界的に生じ，地方分権への潮流が形成されている。

※複数主体の政府

　これまでみてきたように，財政とは政治システムが，経済システムから強制的に貨幣を調達し，経済システムや社会システムにサービス給付や貨幣給付を実施することによって，経済システムを機能させ，社会システムから忠誠を調達して社会統合を図っていく媒介環だということができる。ところが，この社会統合を図っていく政治システムとしての政府とは，実際には複数の主体から構成されている。

　これは，統合されている社会が複数存在し，それに対応して複数の政府が存在することを一般的に指摘しているわけではない。つまり，日本の政府のほかに，アメリカの政府，イギリスの政府，ドイツの政府，フランスの政府などというように，一つの政府の外側に複数の政府が存在することをいっているわけではない。ここでは，一つの政治システムとして統合されている政府が，内部的に複数主体の政府から構成されているという事実を指摘している。

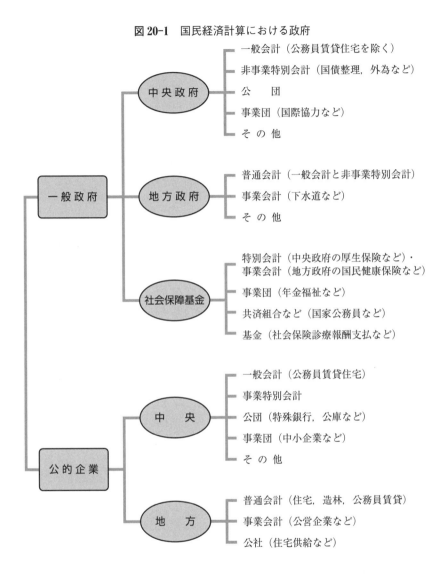

図 20-1　国民経済計算における政府

中央政府
- 一般会計（公務員賃貸住宅を除く）
- 非事業特別会計（国債整理，外為など）
- 公　　団
- 事業団（国際協力など）
- そ の 他

地方政府
- 普通会計（一般会計と非事業特別会計）
- 事業会計（下水道など）
- そ の 他

社会保障基金
- 特別会計（中央政府の厚生保険など）・事業会計（地方政府の国民健康保険など）
- 事業団（年金福祉など）
- 共済組合など（国家公務員など）
- 基金（社会保険診療報酬支払など）

中　　央
- 一般会計（公務員賃貸住宅）
- 事業特別会計
- 公団（特殊銀行，公庫など）
- 事業団（中小企業など）
- そ の 他

地　　方
- 普通会計（住宅，造林，公務員賃貸）
- 事業会計（公営企業など）
- 公社（住宅供給など）

一般政府

公的企業

　国民経済計算（national economic accounting）では，公共部門は大きく二つに分類されている。一つは**一般政府**であり，もう一つは**公的企業**である。公的企業も独立した経済主体と考え，政府は一般政府と公的企業という複数主体から構成されていると見なしている。

しかし，公的企業は，一般政府の管理下に置かれている。中央政府の公的企業であれば，中央政府の管理のもとに，地方政府の公的企業であれば，地方政府の管理のもとに置かれることになる。そのため意思決定主体としてみた場合，公的企業を独立した政府とは認めがたい。

　しかも，公的企業は必ずしも，財政原理にもとづいて運営されているとはいいがたい。というのも，公的企業は強制的に経済システムから貨幣を調達するのではなく，民間企業と同様に市場原理にもとづいて貨幣を調達しているからである。もっとも，公的企業の場合でも多かれ少なかれ，市場原理を貫かずに，財政原理で修正しているのが一般的であることも忘れてはならない。

　ここで財政が複数主体から構成されているというのは，一般政府という財政原理にもとづく公共部門が複数主体から構成されているという事実を意味している。つまり，公的企業のようには市場原理を取り込むことはせずに，財政原理によって運営されている一般政府も，複数主体から構成されているということである。一つは中央政府であり，もう一つは地方政府であり，最後の一つは**社会保障基金**である。

◈政府間財政関係

　中央政府は一つであり，地方政府は複数存在する。地方政府にも自治が認められ，構成員の共同意思決定にもとづいて運営されているが，中央政府からの関与から，地方政府は完全に自由というわけではない。とはいえ，それぞれ共同意思決定機関を備えた中央政府，地方政府，それに社会保障基金という三つの一般政府が存在している。

　地方政府は地域社会の構成員による共同意思決定にもとづく，独立した「政府」だと認識されているとしても，社会保障基金については日本の現状をみると，独立した「政府」という実態はない。しかし，フランスやドイツをみると，社会保障基金も選挙によって代表者が選出され，独立した「政府」としての実態が存在する。地方政府についても，中央政府からの独立性に関していえば，独立性の高い国から低い国まで千差万別である。

　とはいえ，地方政府も社会保障基金も，強制的共同負担によって，現物給付や現金給付を，無償で給付するという財政原理にもとづいて運営されている。

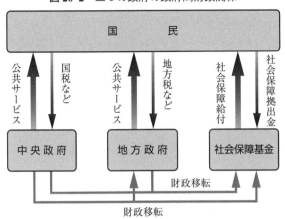

図 20-2　三つの政府の政府間財政関係

一般政府を構成する地方政府と社会保障基金は，財政原理で営まれているという点で，公的企業とは区別される財政主体であることには間違いない。

　もっとも，地方政府の強制的共同負担は，**地方「税」**と呼ばれ，租税として位置づけられているのに対し，社会保障基金の強制的共同負担は「租税」としてではなく，**社会保障「負担」**あるいは**社会保障「拠出金」**として位置づけられている。租税である限り強制性とともに無償性がなければならないが，社会保障基金の強制的共同負担には，無償性があるとはいいがたいからである。

　無償性とは，反対給付の請求権が存在しないことをいう。租税を納税したからといって，納税者は反対給付の請求権はない。使用料や手数料には，反対給付としてサービス給付を受給する請求権が生じるので，租税とは区別される。社会保障基金の「負担金」ないしは「拠出金」をみると，「負担金」と「拠出金」を納めれば，社会保障給付の受給権が生じる。したがって，それは租税とはいいがたいのである。

　社会保障基金は強制的共同負担にもとづいているとはいえ，それに無償性が存在していないことを考えると，無償給付という財政原理に立脚しているといえなくなってしまう。このように社会保障基金は政府としての独立性という点でも，財政原理という点でも，財政主体として位置づけることには，問題を抱えている。しかし，それぞれの国によって，実態にも相違があるとはいえ，い

ずれの国でも社会保障基金は，公的企業とは区別される一般政府の財政主体として認識されていることは間違いない。

　こうしてみてくると，一つの国民国家の内部にも，複数の財政主体が存在していることがわかる。中央政府や地方政府に加え，社会保障基金が存在する。さらに広義に政府を理解すると，公的企業も加わる。そうした複数の財政主体には，錯綜した財政関係が生まれる。こうした複数の財政主体が織り成す財政関係を，**政府間財政関係**という。

❖政府としての地方政府

　財政の主体である政府が，複数の主体から構成されているという視点から，政府間財政関係を分析するとすれば，中央政府と地方政府の政府間財政関係が，**基軸的政府間財政関係**となる。政府（government）の任務が社会統合という**統治**（government）にある以上，政府には統治の対象となる領民と領土が存在しなければならない。地方政府には社会保障基金と相違して，領民と領土も存在し，政府としての条件が備わっている。

　市場社会における政府では，被統治者が統治するという**自己統治**（self-government）が建前となっているので，中央政府でも地方政府でも「**自治**」が実現することになっている。しかも，政府への権力集中を阻止するため，政府が統治するための立法・司法・行政という三権は分立されている。これを裏側から表現すれば，いやしくも政府というからには，立法・司法・行政の三権の総体を整備している必要があるということになる。

　地方政府は一定の領民と領土が存在し，かつ三権の総体としての政府と見なすこともできなくはない。もっとも，地方政府といえども，主権を中央政府が掌握している**単一国家**と，主権を地方政府が留保している**連邦国家**では相違するが，政府を三権の総体として理解すれば，日本には**自治裁判所**（municipal court）が存在していないため，日本の地方政府を三権の総体としての政府と見なすことは難しい。もっとも，日本の地方政府といえども，準司法機能は備えているし，情報公開条例などによって，司法機能を創造しうると理解できなくもない。

　しかし，日本では地方政府を，政府として，つまり地方政府（local government）として位置づけているとはいいがたい。日本では地方政府を，**地方公共団体**（local public entities）として位置づけている。もっとも，日本でも1960年代から，**地方自治体**という言葉が，地方政府を表現する言葉として定着してきている。しかし，それでも日本では地方政府は「政府」として認識されているわけではない。

　というのも，日本の地方政府は，一定の地域の住民が自己統治する「政府」であると同時に，中央政府の行政を執行する中央政府の出先機関という性格が強すぎるからである。それは日本では中央政府が行政を可能な限り，地方「公共団体」を通じて執行しようとしていることを意味している。そのため日本では地方政府を，自己統治の主体としての「政府」と認識することがないのである。

　しかし，国民国家が地方政府から中央政府に至る多段階の政府で構成されているという認識は，先進諸国ではむしろ一般的となっている。地方公共団体を地方「政府」と見なすと，国民国家の財政は，中央政府と地方政府の政府間財政関係によって構成されることになる。

◈中央集権化の法則

　国民国家の財政が，中央政府の財政と地方政府の財政から構成されているという視点からみると，歴史的には中央政府の財政のウェイトが，拡大する傾向があると指摘されてきた。こうした主張は，第一次大戦後のワイマール共和国の大蔵官僚であり，財政調整制度の「生みの親」と称えられるポーピッツが「**中央財政吸引力の法則**」として定式化している。この法則は一般に，**ポーピッツの法則**と呼ばれてきた。ポーピッツは中央政府に財政支出を引き寄せようとする傾向が，時系列的に存在することを根拠に，この法則を提唱している。

　さらに第二次大戦後になると，ピーコックとワイズマンが中央財政支出と地方財政支出との比率が，1905年には1対1であったものが，55年には3対1に激増しているという事実を指摘しつつ，**集中過程**（concentration process）の存在を主張する。つまり，ピーコックとワイズマンは，戦争などの社会的危機を契機として，財政支出にしろ租税収入にしろ，中央政府に集中していく期間が歴史的に存在していることを，集中過程として指摘したのである。

確かにアルベス（Willi Albers）の研究でも，長期的にみるとポーピッツの法則が検証されている。しかし，アルベスも将来にわたってポーピッツの法則が，貫徹するとは考えていない。しかも，第二次大戦後についてみれば，むしろ分権化の傾向を見出すことができる。レクテンワルトはポーピッツの法則とピーコック＝ワイズマンの集中過程が，第二次大戦後には見出せないどころか，分権化傾向が定着すると指摘する。

ポーピッツにしろ，ピーコックやワイズマンにしろ，全国統一的に経済政策や社会政策を実施する必要性があるため，「中央財政吸引力の法則」より「集中過程」が生じると想定していた。しかし，第二次大戦後の1950年代から，アメリカを除く先進諸国で，地方財政支出の増大傾向が明確になってくる。

こうした地方分権への動きは，1980年代になってくると顕在化する。1985年にヨーロッパ評議会（Council of Europe）が「ヨーロッパ地方自治憲章」を発表し，国際地方自治体連合（International Union of Local Authorities）も同年に，「世界地方自治宣言」を採択したことは，それを象徴していたのである。

❖財政連邦主義

財政の地方分権を支持する動きは，理論的にも第二次大戦後，マスグレイブやオーツ（Wallace E. Oates）の**財政連邦主義**（fiscal federalism）として展開されていく。マスグレイブは財政機能を資源配分機能，所得再分配機能，経済安定化機能の三つに分類したうえで，地方財政は主として資源配分機能のみを担うと主張する。

というのも，地方財政が所得再分配機能を担い，所得再分配政策を地方政府ごとに実施すれば，所得再分配政策の手厚い地方への貧困者の流入，富裕者の流出という人口移動が生じてしまう。さらに地方財政が経済安定化機能を担い，景気政策を実施した場合も，その効果が他の地域へもスピルオーバー（漏出）してしまうからである。

ところが，公共財を供給する資源配分機能であれば，住民に身近な地方政府は，地域住民のニーズを熟知しているため，地域住民のニーズである**地方公共財**を，効率的に供給することができる。そこでオーツによって，「中央政府は，経済の安定，平等な所得再分配の達成，そして社会の全構成員の福祉に大きく

影響する公共財の供給に第一義的責任を持つ」のに対し，「地方政府はこれらの活動を補完し，その行政区域の住民にのみ第一義的利益のある公共財・サービスを供給する」という財政連邦主義が提唱されるようになる。

　こうした財政連邦主義は，地方公共財を受益と負担に応じて効率的に供給できることを論拠にして，地方分権を弁証することになる。しかし，その反面で，地方財政の財政機能を狭く限定することによって，地方分権を抑止する主張にもなってしまったのである。

❖中央集権パラダイムの転換

　財政連邦主義が地方財政の財政機能を狭く限定するのは，中央政府が国境を管理する政府なのに対して，地方政府が境界を管理しない入退自由なオープン・システムの政府だという認識が，背後に存在しているからである。地方財政が所得再分配機能を担えない理由も，地方政府が入退自由なオープン・システムの政府だからである。地方政府が所得再分配機能を強めようとして，地方税で累進所得税や法人利潤税を課税し，その課税を強化しようとすれば，入退自由な地方政府では，富裕者や法人企業が，他の地域社会へと移動してしまうことになる。

　ところが，国境を管理している中央政府であれば，入退自由ではないため，累進所得税や法人利潤税が容易に課税できる。しかも，累進所得税や法人利潤税は，収入の所得弾力性が高く，景気変動に伴い税収が激しく変動するため，景気変動に対する自動安定化機能（ビルトイン・スタビライザー）の手段ともなる。

　こうして中央政府は国境を管理する政府であるが故に，所得再分配機能や経済安定化機能に必要な手段を手に入れることができる。しかも，オーツが指摘するように，「経済の安定」「平等な所得再分配の達成」とともに，「社会の全構成員の福祉に大きく影響する公共財の供給」に，中央政府は「第一義的責任」を担うとされてきた。ポーピッツあるいはピーコックやワイズマンが，中央集権化を法則的だと考えるのも，中央政府が福祉や生活保障について，国民全体に対してナショナル・ミニマムを保障するという理念と深く結びついていたからである。

しかし，こうした中央集権パラダイムが，20世紀末の1980年代から大きく転換しようとしていることは，すでに指摘したとおりである。それは市場経済のボーダレス化あるいはグローバル化が進み，国民国家が国境を管理する能力を，希薄化させてしまう「国民国家の黄昏（たそがれ）」という現象が，生じているからだといってよい。国民国家が国境を管理する能力を希薄化していけば，中央政府が累進所得税や法人利潤税の課税を強化しようとしても，一瞬のうちに資本は，国境を越えて海外へフライトしてしまう。

　そこで国税の改革でも，累進性を弱め「広く薄い負担」に，さらには「所得から消費へ」という方針を掲げざるをえなくなる。つまり，中央政府も国境を管理する能力を喪失し，地方政府と同様に，所得再分配機能や経済安定化機能を果たす能力を，弱体化させてしまったということができる。

◇地方分権へのパラダイム転換

　国民国家が国境を管理する能力を希薄化させ，中央政府の所得再分配機能を弱めると，中央政府のナショナル・ミニマムを保障する能力も衰えていく。これまでの中央政府は，貧困者に限定して提供する**選別的サービス**（selective service）によってナショナル・ミニマムを確保してきたが，こうした選別的サービスの財源は，富裕者への課税によって調達して初めて意味がある。そうした富裕者への課税は，国境を管理する中央政府によって可能であったために，中央政府がナショナル・ミニマム実現の責任を，「第一義的」に引き受けてきた。しかし，市場経済がボーダレス化し，グローバル化すると，自由に動き回る資本所得，つまり富裕者の所得への課税が困難になる。もちろん，中央政府が富裕者へ課税する能力を衰退させると，中央政府のナショナル・ミニマム保障能力も弱まらざるをえない。

　確かに，貧困問題は今日ではほぼ解消され，ナショナル・ミニマムもおおむね達成されてきたため，選別的サービスへの財政需要は，弱まっているといえるかもしれない。ところが，選別的サービスの財政需要に代わって，**普遍的サービス**（universal service）への財政需要が高まってきている。

　というのも，家族やコミュニティという社会システムが，急速に共同生活機能を縮小しているからである。市場経済のボーダレス化，グローバル化という

メダルの背面で進んでいる産業構造の転換は，家族やコミュニティの無償労働を支えてきた女性を解放することにもなる。そうなるとこれまで，家族やコミュニティの無償労働によって支えられてきた幼児の育児や高齢者の養老などが，公共サービスのサポートなしには困難になってくる。

　そうなると政府が，家族やコミュニティの無償労働で営まれてきた共同体機能を代替し，あるいはサポートする公共サービスを供給せざるをえない。こうした本来的に共同体の共同作業や相互扶助によって，実施されてきたような公共サービスは，貧困者に限定して供給される選別的サービスではなく，地域社会の住民の誰もが，普遍的に享受するユニバーサル・サービスとなる。そして，育児や養老に限らず，医療，教育や文化，環境や衛生，それにスポーツやレジャーなどと，多様な共同生活に根差したユニバーサル・サービスへの需要が噴出していく。

　こうしたユニバーサル・サービスは，中央政府では効率的に供給することができない。選別的サービスであれば，全国的に画一された基準で貧困者を限定することができ，しかも，選別的サービスといっても，その中心は貨幣を給付すること，つまり現金給付となっていたため，中央政府が担うことになっていたのである。ところが，ユニバーサル・サービスは地域社会ごとに，家族やコミュニティなどの共同体機能の実情に対応して，そのニーズが多様に相違する。しかも，ユニバーサル・サービスでは，サービスそのものを給付する現物給付が中心とならざるをえない。

　そうした現物給付，つまりサービス給付のニーズは，住民の意思決定への参加の機会に乏しい中央政府では把握することができない。住民の決定への参加の容易な身近な政府である地方政府が，住民の決定への参加のもとにニーズを把握し，その供給を決定していくしかない。

　このように地域社会の住民参加にもとづいて，共同負担原則のもとに生産され消費される公共サービスを，地方政府が自己決定し，供給していく必要性が高まっている。これが20世紀末の1980年代から世界同時進行的に，中央集権パラダイムから地方分権パラダイムへと転換を遂げていく根拠となる。

社会資本（social capital）とは，社会の構成員が共同で利用する資本財ということができる。もちろん，耐久性を備え，私的に所有される機械設備のような私的資本とは区別され，道路，港湾，空港などのような耐久性を備えている物的資本を意味している。

このように社会資本といえば，これまでは物的資本を意味していた。ところが，ハーバード大学のパットナム（Robert D. Putnam）は，北イタリアと南イタリアの地域社会を調査して，北イタリアが南イタリアよりも経済発展が進んでいるのは，北イタリアには強固な人間の絆が存在しているからだと実証している。こうした絆を，パットナムは「社会資本」と名付けている。

スウェーデンでも「社会資本」といえば，人間の信頼関係を意味している。しかも，そうした人間の絆が経済発展にとって決定的な役割を演じると理解されている。こうして現在では，社会資本といえば，人間の絆を意味するようになってきている。

新自由主義といわれる財政政策を最初に展開したのは，1979年にイギリスの首相に就いたマーガレット・サッチャー（Margaret Thatcher）である。サッチャーは完全雇用，福祉充実，国有化，労働組合との協調を基軸とするイギリスの戦後体制，つまり「ケインズ的福祉国家」に真っ向から対抗する新自由主義を主張したのである。

このサッチャリズムは労働党への対抗だけでなく，保守党の主流派の「バツケリズム（Butskellism）」（政敵同士が同じ政策を支持する状態）への反乱でもあった。つまり，イギリス国民がそれまで合意していた戦後体制への挑戦だったのである。

こうした新自由主義の思惑は，マネタリストの思想に彩られながらも，古色蒼然とした19世紀の自由主義思想の復活だといってよい。なぜイギリスでそうした古い思想が喝采を浴びたかというと，「ビクトリア王朝」の自由主義へのノスタルジアだったからといえる。

19世紀の「ビクトリア王朝」は自由主義によって，大英帝国を築くことが

できた。そうした偉大なイギリスの物語は，小さい時から嫌というほど学校の授業で教えられている。それだからこそ，イギリスの栄光を夢みて，サッチャリズムが受け入れられたということができる。

　しかし，サッチャリズムによって，イギリスが栄光に輝いたわけではない。確かに，製造業の生産性は上昇したけれども，製造業の産出は増加することはなかった。つまり，サッチャリズムで勝利したのは，果敢に技術革新にチャレンジした企業ではなく，用心深く人減らしに成功した「無慈悲な」企業だったのである。

　しかも，サッチャー政権のもとでの規制緩和と民営化によって，いずれの先進諸国よりも不平等は拡大した。失業率は増加し，倒産件数も6倍に達している。

　治安も乱れ，犯罪防止の政府支出を2倍近くも増加させたのにもかかわらず，犯罪率は記録的に上昇し，ヨーロッパ共同体（EU）において犯罪者の収監比率は最も高くなった。それは，市場経済によって共同体が荒廃したことが決定的要因となっていたのである。

　こうした悲劇の幕引きは，コミュニティ・チャージという人頭税の導入である。サッチャーが師と仰ぐアダム・スミスでさえ，人頭税は最悪の租税といっている。1381年にイギリスで導入された人頭税に対して，ワット・タイラーの反乱が生じる。歴史に学んでいれば，人頭税をサッチャーは導入しなかったはずである。タイラー（Wat Tyler）は政治を統治していたカンタベリー大司教を斬首した。サッチャーは人頭税を導入したけれども，カンタベリー大司教のように斬首されることはなかった。しかし，サッチャーも首相は「クビ」になり，寂しく歴史の舞台から去ったのである。

第21章

地方財政の理論と実際

> 日本の中央政府と地方政府との政府間財政関係は，集権的分散システムと特徴づけることができる。地方政府に自己決定権がなく，財政支出のウェイトは地方財政が大きいからである。つまり，日本の地方財政のウェイトは大きいけれども，決定権がないため，集権的分散システムと呼ぶことができる。日本の政府間財政関係が集権的分散システムとなっているのは，地方財政に「歳入の自治」が認められていないからである。地方財政が「歳入の自治」を取り戻すには，割り当てられている行政任務に対応した課税権を，地方政府に認めることが必要である。つまり，国税と地方税との税源配分を見直し，地方財政に生じている「行政任務と課税権との非対応」を解消することである。

◈集権的分散システム

　日本の中央政府と地方政府の政府間財政関係は，不可思議である。図21-1に示したように，日本の地方財政の歳出の比重は，国際的にみても，最も高いといってもいいすぎではない。しかも，日本は州が主権を留保している連邦国家ではなく，単一国家であるにもかかわらず，連邦国家に比べても，地方政府の歳出の比重は高い。

　しかし，日本の地方歳出の比重が高いということは，日本の中央政府と地方政府との政府間財政関係が，分権的であることを意味しない。というのも，分権か集権かを区分する基準は，あくまでも決定権限にある。地方政府が多くの事務つまり仕事を実行していても，中央政府の決定に従い，ただ執行しているだけであれば，分権的とはいえないのである。

　実際，悲しいことに，日本の中央政府と地方政府の政府間財政関係は，中央

図 21-1　地方歳出・地方税収・財政移転 (2018 年)

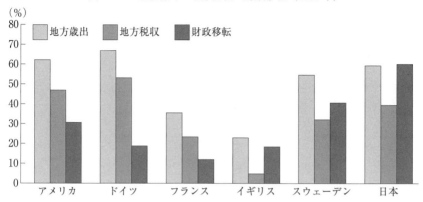

(注)　1　「地方歳出」＝地方歳出／(中央歳出＋地方歳出),「地方税収」＝地方税／(国税＋地方税),
　　　　「財政移転」＝他政府から地方政府への財政移転／中央経常支出。
　　　2　アメリカの「地方」は州のみで,地方政府を含まない。ドイツの「地方」には州と地方政
　　　　府を含むが,「他政府から地方政府への財政移転」のみは州への財政移転で,地方政府へ
　　　　の財政移転を含まない。
(出所)　IMF, Government Finance Statistics より高端正幸埼玉大学准教授作成。

政府が決定し,それを地方政府が執行するというものである。公共サービスを,
主として中央政府が供給していれば「集中」,主として地方政府が供給してい
れば「分散」とすると,日本の政府間財政関係は,明らかに**分散システム**である。
しかし,公共サービスの供給と負担に関する決定を,主として中央政府が実施
していれば「集権」,主として地方政府が実施していれば「分権」とすれば,
日本の政府間財政関係は,明らかに**集権システム**なのである。

　つまり,日本の政府間財政関係は決定は中央政府,執行は地方政府という**集
権的分散システム**なのである。20 世紀末から地方分権パラダイムに転換してい
くとすれば,日本での地方分権の課題は,集権的分散システムを**分権的分散シ
ステム**に切り換えることにある。

　中央政府が地方政府の財政に関する決定権限を握るメカニズムには,二つの
ルートがある。一つは歳出面に対する指令というルートであり,もう一つは歳
入面に対する誘導,つまり財源統制による誘導というルートである。

❖ 「北風的統制」と「太陽的統制」

　地方歳出に対して中央政府が指令するルートの基軸は，**機関委任事務**にあった。地方政府の実施する仕事つまり事務には，地方政府に固有な事務以外に，中央政府から委任される事務がある。この委任事務には地方政府そのものに委任される**団体委任事務**と，地方政府の「機関」である知事や市町村長などに委任される機関委任事務とがあった。

　団体委任事務は地方政府そのものに委任されるため，委任されてしまえば地方政府の事務になる。ところが，機関委任事務は知事や市町村長などの地方政府の「機関」に委任されるため，地方政府の「機関」は，中央政府の「機関」と見なされ，委任された後も委任した中央政府の事務として留保される。つまり，機関委任事務は，あくまでも，中央政府の事務だったのである。

　しかし，1995（平成7）年制定の地方分権推進法にもとづいて設置された地方分権推進委員会の勧告によって，2000（平成12）年4月に機関委任事務が廃止された。地方財政をコントロールする歳出面への指令というルートの基軸となっていた機関委任事務が廃止されたことによって，歳出面からの指令という地方財政へのコントロールが，弱まったことは間違いない。

　しかし，確かに機関委任事務は，廃止されたものの，中央政府が事務を指令し，地方政府が事務を執行するという枠組みは，依然として存続しているといわざるをえない。機関委任事務が廃止されることに伴い，地方政府の事務は，**法定受託事務**と**自治事務**に分類されることになった。法定受託事務とは「事務の性質上，その実施が国の義務に属し国の行政機関が直接執行すべきである」が，「地方公共団体が受託して行うとされる事務」となる。こうした法定受託事務が残存したこと自体，中央政府の指令で，地方政府が行政執行するという日本の政府間構造の骨組みが残っていることを証左している。

　しかし，中央政府が地方政府の執行する事務を指令するという構造は，法定受託事務の存在にとどまらない。法定受託事務以外の事務である自治事務でも，中央政府は法令，つまり法律，政令で事細かに執行方法を定めて義務づけてしまう。例えば，介護保険は自治事務である。しかし，介護保険の執行方法については，事細かに中央政府が決定し，それを地方政府に義務づけて執行させている。

図 21-2　地方政府の事務の新分類

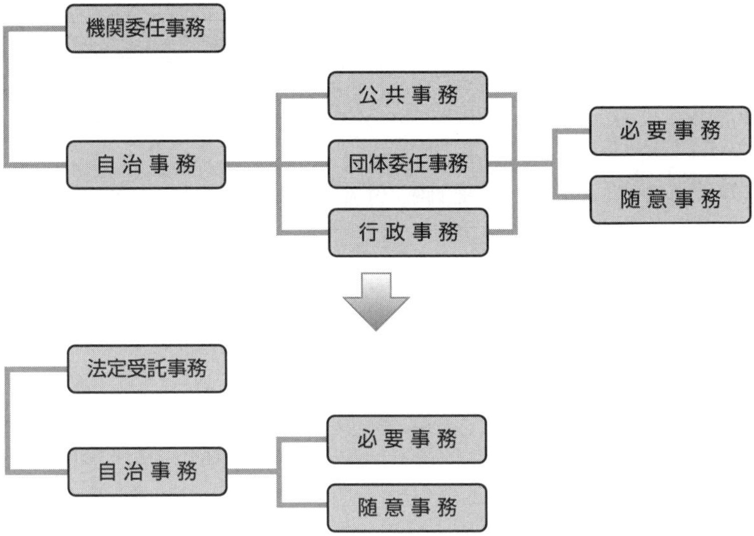

　確かに機関委任事務の廃止によって，中央政府が指令し，地方政府が執行するというルートの外壁は，除去されたということができる。しかし，その骨格は依然として，存在したままであるということを忘れてはならないのである。

　歳出面に対する誘導は，補助金による誘導である。つまり，日本の地方政府は，指令による「北風的統制」によってコントロールされるだけでなく，補助金という「太陽的統制」によっても，コントロールされている。北風と太陽というイソップの寓話になぞらえれば，太陽によって上着を脱がされた旅人は，自分の意志で上着を脱いだとはいいがたい。それと同様に，補助金によって誘導されている地方政府も，地方財政を自己決定しているとはいいがたい。しかも，太陽が北風に勝利したように，「太陽的統制」のほうが「北風的統制」よりも強力であることを忘れてはならない。

◈地方税の課税形態

　地方政府が「太陽的統制」によってコントロールされてしまうのは，「歳入の自治」，つまり歳入についての自己決定権が制約されているからである。「歳

入の自治」が奪われている基本的原因は，地方政府の事務，つまり仕事に見合って，**地方税**が配分されていないことにある。そのために地方政府は，中央政府からの「仕送り」，つまり**財源移転**に頼らざるをえない。しかも，地方税や**地方債**についても，自己決定権が制限され，財源移転に依存していかざるをえない仕組みとなっているからである。

地方税は国税との関係で，**独立税**，**付加税**，**共通税**という大きく三つの形態に分類することができる。独立税とは，国税とまったく別の租税を，地方税として課税する方式をいう。次の付加税とは，国税と同じ租税を，地方税でも重複して課税する方式を意味する。

これに対して共通税とは，同一の租税の税収を，中央政府と地方政府とで分け合う方式をいう。共通税は大きく，次の三つの方式に分かれる。

第一は，**共同税**である。これは文字どおり同一の租税を，中央政府と地方政府で共同で課税する方式である。しかし，共同税では中央政府と地方政府とで，どのように共同税を課税するのかについて，共同で意思決定する必要があるため，ドイツのように中央政府と地方政府の共同意思決定機関が必要となる。

共通税の第二の形態は，**分賦税**であり，地方政府が課税し，税収の一部あるいは全部を中央政府に上納する方式である。

共通税の第三の形態は**分与税**である。分与税は分賦税とは逆に，中央政府と地方政府とで税収を分配する租税を国税として課税し，税収の一部あるいは全部を地方政府に分配する方式である。日本では**地方交付税**と**地方譲与税**が，分与税方式の地方税ということができる。

地方税とは一般に，独立税と付加税という課税形態の地方税を指している。日本でも事務配分に対して，地方税の配分が少ないという場合には，独立税と付加税という課税形態の地方税の比重が，少ないということを意味する。

地方税も租税である限り，租税をどのように課税すべきかという租税原則論の対象となる。しかし，地方税には国税とは相違する固有の租税原則が存在するとして，**地方税原則**が展開され，国税と地方税とに，どのように税源を分類するかという際の基準にもされてきた。こうした地方税原則で念頭に置かれている地方税とは，独立税と付加税という課税形態の地方税だといってよい。

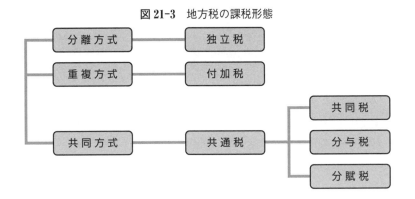

図21-3 地方税の課税形態

分離方式 ── 独立税

重複方式 ── 付加税

共同方式 ── 共通税 ── 共同税
                        分与税
                        分賦税

※地方税原則としての応益原則

　伝統的に展開されてきた地方税原則を整理すると，次の五つにまとめること
ができる。それは ①**応益原則**，②**安定性原則**，③**普遍性原則**，④**負担分任原則**，
⑤**自主性**の原則である。

　地方税を課税する際には，次の二つの点を考慮しなければならない。第一に，
地方政府は中央政府と相違して，入退自由なオープン・システムの政府だとい
うことである。第二に，地方政府が入退自由なオープン・システムの政府だと
いうことは，中央政府のように強制力を前面に押し出した社会統合というより
も，地域社会の共同体的人間関係に根差した社会統合が図られているというこ
とである。そのため昔から，「国税は国民に負担させる税」，「地方税は地域社
会の住民が相互に負担し合う税」といわれてきたのである。

　地方政府はボーダー（国境）を管理しない入退自由なオープン・システムの
政府だとすると，地方税は税源の移動性の少ない租税のほうがよいことになる。
つまり，不動産税のような移動しない税源に課税する租税は地方税に，生産物
のように移動の激しい税源に課税する間接消費税は国税に，移動性が中間的な
ヒトを課税対象とする所得税のような租税は，州や道府県という中間レベルの
地方政府の地方税に，という考え方が出てくることになる。

　19世紀後半になり，租税原則として従来の応益原則に対して，**応能原則**が
登場するようになると，地方税原則が体系的に議論されるようになってくる。
公平の原則として応能原則を主張したワグナーは，政府の規模が小さければ小

さいほど，応益原則が妥当すると考えた。こうした応益原則に適する租税として，地租，営業税などの収益税を想定し，19世紀末にプロイセンで実施されたミーケルの改革でも収益税が地方税に委譲されたのである。

　1920年代になると，地方税原則としての応益原則をめぐって，「シャンツとヘンゼルの論争」が繰り広げられる。シャンツは「地方税には応益原則を，国税には応能原則を」という必然性はないと主張したのに対し，ヘンゼル（Paul Haensel）は地方税には応益原則が整合的だと反論した。

　日本でも1920年代に，国税と地方税との税源配分が，大正デモクラシーのもとで問題となり，臨時財政経済調査会は「地方税には応益原則を，国税には応能原則を」という税源配分を打ち出す。第二次大戦後のシャウプ勧告も，「地方税には応益原則を，国税には応能原則を」という地方税原則にもとづいていたのである。

◈安定性と普遍性

　安定性原則とは，地方税の収入は時間的にみて，変動をしないことが望ましいという原則である。つまり，景気変動に左右されず，税収が安定している租税が地方税としては望ましいという原則である。

　地方財政のような小規模な財政では，そもそも税収は安定していたほうが望ましい。加えて，連邦財政主義も主張するように，地方政府は地方公共財の供給という資源配分機能を分任するため，税収は安定していたほうがよいと考えられてきたのである。

　普遍性原則とは，空間的にみて，税収が偏在することなく，普遍的に存在することが望ましいという原則である。税収が経済力の豊かな地域に偏在している租税は，地方税として好ましくないことは明らかである。もっとも，時間的に安定している租税の税収は，空間的にも普遍的に存在する。景気によって所得が変動しても安定的に税収をもたらす租税は，地域的に所得が偏在していても，普遍的に税収をもたらすからである。

　このように地方税原則でいう普遍性の原則とは，税収の地域性にかかわる原則である。これに対して負担分任原則とは，租税原則でいう普遍性の原則である。というのも，負担分任原則とは，地方税はすべての地域住民が，負担を分

かち合わなければならないという原則を意味しているからである。こうした負担分任原則は，地方税を地域住民が相互に負担し合う租税であるとする背後理念から生まれる。もちろん，この負担分任原則は応能原則から引き出される課税の公平には背反する。しかし，地方税には応益原則が妥当するという根拠から，肯定されることになる。

◈自主性の原則

　自主性の原則とは，地方政府の**課税自主権**を尊重し，地方税の**課税標準**と税率の決定に自主性が認められるべきだとする原則である。地方政府に課税標準の自主決定権を認めないことを**課税否認**（tax denial）といい，税率の自主決定権を制限することを**課税制限**（tax restriction）という。自主性の原則とは，こうした課税否認や課税制限を否定することになる。

　ところが，日本ではきわめて厳格な課税否認と課税制限が導入されてきた。課税否認も課税制限も，国税の税源利用可能性を，地方税によって侵食されないことを，目的として実施されている。日本では課税否認は，2段階で実施されている。第一段階は，中央政府が地方税として課税できる租税を，地方税法に制限列挙している。第二段階は，地方税法に列挙された租税以外の租税を，地方政府が設定しようとする場合には，中央政府の許可，つまり自治大臣の許可が必要だとしていたのである。

　しかし，2000（平成12）年4月1日から施行された地方分権一括法によって，この課税否認は，大幅に緩和される。法定外税に対する許可制は，事前協議制に改められる。しかも，地方政府と中央政府が合意を求めて実施する事前協議では，これまでの許可制のように，新税を創設するだけの財政需要の存在や税源の所在については，事前協議の対象となることはなく，国税と重複しているか否かなどのみが対象となる。

　とはいえ，税率に対する課税制限については，日本では厳格な統制が加えられたままである。主要な地方税については，通常よるべき税率として，**標準税率**が設定されている。しかも，この標準税率によらない場合でも，**制限税率**が主要な地方税には設定されている。制限税率とは，それを超えて，地方政府が税率を設定できない税率である。標準税率を超えて，地方政府が課税すること

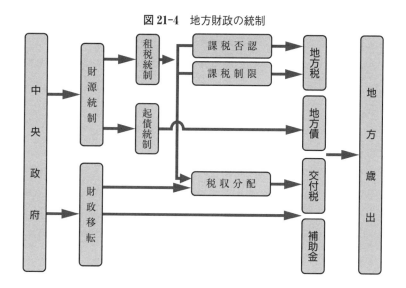

図 21-4　地方財政の統制

中央政府 → 財源統制 → 租税統制 → 課税否認 → 地方税

（図中：課税制限 → 地方税、起債統制 → 地方債、税収分配 → 交付税、財政移転 → 補助金、地方歳出）

を**超過課税**というが，この超過課税も，制限税率を超えて行うわけにはいかないのである。

　このように日本では，自主性の原則に背反して，きわめて厳格な課税否認と課税制限が実施されている。もっとも，日本以外でも単一国家では，こうした課税統制が実施されていないわけではない。

❖地方債の起債

　地域社会の住民の合意によって課税する自主財源である地方税が，中央政府によって統制されてしまっていると，地方政府は新規に企画した事業の財源を，増税や新税創設によって調達することが困難となってしまう。そこで地方政府は，借入金つまり地方債によって調達せざるをえない。ところが，日本では地方債の起債にも，厳格な統制が加えられていたのである。

　地方自治法では，地方政府は予算によって地方債の起債ができることになっているにもかかわらず，同じ地方自治法で前言を否定するように，地方債を起債する場合には，「当分の間」，自治大臣（現総務大臣）または都道府県知事の許可を受けなければならないと規定していたのである。

しかし，2000（平成12）年4月から施行された地方分権一括法で，許可制から事前協議制に移行することになった。しかも，この事前協議制では，中央政府の合意を必要としないことになっている。つまり，総務大臣または都道府県知事との事前協議で，同意が得られなくとも，条件付きではあれ，起債ができることになったのである。

　さらに地方分権改革に関する第二次一括法によって，2012（平成24）年から事前届出制が導入された。この趣旨は「個別事業毎の関与」から「包括的な関与」へと移行させることにある。これによって財務状況の良好な地方政府であれば，事前協議を行うことなく，民間資金債の地方債の起債が可能となる。このようにして地方債の起債に関する地方政府の自己決定権は，飛躍的に拡大してきたのである。

❖財政調整制度

　地方政府が自主的に企画した事業の財源を，増税や新税創設あるいは地方債の起債に求めようとしても，中央政府の統制によって思うにまかせなければ，地方政府は中央政府からの財源の移転である財政移転に頼らざるをえない。中央政府から地方政府への財源の移転である財政移転は，一般には補助金と総称され，それは**一般補助金**と**特定補助金**に区分される。一般補助金とは地方政府が使途を限定されずに使用できる補助金であり，特定補助金とは使途が特定化されている補助金である。日本でいえば，地方交付税が一般補助金であり，**国庫支出金**が特定補助金である。

　中央政府が使途を特定しない一般補助金を地方政府に交付する目的は，地方政府の財政力格差を是正することにある。地方政府には財政力の豊かな地方政府もあれば，財政力の乏しい地方政府もある。こうした財政力格差を是正することを**財政調整**という。

　こうした**財政調整制度**（fiscal equalization system）は，第一次大戦の落とし子（das Kind des ersten Weltkrieges）と呼ばれる。その起源はドイツのワイマール共和国で，1923年に成立した**財政調整法**（Finanzausgleichsgesetz）に求めることができる。

　財政力は**課税力**と**財政需要**という二つの要素によって，決定されると考えら

れる。つまり，財政需要に対して租税調達能力のない地方政府の財政力は，貧しく，逆の状態にある地方政府の財政力は，豊かだということができる。こうした財政力格差を是正するように，一般補助金が交付される。

◈交付税の算定方法

日本では地方交付税（local allocation tax system）が，財政調整を担っている。交付税では課税力，つまり租税調達能力が，**基準財政収入額**として算定される。基準財政収入額は，図21-5のように，地方税法で規定された法定普通税を標準税率で課税した場合の租税収入額が基礎となる。基準財政収入額の計算では，目的税は原則として除外しているが，税収額の大きい自動車取得税，軽油引取税，事業所税が法定普通税とともに算入される。そのうえで，こうして算出された税収額のうち都道府県では80％，市町村では75％が基準財政収入額として算入される。こうして計算した税収額に地方譲与税を加えた額が基準財政収入額となる。

基準財政需要額は，まず経費ごとに，次のように単位費用に測定単位と補正係数を掛けて求める。

基準財政需要額＝単位費用×測定単位×補正係数

具体的にいえば，それぞれの経費ごとに，人口とか道路面積といった測定単位を選択する。例えば，消防費であれば人口，道路費であれば道路面積である。そのうえで，標準的条件を備えた地方政府を想定して，人口当たりの費用あるいは道路面積当たりの費用という単位費用を決定する。最後に，経費には規模の利益が働いたり，地方政府ごとの実情による変化が考えられるため，それを補正係数によって調整することになる。こうして算出した経費ごとの基準財政需要額を合計して，それぞれの地方政府の基準財政需要額が算出される。

この基準財政需要額と基準財政収入額との差額がプラスであれば，交付税が交付されることになる。逆に差額がマイナスとなれば，その地方政府に交付税は交付されず，**不交付団体**となる。ところが，交付税総額は所得税と法人税の33.1％，酒税の50％，消費税の19.5％，地方法人税の全額で決定されてしまう。しかも，この交付税総額のうち94％が**普通交付税**，6％が**特別交付税**とされ，基準財政需要額と基準財政収入額との差額には，普通交付税のみが充当される。

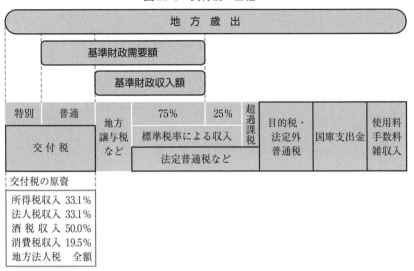

図 21-5　交付税の仕組み

もっとも，それぞれの地方政府で生じている基準財政需要額と基準財政収入額の差額の合計と，法人税，所得税などの国税の一定割合から算出される普通交付税総額とが，必ずしも一致するとは限らない。そこで不一致が生じる場合には減額調整が実施され，それぞれの地方政府への交付額が按分されて減額されることになっている。

　しかし，こうした財源不足総額が交付税総額を1割以上も上回る事態が，3年度以上も続くような場合には，地方交付税に充当される国税の交付税率の見直しも検討されなければならないことになっている。そのため交付税は，地域間の財政力格差を是正する財政調整機能だけでなく，必要最低行政水準を保障する**財源保障機能**も備えていると考えられている。

◈**特定補助金による誘導**

　このように地方交付税は，中央政府の策定したルールにもとづいて配分されるため，地方政府の裁量で増額することはできない。したがって，地方政府が独自に企画した事業の財源を，交付税の増額によって捻出するという余地はな

い。そこで地方政府は，勢い特定補助金の獲得戦略に走ることになる。

　特定補助金は，日本では**国庫支出金**と総称されている。この国庫支出金は**国庫委託金，国庫負担金，国庫補助金**の大きく三つに分かれている。

　国庫委託金とは，もっぱら中央政府の利害にかかわる事務に対して交付されるため，中央政府が経費の全額を，原則として負担する国庫支出金である。3番目の国庫補助金は，中央政府が政策の実施を奨励する目的で交付する奨励的補助金である。国庫負担金は，中央政府の事務としての性格をあわせもっていると考えられる地方政府の執行する事務に対して，中央政府が「義務的」に経費の一部を負担するものということができる。

　第二次大戦後の 1948（昭和 23）年に制定された地方財政法では，義務的な国庫負担金と奨励的な補助金とを区別し，奨励的な補助金については，中央政府が恩恵的に交付することを認めてはいるものの，必要のある場合に限定していた。つまり，奨励的補助金については，可能な限り抑制する方針を採用していたのである。

　そのうえで国庫負担金については，「利害」を基準として負担することにしていた。すなわち，地方政府の利害に関係のある事務は地方政府が，中央政府の利害に関係のある事務は中央政府が，それぞれ全額負担する。地方政府と中央政府の双方の利害に関係する事務は，それぞれ利害の割合に応じて双方が負担することにしていたのである。

　ところが，1949（昭和 24）年にシャウプ使節団は，「利害」という曖昧な基準にもとづく国庫負担金を廃止し，これを**平衡交付金**という一般補助金に改めることを勧告する。そのうえで事務執行と経費負担を，同一の政府責任のもとで，実施するという原則を打ち出したのである。

　しかし，そのシャウプ勧告の構想は実現しないまま，1948 年の地方財政法とシャウプ勧告との妥協が成立する。つまり，地方政府の経費はすべて地方政府が負担するという原則を，シャウプ勧告に従いながら掲げるとともに，例外的に 1948 年の地方財政法が提起した国庫支出金を認めたのである。しかし，例外的と位置づけられていた国庫支出金は，その後拡大し，さらには 1948 年の地方財政法が抑制しようとした補助金も，国庫負担金との区別を曖昧にさせながら増殖していくことになる。

こうして日本では，地方政府は自己の企画事業の財源を，増殖していく国庫支出金に求めざるをえない状態に追い込まれていく。しかし，国庫支出金を獲得して，地方政府が独自企画した事業を実施できるわけではない。独自に企画した事業と比較的近い**補助事業**を選択するしかない。しかも，国庫支出金の交付にあたっては細部にわたる補助条件がつけられてくる。そのため結果として地方政府は，自分の企画した事業を放棄し，中央政府が企画した事業を実施するしか選択の余地がなくなってしまうのである。こうして，中央政府が決定した全国画一の事業を，中央政府が決定した全国画一の地方税で，地方政府が執行していくことになる。

　もちろん，補助事業を実施するには，地方政府も負担をしなければならない。そのため財政力の乏しい地方政府は，補助事業を実施したくとも，実施不可能な状態に陥る。あえて実行しようとすれば，増税をせざるをえない。そうすると，中央政府の租税統制が破綻をしかねない。そこで増税をしなくとも，補助事業が実施できるように，地方交付税が配分されていくのである。

　こうした中央政府のコントロールから，地方政府が逃れるためには，「歳入の自治」を回復することによって，「歳出の自治」をも回復しなければならない。そのためにはまず，特定補助金つまり国庫支出金を整理合理化することが必要となる。

　地方分権を世界的に推進していく嚆矢となったヨーロッパ地方自治憲章も，地方財政を規定した第9条の第7項で次のように述べている。

　　　地方自治体に対する補助金又は交付金は，可能な限り，特定目的に限定されないものでなければならない。補助金又は交付金の交付は，地方自治体がその権限の範囲内において政策的な裁量権を行使する基本的自由を奪うようなものであってはならない。

　しかし，地方政府間の財政力格差を是正する財政調整制度は必要となる。やはりヨーロッパ地方自治憲章も，第9条の第5項で次のように謳っている。

　　　財政力の弱い地方自治体を保護するため，財政収入及び財政需要の不均

衡による影響を是正することを目的とした財政調整制度又はこれに準ずる
仕組みを設けるものとする。ただし、これは、地方自治体が自己の権限の
範囲内において行使する自主性を損なうようなものであってはならない。

このように地方政府間の財政力格差を是正する財政調整制度が、「中央政府
の責任（central responsibility）」として必要だとしても、地方政府の自主財源で
ある地方税を拡充していくことが、地方分権の基本戦略とならざるをえない。
というのも、財政調整制度による財政移転にしても、地方政府が他の地域社会
から租税を調達することを意味する。そうしたことが容認されるのは、ナショ
ナル・ミニマムの行政水準が達成できない場合に限定されるからである。

◈地方税拡充戦略

　地方税を拡充するにしても、伝統的な税源配分論に立てば、地方税原則に整
合するように拡充することになる。地方税原則を充足する租税は、伝統的に収
益税だと理解されてきた。すでに述べたように収益税とは、収益を生み出す
「物」、つまり所得を生み出す生産要素に対して、外形標準で課税する租税をい
う。外形標準とは税源である所得そのものに課税するのではなく、税源を推定
できる「外形」に課税することをいう。例えば地租であれば、土地という生産
要素の生み出す地代という所得ではなく、土地の価格などに課税をする。

　収益税は、地方税原則の応益原則にも、安定性原則にも普遍性原則にも妥当
する。もっとも、消費課税もこの三つの地方税原則を充足する。しかし、消費
課税は自主性原則という観点から抵抗があるため、収益税が広く地方税に適合
する租税と考えられてきたのである。

　ただし、収益税は生産要素に課税するといっても、労働という生産要素に伝
統的に課税してこなかったため、個別財産税とほとんど相違がない。そのため
先進諸国の地方税を歴史的に振り返ってみれば、不動産税、あるいは負担分任
原則から人頭税が、地方税の主流を占めてきたといってよい。

　しかし、地方財政に対する財政需要が強まっていくことを考えると、不動産
税や人頭税では課税ベースが小さく、増大する地方財政の財政需要を充足でき
ない。もともと地方税原則で応益原則、安定性原則、普遍性原則、負担分任原

則が列挙されているのも，地方政府が国境を管理しない入退自由なオープン・システムの政府であるからであった。

中央政府は国境を管理する政府であるがゆえに，応能原則で課税し，所得弾力性のある租税が国税に適していると考えられてきたのである。そのため累進税率で課税される所得税や法人税が，国税に配分されてきたけれども，20世紀末から経済のボーダレス化が進み，グローバル化が進むと，中央政府も国境の管理が困難になってくる。つまり，「国民国家の黄昏」という現象が進み，国税でも「所得から消費へ」「広く薄い負担へ」が改革の合言葉になってくる。

しかし，この「広く薄い負担へ」という原則は，地方税原則である負担分任原則の主張である。「所得から消費へ」という原則も，地方税原則の応益原則，安定性原則，普遍性原則から導かれる，所得税などの人税よりも，収益税という物税や消費税のほうが望ましいという地方税原則である。

中央政府が国境つまりボーダーを管理できなくなり，地方税原則で国税も課税せざるをえなくなっているとすれば，地方政府が国境を管理していないがゆえに，国税で課税し，その税収を地方政府に財政移転するという権限を，中央政府は失うことになる。受益と負担を一致させ，地域住民が目にみえる公共空間で，公共サービスの供給と負担を決定するためにも，地方税で課税したほうが望ましいことになる。

応益原則でいっている利益とは，公共サービス一般の利益に対する一般報償的利益である。例えば，土地に課税される救貧税は，救貧活動によって社会秩序が維持されていく利益によって，土地の所有権が保護されるという利益に対して負担する。つまり，個別の公共サービスに対応する受益者負担的課税を意味する個別報償的利益を意味してはいないのである。

国際的に地方税体系を比較してみると，伝統的な地方税原則が反映されていることがわかる（表21-1）。収益税の母国であるフランスでは，営業税つまり職業税が「その他」に分類されているので，この「その他」と「資産課税」の地方税をみると，フランスでは収益税のウェイトが高いといってよい。アメリカも日本も，収益税ないしは個別財産税という「物税」のウェイトが高い。

しかし，スウェーデンでは個人所得税のウェイトが高く，ドイツでは個人所得税と一般消費税のウェイトが高いことがわかる。地方財政の需要が高まって

表 21-1　租税収入対 GDP 比（2017 年）

（単位：%）

	所得・利潤課税						資産課税		消費課税						その他	
	総額		うち個人		うち法人				総額		うち一般消費税		うち個別消費税			
	中央	地方	中央	地方	中央	地方	中央	地方	中央	地方	中央	地方	中央	地方	中央	地方
連邦国家																
アメリカ	9.9	2.2	8.4	2.1	1.4	0.0	1.4	2.9	0.7	3.1	0.0	2.1	0.7	1.0	0.0	0.5
ド イ ツ	5.0	7.3	4.4	5.8	0.6	1.4	0.0	1.0	6.0	3.5	3.5	3.4	2.5	0.1	0.0	0.2
単一国家																
日　　本	6.2	3.4	3.5	2.4	2.7	1.1	0.6	2.0	4.8	1.3	3.2	0.9	1.6	0.4	0.1	0.4
スウェーデン	0.8	15.3	-2.0	15.3	2.8	0.0	0.6	0.4	11.9	0.0	9.3	0.0	2.6	0.0	5.6	0.0
フランス	5.8	0.0	3.5	0.0	2.3	0.0	1.1	3.3	8.2	1.2	6.6	0.0	1.7	1.2	0.3	1.6
イギリス	11.9	0.0	9.1	0.0	2.8	0.2	2.6	1.6	10.2	0.0	6.9	0.0	3.3	0.0	0.4	0.0

（注）　1　アメリカとドイツの「地方」は州を含む。
　　　　2　統計分類上，消費課税のうち一般消費課税にも個別消費課税にも当たらないものは，消費課税の「総額」に含まれている。
（出所）　OECD Revenue Statistics - OECD countries: Comparative tables（OECD.stat）より高端正幸埼玉大学准教授作成。

いるのは，警察，消防，社会資本などの地方公共財の需要が高まっているからではない。福祉，医療，教育といった**準私的財**，つまり対人社会サービスの需要が高まっているからである。というのも，経済のボーダレス化，グローバル化に伴い現金給付による所得再分配が機能不全に陥り，現物給付つまりサービス給付による所得再分配の需要が高まっているからである。

　地方政府に対して準私的財というサービス給付への需要が強まっているとすれば，これまでのような収益税や個別財産税のウェイトを高める根拠を失う。準私的財は本来，家族やコミュニティが無償労働による相互扶助で供給していた財・サービスである。そうした財・サービスは，必要に応じて配分されなければならない。市場に委ねると，購買力に応じて配分されてしまい，必要に応じて配分されることはない。そのため地方政府が，家族やコミュニティに代替して，公共サービスとして配分せざるをえないのである。

　そうした準私的財を供給しようとすれば，社会の構成員が所得に比例して負担すればよいことになる。家族やコミュニティが無償労働で供給していた財・サービスであれば，地域社会の構成員が一定期間，無償で労務を提供して地域社会の高齢者の養老や子供たちの育児などに従事すればよいからである。その

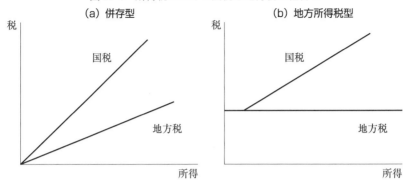

図 21-6 所得税における国税と地方税の組合せ

(a) 併存型　　　　　　　　　　(b) 地方所得税型

代替として，地方政府が地方税を財源に準私的財を供給するのであれば，地域住民は一定期間の労務提供をする代わりにその期間で得た所得を地方税として負担すればよい。つまり，比例税率で課税される所得税，あるいは一般消費税で負担すればよいことになる。

　日本における国税と地方税の組合せは，国税も地方税も累進税率で課税する併存型となっていた。しかし，地方分権政策の過程で実施された三位一体改策で，2007（平成19）年より地方所得税を比例税率とする地方所得税型となっている。

　地方所得税つまり住民税の定額の所得割と，累進税率を課税される所得割とから成り立っていた。三位一体改革では道府県住民税が4％，市町村民税が6％の合計10％で，課税される所得割に改めたのである。

　このように住民税の所得割と累進税率を比例税率に改めることによって，三位一体改革では国税から地方税への3兆円の税源移譲を実施した。こうした自主財源の強化は，地方分権を大きく推進することになる。

　公共空間を人々の手の届くところ，目にみえるところに設定し，どのような財・サービスを，どのように相互に負担し合うのかを，被統治者である国民が決定できることが，地方分権の目的である。遠い政府による参加なき民主主義から，国民が参加する参加民主主義を目指すことこそ，地方分権の目的であることを忘れてはならない。

国という漢字は，旧字では「國」と書く。国構えの中にある「或」のうち，「戈」は武力を表現している。「口」は人口を，「一」は「土地」を意味している。つまり，領民と領土を示していることになる。したがって，「或」は武力を用いて，領民と領土を支配していることを意味する。国構えつまり「囗」は，四方の境を意味し，行政上の区画を表現している。そのため「國」とは，武力によって領民と領土を支配している行政上の区画を意味することになる。

中国には女帝は一人しかいない。唐の時代の則天武后である。唐は李淵によって，つまり李氏によって建てられた王朝である。則天武后は武氏の出身である。しかし，武の姓を持ちながらも，武力によって帝位についたわけではない。高宗の皇后であった則天武后は，皇帝となり，唐を周に改めると，仏教を保護して治世を安定させている。そのため則天武后の権威は，武力によらずして「八方」に及んだ。そこで「國」という漢字も，「或」から「八方」に変わり，「圀」と改められたのである。

もちろん，現在では武力によって支配が実施されているわけではない。「民主主義」による支配が実施されている。そのため中国では，「國」は「圆」と改められている。

孔子は『論語』で，為政者の心構えを，「不患寡而患不均」，つまり，寡（すくな）きを患（うれ）えずして均しからざるを患（うれ）うと説いている。為政者なるものは，富が少ないことを嘆くのではなく，格差のあることに心を痛めるべきだというのが孔子の教えである。

ところが，現在の日本の為政者は，「格差のどこが悪い」と，孔子の教えに牙をむいている。悪平等社会よりも，格差社会のほうが，富を求めて競争し，豊かな社会になると考えているからだといってよい。

しかし，孔子は静かに次のように教え諭している。つまり，格差のない平等な社会にすれば，その社会は自然に豊かな社会になるのだと。

ついでながら孔子は，人口を増加させることよりも，国民の生活を安定させ

ることに，為政者は腐心しなければならないとも説いている。というのも，国民が安心して生活している国は，自然に人口が増加する国だからである。少子化対策に血道を上げる日本の為政者は，ここでも孔子の教えに背いている。

「格差社会」とは孔子の教えに背教して，政府が格差を是正しないほうがよいと考える社会だといってよい。孔子の教えを導き糸にするとすれば，日本の為政者は目的と手段とを転倒させている。長い人間の歴史を貫いて，語り継がれてきた孔子の教えこそ真理なのか，はたまた黄金に目の眩む日本の為政者の言葉が真理を突いているのかは，歴史が裁くことになる。

第22章
政府としての社会保障基金

> 社会保障基金も政府として位置づけることができるとすると，地方政府が人間の生活の「場」における協力の政府であるのに対し，社会保障基金は人間の生産の「場」における協力の政府であると位置づけられる。地方政府が無償労働代替の現物給付を実施するのに対し，社会保障基金は賃金代替の現金給付を使命とする。人間の生活保障は，地方政府の現物給付と，社会保障基金の現金給付とのセットによって可能となる。老後の生活も，地方政府の社会サービスと，社会保障基金の現金とによって保障される。中央政府の任務は，地方政府の現物給付と，社会保障基金の現金給付のミニマムを保障することになる。

❖生産の「場」における政府

政府間財政関係といえば，中央政府と地方政府との関係だけを想定しがちである。しかし，国民経済計算をみると，一般政府は中央政府，地方政府に加えて，社会保障基金という三つの政府から構成されていることになっている。

一般政府とは，財・サービスを，市場メカニズムを使用せずに供給する政府と定義することができる。つまり，一般政府とは財・サービスを，無償ないしは費用を下回る価格で供給する主体と定義されている。そうだとすれば，一般政府とは財政の主体であり，財政の主体は三つの政府から構成されているということになる。

財政の主体である三つの政府が，無償ないしは費用を下回る価格で財・サービスを供給するためには，強制的に無償で貨幣を調達する必要がある。そこで中央政府は国税を，地方政府は地方税を，社会保障基金は**社会保障拠出金**を，強制的に無償で調達する。

もっとも，社会保障基金の社会保障拠出金は，強制的ではあるけれども，無償であるかどうかは疑わしいことは，すでに指摘したとおりである。というのも，無償性とは反対給付の請求権がないことを意味する。ところが，社会保障拠出金の場合には拠出金を支払っていれば，社会保障給付を受ける請求権を持つと考えることもできるからである。そのため，社会保障拠出金は「租税（tax）」とはいわれずに，「拠出金（contribution）」と呼ばれている。

　とはいえ，中央政府は国税で，地方政府は地方税で財・サービスを供給する財政の主体であるのに対して，社会保障基金も社会保障拠出金で運営される財政の主体であることには間違いない。しかし日本では，社会保障基金が財政の主体として認識されることはない。というのも，日本では社会保障基金に，中央政府や地方政府から独立している政治的意思決定機関が存在しないからである。

　ところが，社会保障基金の形成過程をみてくれば，社会保障基金には本来，独自の意思決定機関が存在すると考えるべきである。というのも，社会保障基金は生産の「場」において形成される自発的協力を，基礎として誕生しているからである。つまり，生産の「場」における労働組合や友愛組合による共済活動を基盤にして，社会保障基金が誕生したために，もともと「自治」が存在していたのである。

　1883年にドイツでビスマルク（Otto E. L. Bismarck）が初めて社会保険を導入した健康保険をみても，「坑夫共済組合（Knappschaftskasse）」をモデルとした共済活動を母体として誕生している。イギリスにおいて初めて社会保険が導入された1911年の国民保険法をみても，健康保険にしろ失業保険にしろ，上層の熟練労働者に限定されていた共済活動を，下層の不熟練労働者にまで拡張したのである。そのためフランスにしろドイツにしろ，選挙で社会保障基金の代表者を選出しているのである。

◈三つの政府の財政関係

　社会保障基金を「政府」として位置づけると，地方政府がヨーロッパでいえば教会などをシンボルとした生活の「場」における自発的協力に位置づけられた政府なのに対し，社会保障基金は生産の「場」における自発的協力に基礎づ

けられた政府ということができる。こうした社会保障基金と，中央政府，地方
政府との間に政府間財政関係が生じることになる。

　社会保障基金という政府の任務は，生産の「場」で受け取る賃金を，正当な
理由で喪失した時に，賃金に代替する現金を給付することにあるということが
できる。つまり，老齢，疾病，失業などの理由で賃金を喪失した時に，現金給
付を実施することが，社会保障基金という政府の任務であると考えてよい。

　こうした現金給付つまり社会保障給付のために，社会保障基金は社会保障拠
出金つまり社会保障負担を調達する。社会保障基金はこうした社会保障拠出金
以外に，中央政府や地方政府からの財政移転によって財政が運営されている。

　こうした三つの政府間の財政関係を図示すると，第 20 章で示した図 20-2 の
ようになる。中央政府は地方政府と社会保障基金に財政移転を実施し，社会保
障基金は中央政府と地方政府からの財政移転を受けて，財政を運営しているこ
とになる。

　もっとも，日本の場合には，社会保障基金が財政的に自立しているわけでは
ない。国民経済計算上でいえば，中央政府と地方政府が，それぞれの一般会計
と非企業的特別会計などから構成されるのに対し，社会保障基金は中央政府の
特別会計と地方政府の特別会計と，**共済組合・基金**などから構成されることに
なる。

　社会保障基金を構成する中央政府の特別会計とは，年金特別会計，**労働保険
特別会計**であり，地方政府の特別会計とは，**国民健康保険事業会計**・後期高齢
者医療特別会計，介護保険事業会計である。共済組合や基金などとは，国家公
務員や地方公務員などの共済組合や，厚生年金基金などの基金をいう。日本で
は，こうした混合体として社会保障基金が構成されることになる。

❖人間生活の保障

　政治システムは，社会システムで営まれる人間の生活を，財政を媒介にして
保障しなければ，社会統合が不可能となる。人間の生活が災禍によって悲惨な
状態に陥れば，政治システムがそれを解消しなければならないことは，封建領
主でさえ熟知していた。それだからこそ，ひとたび飢饉に見舞われると，封建
領主も米蔵を開いて，領民の救済に乗り出したのである。

市場社会でも財政を通じて，人間の生活が保障されなければならない。市場社会でも人間の生活は，共同体つまりゲマインシャフト（Gemeinschaft）という社会システムに抱かれて営まれている。市場社会でも家族という「最後の共同体」は存続し，人間の生活は家族に包摂されて営まれる。

　家族における人間の生活は，すでに述べたように，生産物市場から購入する消費財によって営まれる。しかし，消費財を購入するだけでは，家族における人間の生活は維持できない。家族の内部で実施される無償労働がなければ，人間の生活は営まれない。消費財として購入される食材は，無償労働によって，幼児には幼児のニーズを充足するように，高齢者には高齢者のニーズを充足するように，加工されなければ，幼児も高齢者も生存することができない。もちろん，消費財の加工だけでなく，育児や養老にかかわる無償労働によるサービスが，家族内で生産されなければ，幼児も高齢者も生存することはない。

　それは逆に，生産物市場から生存に必要な消費財が購入でき，家族内で必要な無償労働が実施されていれば，人間の生活が市場社会で保障されることを意味している。生産物市場から必要な消費財を購入するには，家族が要素市場で労働サービスを販売し，賃金を稼得することが必要となる。逆にいえば，生産物市場から必要な消費財を購入する賃金が，確保できればよいことになる。

　つまり，市場社会では，生産物市場から必要な消費財を購入する賃金と，家族内での無償労働が保障されれば，人間の生活を保障することができる。財政の任務は，賃金を喪失した時の**賃金代替**と，無償労働が機能不全に陥った時の**無償労働代替**を保障することにある。賃金代替と無償労働代替を保障しさえすれば，市場社会における人間の生活を保障することができるからである。

　賃金代替は社会保障基金という政府の任務であり，無償労働代替は地方政府の任務となる。中央政府はそれぞれの政府のミニマムを保障することにある。こうした三つの政府の政府間財政関係によって，社会システムにおける人間の生活が保障されることになる。

◈生活保護と児童手当

　社会保障基金が自立した政府として認識されていない日本では，賃金代替の現金給付を社会保障基金が担い，無償労働代替の現物給付を地方政府が担い，

表 22-1　社会保障関係費の構成（2018〔平成 30〕年度）

（単位：億円，％）

事　　項	支出済歳出額（割合）
年金給付費	116843.4　（35.9）
医療給付費	115306.6　（35.4）
介護給付費	29115.9　　（8.9）
少子化対策費	20971.6　　（6.4）
生活扶助等社会福祉費	39703.6　（12.2）
保健衛生対策費	3421.6　　（1.1）
雇用労災対策費	328.7　　（0.1）
計	325691.3（100.0）

（注）　2018（平成 30）年度決算ベース。
（出所）　財務省ホームページより作成。

中央政府がミニマム保障をするという機能分担になっているわけではない。中央政府の社会保障関係費の構造は，次のようになっている。

　社会保障関係費の内訳は政策的特色が理解できるように変化するけれども，現在では表 22-1 のように年金給付費，医療給付費，介護給付費，少子化対策費，生活扶助等社会福祉費，保健衛生対策費，雇用労災対策費に分類されている。こうした経費の大部分は地方政府と特別会計への繰入れで占められる。

　生活扶助等社会福祉では「生活保護法」にもとづいて地方政府が給付する生活保護への国庫負担と，生活困難者への自立支援として，地方政府に移転される支出が重要となる。もっとも，生活保護費は生活扶助等社会福祉費のほかに，医療扶助費等が医療給付から，介護扶助費等が介護給付から，それぞれ地方政府へと移転され，それらを受けて地方政府が生活保護を給付することになる。

　「生活保護」は賃金を稼得していなくとも，人間の生存に必要な消費財を購入できない場合に支給される現金給付である。したがって，正当な理由で賃金を喪失した時に給付される社会保険という現金給付などとは性格を異にするため，政府としての社会保障基金の責任ではない。というよりも，ミニマム保障責任を担う中央政府が，支給すべき現金給付である。

　ところが日本では，地方政府が，生活保護を支給することになっている。と

はいえ，前述のように中央政府が，生活扶助等社会福祉費，医療給付費，介護給付費などの国庫負担金を地方政府に支出し，生活保護の75％を負担している。つまり，日本では中央政府が75％，地方政府が25％で生活保護を支給しているのである。

　中央政府の責任となる現金給付として生活保護とともに，**児童手当**がある。児童は賃金を稼得していない。もちろん，児童の生存にも，生産物市場から購入する消費財が必要となる。賃金を稼得していない児童が生存するために，必要な「衣と食」に関する消費財を購入するための現金を給付することが，児童手当である。

　児童手当は正当な理由で，賃金を喪失した時に給付される賃金代替ではない。したがって，児童手当は政府としての「社会保障基金」の任務ではない。賃金を稼得していない児童の生存を保障するミニマム保障であり，中央政府の責任である。

　ところが日本では，児童手当も地方政府から支給される。とはいえ，中央政府も社会保障関係費のうち少子化対策費として，児童手当の国庫負担金を計上している。しかも，日本では中央政府の年金特別会計からも児童手当の財源が移転され，児童手当の財源構成は複雑となっている。

　なぜ地方政府に直接繰り入れずに，中央政府の年金特別会計という「社会保障基金」を迂回するのかといえば，企業つまり事業主に特別の負担をさせるためであるといってよい。つまり，児童手当は事業主負担として企業にも負担させ，中央政府と企業と地方政府が負担することになっているのである。

　その結果，児童を養育している者が，雇用されている被用者の場合には，中央政府の負担は2割となるが，非被用者の場合には，事業主負担がないため，中央政府の負担は6分の4となってしまう。こうした錯綜した日本の児童手当の財政関係は，児童手当が遅れてきた制度であるということとともに，日本の社会保障制度が企業の労務管理や家族依存と分かち難く結びついてきたということを示している。

※年金をめぐる財政関係

　日本では，実際には政府としての「社会保障基金」は存在しないけれども，

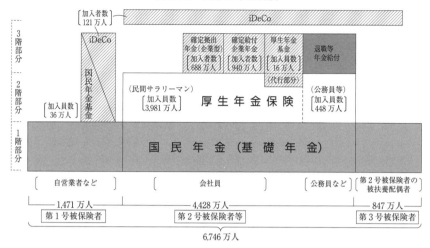

図 22-1　日本の年金制度

（注）　数値は被保険者数（2019 年 3 月末）。斜線部は任意加入。
（出所）　厚生労働省ホームページより作成。

　想定している政府としての「社会保障基金」とは社会保障拠出金を調達して，社会保険を運営する政府である。しかし，「社会保障基金」は中央政府さらには地方政府からも，租税資金の繰入れをも受けて現金給付を支給する。中央政府の一般会計に計上される社会保障関係費の主要な役割は，社会保険を運営する特別会計などの「社会保障基金」に財源を繰り入れることにある。

　中央政府の一般会計の社会保障関係費は表 22-1 のように，年金給付費と医療給付が二大費目となっている。それは社会保険の大宗である年金保険と医療保険への繰入れが大きなウェイトを占めていることを反映している。

　年金保険は障害などをも含むけれども，主として高齢によって労働能力を失うことによって喪失した所得の代替として現金給付を支給する社会保険である。日本の年金は 1986（昭和 61）年の改革で，**基礎年金**が導入されたために，図22-1 のように基礎年金と**報酬比例年金**の二階建て年金となっている。つまり，20 歳以上の全国民が加入する共通の基礎年金である「**国民年金保険**」と，基礎年金に上乗せされる報酬比例年金である「**厚生年金保険**」とから成り立っている。

こうした公的年金とは別に，日本には，図22-1で斜線で示したように，希望する者が任意で加入できる iDeco（個人型確定拠出年金）などの私的年金がある。私的年金に加入すれば二階建ての公的年金に上乗せした三階建ての給付を受けることができる。

二階建てになっている日本の公的年金の特色は，分立しているところにある。基礎年金を導入した 1986 年の改正前でいえば，自営業者などを対象とする国民年金保険と，民間企業に勤務する民間被用者を対象とする厚生年金保険，公務員などの被用者を対象とする共済年金の大きく三つに分立していた。このうち自営業者などを対象とする国民年金の適用対象を，民間被用者，公務員，被用者の被扶養配偶者などを含めて拡大し，全国民に共通する基礎年金に改めたのである。

その後も分立化している所得比例部分の被用者年金の一元化が進められていく。1997（平成 9）年には日本鉄道（JR），日本たばこ産業（JT），日本電信電話（NTT）の共済を，さらに 2002（平成 14）年には農林共済を，民間企業の被用者を対象とする厚生年金に統合する。

このように一元化を進めるとともに，2004（平成 16）年度には年金の抜本的改革が断行される。従来は年金の給付水準を決め，保険料負担を引き上げていく方式だったために，繰り返される保険料負担の引上げに「逃げ水年金」との批判が高まっていた。そこで 2004 年度の年金抜本改革では，保険料の負担水準を固定化したうえで，それに合わせて給付水準を調整するという方式に改めたのである。

具体的には 2017（平成 29）年度以降，厚生年金の保険料は 18.30%，国民年金の保険料は 1 万 6900 円で固定する。そのうえで物価と賃金に加えて，人口動態の変化に合わせて，年金の給付水準を自動的に調整するマクロ経済スライドと呼ばれる仕組みを導入したのである。

こうした固定した保険料の負担水準の範囲内で，年金給付を調整するけれども，年金給付水準が現役世代の平均賃金の 50% を下回るような事態に陥れば，年金制度の見直しをすることになっている。さらにこの年金改革では，基礎年金の国庫負担の割合を，安定財源を確保する税制改革の実施を前提に，3 分の 1 から 2 分の 1 に引き上げられることになったのである。

この2004（平成16）年度の年金改革以後，基礎年金の国庫負担の2分の1への引上げについては，臨時的措置などを経て，14（平成26）年度以降，消費税の増収分を活用して，恒久化されることになった。さらに2015（平成27）年10月から共済年金が厚生年金に一元化されることになる。こうして2分の1の国庫負担による基礎年金の上に，所得比例の被用者年金である厚生年金が乗るという現在の公的年金制度が形成されたのである。

◈積立方式と賦課方式

　年金とは高齢という正当な理由で，賃金を喪失した時に賃金代替として給付される現金給付である。しかも，それは生産の「場」における共済活動という「協力」に基礎づけられなければならない。高齢者が労働市場から退出し，賃金を喪失した時に，労働市場で賃金を維持している者が，負担し合う協力の現金給付である。若年者に失業者が増加すれば，年金の受給年齢を引き下げ，高齢者は若年者に「職」を譲っていく。その代替として若年者は，高齢者に賃金代替としての年金を負担するという世代間の連帯の資金だということができる。

　現実に賃金を稼得している勤労世代の拠出金で，退職世代の年金給付を賄う方式を**賦課方式**（pay-as-you-go scheme）といっている。人間は人類が生誕して以来，共同体の内部で児童を扶養し，高齢者を扶養してきた。共同体の失敗や限界を克服することが，政治システムの任務であることを忘れてはならない。児童を養育した勤労世代は，退役すれば勤労世代になった自分の養育した児童に扶養してもらってきたのである。こうした世代間の自発的協力が，共同体の機能の劣化により衰退した代替として，政治システムが年金を給付するとすれば，賦課方式こそ共同体的人間の絆に基礎づけられた年金方式だということができる。

　しかし，日本では**積立方式**（funding scheme）が，年金方式として採用されてきた。共同体から孤立して生活する個人であれば，人間は勤労可能な時期に貯蓄をし，老後に備える必要がある。積立方式とは老後に備えて，個人がする貯蓄を老後に取り崩していく方式である。

　積立方式では民間の「保険」と変わらない。そうだとすれば年金を，「社会保険」として政治システムが実施する必要はないはずであるが，それでもなお，

政治システムが「保険」を強制しなければならない理由としては，**逆選択**が理論的根拠とされてきたといってよい。つまり，民間の保険に任せると，短命を予想する人間は年金保険に加入しても意味がないので，長寿を予想する人間のみが加入し，保険が成立しなくなってしまうというのである。

しかし，逆選択よりも，長寿が予想される人間を保険会社が排除してしまうという**クリーム・スキミング**のほうが，現実には生じやすい。民間の保険という競争原理にもとづく市場メカニズムに委ねれば，弱者や不利な条件を抱える人間は常に救済されることはないのである。

しかも，積立方式では年金給付が貯蓄の運用に依存するため，経済成長の低下やインフレーションが生じると，たちまち財源不足に陥ってしまい破綻する。もちろん，年齢構成の高齢化が急速に進んでも，財源不足は生じる。

このような事態に直面しても積立方式を維持しようとすれば，勤労世代の保険料を引き上げ，退職世代の年金給付額を削減していくしかない。もちろんこうした保険料の引上げと年金給付の削減を回避すれば，年金財政は破綻することになる。そうなると租税を注入するしかなくなってしまうのである。

日本の年金は積立方式でスタートした。しかし，それが「修正積立方式」により，「実質的に賦課方式」に変質しているといわれるのも，年金保険料の引上げは漸進的にしか実施できず，租税を注入し続けざるをえなかったからである。

◈**年金改革のプラン**

「社会保障基金」を独立した政府として考えるとすれば，年金は高齢という正当な理由で賃金を喪失した際の賃金代替と見なしてよいことになる。つまり，高齢によって賃金を喪失した時に，賃金のどの程度を保障し合うかということによって負担を決定できるようにすればよい。スウェーデンの年金を参考に定式化すれば，次のようになる。

$$年金受給額＝本人の年金拠出金総額 \times \frac{(1＋勤労世代の賃金上昇率)}{(平均寿命－年金受給年齢)}$$

この方式によれば，勤労世代の賃金上昇率とリンクしているため，経済成長率が低下すると，年金受給額は減少する。つまり，経済成長による利益や痛み

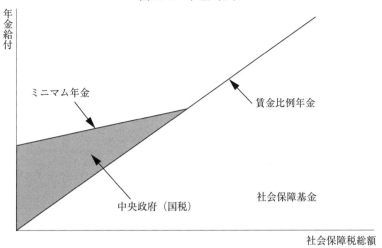

図 22-2　年　金　改　革

を勤労世代と退職世代で分かち合うことになる。しかも，寿命が延びれば，年金受給額は減少するため，寿命が予測以上に延びても，現在のように年金の負担と給付を繰り返して調整する必要はない。この場合に賃金には，事業所得も含まれる。社会保障基金という政府は，この事業所得を含む賃金の一定割合を保障すればよいのである。

　とはいえ，ミニマムの年金は保障される必要がある。賃金つまり年金拠出金のない者でも保障されるミニマム年金を，中央政府が保障しなければならない。このミニマム年金は賃金所得つまり年金拠出額が増加するにつれ，受給する年金が増加するように，図 22-2 のようにデザインされる必要がある。

　中央政府の給付するミニマム年金の財源は，国税による一般財源である。ミニマムを保障する国税は，累進的所得税などの応能原則に合致した租税で構成されているほうが望ましいことになる。

◈医療保険とサービス供給

　政府としての社会保障基金が実施する**医療保険**も，疾病という正当な理由によって喪失した賃金に代替する現金を給付すればよいということになる。つま

り，疾病による休業保障でよいはずである。

　ところが，日本では医療サービスの供給に，保険が利用されている。イギリスやスウェーデンのように，公共サービスとして医療サービスを供給するのではなく，日本では民間医療機関が市場原理によって，医療サービスを供給する。この市場原理のもとで国民が支払う医療サービスの代金のうちの一部，つまり本人負担分を除く部分が医療保険によって支払われることになっている。

　この日本の医療保険も，年金と同様に分立していて，大きく二つに分けることができる。一つは，「**健康保険**」「**共済組合**」などの被用者を対象とする医療保険であり，もう一つは，自営業者や退職者などの非被用者を対象とする医療保険である「**国民健康保険**」である。この二つに分類される医療保険に加えて，75歳以上の高齢者を対象とした後期高齢者医療制度が2008（平成20）年度から導入されている。

　健康保険は民間被用者を対象とする医療保険である。健康保険は大企業などで設置する健康保険組合を保険者とする医療保険と，中小企業や日雇い労働者の加入する全国健康保険協会が保険者となる医療保険とに大きく二つに分かれる。

　全国健康保険協会が保険者として運営する医療保険は，2008年9月までは政府が管掌していたため，政府管掌健康保険協会が運営することにより，「協会けんぽ」と表現されるようになったのである。

　民間被用者ではない公務員などは，共済組合の運営する医療保険に加入する。つまり，国家公務員共済組合，地方公務員共済組合，私立学校教職員共済の医療保険に加入することになるのである。

　農家や自営業者さらに退職者などの非被用者は，国民健康保険に加入する。国民健康保険を運営する保険者は，市町村という地方政府である。しかし，2018（平成30）年4月から，市町村とともに，都道府県が保険者に加わることになったのである。

　国民健康保険を運営する義務のある市町村は，保険料の賦課・徴収，保険給付などの国民健康保険事業を担う。こうした市町村の運営する国民健康保険事業に対して，都道府県は，国民健康保険事業の効率運営と財政の安定的運営に責任を持つことになる。国民健康保険は市町村と都道府県による，いわば共同

運営になったといってもよいのである。

　国民健康保険は1938（昭和13）年という日中戦争期に成立する。この国民健康保険は兵士の源泉である農民を対象とする医療保険であった。農民を対象とする医療保険に，あえて「国民」の冠を授け，地域共同体の「隣保扶助機能」の活用を意図して，市町村に国民健康保険を運営させたのである。

　しかし，地方政府の任務はあくまでも現物給付，つまり医療サービスそのものを供給することにある。日本の医療保険は現物給付だといわれているが，公的医療機関を含むにしても，医療サービスを供給しているのは，あくまでも民間医療機関である。国民が民間医療機関に支払う代金の一部を，代替して支払う費用保障の現金給付である。

　こうした費用保障の現金給付を，市町村を保険者に仕立てて実施するには無理がある。「大数の法則」からいっても，加入者数を大きくしたほうが財政を安定させることができる。それを加入者数の少ない市町村ごとに実施すれば，財政破綻は目にみえている。国民健康保険への国庫負担が増大していくのも，当然のことだといわざるをえない。

　もっとも，日本の医療供給システムが機能していないわけではない。医療費の高さをみれば，アメリカのように市場原理で医療サービスを供給している国ほど高い。日本の医療費は国際的にみれば低い。しかも，国民の平均寿命が世界的にみても長いことを考えれば，日本の医療サービス供給システムは高く評価すべきである。

◈社会保険とサービス給付

　日本の医療サービス供給システムは機能しているにしても，医療保険財政，特に国民健康保険財政は危機的状態にある。日本の分立している医療保険のもとでは，健康で働ける勤労世代が被用者保険に加入し，健康に恵まれなくなる退職世代になると国民健康保険に加入することになるため，国民健康保険が財政破綻に陥るのは当然といえるかもしれない。

　しかも，国民健康保険では本人負担分が高くなるため，高齢者は医療を受診しなくなってしまう。そこで日本の地方政府は，本人負担分を地方政府が負担する老人医療費の無料化を進めてきた。しかし，この老人医療費の無料化は，

過剰診療が生じるという批判を呼ぶことになる。

　そこで 1982（昭和 57）年に制定された老人保健法では，老人にも医療費の一部負担を求めることに改めた。しかも，1984（昭和 59）年には国民健康保険財政を救済するために，**退職者医療制度**を導入する。つまり，65 歳から 70 歳までの被用者保険の年金受給者の医療費については，国民健康保険だけでなく，被用者保険からの拠出金で賄うことにしたのである。

　しかし，こうした場当たり的対応では，国民健康保険の財政を再建することはできない。抜本的に改革しようとすれば，地方政府の任務を医療サービスそのものの供給に改め，医療保険を疾病保険よりも，疾病によって喪失した賃金所得を補償する**休業補償**に限定していくことである。

　このように医療サービスのような現物給付つまりサービス給付は，社会保険よりも租税によって提供する道を追求するべきである。しかし，日本では社会保障を社会の構成員による共同作業として，社会の構成員の共同負担たる租税で実施するという認識が弱い。というよりも，社会保障で利益を受けるのであれば，何らかの負担をすべきだという認識が強い。

　そのため日本では，失業，高齢退職，疾病などの正当な理由で，賃金を喪失した際の，賃金代替の所得保障としてだけではなく，サービス給付にも社会保険が活用されていく。サービス給付の提供に社会保険を適用すると，所得保障ではなく，費用保障となる。つまり，市場原理の対価原則を模しながらも，市場価格とは相違する対価でサービス給付を提供することになる。

　2000（平成 12）年度から介護サービスにも，「選択の自由」の掛け声とともに社会保険が導入される。社会保険は苟も強制加入の「社会」保険である以上，市場原理の対価原則にはもとづかないはずである。というよりも，社会保険にしろ民間保険にしろ，そもそも保険原理は対価原則にはもとづかないのである。

　民間保険であっても，火災保険を念頭に置けばわかるように，保険料と給付は対価にはなっていない。保険料全体と給付全体とに等価関係が認められるだけである。しかし，それでは市場原理が機能しないので，民間保険では保険計算によってリスクに応じた負担を求めることによって，市場原理で処理している。

　もちろん，社会保険は市場原理ではなく，財政原理で処理しなければ，社会

保険の存在理由を失ってしまう。そのため社会保険料は，日本のように一部に定額負担を取り入れることもあるけれども，所得比例負担が原則となる。

　ところが，日本の介護保険のように，「選択の自由」という市場原理の理念を高らかに掲げながら，サービス給付に社会保険を導入すると，たちまちリスクに応じた負担という市場原理に侵食されてしまう。介護保険は介護リスクの高まる40歳以上の国民のみが加入する社会保険である。しかも，40歳以上65歳未満を第二号保険者，65歳以上を第一号保険者として，介護リスクの高い第一号保険者の保険料を高く設定している。さらにリスクに応じて高く設定されている第一号保険者の保険料は，地域社会ごとに相違して決定されることになってしまうのである。

❖三つの政府体系

　サービス給付に社会保険を適用すると，社会保険が市場原理に侵食され社会の構成員の生活保障という社会保険の機能を果たせなくなる恐れがある。つまり，社会保険は所得保障機能を担う現金給付に徹し，サービス給付は地域社会という生活の場における地域住民の生活の営みに合わせて，地方政府が提供すべきだということになる。それは国民の生活を，社会保障基金という「政府」の支給する所得保障の現金給付を，地方政府の提供するサービス給付とをセットで保障することを意味しているといってよいのである。

　地方政府が整備しなければならないサービス給付は，**立地点サービス**と**配達サービス**に分類することができる。立地点サービスとは地方政府が施設を設置して提供するサービス給付である。居住と医療介護ケアを結合した施設などが，これに当たる。こうした施設サービスは，利用者のニーズに応じて，居住と医療・介護ケアの組み合わせが相違する。原則は個室が提供されるけれども，監視の必要に応じてグループホームも設置される必要がある。

　配達サービスは利用者と地方政府の職員が訪問して提供する在宅のサービス給付である。職員が定期に訪問するだけではなく，緊急時に直ちに職員が，駆け付けることができるように，情報技術を活用したアラーム・システムの整備も必要となる。

　失業保険についても，社会保障基金が賃金代替としての失業保険という現金

給付を提供しさえすれば十分だというわけではない。地方政府が，職業訓練や再教育という現物給付で，現金給付（賃金代替）を補完しなければ，失業者への生活保障としては未整備なのである。

　しかし，社会保障基金から賃金代替の現金給付と，地方政府からの現物給付を組み合わせても，人間としての最低生活を保障できるとは限らない。それを克服するために，中央政府によるミニマム保障が必要となる。こうした三つの政府の政府間財政関係によって，社会の構成員の生活が保障されることになる。

　社会保障負担と租税

　　社会保険とは人間であれば回避することのできないリスクを，社会の構成員が共同事業によって賃金代替の給付で保障し合うことだといってよい。そうした社会保険あるいは社会保障を支える資金調達には，三つの形態が考えられる。

　　第一は，租税である。社会の構成員の共同事業は，租税という共同負担原則で実施されることこそ原則であるから，租税は当然の選択肢である。しかし，租税といえば，中央政府が主体になるにしろ，地方政府が主体になるにしろ，他の経費支出と分離することはできない。賃金代替の給付として分離して処理するには，租税という形態は望ましくない。

　　第二は，リスク比例で拠出させることである。しかし，リスクに比例して拠出させるのであれば，民間保険の保険料と同じことになる。

　　第三は，社会保険として独自の原理で負担を求める方式である。賃金代替である以上，賃金支払いに応じて負担を求めるのが一般的である。

　　社会保険では租税にしろ，リスク比例にしろ，社会保障負担にしろ，対価原則が妥当しない。いずれにしても，個々人の支払いと給付とは合致しないからである。等価となるのは社会の構成員の支払い総額と，給付総額であり，その意味で等価原則となる。

　　そうなると，租税と社会保障負担との相違が問題となる。租税の場合には，非支払い者も公共サービスから排除されないけれども，社会保障負担では支払いがなければ排除される。この点が相違点となる。

再分配のパラドックス――――

　日本の格差が問題になっている。日本の財政の所得再分配機能は，先進国の中でも最も小さい。ところが，日本は「平等社会」だという神話が，大手を振って罷り通っていたのである。

　ところが，日本の所得分配が比較的平等だったのは，財政が介入する前の当初所得であって，財政が介入した後の再分配所得でみると，日本の所得再分配は国際的にみても不平等だったといってよい。表で1990年代半ばのジニ係数と相対的貧困率をみると，OECDが勧告したように日本は，所得の不平等度を示すジニ係数がOECDの平均を上回り，相対的貧困率はOECD諸国で最悪のアメリカに肉薄した高さとなっていたのである。

　日本では財政介入前の当初所得分配は比較的平等なのにもかかわらず，財政介入後の再分配所得の不平等度が大きく，貧困が溢れ出てしまっているのは，日本の財政の所得再分配機能が小さいことを意味している。財政の所得再分配機能は，生活保護のような貧困者に限定して現金を給付する社会的扶助を手厚くすれば，強化されるように思われるかもしれない。しかし，貧困者に給付を限定した社会的扶助を手厚くすればするほど，その社会の格差は拡大し，貧困が溢れ出てしまうという指摘が「再分配のパラドックス」である。

　表をみれば，イギリスやアメリカのように社会的扶助を手厚いアングロ・サクソン諸国は，ジニ係数が大きくつまり不平等度が高く，相対的貧困率も高い。逆にスウェーデンやフィンランドのような北欧諸国は社会的扶助が小さいと，ジニ係数も低く，相対的貧困率も小さい。さらにドイツやフランスというヨーロッパ大陸諸国は，アングロ・サクソン諸国と北欧諸国の中間に社会的扶助が

表　1990年代半ばのジニ係数と相対的貧困率

	社会的支出	社会的扶助支出	ジニ係数	相対的貧困率
アメリカ	15.2	3.7	0.361	16.7
イギリス	23.1	4.1	0.312	10.9
スウェーデン	35.3	1.5	0.211	3.7
フィンランド	33.9	0.4	0.228	4.9
ド　イ　ツ	26.4	2.0	0.280	9.1
フランス	28.0	2.0	0.278	7.5
日　　本	11.8	0.3	0.295	13.7

（注）　社会的支出と社会的扶助支出は1992年の対GDP比。
（出所）　宮本太郎中央大学教授による作成。

あるため，不平等度も相対的貧困率も中間に位置している。

　このように「再分配のパラドックス」という現象が生じるのは，社会保障の受益を貧困者のみに限定してしまうと，中間層からの反発を招き，中間層の生活をも支えるユニバーサルに提供される社会的支出を抑制するからである。日本をみると，社会的扶助も小さいけれども，社会的支出も小さい。そのためそれほど平等でもなく，相対的貧困率にいたっては著しく高くなってしまっている。

　もっとも，1990 年代半ば以降，日本の財政の所得再分配機能も高まっていく。しかし，1990 年代半ば以降，財政の介入前の当初所得分配が，労働市場への規制緩和などによって，不平等度を高めてしまう。そのため日本の財政介入後の再分配所得のジニ係数はほぼ横這いとなっている。

第23章

公企業と財政投融資

　広義に財政を理解すると，一般政府に加えて，公企業も加わってくる。もっとも，公企業は一般政府とは相違して，資金の調達もサービスの供給も市場原理にもとづいているようにみえる。しかし，「公」企業である限り，必ず部分的にでも財政原理を導入することになる。公企業では政府が出資をするし，さらに貸付においても，政府が大きな役割を果たす。こうした政府の出資や融資の活動が財政投融資である。財政投融資は民間金融と同様に出資や融資をするけれども，そこには必ず財政原理が入ってくる。つまり，財政投融資とは民間金融と補助金との中間形態ということができる。しかし，金利が低下する一方で，財政が悪化して，補助金の供給が困難になると，財政投融資に矛盾が生じる。財政投融資改革とはそうした矛盾を，財政投融資を民間金融に近づけることによって解消しようとする改革だったのである。

❖一般政府と公的企業

　中央政府，地方政府，それに社会保障基金という三つの政府は，国民経済計算上では，「一般政府」として取り扱われる。一般政府は現物給付であろうと，現金給付であろうと，原則として無償で供給する。それは収益を生まない経常取引を実施しているからだと言い換えてもよい。ところが，国民経済計算上では，公共部門は「一般政府」と「公的企業」とに分類される。公的企業は公共資産を運用する。

　市場社会における政府は，原則として「無産国家」であり，資産を所有しない。そのため市場社会における政府は「租税国家」となり，租税として無償で貨幣を調達し，公共サービスを無償で給付する。そうした「租税国家」としての政府が，国民経済計算上では「一般政府」にあたると考えてよい。

しかし，公共部門には「一般政府」とともに，資産を所有して活動する「公的企業」が存在する。つまり，市場社会に存在する現実の政府は，「無産国家」ではなく資産を所有する「有産国家」であるとともに，現物給付や現金給付を無償で給付するばかりではなく，有償でも給付している「企業国家」でもある。

　こうした公的企業には，中央政府では特別会計のうち**事業特別会計**，**特殊法人**，**特殊会社**，**独立行政法人**などがあり，地方政府では特別会計のうち**公営企業特別会計**，**公社**などがある。いずれの公的企業も，現物給付では料金を取り，現金給付では利子を取り，有償で公共サービスを供給する。

　しかし，「公的企業」が有償で公共サービスを供給するといっても，公共サービスを市場で決定される価格で供給したのでは意味がない。市場社会においては市場価格で提供するのであれば，私的企業に委ねられるべきだからである。そのため「公的企業」では私的企業と同様の「企業の経済性」とともに，「公共の福祉」あるいは「公共性」を追求すべきだと理解されている。「公的企業」の経営では，「**適正報酬 (fair returns)**」を容認すべきだという議論がないわけではないが，一般には「**独立採算制**」が採用される。

　つまり，水道，病院，交通事業などの「公的企業」の料金は，利潤を含めずに，費用を賄う水準で決定すべきだと考えられている。とはいえ，「公的企業」では費用を賄うことができなくても，公共サービスを供給し続ける場合もあり，そのような場合には，一般政府が無償で「公的企業」に現金を支出することになる。

◈出資と貸付

　一般政府と公的企業との関係は，公的企業が採算割れをしても操業をする場合に，一般政府が現金を繰り入れるという関係にとどまらない。一般政府と公的企業との本質的な関係は，むしろ一般政府から公的企業への「**出資**」にある。

　というのも，公的企業は中央政府にしろ地方政府にしろ，政府によって所有されていなければならないからである。中央政府にしろ地方政府にしろ，政府によって所有されるからこそ，「公的」企業なのである。そのためには，政府は「出資」をして公的企業を所有していなければならない。

　こうした出資を「**投資**」という。ところが，政府は出資だけではなく貸付も

実施する。こうした貸付を「融資」という。このように政府が出資をしたり，貸付をしたりする行為を，**財政投融資**と呼んでいる。

　原則として一般政府は，公共サービスを現物給付であろうと，現金給付であろうと，無償で給付する。一般政府の貨幣支出は，人件費として労働市場に支払われたり，物件費として生産市場に支払われたりするが，それらによって調達した労働や生産物で，生産した現物サービスは，無償で供給される。家計に対する公的扶助や企業に対する補助金のような現金給付も，無償で供給される。このように一般政府は，現物給付にしろ現金給付にしろ，無償で供給することを特色としている。

　ところが，出資や貸付，つまり投資や融資は，無償給付ではない。出資や貸付にはリターンが存在する。もっとも，貸付の場合には元金返済というリターンに加え，利子というリターンがあるけれども，出資の場合には，余剰が生じなければリターンはない。そのため出資には，原則として一般政府から強制的に調達した租税資金が使用され，貸付には政府が公的企業として金融市場から調達した資金が使用されることになる。

❖ 「貸し手」としての政府と「借り手」としての政府

　前述したように，政府が出資をしたり貸付をしたりする活動を，財政投融資と呼んでいる。出資は投資と呼び，貸付は融資と呼ぶので，投資と融資を合わせて投融資と呼び慣わしているのである。

　つまり，財政投融資とは政府が巨大な金融機関として，金融活動を実施することを意味する。しかも，財政投融資に使用される資金も，金融市場から有償で調達されるため，文字どおり財政投融資とは，政府が「貸し手」とともに「借り手」として金融市場に登場し，巨大な金融機関として活動することを意味する。

　しかし，政府が「貸し手」として金融市場で，市場利子率で貸付を実施することには意味がない。市場利子率で貸し付けるのであれば，民間金融機関に任せておけばよいからである。政府が貸付を実施するのであれば，市場利子率以下で貸し付け，何らかの「政治目的」を達成する必要がある。

　ところが，すでに述べたように，「貸し手」としての政府が使用する資金は，

「借り手」としての政府や民間の金融機関と同様に，金融市場から有償で集められてくる。**郵便貯金**や**簡易生命保険**がこれにあたる。郵便貯金にしろ簡易生命保険にしろ，銀行や生命保険会社という民間金融機関と，同様の方法で資金が集められてくる。

　もっとも，政府が有償で集めてくる資金には，社会保険もある。社会保険は郵便貯金や簡易生命保険と相違して，政府の強制力を活用する強制保険である。したがって，文字どおりの保険ではない。しかし，日本の年金のように積立方式を採用していると，それを運用してリターンを追求する必要がある。

　「借り手」としての政府が市場利子率で資金を調達してくれば，「貸し手」としての政府も，市場利子率で運用せざるをえなくなる。さりとて政府が「貸し手」として市場利子率で運用するのであれば，意味がない。そこで「借り手」としての政府が調達した有償資金に，政府が無償で強制的に調達した資金をブレンドする。このように，有償資金と無償資金を混ぜ合わせると，「貸し手」としての政府が市場利子率よりも低利で運用できる資金を形成することができるからである。

　このように「借り手」としての政府が集めた有償資金と，無償資金をブレンドして「貸し手」としての政府が市場利子率よりも低利な資金を融資することによって，特定政策目的を実現していく活動を財政投融資と呼んでいる。そうだとすれば，財政投融資とは民間金融と現金給付の無償給付との中間形態ということができる。

◈租税資金の節約としての政策金融

　特定の政策目的を実現するための「貸し手」としての政府の活動を，**政策金融**と呼んでいる。政策金融の実現する政策目的は，経済政策上の目的つまり産業政策上の目的である場合と，社会政策上の目的である場合とがある。それは経済システムに対する政策と，社会システムに対する政策と言い換えてもよい。

　経済システムに対する無償の現金給付は，補助金であり，社会システムに対する無償の現金給付は，社会保障給付である。前述のように，財政投融資が民間金融と現金給付の無償給付との中間形態であるとすれば，政策金融とは政策目的によって，民間金融と補助金との中間形態，さらに民間金融と社会保障給

付との中間形態とに区分することができる。

　もっとも，政策金融は産業政策を政策目的とする場合が多い。現金給付の無償給付と相違して，政策金融はリターンが要求されるため，融資や投資の対象に，返済確実性が要求されることになる。このように返済確実性の要求される政策金融では，そもそも社会政策的目的に不適切である場合が多いことになる。

　もちろん，産業政策を政策目的とした政策金融といえども，返済確実性を要求するため，採算性に欠ける企業を対象とすることは不可能である。特定の政策目的を実現する財政手段として，政策金融以外に，補助金ないしは社会保障給付という現金給付と，租税特別措置がある。産業政策に限定してみると，補助金という現金給付であれば，採算性のない赤字企業も対象とすることができる。しかし，政策金融はあくまでも補助金と民間金融との中間形態であるため，採算性のない企業を対象とすることは困難である。

　租税特別措置も産業政策目的で活用される場合には，企業に採算性があって初めて意味がある。黒字企業でなければ，法人税の納税義務が生じないため，租税特別措置を活用しようにも，それができないからである。

　政策金融のメリットは，民間金融と補助金の中間形態であるという性格そのものにある。租税特別措置もそれだけ税収が減少する。補助金を支出すれば，それだけ租税資金を使用する。しかし，特定政策目的を達成するために政策金融を使用すれば，補助金によるよりも，あるいは租税特別措置によるよりも，租税資金の節約が可能となり，節約された租税資金は，他の政策目的に利用することができる。

◈財政投融資計画の原資

　日本で財政投融資が**財政投融資計画**としてまとめられたのは，1953（昭和28）年度からである。日本の財政投融資の現状を理解するには，2001（平成13）年度の財政投融資制度の抜本的改革を分岐点として，1953年度に財政投融資計画が誕生してから2001年度までの財政投融資と，それ以降の財政投融資とを区分して考察するほうが便利である。

　財政投融資で運用される資金を**原資**という。1953年度の財政投融資計画の原資は，表23-1のように一般会計，**産業投資特別会計**，**資金運用部資金**，簡保

表 23-1　財政投融資の原資（実績）

（単位：%）

	1953	55	65	75	85	90	95	98	99	2000年度
一　般　会　計	14.1	3.7	–	–	–	–	–	–	–	–
産業投資特別会計	16.8	11.4	2.4	0.6	0.1	0.2	0.1	0.7	0.4	0.3
資 金 運 用 部 資 金	51.7	51.3	66.8	86.4	80.3	78.9	80.1	85.1	79.6	74.3
郵　便　貯　金	24.0	27.5	26.1	44.5	29.7	12.2	31.0	18.6	9.0	–
厚生年金・国民年金	4.8	10.5	20.8	18.8	18.1	18.0	14.6	8.6	9.9	–
回　収　金　等	22.9	13.3	19.9	23.1	32.5	48.7	34.5	57.8	60.7	74.3
簡　保　資　金	6.0	16.2	6.2	8.9	8.8	16.0	13.7	10.3	14.0	15.3
小　　　計	88.6	82.7	75.4	95.9	89.2	95.1	93.9	96.0	94.0	89.9
政府保証債・政府保証借入金	11.4	17.3	24.6	4.1	10.8	5.0	6.1	4.0	5.9	10.1
合　　　計	100.0	100.0	100.0	100.0	100.0	100.0	100.0	100.0	100.0	100.0

（注）　1975年度以降の「資金運用部資金」には国債引受にあてられた分を含む。1973年度計画から様式が変更されたことにより，「産投出資」は「産業投資特別会計」に，「公募債借入金等」は「政府保証債・政府保証借入金」に改められた。「産業投資特別会計」の1953年度には「見返資金」，55年度には「余剰農産物資金」を含む。

（出所）　林健久・今井勝人・金澤史男編 [2001] 『日本財政要覧［第5版］』東京大学出版会，122〜123頁，財務省ホームページより作成。

資金，政府保証債・政府保証借入金から成り立っていた。

このうち資金運用部資金は，1885（明治18）年に郵便貯金などによって集められた資金を，運用するために設けられた預金部資金にまでさかのぼる。この預金部資金が第二次大戦後，1951（昭和26）年に資金運用部資金に改組される。いうまでもなく郵便貯金は，いずれ国民に利子を付けて返さなければならない有償資金である。

簡保資金とは簡易生命保険によって集められた資金である。もちろん，簡易生命保険も民間の生命保険と同様に，いずれ運用利益を加えて返却しなければならない有償資金である。

資金運用部資金には，厚生年金や国民年金という社会保険で集められた資金も，加わることになるが，こうした資金もいずれ運用して国民に返さなければならない有償資金であることは間違いない。

これに対して一般会計も産業投資特別会計も，無償資金を供給している。もちろん，一般会計の資金は租税であり，国民に返済しなくてもよいコストがゼ

ロの資金である。

産業投資特別会計は財政投融資計画の発足した 1953（昭和 28）年度に誕生している。その前身は**見返資金特別会計**にある。見返資金とは第二次大戦後の占領下で，アメリカの援助物資を日本国内で売却した見返りに積み立てた資金である。こうした資金は国民に返却する必要はない。そのため産業投資特別会計の資金も，国民に返済しなくてよい無償資金である。

もっとも，日本が独立した 1953 年以降は，見返資金は生じようがない。しかし，産業投資特別会計には出資した見返りとして納付金が入ってくる。さらに政府が保有している NTT などの株式の配当も入ってくる。もちろん，NTT などの株式を売却すれば，それも収入となる。こうした収入も，国民に返済しなくてよい無償資金となる。

こうしてみてくれば，2000（平成 12）年度までの旧制度のもとでの財政投融資計画の原資は，一般会計と産業投資特別会計が無償資金であり，それ以外が「借り手」としての政府が集めた有償資金となる。こうした無償資金と有償資金をブレンドして財政投融資は運用されていたのである。

◈財政投融資計画の運用

財政投融資の原資を，「貸し手」としての政府が運用する財政投融資対象機関は，大きく次の四つに分類されていた。それは第一に特別会計，第二に地方自治体や地方公営企業，第三に公団や事業団など，第四に政府関係金融機関である。

こうした財政投融資対象機関での運用は，使途別に分類されていた。つまり，住宅，生活環境整備，厚生福祉，文教，中小企業，農林漁業，国土保全・災害復旧，道路，運輸通信，地域開発，産業・技術，貿易・経済協力に分類されていた。こうした使途別分類は，財政投融資を運用する政策目的を表している。それは，産業政策と社会政策という二つの大きな政策目的にまとめることができる。

表 23-2 に示したように，財政投融資計画が発足した当初の 1953 年度でみると，産業・技術が 3 割程度を占め，圧倒的である。この産業・技術とは日本開発銀行を通じて行われる融資である。つまり，日本開発銀行から電力，海運，

表 23-2　財政投融資の運用（使途別）（当初計画）　　　　　　（単位：%）

区　分	1953	55	65	75	85	90	95	2000	2005	2010年度	区　分	2015年度
住　　　　宅	5.2	13.8	13.9	21.4	25.4	30.3	35.3	29.2	7.2	3.3	中小零細企業	23.6
生活環境整備	7.8	7.7	12.4	16.7	15.7	15.3	16.4	15.2	23.5	17.0	農林水産業	2.6
厚生福祉	1.6	2.1	3.6	3.4	2.8	3.1	4.0	3.6	6.5	2.8	教　　　育	7.1
文　　教	4.5	4.5	3.0	2.9	3.6	2.0	2.0	1.9	5.7	6.2	福祉・医療	5.3
中　小　企　業	7.9	8.1	12.6	15.6	18.0	15.7	15.3	14.4	18.8	30.9	環　　　境	0.4
農　林　漁　業	11.2	8.9	7.2	4.1	4.3	3.1	3.0	2.0	3.3	2.2	産業・イノベーション	6.4
小　　計	38.2	45.2	52.8	64.1	69.8	69.5	76.0	66.4	65.2	62.4	住　　　宅	5.1
国土保全・災害復旧	14.0	7.7	3.1	1.2	2.3	1.2	1.3	1.6	4.2	1.3	社　会　資　本	26.7
道　　　路	3.7	3.7	7.9	8.0	8.8	9.8	7.7	7.9	18.3	13.2	海外投融資等	9.4
運　輸　通　信	11.3	12.2	13.9	12.7	8.4	8.3	4.6	1.5	2.0	2.4	そ　の　他	13.4
地　域　開　発	3.7	8.5	7.0	3.3	2.4	2.5	2.6	2.5	2.6	2.4	合　　計	100.0
小　　計	32.7	32.1	31.9	25.2	21.9	21.8	16.2	13.7	27.1	19.3		
基　幹　産　業	29.1	15.7	7.8	3.0	2.9	2.9	3.1	1.6	1.2	10.4		
貿易・経済協力	–	7.0	7.5	7.7	5.4	5.8	4.7	4.2	6.5	7.9		
合　　計	100.0	100.0	100.0	100.0	100.0	100.0	100.0	–	100.0	100.0		

（注）　1　使途別分類表は，1961（昭和36）年の資金運用部資金法改正により作成されるようになったものであり，53（昭和28）年度は，61年度以降の基準で分類した一応の計算である。
　　　　2　2015（平成27）年から分類の見直しが行われている。
（出所）　財政金融統計月報。

鉄鋼，石炭という四大基幹産業に融資されている。融資対象は電力会社，鉄鋼会社などの民間の大企業である。

　ところが，1960（昭和35）年頃から日本が高度成長期に足を踏み入れていくにつれ，産業・技術のウェイトは急速に減少していく。貿易・経済協力のウェイトは漸増するけれども，その後には漸減していく。貿易・経済協力と産業・技術は，大企業を対象とした運用である。この二つの使途の合計は減少傾向にあり，大企業向け運用は減少しているということができる。

　道路，運輸，通信，地域開発という社会資本整備関係についても，高度成長期以降，全般的に漸減傾向にある。しかし，道路は増加傾向にある。1980年代後半から民間活力の利用の掛け声のもとに，東京湾横断道路や関西空港などの大規模プロジェクトが展開していく。それを財政投融資が後押しすることになる。

　産業・技術の減少とは対照的に，増加傾向を辿るのは，住宅である。住宅は

ヨーロッパの先進諸国では社会保障と見なされている。産業・技術という産業政策から，住宅という社会政策へと財政投融資が大きく重点を移行したといってよい。

　社会政策を財政投融資で実施するのには，そもそも問題がある。財政投融資で実施するからには，社会政策を収益事業化せざるをえないのである。それだからこそ財政投融資では，住宅に社会政策の対象が絞られていくことになる。

　しかし，財政投融資が産業政策から社会政策へと運用の政策目的を変化させたことは，社会政策の収益事業化よりも，それに伴う融資対象の変化のほうが問題である。つまり，産業・技術を政策目的とした産業政策では，融資対象が大企業であり，収益的にも採算の高い事業を融資対象としていた。ところが，住宅を中心とした社会政策では，融資対象は中産階層の個人であり，収益面からいえば高いというわけにはいかないのである。

◈財政投融資の矛盾

　財政投融資の推移を眺めると，原資面と運用面との資金コストをめぐる矛盾が生じていることがわかる。

　原資面をみると，財政投融資が発足した 1953（昭和 28）年度では，コストがゼロの資金，つまり国民に返却しなくてもよい資金が 3 割を上回っていた。一般会計からの資金が 14.1％，産業投資特別会計からの資金が 16.8％となっていたからである。ところが，2000（平成 12）年度ではコスト・ゼロの資金のウェイトは，なきに等しい。2000 年度の実績でみても，産業投資特別会計からの資金は 0.3％にすぎないからである。ということは，2001（平成 13）年度の財政投融資制度の抜本改革が実施される頃になると，市場利子率とほぼ同じコストで，財政投融資では資金が調達されているといってよい。

　ところが，運用面をみると，ますます市場利子率以下で融資する要請が強まっていたということができる。財政投融資の発足当初の 1953 年度でみれば，基幹産業の大企業向け融資が，29.1％を占め，ほぼ 3 分の 1 に達していたが，2000 年度に近づくにつれて融資の対象は，収益事業ではない個人住宅を対象とする社会政策にシフトしているからである（表 23-2）。つまり，「一般会計の財政投融資化」と表現されるように，本来，コスト・ゼロの資金つまり租税資

金で実施すべき公共サービスを，財政投融資に回してしまったのである。

こうした原資面と運用面との対立的現象は，財政投融資そのものの破局となって現象する。つまり，原資面からは市場と同様の運用が要求され，運用面からは市場とは乖離した運用が要求される。

こうした財政投融資の矛盾は，財政投融資が民間金融と補助金との中間形態であることに起因する。原資面からは民間金融のほうに振り子を振るように要求され，運用面からは補助金のほうに振り子を振るように要求されるようになっていたからである。

◈財政投融資改革

財政投融資の矛盾を解消するために，2001年度に財政投融資制度を抜本的に改革する**財政投融資改革**が断行された。その改革は民間金融と補助金との中間形態である財政投融資を，大きく民間金融へ振り子を振ってしまう改革だといってよい。

この財政投融資改革とは，第一に，原資面で郵便貯金や年金積立金を資金運用部資金に強制預託させる預託義務制度が廃止された。それはメダルの裏側から表現すると，郵便貯金や年金積立金，さらに簡易生命保険の積立金は，金融市場で自主運用されることを意味する。

第二に，資金運用部資金が廃止されて，**財政融資資金**に置き換えられる。この財政融資資金は主として，新たに設置された財政融資資金特別会計が発行する財政投融資債（財投債）という国債によって金融市場から調達する。こうした国債発行による金融市場からの調達に，特別会計の積立金，余裕金の預託，回収金などが加わり，財政融資資金が構成されることになる。

第三に，財政融資資金が融資される特殊法人などの財投機関は，財政融資資金に加えて，自らも**財投機関債**を金融市場で発行して資金を調達することになる。というよりも，特殊法人等の財投機関は，金融市場において財投機関自身が財投機関債を発行して資金を調達し，財投機関債によっては資金需要を満たすことができない場合，あるいは資金コストが大幅に上昇してしまう場合には，国が財投債という国債を発行して，それを補足するということになったのである。

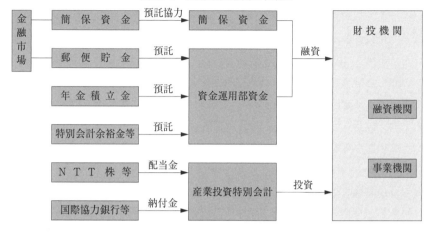

図 23-1　旧財政投融資の仕組み

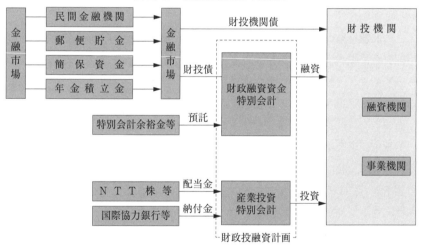

図 23-2　新財政投融資の仕組み

　こうした財政投融資改革の全体像をまとめると，図 23-1 と図 23-2 のように
なる。改革前では図 23-1 のように，「借り手」としての政府が金融市場から集
めてくる郵便貯金や簡保資金，それに社会保険として集めてくる年金などの有
償資金に，産投会計などの無償資金をブレンドして，それを銀行・公庫などの
融資機関と，公団などの事業機関から構成される財投機関に，融資や出資つま

り投資を実施していた。

　ところが，改革後は図 23-2 のようになる。郵便貯金や簡保資金は金融市場から調達され，金融市場で運用される。つまり，「借り手」としての政府，「貸し手」としての政府というよりも，金融市場で民間金融機関と同様の活動を行うだけである。

　改革後の財政投融資計画では，金融市場から財投債によって主として集められる財投融資金と，産投会計からの資金で，財投機関への融資と投資が実施されることになる。しかし，財投機関の立場からすると，財政投融資計画で配分される資金よりも，財政投融資計画の外側で金融市場から自ら調達する資金のウェイトが重要になってくる。

◈改革後の財政投融資

　2001（平成 13）年度の財政投融資改革以後の財政投融資計画の推移を，原資面で示すと，表 23-3 のとおりとなる。規模でみると，2001 年度の 24.2 兆円から 2015 年度の 11.8 兆円まで急速に落ち込んでいる。

　原資面での内訳をみると，財政融資のうち郵便貯金資金と簡易生命保険資金は姿を消し，財政投融資金も 2001 年度の 18 兆 7003 億円から 15 年度には 8 兆 7826 億円と激減している。産業投資特別会計からの投資は，2001 年度の 1249 億円から 15 年度の 1185 億円とほぼ横這いである。

　こうした融資や投資以外に，財投機関は財投機関債を発行して資金を調達する。この財投機関債のうち財政投融資計画が関与する政府保証が付されているものについてみると，2001 年度の 2 兆 8738 億円から 15 年度の 2 兆 9063 億円と，これもほぼ横這いとなっている。

　運用面を使途別にみると，表 23-2 に示したように，改革前に比べて，住宅，などのウェイトが急減する一方で，中小企業，道路などのウェイトが急増している。こうした運用面の使途別推移は，財政投融資計画の規模が圧縮されていく過程で，国民の生活にかかわる住宅などの分野が，とりわけ焦点を当てられて対象外になっていったことを示している。

　こうしてみてくると，財政投融資改革によって，「借り手」としての政府も，「貸し手」としての政府も，民間金融機関に性格を急速に近づけ，その存在理

表 23-3　財政投融資改革後の原資（実績）　　(単位：億円, %)

区　　分	2001	2005	2010	2015 年度
財 政 融 資	212,126　(87.6)	105,216　(71.5)	108,622　(77.3)	87,826　(74.4)
財政融資資金	187,003　(77.2)	94,736　(64.4)	108,622　(77.3)	87,826　(74.4)
郵便貯金資金	9,496　(3.9)	3,973　(2.7)	－	－
簡易生命保険資金	15,627　(6.5)	6,508　(4.4)	－	－
産 業 投 資	1,249　(0.5)	945　(0.6)	1,002　(0.7)	1,185　(1.0)
財政投融資特別 　会計投資勘定[1]	1,249　(0.5)	945　(0.6)	1,002　(0.7)	1,185　(1.0)
政 府 保 証	28,738　(11.9)	40,999　(27.9)	30,869　(22.0)	29,063　(24.6)
政府保証国内債	25,097　(10.4)	35,430　(24.1)	26,190　(18.6)	23,453　(19.9)
政府保証外債	3,641　(1.5)	5,569　(3.8)	4,679　(3.3)	5,607　(4.7)
合　　　計	242,112　(100.0)	147,160　(100.0)	140,493　(100.0)	118,073　(100.0)

（注）　2001 年度のみ「産業特別会計」。
（出所）　財政金融統計月報。

由を失いつつあるということができる。郵便貯金と簡保資金は財政投融資改革で郵政公社のもとで運用されていたけれども，2005（平成 17）年には小泉内閣によって郵政事業民営化が決定される。この決定に従い郵政公社は，2007（平成 19）年 10 月には，日本郵政株式会社のもとに発足する郵便事業会社，郵便局会社，郵便貯金銀行，郵便保険会社の 4 社に再編されていくことになる。

「借り手」としての政府が民間金融と変わらなくなると，「貸し手」としての政府も民間金融と変わらなくなる。運用面で財投機関をみると，日本政策投資銀行，国際協力銀行などの融資機関も，道路公団などの事業機関も民営化の方向での改革が強められていく。

民間金融機関と変わらない融資機関，民間企業と変わらない事業機関を，政府が運営する根拠はない。しかし，財政投融資には本来，民間金融と補助金的性質とを融合した性格を持っている。財政投融資改革とは財政投融資から補助金的性格を切り捨てる改革だといってよい。そうなると民間金融と変わらない財政投融資は存在根拠を喪失し，租税資金を投入しなければならない事業が消滅してしまう。租税資金を投入すべき事業と，そうする必要のない事業との切

り分けもせずに実施される無原則な民営化は，かえって市場経済を萎縮させる結果となってしまうのである。

 日本は教育立国か────

　品質管理の法則にひとたび品質が高いという評判を立てると，その評判はたとえ品質が劣化していても，10年間は持続するという法則がある。日本の教育を重視した教育立国だという良い評判がある。確かに日本は明治維新からの近代化の過程で，「富国強兵」の大義のもとに教育を重視したので，義務教育の展開はスウェーデンとともに早い。

　しかし，国民教育運動を展開し，下からの運動で義務教育を実現したスウェーデンのほうが初等教育から中等教育へと教育の無償化が早期に進んでいく。

　先進諸国との比較で日本の公財政教育支出を，対GDP比で2017（平成29）年の時点で示すと図のようになる。この2017年における公財政教育支出の対GDP比のOECD加盟国の平均は4.9%なのに，日本はわずか4.0%にすぎない。最も公財政教育支出の高い国はノルウェーで6.6%である。こうしてみれば日本は現在では，教育立国どころか教育劣国となってしまうといえる。

図　公財政教育支出対GDP（2017年）

（出所）OECD Education at a Glance 2020

郵便貯金の原点

郵便貯金制度は，1861年にイギリスにおいて，自由党の蔵相グラッドストーン（W. E. Gladstone）のもとで誕生する。グラッドストーンが郵便貯金制度を創設した動機は，イギリスの金融界つまりシティからの独立性を確保し，自由にできる資金を獲得することにあった。労働者階級を中心として集められた零細な資金は，国債管理委員会に手渡され，国債中心に投資されることになる。

加藤三郎東京大学名誉教授の研究によれば，19世紀後半の大不況期に，郵便貯金が激増すると，銀行業界が郵便貯金制度化を批判し，郵便貯金金利の引下げが問題となる。日本でも1920年代の金融恐慌以降，郵便貯金が激増し，銀行業界から郵便貯金金利の引下げが要望される。

興味深い事実は，日本では銀行業界の要望どおりに，郵便貯金金利の引下げが実現するのに，イギリスでは郵便貯金金利の引下げが，銀行業界の要望に反して実現しなかったことである。イギリスで郵便貯金金利の引下げが実現しなかったのは，「労働者階級が急速に政治的影響力を強めつつあった」ため，郵便貯金制度を維持しようとする社会的勢力が強力だったからである。

第二次大戦後の日本では1980年代になると，郵便貯金が激増し，金融界からの郵便貯金制度への批判が再燃する。ところが19世紀後半のイギリスとは違い，労働者階級の政治的影響力が強くはない日本では，郵便貯金制度はついには民営化されてしまうことになったのである。

財政の過去から未来へ

　この章は，これまで本書で述べてきたことのまとめである。本書では，財
政現象を予算，租税，公債，経費，政府間関係と個別領域ごとに議論を進め
てきた。本書の最終章にあたるこの章では，財政を個別領域ごとにスポッ
ト・ライトを当てて考察するのではなく，個別領域を統合した財政として考
察する。財政を構成する要素別に分解して議論するのではなく，財政を経済
システム，政治システム，社会システムを結びつけるミッシング・リンクと
して総合的に分析しようとすれば，財政を歴史現象として捉えるしかない。
それゆえに，財政学は歴史学派によって形成されたのである。したがって，
この章では財政が生成し，未来に向かって変化していく歴史現象として叙述
する。この章は本書のエピローグではあるけれども，財政学の青い鳥を求め
る旅のターミナル・ステーションではない。財政学のプレリュードとしてま
とめた本書の終わりにすぎない。つまり，始まりの終わりである。本書に
よって読者が財政学へのさらなる知的関心を高めてくれれば幸いである。

❖財政の誕生

　すでに述べたように，財政は市場社会が成立して初めて誕生する。というの
も，トータル・システムとしての市場社会では，経済システム，政治システム，
社会システムという三つのサブシステムが分離しているからである。

　市場社会が誕生するまでの古代や封建時代では，家族や地方共同体などとい
う社会システムから，経済システムが明確に分離していなかった。つまり，市
場社会のように生活と生産を分離することなく，生活と生産は融合して営まれ
ていたのである。

　もちろん，政治システムからも経済システムが分離していたわけでもなく，

生産を融合した人間の生活は，共同体的慣習と領主の命令に黙従していたといってよい。それは，人間の生活を経済システム，政治システム，社会システムが未分離のまま，三位一体となって保障していたことを意味している。

　ところが，要素市場が成立すると，この三つのサブシステムが分離してくる。要素市場が成立するためには，自然にほかならない「土地」，人間と不可分に結びついた「労働」，それに「資本」という生産要素に所有権を設定しなければならない。しかし，そうした生産要素に所有権を設定するということは，それまで領主が領有していた領土や領民を失うことを意味する。つまり，それまで生産要素を所有していた「家産国家」が「無産国家」となり，政治システムから経済行為が剝落して，政治システムと経済システムが分離してくることになる。

　しかも，要素市場が成立するということは，共同体から生産機能が抜け落ちることを意味する。生産と生活が分離し，経済システムと社会システムとが分離する。しかし，政治システムが「無産国家」となってしまえば，暴力の行為を独占して社会統合を目指す政治システムの活動が困難になる。そこで政治システムは，生産要素の所有者である国民の同意を得て，経済システムが生み出す所得の一部から強制的に貨幣を徴収して，社会的統合活動を実施するようになる。こうして市場社会での政治システムは，被統治者である国民が統治するという民主主義を受け入れることになるとともに，被統治者の共同事象として運営される財政を誕生させたのである。

　21世紀という新しい「世紀」が始まっている。人間の歴史にとって「世紀」という100年単位の区切りに，特別の意味があるわけではない。しかし，未来から，歴史としてこの世紀転換期を捉えるとすれば，間違いなく「財政改革」の時代として描かれるに違いない。つまり，「世紀」の区切りが，奇しくも財政システムが大きく転換する時代の画期となるに違いない。

◈現代システムの危機

　財政とは経済システム，政治システム，社会システムという三つのサブシステムを結びつけ，社会全体を統合する結節点であると理解すれば，この世紀転換期が「財政改革」の時代だということは，「近代」とか「現代」とかいう言

葉で表現される社会全体のシステムが，大きく転換する時代だということを意味している。本書で繰り返して述べたように，財政社会学の始祖シュンペーターは，「社会全体」が転換する時代の画期には，財政が必ず危機に陥るということを指摘した。財政を分析することは，「社会分析の最良の出発点である」としたシュンペーターは，「社会が転換期にある時には，このようなアプローチは分析のために最も効果的である」と指摘している。

　財政はあくまでも，「社会全体」を構成する三つのサブシステムを結びつける媒介環である。社会統合を任務とする政治システムは，経済システムから租税として調達された貨幣で，社会システムから忠誠を調達して，公共サービスを供給する。社会システムから忠誠を調達し，社会秩序を維持できれば，政治システムは経済システムが機能するための前提条件である所有権を保障することが可能となる。

　ところが，政治システムが社会システムから「忠誠」を調達する公共サービスの供給を怠れば，社会統合は不可能となる。そのため「戦争」や騒乱・内乱という社会的危機が生じると，財政は必ず危機に陥る。財政が危機に陥った時には，その背後には，必ず社会的危機か経済的危機が潜んでいる。「財政改革」とは単なる財政収支を再建することではない。その背後に潜んでいる社会統合の危機を，解消することでなければならない。

　この世紀転換期が「財政改革」の時代だということは，危機に陥っている三つのサブシステム間の相互関係を再編する画期だということにほかならない。つまり，三つのサブシステムの相補関係で形成される「社会全体」の仕組みが，大きく転換しようとしているのである。

　腐臭を放って崩れ落ちようとしている，現存の「社会全体」の仕組みを「現代システム」と呼ぶとすれば，この世紀転換期は「現代システム」から，「ポスト現代システム」への移行期となっている。痛みを伴いながらも，生まれ出ずる「ポスト現代システム」を未来の地平線に展望しようとすれば，現代システムが三つのサブシステムの相補関係と，財政を媒介にして，どのように形成されてきたのかを見定める必要がある。財政を学ぶということは，時代を見つめ，「時」の彼方に隠れている未来を模索することだといってもよい。

◈現代システムの形成

　現代システムはほぼ今から1世紀ほど前に誕生したといってよい。三つのサブシステムの結節点となる財政をみれば、それは一目瞭然である。

　タイムマシンに乗り100年前の世界に降り立った現代の財務大臣の戸惑いを想像してみればよい。必要な財源を調達しようとしても、自分の見知った租税が存在しないために、途方に暮れてしまうに違いない。所得税もなければ、法人税もない。まして付加価値税もない。そうした名称の租税が存在していたとしても、現代のそれとは似ても似つかない租税であるために、ごくわずかな税収しか挙げていない。

　19世紀には想像だにしなかった所得税、法人税、それに付加価値税という新税の登場によって、国民経済に占める財政規模が19世紀から20世紀にかけて飛躍的に増加していることは、図終-1をみれば明瞭であろう。こうした財政の飛躍的膨張は、19世紀から20世紀にかけて、財政を媒介にした政治システム、経済システム、社会システムという三つのサブシステムの相互関連が崩壊したことを意味している。つまり、19世紀から20世紀への世紀転換期に「現代システム」が形成されたものといってよい。

◈予言者ワグナー

　すでに述べたように、ワグナーは政府機能と財政支出を区分したうえで、政府機能に関して「国家活動膨張の法則」を説き、そこから「経費膨張の法則」を導き出している。ワグナーは国家活動の膨張を、旧来の国家活動の任務が時代の発展とともに強められていくだけでなく、新たな任務が付加されていくという二つの要因から説明している。つまり、国家活動の外延的かつ内包的増大が生じると想定していたのである。

　国家活動の外延的かつ内包的増大を説明するために、ワグナーは政府機能を「法律または権力目的」分野と、「文化または福祉国家目的」分野に分類している。19世紀から20世紀にかけて形成された「現代システム」以前に成立していた「社会全体」の仕組みを「近代システム」と呼んでおくと、「近代システム」における旧来の政府機能は、ワグナーの指摘する二つの政府機能のうち、前者の軍事、外交、警察、司法など「法律または権力目的」分野に収斂していたと

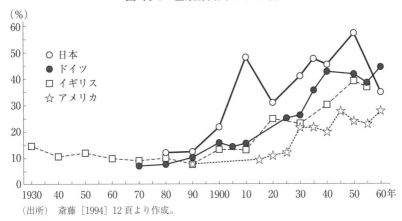

図 終-1　全政府支出の GNP 比

(出所)　斎藤［1994］12 頁より作成。

いうことができる。

　ワグナーは「近代システム」から存在した「法律または権力目的」分野の機能も，旧来の「鎮圧主義」から「予防主義」が優位を占めるようになるために拡大すると想定していた。つまり，ワグナーは「法律または権力目的」分野においても，「国内的および国際的分業」「自由競争システム」「人口および人口密度の増加」「交通事業と法律関係の複雑化」などにより，社会システムの「摩擦」が深刻化すると，騒乱や内乱が生じてから鎮圧するよりも，未然に秩序の混乱を防ぐ「予防主義」的活動が増加せざるをえないと考えていたのである。

　とはいえ，ワグナーがより強調したのは，「進歩した文化的民族による国家，特に近代国家」が，「できる限り法律および権力目的だけを専一的に実現するという意味で一面的な法治国家であること」を徐々に止め，「文化および福祉目的の領域への給付」が継続的に増大し，ますます「文化国家」または「福祉国家」へと転換していくという点にある。このようにワグナーは，「文化または福祉目的」分野の政府機能が増大し，それを主要な要因として財政経費が膨張していくと予言していたのである。

　こうした「国家膨張の法則」あるいは「経費膨張の法則」を，ワグナーは「国民生活の発展的欲望」にもとづく「**強制的共同経済組織**」と，「市場経済」との結合様式の転換に起因すると考えている。「強制的共同経済組織」とは政治

システムを意味する。つまり、ワグナーは19世紀から20世紀への世紀転換期に、政治システムと「市場経済」、すなわち経済システムとの結合様式を転換させる必要があると主張したことになる。

こうした政治システムと経済システムの結合様式の転換こそ、三つのサブシステムの相互関係としての「社会全体」の仕組みの転換を意味する。したがって、ワグナーは、「進歩発展する諸国民の発展欲望」にもとづいて「共同需要」が増加し、国家活動が外延的かつ内包的に拡大することによって、「近代システム」が「現代システム」に転換すると主張したのである。

◈自発的協力の機能する「近代システム」

「現代システム」に先立つ「近代システム」は、市場社会が誕生し、三つのサブシステムが析出して以来形成された、「社会全体」の仕組みである。つまり、今よりほぼ200年前から、財政の誕生とともに形成された「社会全体」の仕組みである。確かに、「近代システム」では政治システムの機能が、「法律または権力目的」の分野に限定されている。というのも、「近代システム」における政治システムの活動領域は、所有権と所有権の交換に対する保護機能に限定されているからである。

「近代システム」は領主が独占していた私的暴力から、人間を解放し、人間の「自由」を拡大した。政治システムは領主の私的暴力から解放された自由な「被統治者」が、自由な議論を通じて政治システムを支配する。つまり、社会秩序を維持するための領主の私的暴力は、自由な「被統治者」の共同意思決定のもとに制御される公的暴力となったのである。

しかし、「近代システム」では、この自由な共同意思決定に参加できる「被統治者」が、あくまでも「財産と教養」のある市民に限定されていた。つまり、「近代システム」の政治システムは、決定過程への参加者を、「財産と教養」のある市民に限定するという「古典的民主主義」にもとづいていたのである。このように政治システムへの参加者が、「財産」の所有者に限定されていたために、「近代システム」では「政治システム」の機能を、「財産」の所有権と所有権を交換することを保護する機能とに限定する合意が成立していたのである。

しかし、そうだとしても、政治システムが社会システムで営まれる人間の生

活を保護しなければ，社会システムから「忠誠」を調達することができず，社会統合は困難となる。市場社会が成立すると，生活に必要な消費財は生産物市場から購入されることになる。そうした消費財が生産物市場から購入できなくなれば，社会システムにおける人間の生活は維持できなくなってしまう。ところが，「近代システム」では19世紀の先進国イギリスをみても，市場よりも家族共同体のほうが，より強力に機能している。つまり，生産物市場から購入する消費財は限定的で，社会システムにおける人間の生活は，そこでの家族や共同体における無償労働により生産される財・サービスによって支えられていたのである。

　そのためビクトリア時代の家族は，市場経済という野蛮な競争原理からの避難所であり，「不正な世の中に張られた天幕」として「小教会・小国家」として位置づけられていく。しかも，家族や共同体というインフォーマル・セクターばかりでなく，教会などのボランタリー・セクターも活発に機能していたのである。

　19世紀のイギリスでは，16世紀後半にまでさかのぼるエリザベス救貧法（Elizabethan Poor Law）の伝統が息づき，地方政府が救貧対策を担っていて，それは伝統的宗教の絆と不可分に結びついた教区（parish）が単位とされていた。しかも，救貧対策の財源である**救貧税**（poor rate）と呼ばれる不動産税は，宗教的寄付の代替という性格を備えていた。つまり，「近代システム」では社会システムの自発的協力が強固に機能していたのである。

❖「近代システム」の応益原則

　所有権の保護，および所有権の交換の保護，つまり市場取引の保護に機能が限定されていた「近代システム」の政治システムは，こうした保護機能の対価として，経済システムから租税を調達することになる。1789年に勃発したフランス革命で国民議会は，高らかに租税とは「市民の共同の義務であり，社会が市民に与える利益の代価である」と宣言した。ここに示されているように，「近代システム」では市民が私有財産の保護を自ら要求し，それゆえにこうした保護サービスの利益に対して，「共同の義務」として租税を進んで支払うべきだという応益原則が正当化されたのである。

「市民に与える利益」とは「生命と財産」の保護であると理解されていた。生命に対する保護に対しては「人税」，つまり所得の分配局面に対する課税，財産に対する保護に対しては「物税」，つまり所得の生産局面に対する課税という考えも成り立つはずである。しかし，「生命と財産」に対する保護という旗印は事実上，所有権の保護であり，市場の保護であったということができる。そのため生命に対する保護としての「人税」は拒否されていってしまう。

　しかも，フランスでは**アンシャン・レジーム**（Ancien Régime）に対する反動から，市民の「人税」に対する敵愾心に拍車がかかる。というのも，「人」に着目する租税は，そもそもフランス革命の引き金となったアンシャン・レジームのもとにおける身分制にもとづく免税特権に帰結すると考えられたからである。

　もっとも，アンシャン・レジームに対する反感からすれば，間接消費税つまり所得の支出局面に対する課税への市民の強い憎悪も存在していた。フランス革命の燃え盛る熱情のもとで，塩税や煙草専売を始めとする，おびただしい消費税の廃止決議が宣告されている。というのも，アンシャン・レジームの租税体系では，基幹税として位置づけられていたのは，あくまでも消費税だったからである。

　アンシャン・レジームの絶対主義国家は，租税国家という性格を備えていたわけではない。あくまでも家産からの収入や特権収入が中心であり，租税収入は非常時の臨時的収入という性格を拭いきれなかった。そのためカール・マンの指摘するように，絶対主義国家の租税イデオロギーは，租税そのものを正当化することを主要な任務としていたのである。

◈消費税礼賛論

　租税そのものを正当化するとともに絶対主義国家の租税イデオロギーは，「消費税こそ最良の租税」という信念を抱いていた。というのも，絶対主義国家では政治システムと経済システムの分離が不完全であり，かつ政治システムが「公的」な性格を備えるには至っていなかったからである。

　こうした消費税理想論は，この20世紀から21世紀への世紀転換期に，消費税礼賛論者がいつも口遊ぶホッブズの「多く労働してその労働の成果を節約す

る者が，怠惰に生活して得るところも少なくまたその得たものをすべて費消する者に比して，多くの負担を課せられるべき何の理由があろうか」というフレーズに代表されている。

　ホッブズも，租税を「財産権」の保護に対する対価だと考えている。万人の闘争という自然状態がもたらす「死の恐怖」から逃避し，「生の快楽」を享受するには，社会契約によって人々が自然権を譲渡し，絶対的に服従する権力を承認する必要がある。国家の外部にあっては万人の闘争という自然状態が存在し，「正義」は存在しないが，国家の内部においては，労働の成果を収得して形成した「財産権」が保障される。そうした「財産権」の保護によって，人々が国家から享受することができる利益に対する代価が租税だと，ホッブズも考える。

　しかし，それならば，「財産権」の保護という利益に応じた財産課税が支持されそうである。ところが，ホッブズは「国家の利益」を等しく享受し，同じ所得を得ている者が，ある者が貯蓄をし，ある者がすべてを消費する場合に，等しい租税負担を正当化する根拠はまったくないと主張する。そして，「ある者が他の者よりも多く国家の保護を受けるのではないことを考えれば」，つまり公共サービスの利益を非排除的に等しく国民が享受することを考えれば，怠惰に生活し，多くを消費する者に重税を課すべきだと，ホッブズは提唱したのである。

　こうした絶対主義国家の消費税礼賛論は，市場規律に従う生活規律を強制する人為的インセンティブを与えることを意図していたといってよい。つまり，社会システムから経済システムを分離していくことを促進するために，主張されたということができる。市場社会を創出するための消費税礼賛論は，消費税の重課と結びつき，ボストン茶会事件にみられるように，市民革命への引き金にもなっていく。しかし，フランス革命で消費税の廃止が決議されたとはいうものの，そのスタンスは長く続いたわけではない。ナポレオン（Napoléon Bonaparte）の支配が終焉を告げる頃には，市場経済の導入を推進するために，アンシャン・レジームのもとで存在した多くの消費税が復活を遂げてしまったのである。

　20世紀から21世紀への世紀転換期にも，古めかしい絶対主義国家の消費税

礼賛論が復活した。ところが，絶対主義国家が成立していた時期には市場経済の領域は小さく，人々の生活様式は市場経済に大きく依存していたわけではない。そのため消費税は奢侈や浪費への課税と認識されていた。イギリスの代表的重商主義者トーマス・マン（Thomas Mun）も，消費税は貧困者の負担とはならず，富裕者の負担となると想定している。

それは「賃金鉄則」から，生活必需品の騰貴が賃金上昇に帰結し，消費税の負担が富裕者に転嫁されるということを根拠としていた。しかし，現在の消費税讃美論が口実として利用する絶対主義国家の議論は，現在のように低所得者層の生活様式が市場に依存しているもとでの議論ではないのである。

しかも，市民革命が絶対主義国家の理想の租税である消費税を，嫌悪したことは間違いない。市民革命が理想とした租税は，消費税ではなく，モンテスキュー（Charles-Louis de Secondat Montesquieu）の「国家の租税は，各市民が，自分の持っている財産のうち，それに対する他の人々の保障を得るために，あるいは財産を平穏に享受しうるために，放棄する部分である」という至言から導き出される直接税である。

1807 年，ナポレオンは「大事業」と称賛される地租の査定事業に着手する。それはフランス革命の税制改革を，税務行政面で保障する事業であった。フランス革命の税制改革では，1791 年に課税委員会のラ・ロシュフーコー（François A. F. La Rochefoucauld-Liancourt）の報告にもとづいて，**地租**（contribution foncière）と**対人動産税**（contribution personnelle et mobilière）が創設される。1798 年には**営業税**（patente）と**戸窓税**（contribution des portes et fenêtres）が加わり，この四つの直接税を中心とした税制が成立する。つまり，フランス革命の税制改革では，アンシャン・レジームの消費税中心の税制を，四つの直接税を基幹税とする税制に改めたのである。

ここで重要な点は，要素市場税といっても，収益税体系には賃金税が含まれていないということである。もっとも，イギリスでは 1799 年に，ピットが所得税を創設している。しかし，イギリスの所得税はシェデュール制にもとづく比例税率で課税される**分類所得税**である。したがって，フォッケが指摘するように，イギリスの所得税は土地家屋収入，借地農収入，利子配当収入，商工業収入，官僚などの俸給という所得の源泉別に比例税率で課税された，収益税の

寄集めにすぎない。リカードが定式化した課税前と課税後の所得分配状態を同じにするという中立性のドグマが，19世紀の中頃には受け入れられていたからである。

このように「近代システム」では収益税，あるいは所得に比例的に課税される直接税が，応益原則に整合する租税として追求されていく。もっとも，すでに述べたように，現実には絶対主義国家から継承した消費税も拡充されていく。消費税は，所有権を交換する市場取引の保護に対する代価として，応益原則から弁証されていたといってよい。しかし，「近代システム」では，コブデン（Richard Cobden）が「人間に自分の罪を思い出させるべき神罰」と忌み嫌った累進所得税は拒否されていたのである。

◈社会システムの弛緩

「近代システム」が「現代システム」へと19世紀後半頃から転換し始めたことは，所有権あるいはその交換の保護に限定された政治システムの機能では，社会統合が確保できなくなったということを物語っている。「近代システム」では市場が機能する領域は限定され，社会システムが競争原理からの「避難所」として強力に機能していることを前提にしていた。しかし，保護機能という「法律または権力目的」に政治システムの機能を限定していたのでは，社会統合が困難となる事情が19世紀後半から生じ始めたのである。

その頃から，市場経済の領域が縮小していったわけではなく，それどころかむしろ，市場の領域は拡大の一途を辿っていった。ところが，こうした市場の領域の拡大は，家族という社会システムの機能を縮小させていってしまう。

生産物市場から購入される消費財は，家族内で加工されたうえで消費される。しかも，子供の養育，教育，それに老人の養老，さらには家族構成員の疾病に対する看護などが，家族内の無償労働で担われていく。家族内の無償労働で不可能になれば，教会などをシンボルとした社会システムの自発的協力が機能していくが，教会をシンボルとした自発的協力にしても，無償労働を必要とする。ところが，市場領域が拡大するということは，加工された消費財を家族が大量に購入するようになることを意味し，それは家族内での無償労働をセービングするとともに，家族や地域共同体という社会システムから無償労働の担い手が

急速に姿を消していくことを意味したのである。

　ワグナーが「文化または福祉目的」という政府機能の拡大を主張したのは，「近代システム」が前提としていた家族や地域社会という社会システムで無償労働によって担われていた共同作業や相互扶助が弛緩したからである。つまり，政治システムがこうした社会システムの弛緩に対して，共同作業や相互扶助に代替する財・サービスを供給しなければ，社会統合に亀裂が生じると認識したからだといってよい。

　こうした社会システムの共同作業や相互扶助に代替する財・サービスには，二つある。一つは賃金で購入する消費財であり，これを購入できなくなった時には相互扶助が必要となる。もう一つは教育，医療，福祉という家族や個人に割当て可能なサービスである。しかし，19世紀後半から形成された「現代システム」では，後者の割当て可能な準私的財の公的供給はそれほど進展しない。というのも，こうした教育，医療，福祉などの準私的財の供給は，地方政府が担わざるをえないからであり，ワグナーの言葉で表現すれば，より小規模な政治システムへの分権化が必要となってくるからである。ところが，「現代システム」では地方分権化どころか，財政の中央集権化が進んでしまう。

　ワグナーが「国家から市町村に向かうより小規模な強制共同経済」が拡大し，地方分権が進むと予言していた背景には，戦争がますます稀有な出来事となり，期間的にも戦時期は短縮するというワグナーの予想が存在していた。しかし，このワグナーの予想を現実は裏切り，逆に総力戦と化した戦争が，短期間のうちに2度にわたって勃発したのである。

　そのため，中央政府の財政が相対的に増大していくというポーピッツの「上位機関の財政の吸引力の法則」や，ピーコックとワイズマンの指摘した「集中過程」が妥当する結果となる。つまり「現代システム」では，総力戦を契機に，中央政府の財政が相対的に膨張するという財政の中央集権化が進んでいく。

◈**現代システムにおける現金給付**

　「現代システム」では，賃金で購入する消費財の供給を，政府が代替することが進む。それは賃金を喪失した時に政府が保障するということである。そのために，**準国庫組織**（Parafisken）が登場する。

準国庫組織とは民間部門と公共部門の中間領域の総称といわれている。具体的には，社会保険の担当機関である社会保険金庫，農業金庫，商業金庫，工業金庫などの**職能団体金庫**，**教会金庫**などが挙げられる。つまり，「政府」としての社会保障基金が「現代システム」では登場することになる。

　こうした社会保障基金は，総力戦を戦い抜くために国民の協力が必要になるにつれて拡充されている。こうした現金給付には，中央政府による所得再分配というバックアップが不可欠となる。そのため「現代システム」では，財政の中央集権化と踵を接して，社会保障基金による現金給付が発展していくことになる。

　「近代システム」のもとでは，家計は衣料や食料を購入したにすぎない。それも未完成品が多く，加工作業は社会システムとしての家族内で実施されていた。ところが，「現代システム」のもとでは，衣料や食料でも加工作業を必要としない完成品が多くなる。そればかりでなく，家族内の無償労働を代替する洗濯機や掃除機も市場から購入される。しかも，地域社会のコミュニケーションや共同作業に代替するラジオ，テレビ，自動車まで登場し，家計が消費財として購入することになる。

　つまり，「現代システム」のもとでは，社会システムの領域の市場化が飛躍的に進展する。こうした社会システムの飛躍的な市場化は，いうまでもなく家族やコミュニティの機能縮小をもたらす。しかも，賃金による消費財購入に生活が依存していく。そのために「現代システム」では，賃金代替の現金給付によって社会システムから忠誠が調達されるようになっていく。

◈社会的インフラストラクチュアのネット

　「現代システム」では現金給付によって**社会的セーフティ・ネット**を張り，社会システムから忠誠が調達されていく。しかも，「現代システム」では経済システムに対しても，「近代システム」のように所有権の保護という公共サービスを供給するだけにはとどまらなくなる。「近代システム」では所有権さえ保護すれば，経済システムが自己調整的に機能すると想定していたのに対して，ワグナーは「技術的発展」に対する政府の役割を強調する。画期的な技術革新を経済システムに導入するためには，その前提条件の整備が政治システムに要

求される。

　例えば自動車の普及には道路網の整備という前提条件が必要となる。しかも，こうした前提条件の整備は，次々に社会的需要を喚起する「山びこ効果」が生ずる。このようにワグナーは，鉄道や道路などの公共交通網を始めとする社会資本の供給という経済システムを補完する機能が，政治システムに加わっていくことを指摘する。

　こうした社会資本は，「現代システム」の産業構造を支える**社会的インフラストラクチュア**となる。しかも，重化学工業を基軸産業とする現代システムは，全国的規模での社会的インフラストラクチュアのネット形成を要求する。したがって，それは財政の中央集権化とマッチすることになる。

　こうして「現代システム」では，社会システムと経済システムに対して二つのネットを張ることになる。一つは社会的セーフティ・ネットであり，もう一つは社会的インフラストラクチュアのネットである。社会システムが市場経済に侵食され，生活の市場化が進んでも，そこから忠誠を調達できる社会的セーフティ・ネットの整備と，経済システムをサポートする社会的インフラストラクチュアの整備によって，軽工業中心の「近代システム」の産業構造から，耐久消費財である電器産業や自動車産業を戦略産業とする多軸的産業連関を特色とする「現代システム」の産業構造への転換が推進されることになる。

◈大衆の政治参加

　このように「現代システム」の政治システムでは，「近代システム」におけるように所有権に対する保護主義に限定していたのでは，社会統合が不可能になってしまう。しかし，そうした「現代システム」における政治システムの機能変化は，政治システムへの国民の参加が変化したことにも根差している。

　「近代システム」は政治的参加者が，「財産と教養のある市民」に限定されていた有産階級の民主主義である。「第三身分とはすべてである」というフランス革命のフレーズでも，「第三身分」に帰属できない無産階級の政治参加を認めているわけではない。そのため「近代システム」では，財産所有を基準とする制限選挙が実施されていたのである。

　ところが，「現代システム」では大衆の参加するマス・デモクラシーへと政

治システムが転換する。イギリスをみると，1832年，1867年，1884年と選挙法の改正が実施され，そのたびに選挙権が徐々に拡大されていく。しかし，大衆の政治参加を決定づけたのは，第一次大戦という総力戦の遂行である。

　国民を総動員しなければならない総力戦の遂行には，大衆の協力つまり社会システムの忠誠と統合が必要不可欠となる。それなくして，徴兵も軍需産業への徴用も不可能だからである。そのため，政治システムは「城内平和」を図るべく，社会システムの統合を確保するために，政治システムにおける意思決定過程に対して全国民が大衆レベルで参加することを容認していく。

　こうした大衆の政治参加は，政策スタンスをも変化させる。イギリスでも第一次大戦前夜に，1908年には老齢年金の導入，11年には健康保険と失業保険の導入という社会保障制度が誕生する。特に健康保険と失業保険の導入は，全労働者，雇用主，それに国家による拠出金で財源を賄う世界最初の強制的貧困保険制度が誕生したことを意味したのである。

◈累進所得税の導入

　「現代システム」の政治システムに大衆が参加するようになると，租税制度も「近代システム」とは相違することになる。近代システムでは累進税率は忌み嫌われ，比例税率で課税される収益税が賛美されていた。

　確かに歴史的には，ピットの創設した1799年の所得税にまでさかのぼることができ，1842年にピール（Robert Peel）の手によって再興されたという経緯がある。しかし，マイゼルをしていわしめれば，ピールの再興した所得税にしても，「収益税の寄集めにすぎない」というフォッケの評価が妥当している。いやしくも「現代的」所得税と呼ぶ限りは，シェハーブ（F. Shehab）が指摘するように，以下の三つの条件が必要となる。それは ①要素所得のうち労働所得よりも資産所得に対する課税を重くするという差別性（differentiation）と，②高額所得を低額所得よりも重課するという累進性（progression）と，さらに③最低生活費免税（existence minimum），という三つの条件である。

　こうした三つの条件を満たす「現代的」所得税がイギリスで登場するには，第一次大戦の開戦前夜まで待たなければならない。つまり，イギリスでも1906年に，蔵相アスキス（Herbert H. Asquith）により差別性が，1910年には

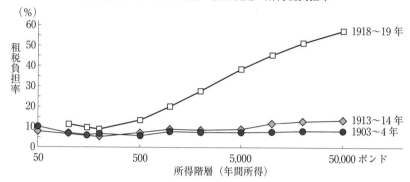

図 終-2　イギリスの第一次大戦期の所得税負担率

（注）　第一次大戦は 1914 年から 18 年までである。
（出所）　Steinmo［1993］p. 61 より作成。

蔵相ロイド・ジョージにより**超過所得税**（Super Tax）が導入されて，累進性が
実現していく。ロイド・ジョージは 1909 年に，「貧困と戦う予算（War Budget
on Poverty）」と名付けられた超過所得税の導入を含む予算を提案したのである。

　もっとも，ロイド・ジョージが自認しているように，超過所得税導入の主要
な要因は，ドイツとの軍備拡張競争に起因する軍事費の膨張であった。しかも，
累進所得税の導入は総力戦を予想して，多収性と可動性に富む租税を準備して
おくという政策意図にも裏付けられていたのである。

　実際，イギリスの所得税が名実相伴った累進所得税になるには，第一次大戦
を経過しなければならなかった。図終-2 に示すように，第一次大戦の前後に
おけるイギリスの所得階層別租税負担率の変化をみれば，そのことは明らかで
あろう。

◇現代システムの租税制度

　累進所得税の導入は，大衆の政治参加なしにはありえない。第一次大戦とい
う総力戦が労働者階級の利益のために戦われていると，彼らは認識していたわ
けではない。むしろ労働者階級が血を流しているのに，資産階級は私腹を肥や
しているという憎悪が広まっていた。こうした憎悪は，自由党を首班とする連
立内閣が，総力戦を遂行することを困難にする。

　そのため自由党首班の連立政権は，労働者階級の戦争協力を調達するために，

最も租税抵抗が少なく，税収という卵を多く産む富裕階級への課税に，増税の焦点を絞らなければならなかった。その結果として，図終-2のように第一次大戦中の租税負担は，低所得層がわずかであるのに対し，富裕階級は飛躍的な増加を示したのである。

　こうした租税負担の変化は，政治システムへの大衆の実質的参加を意味している。実際にイギリスでは1918年に選挙法改正が行われている。こうした大衆の政治参加は，総力戦が終結した後においても継続する。そのために，戦時税制は緩和されたけれども，租税負担の大幅な変更は不可能であった。こうして大衆の政治参加を動員して，累進所得税を基幹税とする「現代システム」の租税制度が形成されていくことになる。

◈所得税・法人税基幹税主義

　所得税さらには法人税を基幹税とする「現代システム」の租税制度は，1980年代頃から始まる20世紀から21世紀への世紀転換期に動揺し始める。所得税と法人税を基幹税とする租税制度は，豊かな税収を政治システムにもたらすという点だけから，忠誠を確保する手段として，「現代システム」として定着したわけではない。所得税にしろ法人税にしろ，高額所得あるいは高額所得を形成する資本所得に対して重く課税するために，所得再分配機能がある。そのため，社会システムからの忠誠を調達するツールとしても有効であると考えられたのである。

　しかも，所得税と法人税は所得弾性値が高いため，それらを基幹税とする租税制度は，経済システムを安定化させるうえでも，「現代システム」にふさわしいと考えられた。所得弾性値の高い租税は，好況の時には，自動的に所得の増加よりも多くの貨幣を経済システムから吸収し，景気の過熱を抑制する。逆に不況の時には，逆の作用が働き，自動的に租税負担が減少するために，景気を自動的に調整するビルトイン・スタビライザー効果がある。しかも，所得税や法人税は特定産業や特定業種に租税特別措置を適用することによって，ミクロ的経済政策手段としても活用することができる。こうして「現代システム」では，租税を社会システムの調整手段や経済システムの介入手段として，整合的な所得税や法人税を基幹税とする租税制度が定着してきたのである。

❖所得税・法人税基幹税主義の動揺

「現代システム」では所得税や法人税の税率についても，高い税率が望ましいと正当化された。もちろん，高い税率が経済システムに及ぼすネガティブな効果が意識されなかったわけではない。しかし，税率が高ければ，それだけビルトイン・スタビライザー効果も大きくなり，経済安定化機能も高まる。しかも，税率が高ければ，ミクロの経済政策手段としての租税特別措置も，それだけ大きな効果を発揮する。もちろん，所得税や法人税の税率が高ければ，所得再分配機能は大きくなり，それは社会システムからの忠誠の調達を高める。社会システムの統合性が高まり，社会システムの安定性が増大すると，労働の意欲が高揚して，生産性も向上する。つまり，高い税率と高い経済成長との「幸福な結婚」の時代が出現したのである。

ところが，1980年代になると，事態は大転換を遂げる。というのも，所得税と法人税という資本所得を重課する税率の引下げに焦点を絞った税制改革が進行していくからである。

アメリカでは1981年にレーガン政権が成立してから，81年と86年の2度にわたって改革が実施されている。1981年の税制改革では，14％から70％まで15段階の税率で課税されていた所得税が，11％から50％まで14段階の税率へと改正されるなど，広汎な所得税減税が実施されただけでなく，法人税において減価償却の短縮と償却率引上げ，投資税額控除の拡充など，租税優遇措置を講ずる大盤振舞いの政策がとられたのである。

しかし，このように税率を引き下げ，課税刺激のための租税優遇措置を拡大すれば，当然のことながら，財政赤字の拡大に帰結してしまう。そこで1986年には，「公平，簡素，経済成長のための税制改革」を謳った84年の財務省報告にもとづいて，歴史的な税制改革が実施される。この税制改革では，財務省報告が主張する包括的所得概念にもとづいて，所得税でキャピタル・ゲインに対する全額課税を導入し，法人税でも減価償却に関する優遇措置，投資税額控除，貸倒引当金等の制度を廃止して，課税ベースの拡大を図っている。つまり，税率は引き下げるけれども，税収を確保するために課税ベースは拡大させるという改革が実施されたのである。

イギリスでも1980年代になると，国際競争力を引き上げるべく，改革目標

として「経済成長」を重視した税制改革が実施される。1979年に成立したサッチャー政権は、所得税の大幅な減税を果敢に実行する。1979年と88年の2次にわたる税制改革で、25%から83%までの11段階で課税されていた所得税の税率が、25%と40%という2段階の税率にフラット化されてしまう。法人税も、1984年の改革で、52%の税率が35%へと段階的に引き下げられてしまったのである。

◈市場経済のグローバル化

1980年代を契機にして、所得税中心主義に動揺が生じたのは、経済のボーダレス化・グローバル化にその要因を見出すことができる。1980年代になると、ブレトン・ウッズ体制が崩れる。ブレトン・ウッズ体制のもとでは、資本統制によって租税負担率が高くとも、資本逃避を抑制することが可能となっていた。

ところが、ブレトン・ウッズ体制が崩れ、資本統制が解除されると、国際資本の移動が急速に高まる。しかも、通信・情報手段の飛躍的な発展が、こうした動きに拍車をかける。制度論的政治経済学の旗手であるコロラド大学のスタインモは、1978年に2400万回であった銀行間の国際資本移動が、85年には6億8000万回にも上ったということ、それが何と2800%の増加率にあたるという驚嘆すべき事実を明らかにしている。

こうした国際的な資本の移動性の高まりは、当然ながら、資本所得への課税を困難にする。所得税の累進税率を高めたり、法人税率を高めたりすれば、資本逃避が生じて海外へフライトしてしまうからである。こうして市場経済のボーダレス化・グローバル化が、「現代システム」を支えてきた所得税や法人税を基幹税とする租税制度を動揺させてしまうのである。

◈忠誠調達の危機

1980年代に市場経済がボーダレス化・グローバル化し、所得税や法人税を基幹税とする租税制度が動揺することは、政治システムが公共サービスに必要な貨幣を調達することを困難にする。つまり、社会システムから忠誠を調達するための公共サービスの供給を困難にする。

「現代システム」では社会システムからの忠誠の調達は、社会保険にしろ公

的扶助にしろ，現金給付が中心となっていた。つまり，経済システムは弱肉強食，優勝劣敗の市場原理で運営されるとしても，財政がその外側で経済システムでの弱者や敗者に現金を給付することによって，社会システムから忠誠を調達していたのである。

　ところが，所得税や法人税を基幹税とする租税制度が動揺し，所得税や法人税による強者への課税が困難になれば，弱者への現金給付も困難になる。弱者に課税し，弱者に現金を給付してみても意味がないからである。こうしてボーダレス化・グローバル化により強者への課税が困難になるに従い，現金給付による再分配が困難になってきたのである。

　1980年代以降，政治システムによる現金給付が困難になってきたとしても，家族やコミュニティという自発的協力の機能が再活性化すれば，社会システムは不安定化することはない。ところが，こうした家族やコミュニティの機能は，縮小の一途を辿ることになったのである。

　家族やコミュニティなどの社会システムの自発的協力が機能する条件は，三つある。一つは，固有名詞的人間関係，つまり顔見知りの人間関係が形成できるほどにコミュニティの規模が小さく，かつ相互理解や合意形成が可能な持続的交流関係が存在していることである。もう一つは，コミュニティの構成員の流動性が少なく，メンバーシップの参入退出による交替が激しくないことである。最後の一つは，構成員に同質性が確保されていることである。

◈自発的協力の喪失

　市場経済がボーダレス化・グローバル化するまでに拡大してくると，自発的協力が機能する条件の充足は困難となる。顔見知りの関係は減少するとともに，構成員の流動性が激化し，同質性も失われていく。しかも，ボーダレス化・グローバル化は，異質な構成員を現金給付によって同質化することも困難にする。こうして，社会システムの共同作業や相互扶助という自発的協力が機能する条件は喪失してしまうことになる。

　しかも，市場経済のボーダレス化・グローバル化は，産業構造の重化学工業を基軸とする構造から，情報化・知識化する構造への転換を伴う。そうした産業構造の転換は，社会システムの自発的協力を無償労働によって支えてきた女

図 終-3　女性労働力率の推移

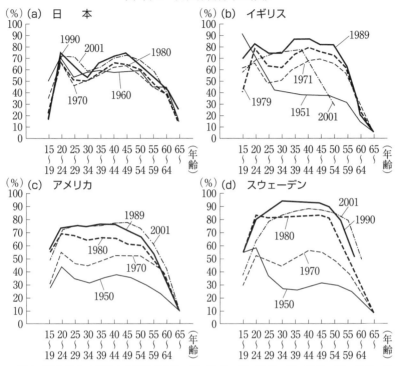

(注)　2001年のイギリスの年齢区分は，16～19歳，20～24歳，25～34歳，35～49歳，50歳以上である。また，2001年のアメリカ，スウェーデンの15～19歳は16～19歳である。

(出所)　服部良子［1997］「家族的責任」玉井金五・大森真紀編『社会政策を学ぶ人のために』世界思想社，175頁，「平成15年版男女共同参画白書」より作成。

性の労働を，経済システムが有償労働で必要とすることをも意味する。そのため社会システムの自発的協力の担い手として，女性をとどめておくことが不可能になる。図終-3で先進諸国の女性労働力率をみると，日本を例外として，1980年代前後を境に，子育て期に労働市場から退出することによって生じる労働力率のM字型が解消され，労働力率の台形型へと転換する。

◈社会的セーフティ・ネットの綻び

市場経済がボーダレス化・グローバル化したとしても，人間の生活はボーダレス化し，グローバル化するわけではない。人間の生活は家族やコミュニティ

という社会システムの共同体的紐帯を必要としているため，言語や生活習慣に制約され，ボーダーを越えて自由に移動するわけにはいかない。人間の生活は大地の上に根差しているのである。

　ところが，そうした社会システムの自発的協力を代替するために，政治システムが社会的セーフティ・ネットを張り巡らせる能力を，もはや国民国家という政治システムは備えていない。市場経済がボーダレス化・グローバル化したために，租税と現金給付によって所得再分配をすることが困難になってきているからである。

　経済システムが国民国家という政治システムの枠組みを越え始め，国民経済という自立的経済システムは，むしろ経済システムが発展するうえで障害になると見なされ始める。したがって，国民国家が加えている規制を緩和し，国民国家の経営する国営企業を民営化せよという要求が生じてくる。こうした規制緩和と民営化の嵐の中で，政治システムは社会的セーフティ・ネットを張る能力を喪失してしまったのである。

◈国民国家機能の上方化

　社会全体が危機に陥ると，財政は必ず危機に陥る。この世紀転換期に生じている財政危機は，「現代システム」の危機という社会全体の危機の結果にほかならない。したがって，財政危機から脱出するシナリオは，社会全体の危機からの脱出のシナリオでなければならない。

　「現代システム」が危機に陥っているのは，市場経済をボーダレス化・グローバル化するまでに拡大させたために，社会的セーフティ・ネットが綻び，社会システムが機能不全に陥ってしまっているからである。市場経済のボーダレス化・グローバル化が進むと，政治システムの所得再分配機能や経済安定化機能が減衰する。このように中央政府の担ってきた所得再分配機能や経済安定化機能の減衰が生じると，そのオルタナティブとして，地方政府機能を多機能化しようとする動きが生じてくる。

　1980年以後の世紀転換期には，国民国家という政治システムの機能を上方と下方に分化させようとする動きが出てくる。こうした動きこそ，この世紀転換期に社会全体の仕組みが「現代システム」から「ポスト現代システム」に転

換していく際の政治システムの対応ということができる。生まれながらにして，社会と社会の谷間に誕生する市場経済は，政治システムの枠組みを越えて膨張する。社会システムを統合するために，「正義」を追求する政治システムは，自由・平等・博愛を基準とせざるをえない。これに対して，欲望を追求する経済システムでは，効果・競争・利益最大化が編成原理となる。「正義」を価値基準とせざるをえない政治システムは，価値共有のためにボーダーを必要とする。ところが，欲望を追求する経済システムは，ボーダーを必要とするわけではないのである。

　しかし，経済システムにとって国民国家という枠組みが，したがって国民経済という活動の領域が，狭小なものになったとしても，経済システムにとって政治システムが活動の前提条件であることには変わりがない。そこで，EU などの国民国家を越える地域的な政治システムを創出し，超国民国家という政治システムの容器に経済システムを収納しようとする動きが登場するようになる。

◈国民国家機能の下方化

　国民国家の上方への権限委譲は，政治システムの所得再分配機能をも減衰させる。そのためヨーロッパでは，国民国家の権限を上方に委譲させる一方で，下方にも委譲させようとする動きが顕在化する。つまり，国民国家のセーフティ・ネット機能の減衰を，国民国家の下方への権限委譲によって補完しようとする動きが，1980 年代から始まる。これが 1980 年代からヨーロッパで始まる地方分権を推進する動きである。こうした動きは，1985 年にヨーロッパ評議会が制定したヨーロッパ地方自治憲章となって実を結ぶ。

　このヨーロッパ地方自治憲章では，個人で解決できないことは家族で，家族で解決できないことは基礎自治体に，基礎自治体で解決できないことは中間レベルの自治体へという 19 世紀のドイツ哲学に端を発する「補完性」原理を高らかに謳い上げる。基礎自治体の決定を優先させ，上位政府の介入を最小限にとどめるという**基礎自治体優先主義**を打ち出したのである。

　こうした補完性原理は，マーストリヒト条約にも盛り込まれ，ヨーロッパの統合は地方分権なくしてありえないというコンセンサスが成立していく。つまり，国民国家の権限を上方と同時に下方にも委譲し，国民国家の機能を両極に

分解させていくことが模索されているのである。これは，国民国家は経済シス
テムにとっては狭すぎるけれども，社会システムにとっては遠すぎるという国
民国家のアンビバレントな性格を解消させようとする試みということができる。

　日本では地方分権の動きは進んでいない。遠すぎる政府では，もはや社会シ
ステムをサポートする公共サービスを供給し，忠誠を調達することができない。
そのため日本は，「現代システム」から「ポスト現代システム」への転換に乗
り遅れてしまっているということができる。

◈財政学を学ぶ者に

　学問を志す者は，真理に忠実でなければならない。真理は全体的である。財
政をそれ以外の社会現象と分離せずに，社会全体との関連で把握しようとする
のは，真理を学ぼうとするからである。

　財政に関する知識は個別的である。知識を学び，知識を販売する知的技術者
は，財政に関する個別知識を修得するだけでもよい。しかし，学問を志す者は
知的技術者ではない。学問を生業にすることはできないからである。

　どのような職業についていようとも，人間は職業を越える存在である。職業
は単なる演技にすぎない。どのような演技をしていようとも，その人間をその
人間たらしめている「点」のようなものがある。そうした人間の「点」を形成
していくことが，学問を学ぶということにほかならない。

　学問を志す者は，異議を申し立てる者でなければならない。人間は現状を否
定して未来を形成する。現状を弁証する者は，現状を真理だという詭弁を弄す
る。しかし，学問を志す者は真理に忠実でなければならず，現状を否定せざる
をえないのである。

　財政学を学ぶ者は，現状に異議を申し立て，真理に対して忠実に未来を語る
義務がある。しかし，学ぶという行為は他者から教えられることを意味しない。
自己の存在とかかわっているのである。

　本書は財政学を学ぶ者に，財政学を学ぶ刺激を与えることしかできない。読
者が本書からの刺激により，この歴史の転換期に異議を申し立ててくれること
を願い，本書の執筆を終えることにする。

<h1>参 考 文 献</h1>

● 第1章

井堀利宏［1990］『財政学』新世社（第3版，2006年）。

貝塚啓明［1996］『財政学（第2版）』東京大学出版会（第3版，2003年）。

木村元一［1958］『近代財政学総論』春秋社。

佐藤　進［1982］『財政学（新版）』税務経理協会。

鈴木武雄［1966］『近代財政金融（新訂版）』春秋社。

武田隆夫・遠藤湘吉・大内　力［1964］『近代財政の理論（再訂版）』時潮社。

林　健久［1995］『財政学講義（第2版）』東京大学出版会（第3版，2002年）。

Cassel, Margit［1925］*Die Gemeinwirtschaft, ihre Stellung und Notwendigkeit in der Tauschwirtschaft*, Dr. Werner Schol, Leipzig.

Colm, Gerhard［1955］*Essays in Public Finance and Fiscal Policy*, Oxford University Press.（木村元一・大川政三・佐藤博訳［1957］『財政と景気政策』弘文堂）。

Musgrave, Richard A. and Peggy B. Musgrave［1980］*Public Finance in Theory and Practice*, 3rd ed., McGraw-Hill Book Company.（木下和夫監修・大阪大学財政学研究会訳［1984］『財政学』（Ⅰ，Ⅱ，Ⅲ）有斐閣）。

Ritschl, Hans［1931］*Gemeinwirtschaft und Kapitalislische Marktwirtschaft*, J. C. B. Mohr.

Schumpeter, Joseph A.［1918］*Die Krise des Steuerstaats*, Leuschner & Lubensky.（木村元一・小谷義次訳［1983］『租税国家の危機』岩波書店）。

Stiglitz, Joseph E.［1988］*Economics of the Public Sector*, 2nd ed., W.W. Norton.（藪下史郎訳［1996］『スティグリッツ公共経済学』東洋経済新報社，第2版，2003-04〔原著第3版，2000年〕）。

● 第2章

池上　惇［1986］『人間発達史観』青木書店。

小倉利丸［1985］『支配の「経済学」』れんが書房新社。

金子　勝［1997］『市場と制度の政治経済学』東京大学出版会。

神野直彦［1998］『システム改革の政治経済学』岩波書店。

中込正樹［2001］『意味世界のマクロ経済学』創文社。

Goldscheid, R.［1926］"Staat, öffentlichen Haushalt und Gesellschaft: Wesen und Aufgabe der Finanzwissenschaft vom Standpunkte der Soziologie," *Handbuch der Finanzwissenschaft*, Bd. 1.

Polanyi, Karl［1944］*The Great Transformation: The Political and Economic Origins of Our Time*, Beacon Press.（吉沢英成・野口建彦・長尾史郎・杉村芳美訳［1975］『大転換──市場社会の形成と崩壊』東洋経済新報社）。

Ruggie, John G.［1982］"International Regimes, Transactions and Change: Embedded Liberalism in the Postwar Economic Order," *International Organization*, Vol. 36.

Zaretsky, Eli［1973］"Capitalism, the Family, and Personal Life," *Socialist Revolution*, No. 13-15.（グループ7221訳［1980］『資本主義・家族・個人生活──現代女性解放論』亜紀書房）。

● 第3章

池上　惇［1999］『財政思想史』有斐閣。
井手文雄［1953］『古典学派の財政論（新版増訂）』中央大学協同組合出版部。
大川政三・小林　威編［1983］『財政学を築いた人々——資本主義の歩みと財政・租税思想』
　ぎょうせい。
木村元一［1949］『財政学——その問題領域の発展』春秋社。
神野直彦［1998］『システム改革の政治経済学』岩波書店。
高木寿一［1949］『近世財政思想史』北隆館。
Backhaus, Jürgen G. [2001] "Alte oder Neue Finanzwissenschaft? Ein Plädoyer für das
　Alte und Bewährte," *Antrittsvorlesung*, Universität Erfurt, 12. October.
Smith, Adam [1776] *An Inquiry into the Nature and Causes of the Wealth of the Nations*,
　edited by Edwin Cannan, 6th ed., 1950.（大内兵衛・松川七郎訳［1987］『諸国民の富』岩
　波書店）。
Wagner, Adolf [1883] *Finanzwissenschaft*, 3. Aufl., Teil 1, Leipzig.

● 第4章

池上　惇［1999］『財政思想史』有斐閣。
池田浩太郎［1975］「財政および財政学の生成と現状」大川政三編『財政論——理論・制度・
　政策の総合』有斐閣。
宇沢弘文［1989］『経済学の考え方』岩波書店。
大川政三・小林　威編［1983］『財政学を築いた人々——資本主義の歩みと財政・租税思想』
　ぎょうせい。
木村元一［1949］『財政学——その問題領域の発展』春秋社。
神野直彦［1998］『システム改革の政治経済学』岩波書店。
高木寿一［1949］『近世財政思想史』北隆館。
日向寺純雄［1987］『イタリア財政学の発展と構造』税務経理協会。

● 第5章

池上　惇［1999］『財政思想史』有斐閣。
宇沢弘文［1977］『近代経済学の再検討——批判的展望』岩波書店。
宇沢弘文［1989］『経済学の考え方』岩波書店。
大川政三・小林　威編［1983］『財政学を築いた人々——資本主義の歩みと財政・租税思想』
　ぎょうせい。
デウィット，アンドリュー［1999］「現代財政学の諸潮流」大島通義・神野直彦・金子勝編『日
　本が直面する財政問題——財政社会学的アプローチの視点から』八千代出版。
Bell, Daniel [1976] *The Cultural Contradictions of Capitalism*, Basic Books.（林雄二郎訳
　[1976]『資本主義の文化的矛盾』講談社）。
Campbell, J. L. [1993] "The State and Fiscal Sociology," *Annual Review of Sociology*,
　19.
Musgrave, Richard A. [1986] "Theories of Fiscal Crisis: An Essay in Fiscal Sociology,"
　Public Finance in a Democratic Society, Vol. 2, New York University Press.
O'Connor, James [1973] *The Fiscal Crisis of the State*, St. Martin's Press.（池上惇・横尾邦
　夫訳［1981］『現代国家の財政危機』御茶の水書房）。
Schumpeter, Joseph A. [1918] *Die Krise des Steuerstaats*, Leuschner & Lubensky.（木村元

一・小谷義次訳［1983］『租税国家の危機』岩波書店）。

Steinmo, Sven［1993］*Taxation and Democracy: Swedish, British and American Approaches to Financing the Modern State*, Yale University Press.（塩崎潤・塩崎恭久訳［1996］『税制と民主主義——近代国家の財政を賄うためのスウェーデン・イギリス・アメリカのアプローチ』今日社）。

Thelen, K. and S. Steinmo［1992］"Historical Institutionalism in Comparative Politics," S. Steinmo, K. Thelen and F. Longstreth eds., *Structuring Politics: Historical Institutionalism in Comparative Analysis*, Cambridge University Press.

● 第6章

池上　惇［1990］『財政学——現代財政システムの総合的解明』岩波書店。

加藤芳太郎［1976］「予算と決算」『行政学講座』（第3巻）東京大学出版会。

木村元一［1958］『近代財政学総論』春秋社。

佐藤　功［1984］『憲法（新版）』有斐閣。

高橋　誠［1974］「予算論」林栄夫・柴田徳衛・高橋誠・宮本憲一編『現代財政学』（現代財政学体系1）有斐閣。

Colm, Gerhard［1955］*Essays in Public Finance and Fiscal Policy*, Oxford University Press.（木村元一・大川政三・佐藤博訳［1957］『財政と景気政策』弘文堂）。

Schmölders, Günter［1970］*Finanzpolitik*, 3. Aufl., Berlin-Heidelberg-New York.（山口忠夫・中村英雄・里中恒志・平井源治訳［1981］『財政政策』中央大学出版部）。

Schumpeter, Joseph A.［1950］*Capitalism, Socialism and Democracy*, 3rd ed., Harper.（中山伊知郎・東畑精一訳［1951］『資本主義，社会主義，民主主義（英語第3版）』東洋経済新報社）。

● 第7章

大川政三編［1975］『財政論——理論・制度・政策の総合』有斐閣。

河野一之［1987］『予算制度（新版）』学陽書房（第2版，2001年）。

小村　武［1992］『予算と財政法（改訂版）』新日本法規出版（5訂版，2016年）。

佐藤　進・関口　浩［1998］『財政学入門（改訂版）』同文舘出版（新版，2019年）。

松野賢吾［1969］『予算論』千倉書房。

森恒夫編［1994］『現代財政学——グローバル化のなかの財政』ミネルヴァ書房。

横田　茂［1984］『アメリカの行財政改革——予算制度の成立と展開』有斐閣。

Wittmann, Wolter［1972］*Einführung in die Finanzwissenschaft*, G. Fischer.

● 第8章

井堀利宏・土居丈朗［2001］『財政読本（第6版）』東洋経済新報社。

加藤一明［1980］『日本の行財政構造』東京大学出版会。

河野一之［1987］『予算制度（新版）』学陽書房（第2版，2001年）。

小村　武［1992］『予算と財政法（改訂版）』新日本法規出版（5訂版，2016年）。

佐藤　進・関口　浩［1998］『財政学入門（改訂版）』同文舘出版（新版，2019年）。

新藤宗幸［1995］『日本の予算を読む』筑摩書房。

杉村章三郎［1982］『財政法（新版）』（法律学全集10）有斐閣。

Schmölders, Günter［1970］*Finanzpolitik*, 3. Aufl., Berlin-Heidelberg-New York.（山口忠夫・中村英雄・里中恒志・平井源治訳［1981］『財政政策』中央大学出版部）。

● 第9章

大川政三・宇田川璋仁編［1969］『財政学講義』青林書院新社。

新藤宗幸［1995］『日本の予算を読む』筑摩書房。

林　栄夫［1968］『財政論』筑摩書房。

山之内光躬［1995］『民主主義財政論の生成』成文堂。

横山　彰［1995］『財政の公共選択分析』東洋経済新報社。

Campbell, John C.［1977］*Contemporary Japanese Budget Politics*, University of California Press.（小島昭・佐藤和義訳『予算ぶんどり——日本型予算政治の研究』サイマル出版会）。

Schmölders, Günter［1970］*Finanzpolitik*, 3. Aufl., Berlin-Heidelberg-New York.（山口忠夫・中村英雄・里中恒志・平井源治訳［1981］『財政政策』中央大学出版部）。

Wildavsky, Aaron［1964］*The Politics of the Budgetary Process*, Little Brown.（小島昭訳［1972］『予算編成の政治学』勁草書房）。

● 第10章

石　弘光［1976］『財政構造の安定効果』勁草書房。

大川政三［1980］『財政の政治経済学』春秋社。

加藤芳太郎［1982］『日本の予算改革』東京大学出版会。

佐藤　進・関口　浩［1998］『財政学入門（改訂版）』同文舘出版（新版，2019年）。

Musgrave, Richard A.［1959］*The Theory of Public Finance: A Study in Public Economy*, McGraw-Hill Book Company.（木下和夫監修・大阪大学財政学研究会訳［1962］『財政理論』（Ⅲ）有斐閣）。

● 第11章

石　弘光［1984］『財政理論』有斐閣。

井藤半彌［1969］『租税原則学説の構造と生成——租税政策原理（新版）』千倉書房。

小西砂千夫［1997］『日本の税制改革——最適課税論によるアプローチ』有斐閣。

佐藤　進［1970］『現代税制論』日本評論社。

佐藤　進［1976］『財政学』税務経理協会（新版，1982年）。

佐藤　進・伊東弘文［1994］『入門租税（改訂版）』三嶺書房。

宮島　洋［1986］『租税論の展開と日本の税制』日本評論社。

森恒夫編［1994］『現代財政学——グローバル化のなかの財政』ミネルヴァ書房。

八巻節夫［1988］『租税価値論と税制改革』八千代出版。

山本栄一［1975］『租税政策の理論』有斐閣。

● 第12章

貝塚啓明・石　弘光・野口悠紀雄・宮島　洋・本間正明編［1990］『税制改革の潮流』（シリーズ現代財政2）有斐閣。

佐藤　進・伊東弘文［1994］『入門租税論（改訂版）』三嶺書房。

佐藤　進・宮島　洋［1982］『戦後税制史（増補版）』税務経理協会。

中井英雄［1988］『現代財政負担の数量分析——国・地方を通じた財政負担問題』有斐閣。

野口悠紀雄［1994］『税制改革の新設計』日本経済新聞社。

能勢哲也［1986］『現代財政学』有斐閣。

林　健久［1995］『財政学講義（第2版）』東京大学出版会（第3版，2002年）。

藤岡純一［1992］『現代の税制改革——世界的展開とスウェーデン・アメリカ』法律文化社。

森恒夫編［1994］『現代財政学——グローバル化のなかの財政』ミネルヴァ書房。

米原淳七郎［1997］『はじめての財政学』有斐閣。

米原淳七郎・矢野秀利［1989］『直接税対間接税——税制改革の流れを考える』有斐閣。

Musgrave, Richard A. and Peggy B. Musgrave［1980］*Public Finance in Theory and Practice,* 3rd ed., McGraw-Hill Book Company.（木下和夫監修・大阪大学財政学研究会訳［1984］『財政学』（Ⅰ，Ⅱ，Ⅲ）有斐閣）。

● 第 13 章

貝塚啓明［1988］『財政学』東京大学出版会（第 3 版，2003 年）。

貝塚啓明・石　弘光・野口悠紀雄・宮島　洋・本間正明編［1990］『税制改革の潮流』（シリーズ現代財政 2）有斐閣。

佐藤　進［1970］『現代税制論』日本評論社。

佐藤　進・伊東弘文［1994］『入門租税論（改訂版）』三嶺書房。

武田隆夫［1985］『財政と財政学』東京大学出版会。

鶴田廣巳［1996］「高齢化と税制改革」池上惇・重森暁編『現代の財政』有斐閣。

八田達夫［1988］『直接税改革——間接税導入は本当に必要か』日本経済新聞社。

馬場義久［1998］『所得課税の理論と政策』税務経理協会。

林　宜嗣［1987］『現代財政の再分配構造——税・支出・補助金の数量分析』有斐閣。

藤田　晴［1992］『所得税の基礎理論』中央経済社。

本間正明［1982］『租税の経済理論』創文社。

米原淳七郎［1997］『はじめての財政学』有斐閣。

Goode, Richard［1964］*The Individual Income Tax,* Brookings Institution.（塩崎潤訳［1966］『個人所得税』日本租税研究協会）。

● 第 14 章

石　弘光［1999］『環境税とは何か』岩波書店。

内山　昭［1986］『大型間接税の経済学——付加価値税の批判的研究』大月書店。

佐藤　進［1973］『付加価値論』税務経理協会。

佐藤　進・伊東弘文［1994］『入門租税論（改訂版）』三嶺書房。

知念　裕［1995］『付加価値税の理論と実際』税務経理協会。

橋本徹編［1971］『現代間接税の理論』有斐閣。

米原淳七郎［1997］『はじめての財政学』有斐閣。

● 第 15 章

石　弘光［1991］『土地税制改革——いま，なぜ地価税か』東洋経済新報社。

伊東弘文［1992］『入門地方財政』ぎょうせい。

貝塚啓明・石　弘光・野口悠紀雄・宮島　洋・本間正明編［1990］『税制改革の潮流』（シリーズ現代財政 2）有斐閣。

佐藤　進・伊東弘文［1994］『入門租税論（改訂版）』三嶺書房。

佐藤　進・宮島　洋［1983］『財政』（経済ゼミナール）東洋経済新報社。

重森　暁［1988］『現代地方自治の財政理論』有斐閣。

シャウプ使節団編［1949］『日本税制報告書』（巻 1，巻 2）。

西野万里［1998］『法人税の経済分析——租税回避と転嫁・帰着』東洋経済新報社。

古田精司［1993］『法人税制の政治経済学』有斐閣。

森恒夫編［1994］『現代財政学——グローバル化のなかの財政』ミネルヴァ書房。

米原淳七郎［1977］『地方財政学』有斐閣。

Goode, Richard［1951］*The Corporation Income Tax*, Brookings Institution.（塩崎潤訳［1959］
『法人税』中央経済社）。

Krzyzaniak, M. and R. Musgrave［1963］*The Shifting of the Corporation Income Tax: An
Empirical Study of It's Short-run Effect upon the Rate of Return*, The Johns Hopkins Press.

● 第16章

井堀利宏［1986］『日本の財政赤字構造──中長期の実証・規範分析』東洋経済新報社。

貝塚啓明［1991］『日本の財政金融』有斐閣。

渋谷博史［1992］『レーガン財政の研究』東京大学出版会。

神野直彦・金子　勝［2000］『財政崩壊を食い止める──債務管理型国家の構想』岩波書店。

鈴木武雄［1976］『日本公債論』金融財政事情研究会。

本間正明編［1994］『ゼミナール現代財政入門（第2版）』日本経済新聞社。

宮島　洋［1989］『財政再建の研究──歳出削減政策をめぐって』有斐閣。

吉田和男［1983］『財政赤字の経済学』東洋経済新報社。

Buchanan, James M. and Richard E. Wagner［1977］*Democracy in Deficit: The Political
Legacy of Lord Keynes*, Academic Press.（深沢実・菊池威訳［1979］『赤字財政の政治経
済学』文眞堂）。

● 第17章

池上　惇［1974］『現代資本主義財政論──競争組織化の財政支出』有斐閣。

一河秀洋［1975］『比較財政論──予算・支出・租税構造の国際比較による検討』白桃書房。

貝塚啓明［1971］『財政支出の経済分析』創文社（増補版，1981年）。

佐藤　進［1964］『現代財政政策論──西ドイツを中心として』時潮社。

佐藤　進［1966］『日本財政の構造と特徴──国際比較的視点から』東洋経済新報社。

吉田震太郎［2001］『現代財政入門（第2版）』同文舘。

Shoup, Carl S.［1969］*Public Finance*, Aldine Publishing, 2nd ed., 1970.（塩崎潤監訳［1973］
『財政学』(1)有斐閣）。

● 第18章

池上　惇・重森　暁編［1996］『現代の財政』有斐閣。

植田和弘［1996］『環境経済学』岩波書店。

貝塚啓明［1988］『財政学』東京大学出版会（第3版，2003年）。

金澤史男編［2002］『現代の公共事業──国際経験と日本』日本経済評論社。

後藤和子［1998］『芸術文化の公共政策』勁草書房。

高島　博［1984］『公共支出の財政理論（増補版）』多賀出版。

野口悠紀雄［1982］『公共経済学』日本評論社。

能勢哲也［1982］『財政の計量分析』創文社。

保母武彦［2001］『公共事業をどう変えるか』岩波書店。

宮本憲一［1967］『社会資本論』有斐閣（改訂版，2001年）。

森恒夫編［1994］『現代財政学──グローバル化のなかの財政』ミネルヴァ書房。

山田雅俊・中井英雄・岩根　徹・林　宏昭［1992］『財政学』有斐閣。

吉田和男［1991］『入門現代日本財政論──公共部門の現実と理論』有斐閣。

● 第19章

池上　惇［1990］『財政学──現代財政システムの総合的解明』岩波書店。

植田和弘［1996］『環境経済学』岩波書店。

牛嶋　正［1990］『租税の政治経済学——21世紀の成熟社会にむけて』有斐閣。

大浦一郎・菊池　威・江川雅司・高橋青天［1999］『財政学』文眞堂。

神野直彦・金子　勝編［1999］『「福祉政府」への提言——社会保障の新体系を構想する』岩波書店。

林　健久［1987］『財政学講義』東京大学出版会（第3版，2002年）。

林　宜嗣［1999］『財政学』新世社（第3版，2011年）。

宮島　洋［1986］『租税論の展開と日本の税制』日本評論社。

宮島　洋［1992］『高齢化時代の社会経済学』岩波書店。

山田雅俊・中井英雄・岩根　徹・林　宏昭［1992］『財政学』有斐閣。

吉田震太郎編［1988］『80年代の国家と財政』同文舘。

吉田震太郎［2001］『現代財政入門（第2版）』同文舘出版。

● 第20章

石川祐三［2001］『地方財政システムの研究——国際競争時代の地域財政論』高城書房。

伊東弘文［1992］『入門地方財政』ぎょうせい。

今井勝人［1993］『現代日本の政府間財政関係』東京大学出版会。

遠藤宏一［1985］『地域開発の財政学』大月書店。

遠藤宏一・加茂利男［1995］『地方分権の検証』自治体研究社。

大島通義・宮本憲一・林　健久編［1989］『政府間財政関係論——日本と欧米諸国』有斐閣。

齊藤　愼［1989］『政府行動の経済分析——国・地方の相互依存関係を中心として』創文社。

齊藤　愼・林　宜嗣・中井英雄［1991］『地方財政論』新世社。

坂本忠次［1989］『日本における地方行財政の展開——大正デモクラシー期地方財政史の研究』御茶の水書房（新装版，1996年）。

重森　暁［2001］『分権社会の政策と財政——地域の世紀へ』桜井書店。

神野直彦［1998］『システム改革の政治経済学』岩波書店。

林　健久・加藤榮一編［1992］『福祉国家財政の国際比較』東京大学出版会。

堀場勇夫［1999］『地方分権の経済分析』東洋経済新報社。

持田信樹［1993］『都市財政の研究』東京大学出版会。

● 第21章

池宮城秀正編［2000］『地域の発展と財政』八千代出版。

伊東弘文［1992］『入門地方財政』ぎょうせい。

伊東弘文［1995］『現代ドイツ地方財政論（増補版）』文眞堂。

北村裕明［1998］『現代イギリス地方税改革論』日本経済評論社。

佐々木雅幸［1997］『創造都市の経済学』勁草書房。

佐藤　進・林　健久編［1994］『地方財政読本（第4版）』東洋経済新報社。

神野直彦［2001］『「希望の島」への改革——分権型社会をつくる』日本放送出版協会。

神野直彦［2002］『地域再生の経済学』中央公論新社。

鈴木　茂［1998］『産業文化都市の創造——地方工業都市の内発型発展』大明堂。

関野満夫［1997］『ドイツ都市経営の財政史』中央大学出版部。

林　宜嗣［1995］『地方分権の経済学』日本評論社。

保母武彦［1996］『内発的発展論と日本の農山村』岩波書店。

● 第22章

池上　惇［1986］『人間発達史観』青木書店。

金子　勝［1997］『市場と制度の政治経済学』東京大学出版会。

神野直彦・井手英策編［2006］『希望の構想——分権・社会保障・財政改革のトータルプラン』岩波書店。

神野直彦・宮本太郎編［2006］『脱「格差社会」への戦略』岩波書店。

林　健久［1992］『福祉国家の財政学』有斐閣。

林　宜嗣［1999］『財政学』新世社（第3版，2011年）。

宮島　洋［1992］『高齢化時代の社会経済学』岩波書店。

● 第23章

池上　惇［1984］『管理経済論——人間による国家・資本・環境の制御』有斐閣。

貝塚啓明［1991］『日本の財政金融』有斐閣。

河野惟隆［1993］『財政投融資の研究』税務経理協会。

新藤宗幸［2006］『財政投融資』東京大学出版会。

高山憲之［1992］『年金改革の構想——大改正への最終提言』日本経済新聞社。

竹原憲雄［1988］『戦後日本の財政投融資——公的金融肥大化の実態』文眞堂。

宮脇　淳［1995］『財政投融資の改革』東洋経済新報社。

森　恒夫［1992］『現代日本型公企業の軌跡——公益と私益の対立と融合』ミネルヴァ書房。

吉田和男・小西砂千夫［1996］『転換期の財政投融資——しくみ・機能・改革の方向』有斐閣。

龍　昇吉［1988］『現代日本の財政投融資』東洋経済新報社。

● 終　章

池上　惇［1991］『経済学——理論・歴史・政策』青木書店。

大島通義・神野直彦・金子　勝編［1999］『日本が直面する財政問題——財政社会学的アプローチの視点から』八千代出版。

片桐正俊編［1997］『財政学——転換期の日本財政』東洋経済新報社（第3版，2014年）。

加藤榮一［1985］「福祉国家財政の国際比較」東京大学社会科学研究所編『福祉国家(3)——福祉国家の展開(2)』東京大学出版会。

金子　勝［1997］『市場と制度の政治経済学』東京大学出版会。

金子　勝［1999］『反経済学——市場主義的リベラリズムの限界』新書館。

斎藤忠雄［1994］『現代財政の構造と運動』批評社。

神野直彦［1998］『システム改革の政治経済学』岩波書店。

神野直彦［2002］『人間回復の経済学』岩波書店。

吉田震太郎編［1988］『80年代の国家と財政』同文舘。

Steinmo, Sven［1993］*Taxation and Democracy: Swedish, British and American Approaches to Financing the Modern State*, Yale University Press.（塩崎潤・塩崎恭久訳［1996］『税制と民主主義——近代国家の財政を賄うためのスウェーデン・イギリス・アメリカのアプローチ』今日社）。

事 項 索 引

人名索引

● 著者紹介

神 野 直 彦（じんの　なおひこ）

1946 年　　埼玉県に生まれる
1969 年　　東京大学経済学部卒業
1981 年　　東京大学大学院経済学研究科博士課程修了
　　　　　　大阪市立大学助教授，東京大学大学院経済学研究
　　　　　　科教授，地方財政審議会会長などを経て，
現　在　　東京大学名誉教授
主要著書　『システム改革の政治経済学』岩波書店，1998 年
　　　　　　『「希望の島」への改革』日本放送出版協会，2001 年
　　　　　　『二兎を得る経済学』講談社，2001 年
　　　　　　『人間回復の経済学』岩波書店，2002 年
　　　　　　『地域再生の経済学』中央公論新社，2002 年
　　　　　　『教育再生の条件』岩波書店，2007 年
　　　　　　『「分かち合い」の経済学』岩波書店，2010 年
　　　　　　『税金 常識のウソ』 文藝春秋，2013 年
　　　　　　『「人間国家」への改革』NHK 出版，2015 年
　　　　　　『経済学は悲しみを分かち合うために』岩波書店，
　　　　　　2018 年
　　　　　　『日本の地方財政（第 2 版）』（共著）有斐閣，2020
　　　　　　年

財　政　学〔第 3 版〕
Public Finance, 3rd edition

2002 年 11 月 30 日　初　版第 1 刷発行
2007 年 4 月 25 日　　改訂版第 1 刷発行
2021 年 8 月 10 日　　第 3 版第 1 刷発行

　　　著　　者　　　神　野　直　彦
　　　発 行 者　　　江　草　貞　治

　　　　　　〔101-0051〕東京都千代田区神田神保町 2-17
　　　発 行 所　　株式会社　有　斐　閣
　　　　　　　　　電話（03）3264-1315〔編集〕
　　　　　　　　　　　（03）3265-6811〔営業〕
　　　　　　　　　　　http://www.yuhikaku.co.jp/

　　　印　　刷　精文堂印刷株式会社
　　　製　　本　大口製本印刷株式会社

© 2021, Naohiko Jinno. Printed in Japan
ISBN978-4-641-16581-6